RAUPANGA

RAUPANGA

Ngā Pito Kōrero o te Pakanga Tuarua nō te Hau Kāinga

Nā Lachy Paterson rāua ko Angela Wanhalla i Ētita
Nā Lachy Paterson i Whakamāori

Nō te tau 2024 te tānga tuatahi
Auckland University Press
Waipapa Taumata Rau
Pouaka Motuhake 92019
Tāmaki Makaurau 1142
Aotearoa
www.aucklanduniversitypress.co.nz

© Lachy Paterson rātou ko Angela Wanhalla, ko ngā kaituku kōrero, 2024

ISBN 978 1 77671 128 4

He mea tautoko nā Creative New Zealand

Kei te pātengi raraunga o Te Puna Mātauranga o Aotearoa te whakarārangi o tēnei pukapuka.

Ka tiakina katoatia te manatā. Atu i ngā take whakamātau tūmataiti, i ngā take rangahau, i ngā take whakawā, i ngā take arotake rānei ka whakaaetia i raro i ngā here o te Ture Manatā, me kaua tētahi wāhanga o tēnei pukapuka e tārua, ahakoa pēhea nei te whakaputa, kia āta whakaaetia rā anōtia e ngā kaipupuri mana o te pukapuka nei. Kua whakaūngia te mana matatika o ngā kaituhi.

Te kanohi hōmiromiro: ko Hone Morris
Te kaihoahoa: ko Duncan Munro

Te whakaahua kei te uhi: Ka poroaki he pāpā. He whakaahua nō *Country Lads* (1941), nō te kiriata tuatahi i whakaputaina e te National Film Unit, i whakaaturia ai ngā tāne e wehe atu ana ki tāwāhi, whawhai ai. Nō Archives New Zealand Te Rua Mahara o Aotearoa, AAPG W3471 686/1154.

He mea tā tēnei pukapuka nā Everbest Printing Investment Ltd i Haina.

He mihi nunui ki ngā tāngata Māori katoa e taituarā ana i ō rātou whānau, i ō rātou hapū, i ō rātou iwi i te wā o te Pakanga Tuarua o te Ao, i tāwāhi, i Aotearoa rānei, arā, i roto o ngā taua o te motu, o ngā umanga whakahirahira, o ngā tini komiti, o ngā rōpū o te haukāinga, inarā, ki ngā tāngata nō rātou ngā ingoa e kitea ana i roto i te pukapuka nei.

Ngā Upoko

He Mihi ix
He Whakamārama xiii
He Kupu Whakataki 1

Te Mahi 13

'Ngā Tāngata a Paikea': Te Whakaoreore i te Iwi Māori 14
Ngā Rawa Rimurimu 18
Te Ahuwhenua Māori me te Pakanga 22
He Wāhine Māori me ngā Mahi Taonga Whawhai 30
He Whare mō ngā Kaimahi Māori ki Pukekohe 37
Te Kaupapa Wharenoho Māori 43
Te Māpere Ahumahi, ngā Poari Pīra me te Iwi Māori 47
'Tatou, Tatou, Altogether': Ko Bob Tūtaki,
ko te Kutikuti Hipi me ngā Mahi Māori mō te Pakanga 52
Ngā Mahi Nēhi 57

Ngā Mahi Taua 61

Ngā Mahi Wāhine: Ki te WAAF, ki ngā Pāmu Rānei? 62
Te Iwi Māori me te Ope Kāinga 66
Te Papa Waka Rererangi Toropuku o Wharekauri 71
Te Whakawhiwhinga o te VC o Ngārimu, 1943 74

Te Hapori 81

Te Raihanatanga me ngā Tangihanga 82
Ko Ngāti Ōtautahi, he Rōpū Māori 85
Lena Matewai Ruru: He Manaaki i te Hapori 92
Ko ngā Kuīni Māori o ngā Hui Taurima 95

Ngā Taiohi	99
He Tohu Aroha: He Kohi Moni mō te Taraka Kai	100
Te Rau Aroha: Te Taraka Kai, i te Mura o te Ahi, i Muri Hoki	105
Te Arataki-ki-ngā-Mahi mō ngā Taiohi Māori	114
Ngā Wheako Māori ki ngā Whare Wānanga	117
Te Tōrangapū	123
Pei Te Hurinui Jones: Ko Hakipia me te Taha Tōrangapū	124
Te Hinganga ā-Pōti o Ngata i te Tau 1943	128
Ngāi Māori me te Rautau 1940	134
Te Kīngitanga me te Ao	142
Te Petihana mō Ōrākei, 1943	145
Te Hui Māori o Oketopa 1944	149
Te Whakapono	157
Tērā ētahi Kaikaiwaiū Māori i te Wā Pakanga?	158
Ngā Tautohetohe mō te Taha Māori o te Hāhi Mihinare	164
Te Reo Māori me te Hāhi Perehipitīriana, 1945	174
Ngā Katorika Māori me te Hui Hākarameta o 1940	180
Hēhita Atawhai, Mihingare Wēteriana	185
Ngā Mahi Mīhana a te Hāhi Mihinare	190
'He Mea Whatu ki te Aroha me te Ngākau Pai'	198
Te Hāhi Mōmona me te Iwi Māori	201
I Muri i te Pakanga	213
He Kōrero mō tētahi Pēpi Māori	214
Te Whawhai Mutunga-kore mō te Rangatiratanga	218
Ngā Ratonga Whakamātūtū mō ngā Hōia Māori i Hoki Ora Mai	222
Te Kapa Haka me ngā Ope Taua	228
Te Rārangi Tohutoro	233
Te Rārangi Puna Kōrero	247
Ngā Kaituhi/Ētita	257
Ngā Kaituku Kōrero	258

He Mihi

Nō te tau 2018 ngā mahi a Te Hau Kāinga i tīmata ai, ā, mō ngā tau e rima ka tāwhai ngā mema o tō mātou rōpū mai i Murihiku ki Kaitāia, tae atu ki Wharekauri, kohikohi ai i ngā pārongo, kōrero ai hoki ki ngā tāngata. Ahakoa ka tino hōtaetaetia ā mātou mahere tipiwhenua e ngā raruraru o te mate korona, me tūtohu, me mihi ngā tini tāngata me ngā tini whare; nā ā rātou āwhina, nā ā rātou ārahi i a mātou i taea ai ā mātou mahi te whakaoti.

Ko tā mātou mihi tuatahi ki Te Pūtea Rangahau a Marsden o te Royal Society Te Apārangi; nā rātou i whakarato ngā moni kia rangahau ai te tīma, kia hui tahi ai, kia toro atu ai ki ngā rua mahara o te motu. Nā tā rātou pūtea hoki i taea ai e mātou ngā karahipi raumati te tuku ki ngā ākonga Māori. Me whakamihi hoki mātou i Kā Kōrero o Nehe me Te Tumu o Ōtākou Whakaihu Waka mō te manaaki i ā mātou kairangahau, me ngā mahi a Sandra Burgess rāua ko Robyn Russell hei wetewete i ngā rīpene whero kia ngāwari ai ā mātou mahi. I tukua hoki e Te Kete Aronui o te whare wānanga he pūtea kia utua ētahi o ngā ākonga i whiwhi i ngā karahipi raumati, i tētahi pūtea rangahau hoki kia tirohia he pepa hōhipera nō ngā hōia Māori i hoki mai.

He hua tēnei pukapuka nō aua pūtea rangahau. Tua atu i a Angela Wanhalla (Ngāi Tahu, Ngāi Te Ruahikihiki, Pākehā) rāua ko Lachy Paterson hei kairangahau hautū o te rōpū nei, ka tū a Sarah Christie hei kairangahau tūturu, ā, i muri, ka āpititia hoki a Erica Newman (Ngāpuhi) rāua ko Claire Macindoe hei hoa rangahau o te rōpū. He kairangahau/kaituhi a Rosemary Anderson rātou ko Ross Webb, ko Alice Taylor, ko Emma Campbell, ā, ka mahi hoki a Jade Higgan McCaughan (Ngāti Kahungunu ki Heretaunga) rātou ko Sebastian Hepburn-Roper, ko Lea Doughty hei kaiāwhina rangahau mō te kaupapa nei.

I ngā raumati e toru, ka tuku pūtea mātou ki ngā ākonga Māori (he ākonga paetahi te nuinga) kia rangahau, kia tuhituhi hoki rātou i ā rātou ake take e pā ana ki tō mātou kaupapa. Nā tō rātou hīkaka, nā ā rātou pūrongo rangahau hoki i whakahaumakotia ai ā mātou mahi. Tekau ngā ākonga nei, ko Haeata Watson (Ngāti Kahungunu, Ngāti Tūwharetoa, Ngāti Porou, Ngāti Pāhauwera) rātou ko Connor Aston (Ngāti Ruanui, Ngā Rauru Kītahi), ko Dylan

Thomas (Raukawa, Hauraki), ko Jordan Quinnell (Ngā Ruahine, Taranaki, Tūwharetoa), ko Valerie Houkāmau (Ngāti Porou, Ngāti Manawa, Te Ātiawa, Ngāti Ranginui), ko Zoe Thomas (Raukawa, Hauraki), ko Bethany Waugh (Te Ātiawa), ko Talia Ellison (Kāi Tahu, Te Ātiawa, Ngāti Toa), ko Rebecca Lee Ammunson (Raukawa ki Wharepūhunga, Te Whakatōhea, Ngāti Whakaue ki Hurungaterangi, Ngāti Whitikaupeka, Ngāpuhi, Ngāti Pākehā), ko Leighton Williams (Ngāti Hine, Ngāpuhi, Ngāti Whanaunga, Ngāti Āpia (Kuki Airani)). Nā Leighton hoki tāna ake tuhinga i whakamāori. He ākonga tohu paerua hoki a Hannah Barlow rāua ko Stacey Fraser e whai ana i ngā take rangahau e hāngai ana ki tā mātou kaupapa.

Me i kore ake he rōpū tohutohu nō ngā ngaio matararahi hei āwhina, hei whakatenatena, hei ārahi i a mātou, arā, ko Dame Claudia Orange rātou ko Taina Tāngaere-McGregor (Ngāti Porou), ko Paul Diamond (Ngāti Haua, Te Rarawa, Ngāpuhi), ko Rev. Wayne Te Kaawa (Tūhoe, Ngāti Awa, Te Arawa), ko Megan Pōtiki (Kāi Tahu), ko Paerau Warbrick (Ngāti Awa). He mihi nunui ki a koutou katoa.

E whakakitea ana e te rārangi rauemi o te pukapuka nei, he tini tuhituhinga o mua i tino tautokona mai tā mātou kaupapa rangahau. Nā, mehemea kāore ngā mātauranga nei, kīhai te pukapuka nei i puta mai. Hei tauira, ko ngā pukapuka e rua o tā Nancy Taylor hītori ā-kāwanatanga nui, ko *The Home Front* te ingoa. He whakahirahira hoki tā Deborah Montgomerie *The Women's War*, tā Alison Parr *Home*, tā Megan Hutching *Last Line of Defence*, me ngā pukapuka e rua mō te Ope Māori, ko tā Monty Soutar *Nga Tama Toa* me tā Wira Gardiner *Ake Ake Kia Kaha E!* Kei te mihi atu mātou ki ngā kaituhi katoa nāna nei ngā pukapuka i tū ai ā mātou mahi.

He nama tino rahi tō mātou ki ngā tini whare pukapuka, rua mahara, whare taonga hoki o Aotearoa, ki ngā tāngata anō hoki e tiaki ana i ngā taonga o aua whare. Tuatahi, ka whakamihi mātou i te Whare Pukapuka Alexander Turnbull o Te Puna Mātauranga o Aotearoa, me ngā tari katoa o Te Rua Mahara o te Kāwanatanga, i kitea ai te nuinga o ngā pepa tawhito i whakamahia e mātou. Ka mihi hoki mātou ki Te Whare Taoka o Hākena, ki te Whare Taonga o Tāmaki Makaurau, ki Ngā Pātaka Kōrero o Tāmaki Makaurau, ki Te Papa Tongarewa, ki Te Pua Wānanga o Taranaki, ki Te Whatu Ora o Waitaha me te Tai Poutini, ki Te Kohinga Pūranga o Ngā Kete Mātauranga o Ōtautahi, ki te Whare Taonga o Te Tauaarangi o Aotearoa, ki te Whare Taonga o Akaroa, ki te Whare Taonga o

Ōtautahi, ki Te Rua Mahara o Te Awa Kairangi, ki Te Haeata ki Waihōpai, ki te Pokapū Rangahau o te Hāhi Perehipitīriana me te Whare Pukapuka Hewitson, ki Te Rua Mahara o te Hāhi Wēteriana o Aotearoa, ki Te Rua Mahara o te Pokapū Pompallier, ki te Whare Taonga o Te Rohe o Motueka, ki Te Ahu ki Kaitāia, ki te Wānanga Whakatupu Mātauranga o Whangārei, ki te Whare Taonga o Whangaroa Kaute, ki te Whare Pukapuka o Te Papaioea, ki Te Rua Mahara o Wairarapa, ki Te Whare Taonga o Taketake ki Whakatāne, ki Te Aka Mauri, me te Whare Pukapuka o Pukekohe.

Tokomaha hoki ngā tāngata, kei roto, kei waho rānei o aua whare i whakahuatia i runga ake nei, i kaha āwhina i a mātou, i whakangāwari i ā mātou mahi rangahau. Ka whakamihi mātou i a Zandria Taare me te whānau Ngata mō te whakaae kia tirohia e mātou ngā pepa a Tā Apirana Ngata i te Whare Pukapuka Alexander Turnbull. Ka mihi hoki mātou ki a Paul rāua ko Claire Kaahu White, ki a Whina Te Whiu, ki a Trish Beamsley, ki a Joan McCracken, ki a Jo Smith, ki a Victoria Passau rāua ko Madison Pine, ki a Lynn Benson rāua ko Judith Holloway, ki a Monty Soutar rāua ko Lynette Townsend, ki a Linda Evans, ki a Chanel Clarke, ki a David Littlewood, ki a John Crawford, ki a Simon Moody, ki a Stephen Clarke, ki a Julia Bradshaw, ki a Jill Haley, ki a Jared Davidson, ki a Mark Sykes, ki a Greg Brogan, ki a Chanelle Carrick, ki a Yvonne Wilkie, ki a Caron Hoverd, ā, ki a Dame Claudia Orange mō tāna whakarite i te hui o te rōpū rangahau me te rōpu tohutohu ki Te Papa Tongarewa.

I ēnei rā, ka matea hoki ngā tini rauemi o te ipurangi hei tuhituhi i tēnei momo pukapuka. Hei tauira, ko ngā niupepa, ko ngā māheni, me ngā pepa ā-pāremata kei *Papers Past*, ko ngā niupepa ā-hāhi kei te *Pūmotomoto* o Te Puna Atuatanga o John Kinder, me ngā putanga o *Te Karere*, o te māheni o te Hāhi o Ihu Karaiti o te Hunga Tapu o ngā Rā o Muri Nei, kei Internet Archive. He maha hoki ngā whakaahua kua tukuna ki te ipurangi kia kitea e te marea, ā, ka mihi atu mātou ki ngā whare i whakaae mai ai kia whakamahia he pikitia i roto i te pukapuka nei, arā, ki te whare pukapuka Alexander Turnbull, ki Te Rua Mahara o te Kāwanatanga, ki te Whare Taonga o Te Tauaarangi o Aotearoa, ki Ngā Pātaka Kōrero o Tāmaki Makaurau, ki Te Rua Mahara o te Pīhopatanga Katorika o Te Whanganui-a-Tara, ki Te Puna Atuatanga o John Kinder, ki Ngā Taonga Sound & Vision, ki Te Pokapū Rangahau o te Hāhi Perehipitīriana, ki Te Papa Tongarewa hoki. Ka whakamihi mātou ki ngā kaituku pūtea, ki ngā ngaio, ki ngā kaimahi e kaha mahi ana ki te whakatū, ki te whakahaere i ēnei rauemi whakahirahira o te ipurangi. Ka mihi hoki mātou ki a John Broughton rātou ko Erica Newman, ko Leighton Williams mō tā rātou tuku i ngā whakaahua o ō rātou whānau mō te pukapuka nei.

He 'toa takitini' ngā mahi hei whakaputa i te pukapuka. I tino waimārie ngā kaituhi o te pukapuka nei; kātahi a Sam Elworthy o te Perehi o Waipapa Taumata Rau ka mōhio ki tā mātou kaupapa, ka tino matangareka mai ia, ā, mai i taua wā kua akiaki ia kia tōia te waka ki uta. Kei te mihi mātou ki ngā kaipānui mō ō rātou whakaaro me ā rāua tohutohu i whakakahangia ai tēnei pukapuka. He mihi nunui hoki ki a Hone Morris (Ngāi Te Rangitotohu, Ngāti Mārau ki Rākautātahi) mō tāna mahi ki te whakatika, ki te whakapai i te reo Māori o ngā tuhinga nei. Ā, ki a Katharina Bauer rāua ko Mairātea Mohi hoki, ko ngā kaiwhakarite nāna tēnei pukapuka i urungi ki te mutunga. Nā reira mātou e whakamihi nei i a Sam rātou ko te rōpū katoa o te whare perehi mō tā rātou tautoko i te kaupapa nei, me te pukapuka ātaahua kua puta mai.

He Whakamārama

He paku rerekē te reo Māori o te tekau tau 1940 i te reo e kōrerotia ana i ēnei rā. Kua hangaia he kupu hou, kua whakaorangia he kupu nō neherā, he nui atu nō te wairua Māori o ēnei kupu i ngā kupu tawhito i whakawhitia mai i te reo Pākehā. Engari, i ētahi wā ka ū tonu te pukapuka nei ki ngā momo kōrero a te hunga o taua wā, nā te mea kei te noho pai tēnei momo reo ki roto ki te ia o te tuhinga nei, engari, i te nuinga o te wā, kua whakamahia ngā kupu hou e mōhiotia whānuitia ana e ngā tāngata e puta mai ana i ngā akomanga reo Māori o te motu.

Heoi anō, i ētahi wā, kāore he kupu papai e wātea ana ki te kaiwhakamāori, ā, kua waiho māna āna ake kupu e hanga, ētahi kupu kē rānei e rāwekeweke. Mehemea he kupu Māori katoa tētahi ingoa, ka āpititia ngā tohutō, hei tauira 'Ope Kāinga', 'Tari Māori' hoki; mehemea he ingoa me ngā kupu Māori, Pākehā hoki i mōhiotia i taua wā, kāore he tohutō i runga i ngā kupu Māori, hei tauira 'Akarana Maori Association'.

Tērā pea, kāore ētahi tāngata o ēnei rā e waia ana ki ngā tikanga o ētahi kupu e whakamahia ana i roto i te pukapuka nei, ahakoa he kupu tūturu nō neherā, ahakoa he kupu nō te tekau tau 1940, ahakoa he kupu i titoa e te kaiwhakamāori. Nā konei, kei te whai te rārangi kupu nei hei whakamārama i ngā kupu kāore pea e tino mārama ana.

arataki-ki-te-mahi	He ratonga tēnei nā te kāwanatanga hei ārahi i ngā rangatahi ki te mahi pai rawa atu mā rātou.
āpiha māpere	Ko ngā āpiha o te Tari Māpere.
āpiha takawaenga Māori	He āpiha tēnei hei whakangāwari i ngā pāhekoheko i waenganui o ngā iwi Māori me ngā tari kāwanatanga, Ope Taua rānei.
komiti ki runga	He rūnanga nō te MWEO mō ētahi komiti ā-iwi o tētahi rohe nui.
Kotahitanga	Ko ngā hoa o Ingarangi, arā, ko ō Amerika, ko ō Aotearoa mā, e whawhai ana i ngā Tiamana, i ngā Itāriana, i ngā Hapanihi hoki.
Kotahitanga Mīhana o ngā Wāhine Wēteriana	He rōpū wāhine nō te Hāhi Wēteriana. Ko tā rātou mahi he tautoko i ngā mahi a ngā mihingare o tō rātou mīhana ki ngā moni, ki ngā taonga hoki.
kuīni taurima	Ka whakataetae ētahi 'pirinihehe' me ō rātou kaitautoko ki te mahi moni mō tētahi kaupapa nui. Ka karaunatia te toa hei 'kuīni'.
mahi/hui taurima	He kaupapa mahi moni tēnei i tū ai he mahi ngahau. I te nuinga o te wā, ko tētahi pō whakangahau te mahi whakamutunga i karaunatia ai te 'kuīni taurima'.
mahi/umanga whakahirahira	Tērā ētahi umanga i kīia nei e te kāwanatanga he mahi 'whakahirahira'. Mehemea kāore i whakaaetia e te āpiha māpere, kāore ngā kaimahi o aua umanga i āhei ki te whakamutu i ā rātou mahi, ki te neke rānei ki mahi kē.
Māpere Ahumahi	Ko te Industrial Manpower tēnei. Kīhai ngā tāne Māori i whakahaua e te kāwanatanga kia uru ki roto ki te Ope Taua. Engari, nā runga i ngā waeture a te kāwanatanga, ka whiriwhiria kētia ngā tāne me ngā wāhine, Māori mai, Pākehā mai, ā, ka tonoa ki te mahi ki roto ki ngā umanga whakahirahira.
Mihinare	E pā ana ki te Hāhi o Ingarangi.
mihingare	E pā ana ki te tangata o tētahi hāhi e kaha mahi ana ki te whakatahuri i ngā tāngata ki tōna karakia Karaitiana.
Minita o te Kaupapa Waonga	Ko te Minita o te Rūnanga o te Kāwanatanga e aro ana ki ngā Ope Taua, ki te whakangungu i Aotearoa.
mōtā	He momo repo.
MWEO	Ko te Maori War Effort Organisation tēnei. I noho tēnei i raro i te maru o te kāwanatanga, engari, i whakahaeretia katoatia e ngāi māori. Ka whakatūria ngā tini komiti ā-iwi mō ia iwi, me ngā komiti ki runga mō ngā rohe nunui. Ko Paraire Paikea MP te tumuaki tuatahi; ka mate ia, ka tū ko Eruera Tirikātene MP hei tumuaki.
Ngāti Tūmatauenga	Ko te ingoa o nāianei mō te Ope Taua.

He Whakamārama

Ope ā-Motu	He wāhanga tēnei nō te Ope Taua i noho pūmau ki Aotearoa; he ukiuki ngā hōia o te ope nei.
Ope Kāinga	He wāhanga tēnei nō te Ope Taua i noho pūmau ki Aotearoa; he harangotengote ngā hōia o te ope nei.
Ope Māori	Ko te ope o ngā hōia Māori i haere ki tāwāhi whawhai ai, arā, ko te 28th (Māori) Battalion.
Ope Taua	Ko te ope nui o ngā hōia o te motu, akahoa i tāwāhi, i Aotearoa rānei. Mehemea ka whakamahia takitinihia (ngā Ope Taua), e pā hoki ana ki te Ope Hōia, ki Te Tauaarangi, ki Te Taua Moana.
Poari Pīra o te Māpere Ahumahi	Mehemea kīhai he tangata i whakaae ki tētahi tono a te āpiha māpere, ka whakawākia tāna whakahē e te rūnanga nei.
Poari Pūtea Take Whawhai ā-Motu	Ko te rōpū ā-motu e whakahaere ana i te Pūtea Take Whawhai.
pohū ā-ringaringa	He taonga whawhai hei epa ki te hoariri.
pūtaiao ā-kāinga	He mātauranga ā-kura i whakaakona ki ngā kōtiro kia mōhio rātou ki ngā mahi tika i roto i te whare.
Pūtea Take Whawhai	Ko te pūtea i tonoa ai ngā moni i mahia e ngā rōpū hapori hei tautoko i ngā take whawhai o te motu.
ratonga whakanohonoho	Ko ngā mahi a te kāwanatanga kia uru pai mai ngā hōia i hoki ora mai ki Aotearoa, mā te tuku whenua, moni, whakangungu rānei mō tētahi mahi hou, mā te whakamātūtū hoki i ngā mate me ngā taotū.
Rautau	Ko 1940 te tau i tino whakamaharatia ngā tau kotahi rau o Niu Tīreni mai i te waitohu i te Tiriti o Waitangi. He maha ngā taiopenga hei whakanui i taua tau, me tētahi whakaaturanga nui ki Te Whanganui-a-Tara.
Rūnanga o Runga	I mua i te tau 1950, e rua ngā whare o te Pāremata o Aotearoa. Kīhai ngā mema o te Rūnanga o Runga i pōtitia; i kopoua kētia e te kāwanatanga. Kei te tū tonu te whare i hui ai ngā mema.
Rūnanga Pakanga	Ahakoa he Rūnanga Kāwanatanga tō Aotearoa (arā, nō te kāwanatanga Reipa i te wā o te Pakanga Tuarua), ka whakatūria he Rūnanga Pakanga hoki nō ngā rangatira o Reipa, o Nāhinara hoki i te 16 o Hūrae 1940, hei whakakotahi i ngā taha e rua o te pāremata. Ka mutu ngā mahi a taua rūnanga motuhake i te 21 o Ākuhata 1945.
taonga whawhai	Ko ngā taputapu i whakamahia e ngā Ope Tauā hei whawhai i te hoariri, hei tauira, ko ngā pū, ko ngā matā, me ngā pū repo.
taraka kai	Ko ngā taraka i whai i ngā hōia ki te mura o te ahi ki te whāngai, ki te manaaki i a rātou. Ko 'Te Rau Aroha' te taraka kai o te Ope Māori.

Tari Māpere	Ko te wāhanga o te kāwanatanga e whakahaere ana i ngā tikanga o te Māpere Ahuwhenua.
Te Hokowhitu-a-Tū	Ahakoa i kīia rā ko te Ope Māori (28) ko 'Te Hokowhitu-a-Tū' i ētahi wā, kāore taua ingoa e whakamahia pēneitia ana i roto i tēnei pukapuka; ka waiho kē mō te Ope Māori o te Pakanga Tuatahi o te Ao.
Te Tauaarangi	Ko te ope e aro ana ki te whawhai ā-rangi.
Tumuaki Whakarite mō ngā Kai me ngā Raihana	Ko te āpiha ā-kāwana e aro ana ki te ratonga me te rāhuitanga o ngā kai mā ngā tāngata katoa.
utu o te kirirarautanga	He whakamāoritanga o te kaupapa a Tā Apirana Ngata, *'the price of citizenship'*, i tohe ai ia kia uru ngā tāngata Māori ki roto i ngā mahi katoa o te pakanga, me te tuku i ngā taitama ki tāwāhi whawhai ai, kia ōrite ai te tū o te Māori me te Pākehā i muri i te pakanga.
wakatuki pū mīhini	He momo waka hei kawe i tētahi pū mīhini.
wharenoho	Ko ngā whare i roto i ngā tāone i noho ai ngā kaimahi, ngā tamariki rānei e haere ana ki te kura.

He tamariki i te mira kani rākau o Smyth Bros & Boryer Ltd, i Arohena, i te tau pea o 1939. I taua wā, āhua 400 ngā tāngata e noho ana ki Arohena. E 60 ngā kaimahi ā te mīra, he tāne mārena te nuinga.

Nā Leslie Sinton te whakaahua, nō Te Awamutu Museum, 2022.12.9.

He Kupu Whakataki

Lachy Paterson

He tino nui, he tino hōhonu te pānga mai o te Pakanga Tuarua o te Ao ki te hapori Māori. He tino rongonui ngā mahi hōia, inarā, ko te Ope Māori (arā, ko te 28 o ngā Ope, ko Te Hokowhitu-a-Tū rānei). Āhua 16,000 ngā Māori i uru ki roto ki ngā ope taua i ngā tau o te pakanga, ahakoa ki Aotearoa, ki tāwāhi rānei, arā, he āhua 14 paihēneti o te iwi Māori katoa,[1] e 3,600 i roto i te Ope Māori. He wāhanga tēnei nō te 2NZEF (te Ope Taua tōpū), me ngā kamupene i whakaritea ki ngā rohe ā-iwi, i whawhai i roto o ngā riri o Kirihi, o Kiriti, o Āwherika ki te Raki, me Itāria anō hoki. E mōhiotia whānuitia ana ā rātou mahi, ki ngā tini pukapuka, ki ngā pakimaero, ki ngā pakipūmeka o te pouaka whakaata, ki ngā whakaaturanga, ki te whare taonga i Waitangi e whakanuitia nei ā rātou mahi, tae atu ki ngā hītori ā-kamupene e rua nā Monty Soutar rāua ko Wira Gardiner.[2] Nā te mea ko rātou *the most decorated of all the WWII New Zealand battalions* o te NZEF, me kī, e tika ana kia pūmau tō rātou nohoanga i roto i ngā hītori o te pakanga, i te hinengaro o te marea hoki.[3]

I te wā pakanga, e kīia ana ko te *'price of citizenship'* te mahi hōia nei. Nā te kaitōrangapū Māori kaumātua, nā Tā Apirana Ngata ēnei kupu. Ka tohetohe ia (he mea tautoko e ērā atu rangatira Māori) kia whakatūria ngā hōia Māori hei ope motuhake, me ngā āpiha Māori, kia kitea ai e te hapori Pākehā te whakahere o te iwi Māori. Ki tō Ngata whakaaro, ki te pai ake te tū o te iwi Māori i roto i Niu Tīreni whānui, ki te whāngaitia te tuakiri Māori, ki te whakamarohitia hoki te mana Māori, e tika ana tēnei utu. Engari, he nui rawa atu te utu. E 3578 ngā Māori i uru noa ki roto ki te Ope Māori; e 3273 ngā mea i kite i te mura o te ahi, e 649 i hinga, e 237 i mauhereheretia.[4] He rerekē te whakahōiatanga o ngā iwi e rua; kīhai ngā tāne Māori i māperetia hei hōia; ka tukuna noatia e ngā whānau Māori ā rātou tama me ō rātou mātua ki te Ope Māori.

Engari, kīhai te nuinga o te iwi Māori i haere ki tāwāhi whawhai ai; ka noho tonu ngā tamariki, te nuinga o ngā wāhine, me ngā koroua ki te kāinga, me ngā tāne e mahi ana i ngā mahi whakahirahira. Kāore anō te tirohanga ki tō rātou hītori kia pērātia ki tō ngā hōia i haere ki tāwāhi. Ahakoa kua whakatewhatewha ētahi kaituhi hītori i te 'home front' o Niu Tīreni i te wā pakanga, kīhai ngā mahi Māori i āta tirohia, ka whakaarohia rānei he āhua rite ki ā te Pākehā.

Nō hea hoki te whakaaro kia whakaputa atu i tētahi pukapuka i roto i te reo Māori? Ko te whāinga ake he tuhi i te pukapuka reo Pākehā e tukuna ai he hītori whānui e āta whakamāramatia nei ngā mahi katoa o ngāi māori i te wā pakanga, ā, ko *Te Hau Kāinga* taua pukapuka. Nā tō mātou pīrangi kia kitea ā mātou mahi e te marea i a mātou e rangahau ana, ka hangaia he pae tukutuku reo rua. Ka tukuna he 'kōrero' i reira e whakaurua ana he rangahau me ngā pitopito kōrero mō ā mātou i kohura ai; he mea whiriwhiri ētahi o ēnei hei pitopito kōrero mō te pukapuka nei. E whitu ngā tino wāhanga o *Raupanga* nei: ko te mahi, ko ngā ope taua ki Aotearoa, ko te hapori, ko te rangatahi, ko ngā mahi tōrangapū, ko te whakapono, me ngā tau i muri tata i te pakanga. Engari, ka taea pea ētahi o ēnei kōrero te whakatakoto ki roto i ngā kaupapa e rua, e toru rānei. Arā, ko te aronga o te pukapuka nei kia kitea ngā koiora me ngā wheako o ētahi tāngata, o ētahi hapori mā ngā kōrero poto me ngā pitopito kōrero. Nā reira, he whāinga tō *Te Hau Kāinga*, he whāinga kē tō *Raupanga*. Ka tū ngā pukapuka e rua nei hei hoa, tētahi ki tētahi.

Nā te tini o ngā taitāhake e uru ana ki roto ki ngā ope taua, ka kake ake te wāriu o te hunga mahi e toe ana, tae atu ki ngā tāne me ngā wāhine Māori, hei tautoko i ngā mahi pakanga. Nā konei, ka tahuri te kāwanatanga ki te whakamahi i ngā tāngata katoa ka taea te mahi, mā ā rātou āpiha māpere. Ahakoa kua tomo kē ngā Māori ki roto ki ngā mahi tautoko i te pakanga mai i te tau 1940,[5] ka ōkawa atu ā rātou mahi hei Maori War Effort Organisation (MWEO) i te tau 1942, i raro i a Paraire Paikea tae noa ki tōna matenga i 1943, me Eruera Tirikātene tae noa ki te mutunga o te pakanga. Kei 'Ngā Tāngata a Paikea', kei te kōrero tuatahi o te wāhanga 'Te Mahi', ka whakamāramatia e Angela Wanhalla ngā mahi a te MWEO, arā, ka tonoa tuatahitia rātou kia whakahōiatia ngā tāne Māori, engari, kīhai i roa, ka āwhina rātou ki te tuku i ngā tāne me ngā wāhine ki roto ki ngā ahumahi whakahirahira, ki te aki hoki i ngā kaimahi pāmu Māori kia whakarahia ā rātou mahi ahuwhenua. Tērā ētahi atu kōrero mō te mahi, hei tauira, ko tā Wanhalla 'Ngā Rawa Rimurimu' mō te kohikohi i ngā rimurimu hei hanga eikā[6] mō ngā take ahumahi, rongoā hoki. I mua i te pakanga, nā Hapani te nuinga o ngā eikā i hokohoko atu ki te ao. I muri i te tau 1941, ka waiho mā ngā

Māori hei whakahei ngā hiahia o te motu ki tēnei rauemi. He rite tā Ross Webb 'Te Ahuwhenua Māori me te Pakanga' i whakamāramatia ai te karanga a te MWEO ki ngā kaimahi pāmu kia rahi kē atu ngā kai e whakatupua ana, me tā Sarah Christie 'He Wāhine Māori me ngā Mahi Taonga Whawhai' mō te urunga o ngā wāhine Māori ki roto ki ngā wheketere ki Kirikiriroa me Te Whanganui-a-Tara ki te whakaputa i ngā taonga whawhai.

Ka matea tonutia he whare hei whakanoho i ngā kaimahi Māori nei. I ngā tekau tau i mua o te pakanga, kua whai tikanga rawa ngā kaimahi Māori i ngā māra e tuku huawhenua ana ki ngā mākete o Tāmaki Makaurau, engari, kīhai ngā rangatira o aua māra i tino whakaaro ki te āhua kino o ngā wharau me ngā hopuni i noho ai ā rātou kaimahi, he mea hurahura i roto i tā Lachy Paterson 'He Whare mō ngā Kaimahi Māori ki Pukekohe'. Nā te tohe kia whakanuitia te tupu i ngā huawhenua hei whāngai i ō tātou ake hōia, me ngā hōia Marikena i Aotearoa, i Te Moana-nui-a-Kiwa hoki, ka whakaratongia e te kāwanatanga he whare mō ngā kaimahi Māori, engari, i te kōpaka tonu. I te rere hoki ngā taiohi Māori ki Tāmaki Makaurau, ki ērā atu tāone hoki, mō ngā mahi i puta mai i te wā pakanga. Ka āwangawanga ngā kaiārahi Māori rātou ko ngā hāhi kei hinga ēnei taitamariki i ngā whakawai o te tāone, ina koa ko ngā kōhine Māori. Kei 'Te Kaupapa Wharenoho Māori', ka whakamārama a Emma Campbell i te putanga mai o ngā rōpū hāhi e tohe ana ki te whakarato i ngā whare pai, i ngā mea haumaru hoki. I tīmata tēnei kaupapa i te wā pakanga, ā, ka whakanuitia i muri.

Ahakoa e tūao ana te uru o ngā tāne Māori ki roto ki ngā ope taua, mai i te tau 1942, ka āhei te kāwanatanga ki te whakahau kia whakaurua ngā Māori ki roto ki ngā mahi whakahirahira, tae atu ki ngā wheketere taonga whawhai, ki ngā mira kani rākau, me ngā hinonga e whakaputa ana i ngā kai, i ngā hū, me te tūpeka. Kei 'Te Māpere Ahumahi, ngā Poari Pīra me te Iwi Māori' ka torohē a Webb i ētahi kēhi o ngā Māori e tautohe ana mō ngā wāhi i tonoa ai rātou. Ahakoa kua whakaritea kia mahi tahi ngā āpiha kāwanatanga, hei tauira, ngā āpiha māpere, me ngā komiti ā-iwi kia whakanōhia paitia aua kaimahi Māori, ka puta mai he tūtakarerewa i waenganui i a rātou. Kei te arotahi te kōrero a Webb, ko '"Tatou, Tatou, Altogether": ko Bob Tūtaki, ko te Kutikuti Hipi me ngā Mahi Māori mō te Pakanga', ki te hua o te pakanga i kaha uru ai ngā kaimahi Māori ki roto ki ngā mahi me hono te uniana. I te āwangawanga hoki tētahi kaihautū uniana, a Robert Tūtaki, kei mate ngā mahi kutikuti hipi i te kōpaka o ngā kaimahi Māori, engari, ka hūneinei ētahi kaikutikuti i te aukati i tō rātou haerenga ki tāwāhi. Mā 'Ngā Mahi Nēhi', ka whakakitea e Alice Taylor rāua ko Angela Wanhalla, ahakoa he mahi pai taua mahi mā ngā wāhine Māori, ā, ka ahu ētahi nēhi Māori ruarua ki tāwāhi tiaki ai i ngā hōia, kāore rātou i kaingākautia i roto i ngā hōhipera katoa o te motu. Ahakoa ēnei take, i te tīmatanga o 1943, ka tauākī whakahīhī a Paraire Paikea ki te Pāremata, ka 11,550 tōpū ngā Māori, tāne mai, wāhine mai, e mahi ana ki ngā mahi whakahirahira.[7] I te mutunga o te tau, kua piki te tokomaha ki te 15,000 e mahi ana i roto i aua mahi whakahirahira puta noa te motu.[8]

Ahakoa ka noho tonu te nuinga o ngāi māori ki Aotearoa nei i te wā pakanga, tokomaha o ēnei hoki ka uru ki roto ki ngā ope taua. Ko te pīhi tuatahi o te wāhanga 'Ngā Mahi Taua' he kōrero nā Rosemary Anderson rāua ko Angela Wanhalla, ko 'Ngā Mahi Wāhine: Ki te WAAF, ki ngā Pāmu rānei?', mō te urunga o ngā wāhine ki roto ki ngā ope taua kia taea ngā tāne te tuku ki tāwāhi. Kāore ngā kaiārahi Māori katoa e rata ana kia mau kākahu hōia ā rātou taitamāhine; ki tō rātou whakaaro, mā te mahi a aua wāhine ki ngā pāmu o ō rātou whānau, ka rahi kē ake ngā hua mō ngā mahi pakanga. Tokomaha hoki ngā tāne Māori i pīrangi ki te wawao i Aotearoa mā te urunga ki roto ki ngā rōpū Ope Kāinga. Ahakoa i whakaaetia te Ope Māori hei ope motuhake i raro i ōna ake āpiha Māori, kīhai ngā rōpū Ope Kāinga i pēneitia. He mea kōrero tēnei take i roto i tā Webb, 'Te Iwi Māori me te Ope Kāinga'.

I ētahi wā, ka tonoa ngā hapori Māori kia āwhinatia ngā mahi a ngā ope taua. Nā te whakararuraru i ngā tima ki Wharekauri i te tau 1940, ka whakatau te kāwanatanga o Aotearoa ki te whakatū i tētahi wāhi hei tauranga mō ngā waka rererangi ā-moana, he mea tūhura e Anderson kei tāna kōrero, 'Te Papa Waka Rererangi Toropuku o Wharekauri'. I āwhina te hapori katoa, he Māori te nuinga, ki te hanga i taua papa waka rererangi. Tokomaha hoki ngā tāngata Māori i āwhina, i tautoko i te hui mō te Rīpeka Wikitōria o Te Moananui-a-Kiwa Ngārimu, he mea whakawhiwhi i muri i tōna matenga mō tana toa i te tau 1943. Ka mea tā Paterson kōrero, ko 'Te Whakawhiwhinga o te VC o Ngārimu, 1943', ki a Ngata, ko te hui nei ki Ruatōrea he āheitanga ki te whakamōhio i te nui o te mahi, me ngā matenga, o ngā hōia Māori ki tāwāhi, ki te iwi Pākehā, hei whakanui hoki i tāna kaupapa 'utu o te kirirarautanga'. He maha, he nui, he taumaha ngā mahi hei whakatū i tēnei hui, nā te ope taua, nā te kāwanatanga i whakatutuki, engari, nā ngā kāinga o Te Tai Rāwhiti anō hoki, me ngā tamariki o ngā kura Māori, puta noa te motu.

Kei roto i te wāhanga 'Te Hapori' he kōrero anō mō ngā wheako o ngā kāinga Māori. I kaha tautoko te kāwanatanga i te hui ki Ruatōrea, engari, kāore ngā hui katoa i pērātia. Hei tauira, kei 'Te Raihanatanga me ngā Tangihanga', ka kōrero a Paterson mō ngā katinga mō ngā tangihanga Māori i poroporoakitia ai ō rātou tūpāpaku, arā, ngā kai i raihanatia, pērā me te parāoa, te huka, me te pata. I whakatūria te ture raihana i te penehīni i te tīmatanga o te pakanga. Nā konei i uaua ai te taenga atu o ngā manuhiri ki te tangihanga. Nā ngā kāinga Māori katoa i poroaki ā rātou tama e wehe atu ki tāwāhi, i tangihia ngā mea i hinga, i whakatauria hoki ngā hōia i hoki ora mai. E mōhiotia whānuitia ana te rōpū rongonui, ko Ngāti Pōneke, i mahi i ēnei momo mahi, ki Te Whanganui-a-Tara, ki wāhi kē hoki. Engari, kei te arotahi ētahi o ngā kōrero nei ki ngā mahi kāore pea e tino mōhiotia ana. Kei tā Wanhalla 'Ko Ngāti Ōtautahi, he Rōpū Māori' he kōrero mō te kapa haka o tētahi atu tāone, nā te pakanga i tū ai hei kohikohi moni, hei tiaki hoki i ngā hōia Māori e tae mai ana ki Ōtautahi. He pakupaku rawa te pukapuka nei hei miramira i ngā mahi a ngā Māori katoa mō te motu, mō ō rātou ake kāinga, i te wā o te pakanga, ahakoa ka kitea he tāngata rongonui, he tāngata kāore e tino mōhiotia ana, i roto i ētahi o ngā kōrero nei. Kei 'Lena Matewai Ruru: He Manaaki i te Hapori', ka whakaatu a Wanhalla i tētahi wahine; tua atu i āna mahi puoro, tākaro hoki, he tino kaiārahi ia nō tōna iwi i Tūranga-a-Rua. Puta noa te pakanga, kāore pea he rā, kāore ia e manaaki ana i tōna whānau, i te hapori hoki, e hāpai ana rānei i ngā take e pā ana ki te pakanga, mai i ngā poroaki me ngā pōwhiri i ngā hōia o tōna rohe, ki te kohikohi moni hoki me ngā konohete.

    He tino nui ngā mahi tautoko i te pakanga i tutuki i ngā hapori Māori. Ka kohikohia ngā horotai me ngā kai Māori, ka whakaritea he pouaka kai, kākahu hoki, kia tukuna atu ki tāwāhi, ki ā rātou tama. E hia kē mai hoki ngā pauna moni i kohia e rātou. He rerekē te Pakanga Tuarua o te Ao i te Pakanga Tuatahi i whakatūria ngā tini rōpū e whakataetae ana mō ā rātou ake kaupapa. Mō te Pakanga Tuarua, ka whakatau te kāwanatanga kia whakakotahitia katoatia ngā mahi kohi moni i raro i ngā Patriotic Boards. Kei te whakamahuki te kōrero 'Ko ngā Kuīni Māori o ngā Hui Taurima', nā Christie, i tētahi tikanga hei mahi moni. Ka whakataetae ngā wāhine, e kīia nei he 'kuīni', ki te whakaputa i te pūtea nui rawa atu. I te nuinga o te wā, ka tautokona rātou e ō rātou whānau, hapū hoki, ā, i te mutunga, ka karaunatia te toa hei kuīni i te hui taurima, i te pō whakangahau rānei. Ka kaha uru ngā Māori ki roto ki ngā tini kaupapa kohi pūtea, engari, mehemea ka whakaaetia, ka aro rātou ki te mahi moni mō ā rātou ake hōia i tāwāhi.

Ko ngā kōrero tuatahi e rua o te wāhanga 'Ngā Taiohi', nā Christie, mō tētahi kaupapa nui i whakaaetia e te kāwanatanga, arā, te taraka kai i haere mā Āwherika ki te Raki me Ītari i te taha o te Ope Māori, he mea utu ki ngā kapa a ngā tamariki o ngā kura Māori puta noa te motu. Kei 'He Tohu Aroha: He Kohi Moni mō te Taraka Kai' he kōrero mō te kohikohi moni a ngā tamariki; ka whakakitea i 'Te Rau Aroha: Te Taraka Kai, i te Mura o te Ahi, i Muri Hoki' ngā haerenga o taua taraka i te wā pakanga, tōna tāpoi ki ngā kura Māori i muri tata iho, tōna whakahoutanga me te whakatakotoranga ki roto ki te Whare Taonga o Ngāti Tūmatauenga i te tau 1980.

Ki te kāwanatanga o taua wā, he 'raruraru' te taiohi Māori. I te nui haere te tokomaha o te iwi Māori, ka āhua 57 paihēneti i raro i te rua tekau tau i te tau 1948, ā, kua mārama, kāore he whenua hei oranga mō ngā Māori katoa ki ō rātou ake rohe i ngā tau e heke mai nei.[9] Kei tā Christie rāua ko Taylor 'Te Arataki-ki-ngā-Mahi mō ngā Taiohi Māori' ka matapakitia te rongoā o te kāwanatanga mō te 'raruraru' nei, arā, kia kauparetia ngā taiohi Māori ki roto ki ngā mahi kē, ki ngā tāone nunui i ētahi wā. Ki te whakaaro o te tino kairangahau Pākeha, o H. C. McQueen, me uru ngā taitamariki Māori ki ngā mahi ahuwhenua, ki ngā mahi ahumahi pararau, engari he teitei ake ngā wawata o te āpiha Māori tuatahi, o Kahi Harawira, mō te arataki-ki-te-mahi. I pīrangi kē ia kia tokomaha atu ngā nēhi me ngā kaiako Māori, me ētahi atu mahi ā-rehe, me ngā umanga teitei. I taua wā, tokoiti ngā tāngata o Niu Tīreni i tae atu ki ngā whare wānanga, he ruarua kē ngā Māori. Kei te kōrero 'Ngā Wheako Māori ki ngā Whare Wānanga', ka whakamārama tētahi o ā mātou tauira i whiwhi i te karahipi raumati, a Zoe Thomas, i āna rangahau e titiro ana ki ngā tauira Māori tokowhā e ako ana ki ngā whare wānanga.

E ono ngā kōrero kei roto i te wāhanga 'Te Tōrangapū'. Kei te tū te Pakanga Tuarua i waenganui o te koiora o te kāwanatanga tuatahi o te Pāti Reipa. Ka tino nui tōna wikitōria tuatahi i te tau 1935, engari, ahakoa ka wini ngā pōtitanga e toru e whai ana, ka memeha haere tōna kaha, ā, ka piki ake te tatau o ngā mema o tōna hoariri, o te Pāti Nāhinara. Engari, tērā tētahi atu rōpū. Ko te whāinga o te poropiti Māori, o Tahupōtiki Wiremu Rātana, kia tango katoa āna tāngata i ngā tūru Māori e whā. Ka mau tonu a Eruera Tirikātene o te rōpū Rātana i te tūru Māori ki te Tonga i 1932, ā, i te pōtitanga o 1935, ka whiwhi te tama a Rātana, a Toko, i te turu ki te Hauāuru. Nā, kua whakamaneatia e te rōpū Rātana ngā tini Māori rawakore, whenua kore hoki, me te hunga pani, ā, ki tō rātou whakaaro, i hāngai pai ngā tikanga a Reipa hei tiaki i te hunga rawakore ki tā rātou i pīrangi ai. I muri tata iho i te pōtitanga, ka whakaritea he whakaaetanga e T. W. Rātana rāua ko Michael Savage, ko te pirimia Reipa, ā, ka uru ngā mema Rātana tokorua ki roto ki te rōpū pāremata o te Pāti Māori. Ka riro i a Paraire Paikea te tūru Māori ki te Raki mō Rātana me Reipa i te tau 1938, ā, i te tau 1943, ka whakahinga a Tiaki Ōmana i a Tā Apirana Ngata, i te tangata kua mau i te tūru ki te Rāwhiti mai i te tau 1905.

Tērā ētahi kōrero mō ngā pōtitanga. Hei tauira, ka matapaki a Paterson i tētahi kaihautū whaimana o Ngāti Maniapoto, o te Kīngitanga hoki, i roto i 'Pei Te Hurinui Jones: Ko Hakipea me te Taha Tōrangapū'. Ka mautohe ētahi rangatira o te Kīngitanga, hei tauira ko Te Puea Hērangi, i te rōpū Rātana. I rite tonu te tū a Pei Te Hurinui i ngā pōtitanga ki te whakahinga i ngā tāngata Rātana, engari, kore rawa i whai angitu. Ka titiro hoki te kōrero nei ki te mahi i tino mate nui ai a Te Hurinui, ki te whakamāori i ngā whakaari a Wiremu Hakipea, me ētahi atu tuhinga rongonui. Ahakoa he mema nō te Āpitihana, he mea whakaaweawe tonu a Ngata i roto i te pāremata, tae atu ki te kāwanatanga Reipa. Ko te āhua nei, he mea whakamīharo 'Te Hinganga ā-Pōti o Ngata' i te tau 1943, nā tōna mana ki te ao Māori, ki te ao Pākehā hoki, me te roa o tōna mematanga. Engari, i taua wā, i te tahuri ngā kaipōti Māori ki te titiro ki ngā kaupapa e whai painga ana, kāore ki ngā ingoa nunui o te ao tōrangapū. Nā, ki te kōrero nei a Paterson, nā te waimārie anake i kore ai te koroua nei e hinga i tētahi pōtitanga o mua.

Kei 'Ngāi Māori me te Rautau 1940' ka torohē a Paterson i ngā āhuatanga tōrangapū o te urunga o te iwi Māori ki roto ki ngā mahi hei whakamaumahara i ngā tau kotahi rau mai i te hainatanga o te Tiriti o Waitangi. Tērā tētahi whakanui rahi ki Waitangi, tētahi whakakitenga nui ki Te Whanganui-a-Tara, me ngā tini mahi whakahari ki wāhi kē. Ki a Ngata, he āheitanga tino pai te Rautau nei, mā te kuhu o ngā Māori ki roto ki ngā whakanui te mana Māori e hāpaingia ai, arā, mā te whakaatu i ngā tikanga Māori me ngā toi whakarākai ki te iwi Pākehā, ā, nā te pakanga, mā te whakangungu o ngā hōia Māori ki Waitangi. Engari, kāore ngā Māori katoa, inarā, ko ngā iwi i pāngia ai e te raupatu whenua, i kite i te pai kia tautokona te whakanui o te kotahi rautau o te whakataiwhenuatanga o Aotearoa e te iwi Pākehā. Nā konei, nā te whakaaro hoki o Te Puea Hērangi rāua ko King Korokī kua takahia te mana o te Kīngitanga, kīhai te nuinga o ngā Māori o Waikato, o Taranaki hoki, i tae atu ki te hui i Waitangi. Engari, ehara i te mea kīhai te Kīngitanga i tautoko i ngā mahi e pā ana ki te pakanga. Kei te kōrero a Connor Aston, a tētahi o ā mātou tauira karahipi raumati, ko 'Te Kīngitanga me te Ao', he whakahirahira ngā tohe a Te Puea me te Kīngitanga kia puta ngā tikanga e kake ai a Aotearoa, tae atu ki te whakawhanaunga ki ngā hōia Marikena i whakanohoia ki Aotearoa, ā, ka whakahoahoa a Kīngi Korokī ki te Tumuaki o Amerika mā te reta. Engari, ka hōhā a Te Puea i te ngākaurua o te kāwanatanga ki ngā take mōtika o te iwi Māori, hei tauira, i te tohe a te kāwanatanga kia tangohia ngā eka ruarua o Ngāti Whātua e toe ana ki Ōrākei. Kei 'Te Petihana mō Ōrākei, 1943', ka whakatewhatewha a Wanhalla i ngā mahi a Te Puea mā, Māori mai, Pākehā mai, ki te whakarite i ngā petihana rarahi, me ngā porotēhe pākahukahu ki taua kāinga hei taupare atu i ngā hiahia o te kāwanatanga.

Ahakoa kua haumi ngā mema Rātana ki te Pāti Reipa, i ētahi wā, ka tino rerekē tā rātou i wawata ai kia kake ai te iwi Māori. Pērā me te nuinga o ngā Māori, i pīrangi te rōpū Rātana kia haere whakamua a ngāi māori, engari kia tū tonu ō rātou tikanga me tō rātou tuakiri, ā, mehemea ka taea, kia mau tonu te rangatiratanga. I tata kē te whakaaro o ngā kaiārahi Reipa ki tō te iwi Pākehā whānui, arā, ka pai ake kia piri kē ngā Māori ki ngā tikanga Pākehā, kia rite ki te Pākehā. Nā te pakanga, mā te MWEO me ngā tini komiti ā-iwi, i nui haere ai te mana o te iwi Māori ki te whakahaere i ō rātou koiora, i ō rātou kāinga, me ā rātou mahi, ā, kīhai rātou i pīrangi kia tukuna atu. Ko te hiahia o te kāwanatanga me tōna Tari Māori, kia hoki anō ki ngā āhuatanga i mua o te pakanga, i whakahaeretia ai ngā take Māori e te Tari Māori. Kei 'Te Hui Māori o Oketopa 1944', ka kōrero a Paterson mō te hui i karangatia e te Tumuaki o MWEO i taua wā, e Eruera Tirikātene, i tae mai ai ngā tini rangatira o te ao Māori, hei whakamōhio i ō rātou wawata, tūmanako hoki, hei ātete hoki i te mahere a te kāwanatanga. Ko te mea whakarapa, he pūhore kē.

Ahakoa te urunga o ngā mema Rātana ki roto ki te kāwanatanga Reipa, me te whakatū i a Paikea rāua ko Tirikātene hei momo minita, ka toko ake he whakaaro rangirua mō te piripono o ngā tāngata o te Hāhi Rātana i muri i te tomo a ngā Hapanihi ki roto ki te pakanga i Tīhema, 1941. Kei te kōrero tuatahi o te wāhanga 'Te Whakapono', kei tā Paterson 'Tērā ētahi Kaikaiwaiū Māori i te Wā

Pakanga?' ka tirohia ēnei toera i puta tuatahi mai i te toronga atu ki tētahi pīhopa Hapanihi i a Rātana e pōkai ana i te ao i te tau 1924. Nā te āwangawanga me te tūmatatenga i te pakanga hou ki Te Moana-nui-a-Kiwa, ka rangona anō ēnei kupu whakapae. Akahoa kāore he kiko ō ēnei heitara, ka whakaaturia te tino pororaru i roto i te ao Pākehā.

Mā te piringa o ngā Māori ki ngā hāhi 'Pākehā', arā, ki ngā Hāhi Mihinare, Katorika, Wēteriana, Mōmona, Perehipitīriana hoki, e kitea ana te āhua mīhana ake o aua hāhi. Engari, ka hāngai te take, me pēhea te iwi Māori e uru pai ai ki roto ki ēnei hāhi, ki te whakaaro mō te wāhi noa o ngā Māori i roto i te hapori whānui. Nā te iti haere o te reo Māori hei reo tuatahi mō ētahi Māori, nā te nukunuku hoki o ngā taiohi Māori ki ngā tāone, ka tīmata ai te tohe a ētahi kaiārahi Pākehā o ngā hāhi, me hanumi ngā Māori ki roto i ngā whakaminenga me ngā mahi a ngā hāhi Pākehā. Engari, ka āhua tautētete tēnei whakaaro ki tō te iwi Māori, kia mau tonu ki tō rātou tuakiri Māori i roto i ngā hāhi, me ērā atu wāhi o te ao. Ka torohē a Paterson i te pēheatanga o tēnei raruraru ki tētahi hāhi, i 'Ngā Tautohetohe mō te Taha Māori o te Hāhi Mihinare', i ātetetia ai e Ngata me ētahi atu rangatira Māori te tikanga a te Pīhopa o Ākarana kia whakakotahitia te wāhanga Māori me te wāhanga Pākehā. I rerekē te Hāhi Perehipitīriana, he iti rawa pea nō tōna taha Māori. Kāore he raruraru nui kia whakaaetia he Hīnota Māori motuhake i whakanuitia ai te whakamahi i te reo Māori. E kōrerotia ana tēnei ki tā Paterson 'Te Reo Māori me te Hāhi Perehipitīriana, 1945'.

Ahakoa te pakanga, i pīrangi ngā minita me ō rātou whakaminenga kia rite tonu ā rātou mahi ki ō ngā tau o mua, kia kaua hoki te pakanga e whakakino i ngā mahi ā-wairua. Hei tauira, i te whakareri noa ake te Hāhi Katorika o Aotearoa i te Hui Katikīhama ki Te Whanganui-a-Tara, hei wāhanga o te Rautau o te motu i te tau 1940. Kei 'Ngā Katorika Māori me te Hui Hākarameta o 1940' he whakamāramatanga nō tēnei hui nui. Engari, kāore te pakanga i whakapā mai ki ngā mahi katoa a ngā hāhi. E whakakitea ana ki tā Christie 'Hēhita Atawhai, Mihingare Wēteriana', ka pēhea ngā mahi a tētahi mihingare wāhine. Ka whakatipu ia i ngā huawhenua, hei oranga māna anō, hei whāngai hoki i ōna hoa. Ahakoa te rāhui o te penehīni me te kōpaka o ngā taea mō tōna motukā, ka whakaritea kia haere atu ia ki te torotoro haere i ngā tāngata o tōna takiwā. Kei te matapaki tā Paterson 'Ngā Mahi Mīhana a te Hāhi Mihinare' i te kōpiri o ngā mahi hāhi i te tokoiti o ngā kaimahi me ngā raruraru o te pakanga, ahakoa e kaha tonu ana te wairua mīhana, me te tohe kia whakahokia ngā hipi ngaro ki roto ki te taiepa. I mahi hoki ngā whakaminenga mō ngā hōia i tāwāhi. Nā Anderson 'He Mea Whatu ki te Aroha me te Ngākau Pai' te kōrero mō tētahi kuira, he mea tuitui e ngā whaea o Manutūkē mō ngā hōia māuiui ki tāwāhi. I te tekau tau 1940, he Māori te nuinga o ngā mema o te Hāhi o Ihu Karaiti o Ngā Hunga Tapu o Ngā Rā o Muri Nei. Kei 'Te Hāhi Mōmona me te Iwi Māori', ka whakaatu a Paterson i te pīrangi o ngā hapori Mōmona kia tū tonu te āhua o ā rātou mahi, arā, ngā hui, ngā karakia, me ngā toronga atu ki te kōrero ki tāngata kē. I pāngia hoki ēnei mahi e te raihana o te penehīni, e te wehenga o ngā tāne ki tāwāhi, engari, nā te hokinga o ngā mihingare Marikena ki Amerika i te tau 1940, ka waiho mā ngā whānau Māori ēnei mahi e whakahaere. Tua atu i ēnei, nā te hiahia kia hāpaingia te ingoa o te Hāhi i Aotearoa nei, ko te tino kaupapa o te Hui Tau ki Heretaunga i te tau 1943 he mahi moni mō ngā take pakanga.

    He maha ngā mate i pāngia ai te iwi Māori i muri tata iho i te pakanga, ā, kei te rangona tonutia ētahi tae noa ki nāianei. Kei roto i te wāhanga whakamutunga o te pukapuka, kei 'I Muri i te Pakanga', he kōrero e pā ana ki taua wā. Kei 'He Kōrero mō tētahi Pēpi Māori', ka matapaki a Erica Newman mō te whānautanga mai o tōna whaea, mō te tamāhine a te whaea Pākehā rāua ko te matua Māori, i te wā e kaha pāhekoheko ana ngā iwi e rua. Engari, nā te *adoption* i wehea ai te māmā o Erica i tōna whakapapa Māori. Kei roto i tāna kōrero, kei 'Te Whawhai Mutunga-kore mō te Rangatiratanga', ka titiro tētahi o ā mātou tauira karahipi raumati, a Leighton Williams, ki ngā mate i puta mai i te ture, i te Maori Social and Economic Advancement Act o te tau 1945, ki te whakamahi hoki a te Maori Trustee i ngā wāhanga o taua ture kia riro mai ngā whenua Māori, ā, nā te kore whai oranga i wehe atu ai ngā whānau Māori ki te tāone.

    Nā ngā āhua tōhenehene o te pakanga i matea ai he wā kia uru pai anō ngā hōia kua hoki ora mai ki roto ki te hapori. Kei 'Ngā Ratonga Whakamātūtū mō ngā Hōia Māori i Hoki Ora Mai' ka whakatōmene a Wanhalla i ahatia ngā hōia i hoki ora mai i te pakanga, ā, i pēheatia ō rātou hiahia e te kāwanatanga, e arotahi ana ki ngā mea i pāngia ki ngā tini hauātanga. Tērā tētahi mea i puta mai i te wā pakanga kei te ora tonu, arā, ko ngā waiata i titoa i taua wā, e rangona tonutia ana i runga marae i ēnei rā. Nā Bethany Waugh te kōrero whakamutunga 'Te Kapa Haka me ngā Ope Taua' e whaiwhakaarotia nei te whakahirahiratanga o ēnei waiata i roto i te hapori i ēnei rā.

Kāore ngā kaituhi o te pukapuka nei e takune ana ki te tuku atu i te hītori katoa o ngā wheako Māori ki Aotearoa nei i te wā o te Pakanga Tuarua o te Ao. Ka hoatu kētia he pitopito kōrero mō ētahi tāngata Māori, ō rātou kāinga, ā rātou mahi rānei, kia mārama ai he āhuatanga nō ō rātou wheako, nō ō ētahi atu pea. Ko tō mātou hiahia hoki ka arongia te pukapuka nei e te hunga e pīrangi ana ki te pānui i ēnei tū kōrero i roto i te reo Māori, ka tahi; ka rua, ka whai painga mō ngā tauira kura, whare wānanga hoki. He maha tonu ngā kōrero o tēnei kaupapa kāore anō kia huraina. Ko te tūmanako, ka kawea ake te mānuka e tāngata kē, ā, mā rātou e mahi ā rātou ake rangahau mō tēnei wā whakahirahira o te hītori o Aotearoa nei.

'Ngā Rawa o Aotearoa'. He taitamāhine Māori me te wūru pai rawa atu. Nā te pakanga, ka wātea ngā tini mahi mā ngā kaimahi Māori ki runga pāmu.

He kaiwhakaahua tautangata, nō Archives New Zealand Te Rua Mahara o te Kāwanatanga, A1740.

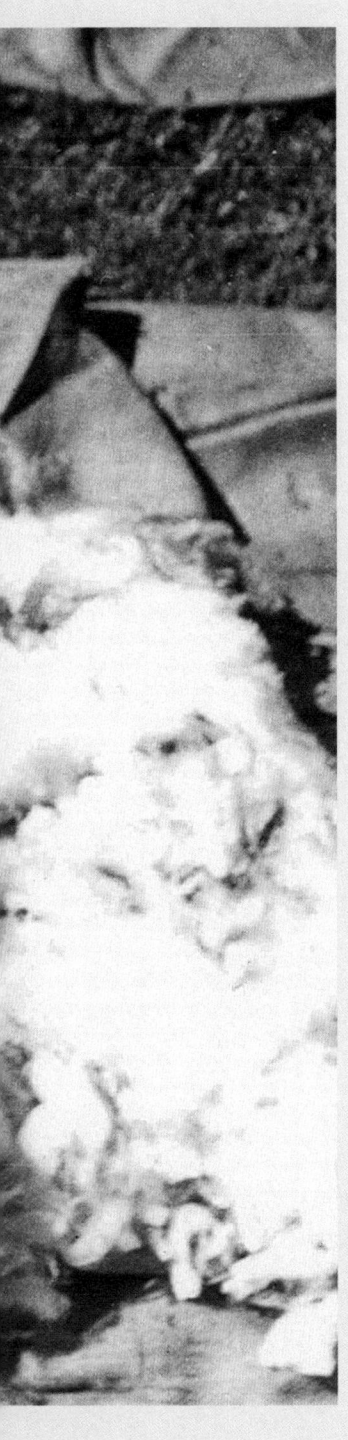

Te Mahi

He tāpaetanga nui ngā mahi a te iwi Māori hei tautoko i ngā take pakanga o Aotearoa, ahakoa i roto i ngā ahumahi whakahirahira, i roto rānei i ngā mahi ahuwhenua. I ētahi wā, hei tauira i roto i ngā wheketere hanga i ngā taonga whawhai, ka wehe ngā kaimahi i te hau kāinga mahi ai ki ngā tāone. I ētahi wā, hei tauira, mō ngā mahi pāmu, mō te kohikohi rimu rānei, ka mahi ngā tāngata ki te kāinga, ki ngā wāhi rānei e pātata ana. Nā te pakanga i puta mai ai he āheinga hou mō ngā kaimahi Māori; ahakoa i ētahi wā ka tino pai ō rātou wheako whaiaro, i ētahi wā ka pā mai hoki te pōuri, ngā wero, me ngā wheako kino.

Nā te Maori War Effort Organisation (MWEO) te nuinga o ēnei mahi i whakarite. He minitatanga kāwanatanga, engari he hinonga Māori te MWEO, mai i te tumuaki ki ngā tini komiti ā-iwi puta noa te motu e whakahaere ana, e tiaki ana i ngā kaimahi Māori. Me kore ake ēnei tāngata hei kawe i ēnei pīkaunga. Nā ā rātou mahi ki te kimi i ngā tāngata mō ngā mahi huhua, i mahi ngā tāngata o te MWEO hei takawaenga mō ngā whānau Māori me ngā tari kāwanatanga me ō rātou āpiha, pērā me ngā āpiha māpere. He whakaaro kē ō tēnā taha, ō tēnā taha i ētahi wā. Kei te whakatewhatewhangia ēnei kaupapa i roto i ngā kōrero o tēnei wāhanga.

'Ngā Tāngata a Paikea': Te Whakaoreore i te Iwi Māori

Angela Wanhalla

Kei roto i tā Aroha Harris tuhinga mō Tāmaki Paenga Hira hei whakamahara i te Rā ANZAC 2020, ka hurihuria e te kaituhi hītori nei te kōrero roa mō te whakaoreore i te iwi Māori mō ngā mahi mō te wā pakanga, wā rangimārie hoki. I kī mai ia, i tua atu i ngā taumaha o te pakanga, '*many Māori communities also turned their attention internally to the welfare of themselves, their homes and their marae, in the process laying the foundations for community work that would follow in the second half of the century.*'[1]

Ko te MWEO tētahi o ngā hinonga whakahirahira i whakahaeretia e te iwi Māori hei āwhina i te motu i te wā pakanga, ā, he tuatinitini ngā komiti i whakatūria hei kimi i ngā tāngata Māori mō ngā taua whawhai, me ngā umanga whakahirahira o te motu.

E whakaarohia ana e ētahi, he hinonga ā-kāwanatanga noa iho te MWEO, engari, mehemea ka āta tirohia ngā mahi a ngā komiti i puta mai, ka kitea nā ngā marae, nā ngā hapū, nā ngā iwi ā rātou ake kaupapa i whakaara. I te tautoko rātou i ngā mahi pakanga a te kāwanatanga, engari, i te tiaki hoki rātou i te oranga me ngā tikanga o ō rātou ake hapori.

Ko Paraire Paikea (1894–1943) te kaiwhakaū o te MWEO; ko ia te mema pāremata o Te Tai Tokerau, ā, he minita Rātana hoki.[2] He nui rawa atu ngā mahi a Paikea i roto i te kōrero nei mō te whakaoreore i te iwi Māori, engari, nā tā tātou tino aro atu ki ngā whawhai a ngā hōia ki tāwāhi, kua āhua wareware pea āna mahi e pā ana ki te pakanga, me ngā mahi a te hunga i noho tonu ki Aotearoa nei.

I te 11 o te marama o Mei i te tau 1942, ka tuku reta a Paikea ki te pirimia, ki a Peter Fraser, i marohitia ai he māhere mō '*the better organisation of the Māori war effort*'. Ko tāna, i te hāpai kē te iwi Māori i ngā mahi pakanga, arā, ko ngā hōia i tāwāhi, i Aotearoa nei hoki, te mahi kai, te mahi ahumahi, tae atu ki ngā mahi tautoko i te motu. E ai ki a Paikea, hei '*awaken the people generally to a full realisation of the gravity of the position, and to give them a lead as to the avenues to which their activities could be more efficiently directed*', arā, ka hiahiatia kia pai ake te whakahaere i ngā mahi.³

Ko tāna kaupapa i marohitia ai ko te MWEO, arā, kia kopoua he komiti ā-iwi i roto i ngā takiwā pōti e whā, ā, kia whakatūria he āpiha Māori kimi tangata i raro i te Chief Liaison Officer (he āpiha whaimana ia nō te taua whawhai), kia mahi tahi te āpiha nei me ngā komiti ā-iwi. I runga ake ko tētahi komiti pāremata o ngā mema Māori katoa o ngā whare e rua kia kaha whakatūria he komiti ā-iwi i roto i ō rātou ake takiwā. Ā, ka mahi tahi aua mema rātou ko te Rūnanga Pakanga o te kāwanatanga.

I te 3 o Hune 1942 i whakaaetia ai te kaupapa nei e te Rūnanga Pakanga.⁴ I wehea ngā takiwā ā-poti e whā kia rua tekau rohe e ārahina ana e ā rātou ake āpiha kimi tangata. Nō te Ope Taua, nō ngā Ope Kāinga ēnei tāngata. Tokowaru i roto o te takiwā ki te raki, tokorima ki te rāwhiti, ā, tokoono ki te hauāuru. Ahakoa ko te wāhi nui rawa atu ko Te Waipounamu, kotahi anake tōna āpiha kimi tangata.⁵ I raro rātou i a Rūtene-Kānara Hemphill, te Chief Liaison Officer, ā, i mahi tahi rāua ko te minita mō te MWEO. Ko Paikea te minita tae noa ki tōna matenga i Āperira 1943. I tukuna te tūranga o Hemphill i Hune 1944 ki te kaitiriwā, ki a James Paumea Ferris (Ngāti Porou), ko ia te āpiha kimi tangata o mua o Tūranganui-a-Kiwa.

E rua ngā whāinga a Paikea: kia whakahaeretia paitia ngā mahi pakanga a te iwi Māori, ka tahi; ka rua, kia hāpaingia te rangatiratanga mā te ārahi ā-hapū, ā-iwi. Ā, ka whaihua tāna kaupapa. I tāna reta o te 11 o Mei, kua meatia e Paikea ka rima, ka ono pea ngā komiti ā-iwi. Engari, i Hānuere 1943, e 315 ngā komiti, he mea whakatū puta noa te motu: e 99 i Te Tai Tokerau; 115 i te taha hauāuru, e 82 i te taha rāwhiti; ā, 19 i Te Waipounamu.⁶ Nā ēnei tini komiti ā-iwi, ka whakataua kia whakatūria he komiti ki runga kia pai ake te whakahaere i ngā mahi o ia takiwā.⁷ Tua atu i ngā komiti ā-iwi e 315, i te mutunga o Hānuere 1943, e 41 ngā komiti ki runga kua whakatūria. I Māehe 1945, e 398 ngā komiti ā-iwi, e 51 ngā komiti ki runga.⁸

Nō te whakatūranga o te MWEO i Hune 1942, i taiepatia tōna roa ki te ono marama. Engari, i roto i aua marama e ono, 10,825 ngā tāngata kua whakaurua e te MWEO ki roto ki ngā mahi whakahirahira; e 4844 ngā tāne ki roto ki te Ope Whawhai, e 2,040 ki roto ki te Ope ā-Motu, ā, e 9875 hoki ki roto ki ngā Ope Kāinga.⁹ E 27,584 katoa ngā tāngata Māori kua uru ki roto ki ngā momo mahi pakanga mai i te 95,000 o te iwi katoa. Nā konei, ka ora tonu te MWEO.

Tua atu i te kimi tangata mō te whawhai me te ahumahi, ka whakatairanga ake hoki te MWEO i te ahuwhenua; i mahi tahi rātou ko ngā āpiha o te Tari Māpere me te National Service Department ki te whakahaere i ngā raruraru i puta mai, pērā me ngā kaimahi matangaro. I tohe te MWEO ki te tautoko i ngā mahi ahuwhenua o ngā Primary Production Councils, he mea whakatū e te Tari Ahuwhenua, engari, kāore aua kaunihera i āta aro atu ki a rātou. I āwhina, i tautoko hoki te MWEO i ngā hōia kua hoki ora mai, kia riro mai ngā penihana me ngā ratonga whakanohonoho o te kāwanatanga. I te taha o ngā āpiha Māori toko i te ora, ka tautoko hoki te MWEO i ngā tāngata kua neke atu ki ngā tāone mahi ai.

Ahakoa he hinonga ā-kāwanatanga, ka whakakitea e te MWEO te āheitanga o te mana ā-iwi me te ārahitanga Māori i tēnei wā mōrearea, me te tere hoki o ā rātou mahi. Ko te whakaaro o Eruera Tirikātene, o te mema o Te Waipounamu i te tau 1945, '*Whether it was reinforcements for overseas, [picking] agar seaweed, kumeras [sic], potatoes, men for the freezing industry, shearers, girls for the factory or market gardening the Maori people through the organisation responded immediately.*'[10] Engari, ko te mea pōuri, ahakoa ngā hua me te angitu o te MWEO, ahakoa te hiahia o ngā komiti ā-iwi me ngā mema Māori, ka poto te oranga o te hinonga nei i muri i te pakanga. Ka whakamutua, ka ngaro kē āna mahi ki roto i te Maori Social and Economic Advancement Act 1945, he mea whakamana i te 1 o Āperira 1946.

Me kore ake a Paikea hei whakaoreore i te iwi Māori. I mihia āna mahi e Eruera Tirikātene ki ngā āpiha kimi tangata me ngā āpiha takawaenga Māori i tō rātou hui i Hūrae 1945: '*You are all Paikea's men. Paikea had something in view, something greater than what was in operation at the time that he died. He had a vision for the future, and I feel that we can become not only a great asset to the Government and the Nation as a whole, but also to ourselves, irrespective of what Government might be in power.*'[11]

He nui rawa atu tā te iwi Māori tautoko i ngā mahi pakanga. E 95,000 pea te tokomaha (engari, e 58 paihēneti i raro i te 21 tau i te tau 1945), ā, ka uru te nuinga o ngā pakeke ki roto i ngā mahi pakanga. Ka tūao noa ngā mahi a ngā komiti ā-iwi me ngā komiti ki runga; ko te Chief Liaison Officer rātou ko ngā āpiha kimi tangata anake i utua. Ahakoa ka kūmea ngā mahi a te MWEO ki roto ki te tari hou (Maori Affairs), nā tā Paikea kaupapa nei i waere te ara mō ngā kaiārahi Māori hou i muri i te pakanga.

ᴀORIS' WAR EFFORT: RECRUITING CONFERENCE IN AUCKLAND

E kōrero ana a Hon. Paraire K. Paikea mō te kaupapa kimi hōia i tētahi hui o ngā āpiha Māori i Hune 1942.

Nā *Auckland Weekly News* te whakaahua, nō Auckland Libraries Heritage Collections, AWNS-19420916-19-10.

Ngā Rawa Rimurimu

Angela Wanhalla

He tino taonga te rimu i te wā o te pakanga, arā, te rimurimu o te moana. Ka tīmata ngā pakihi ā-rimu i taua wā, i runga i ngā mahi rangahau a te kaipūtaio mātauranga huaota, a Lucy Moore, me ngā mahi whakahirahira a ngā whānau Māori e kohikohi rimu ana i te tekau tau 1940.

Nā ngā kōpaka o te wā pakanga i kake ake ai te utu o te eikā (*agar*), puta noa te ao. E unua ana te mea nei i tētahi momo rimu (*Pterocladia lucida*), he mea whakamaroke; he āhua rite te eikā ki te tiere, ki te pia rānei. Nā te urunga mai o Hapani ki roto ki te whawhai nui i te Tīhema o 1941 i tino hira ai tēnei rawa taiao, nā te mea i whakaputa a Hapanihi i te nuinga o ngā eikā o te ao. Ka katia ēnei, ka aro ērā atu whenua kia kimihia he rauemi hou, kia tirohia hoki ā rātou ake rawa. I pēnei a Aotearoa.

He maha ngā take o te eikā. Hei tauira, e whakamahia ana mō te mahi kēne i ngā mīti i taua wā. E tino pīrangitia ana hoki i roto i ngā hōhipera hei pia whakatipu huakita (*agar culture*). I whakawhiwhia te Davis Gelatine Company, o Ōtautahi, ki te raihana, ā, mai i te marama o Hūrae, 1943, i te mahi rātou kia whakaputaina kētia ngā rimu maroke ki *'the white granulated powder which is used in bacteriological work, pharmaceutical preparations, cosmetics, some milk products, and the meat canning and confectionary industries'*.[1]

Ka matea ngā tini rimu (e kīia nei he *'weed'*) kia whaihua te whakaputa eikā. Nā reira i hiahiatia ai kia kitea ngā wāhi i tipu pai ai te rimu eikā, arā, he kurauri te tae, he rite te āhua ki ngā rau o te aruhe. Kāore aua momo wāhi i tino mōhiotia i taua wā. Engari i te tīmatanga o te tekau tau 1940, ka āta tirotiro te kaipūtaio mātauranga huaota o te Department of Scientific and Industrial Research, a Lucy Moore, ki ngā takutai o Aotearoa, ā, ka kitea he huhua taua rimu ki ngā ākau o Te Tai Tokerau, o Te Moana-a-Toitehuatahi, o Te Tai Rāwhiti hoki. He wāhi whakahirahira hoki a Rangiwhakaoma (Castlepoint) me Te Aho-a-Māui (Cape Turnagain) o te ākau rāwhiti o Manawatū, ā, ko Taranaki me Kaikōura hoki.[2]

I akiaki te kāwanatanga i ngā hapori o ēnei rohe e noho tata ana ki te takutai kia kohia te rimu nei. Nā, i tipu kaha taua rimu i ngā wāhi i nohoia ai e te Māori, e tata ana ki ngā whenua o te Māori; nā reira i arongia ngā Māori hei kaikohikohi.³ Nō te tau 1942 a Moore i toro atu ai ki Te Tai Tokerau, ki Te Moana-a-Toitehuatahi, ki Te Tai Rāwhiti hoki hei whakanui i taua mahi, *'in an endeavour to organise the industry for war purposes'*.⁴ I tukuna mai tētahi kohinga tōmua e ngā whānau o Te Whānau-a-Apanui o Waihau Pei.⁵

I tautokona hoki e ngā niupepa ā-rohe tā te kāwanatanga kaupapa nei kia puta mai he pakihi rimu i Aotearoa nei. I akiakina ngā kaipānui kia katohia ngā rimu i te takutai (kaua i ngā wahapū) ina timu te tai; ka tukuna hoki ngā tohutohu me pēhea e horoia ai, e whakamaroketia ai, e pēretia ai. I ākina anō hoki kia uru ngā tamariki o ngā kura Māori ki te mahi nei.⁶ Mai i waenganui i te tau 1942, ka whakanuitia te kohi rimu e te wāhanga tamariki o te *Northern Advocate* (ko The Young Northlander te ingoa), e mea ana he tino mahi te kohi rimu hei tino hāpai i ngā take pakanga mā Te Tai Tokerau.⁷ I whakaatuhia hoki me pēhea te rimu tika e mōhiotia paitia ai, i hea e tipu ana, ā, ka meatia kia kohia *'with a dinghy or into an open mesh bag or flax kit'*.⁸

Me kore ake te mātauranga, ngā pūkenga me te pukumahi o te iwi Māori hei tautāwhi i te pakihi rimu o Aotearoa. E ai ki te mema pāremata o Te Tai Tokerau, ki a Paraire Paikea, ehara te kohi rimu i te mahi hou mā te iwi Māori, arā, he tino horotai te rimu nei mai rā anō, pērā me tōna tuakana, me te karengo.⁹

I uru ngātahi ētahi hapori ki te mahi nei, hei tauira, ngā kāinga o Tūpāroa, o Whareponga, o Tokomaru, o Anaura ki Te Tai Rāwhiti, ā, ki Te Moana-a-Toitehuatahi hoki – *'fences draped with drying seaweed are a familiar sight from Omaio to Cape Runaway'*.¹⁰ Ka kaha te kuhukuhu o ngā hapori o te ākau o Whāngāpē ki Te Tai Tokerau ki roto i te umanga nei. Ko ētahi *'tend their farms and catch large quantities of fish, while a number are making a living from the collection of agar seaweed'*.¹¹ I ētahi wāhi, hei tauira, i Tokomaru me Maketū, nā ngā wāhine i kohikohi te rimu hei pūtea kē, i ā rātou tāne e whawhai ana ki tāwāhi.¹²

Tae atu ki waenganui o te tau 1944, ka whakaarohia e rua rau whānau pea, he Māori te nuinga, e tautoko ana i te pakihi eikā.¹³ He mea whawhaki e whitu tekau tana o te rimu i te tau 1943, e iwa tekau mā rima tana i te tau e whai ana; nō Te Tai Tokerau, nō Te Moana-a-Toitehuatahi, nō te Īhi Kēpa (e tata ana ki Te Araroa) te nuinga.¹⁴ I te mutunga o te tekau tau, nō Te Matau-ā-Māui, nō Ngāti Kahungunu hoki te nuinga o ngā hapori kohi rimu.

E ai ki ngā kōrero a ngā niupepa, he mahi whaihua te kohi rimu mā ngā hapori e tata ana ki te takutai, ina koa, mā te iwi Māori. I te tau

1944, ka meatia mai e te *Northern Advocate*, '*there is plenty of weed and plenty of money for the gathering*'.[15] Engari, he ruarua ngā whānau i ora i te whawhaki rimu anake. Tuatahi, ka tino mahia i te raumati, mai i Tīhema ki Āperira. He mahi waingōhia te kohikohi: ko te ritenga ngāwari rawa atu ko te kohi rimu ki tātahi i muri i te paringa o te tai; he pai tēnei hei tiaki i ngā rimu e tipu tonu ana.[16] I kōwhakina hoki mai i ngā toka, mā te ruku rānei ki ngā wāhi hōhonu e pai ake nei te tipu o te rimu eikā. Ka haere hoki ētahi ki ngā pūkawa mā runga poti, mā runga hōiho rānei.[17] He nunui ngā mahi i muri i te kohinga; '*attached to agar collecting is the cleaning, sorting and baling*', ā, kia pai rawa atu te hua, '*the weed has to be washed and dried at least twice before it is baled*'.[18] Kātahi ka tukuna ki te wheketere eikā i Ōtautahi.

Ahakoa i piki te utu, mai i te iwa pene i te pauna (weiti) ki te kotahi hereni, mā te whawhaki anake i te tino huhua rawa atu o te rimu ka riro he pūtea āhua rawaka. Hei tauira, i muri i ngā tau e rua e kohikohi ana, nā ngā whānau Māori o Te Moana-a-Toitehuatahi ngā tana e 53, e £5,771 te wāriu.[19] 16 ngā tana a ngā kaiwhawhaki e 50 o Herekino-Whāngāpē ki Te Tai Tokerau, £1454 te pūtea. I te tau 1944, e 8785 pauna nā ngā whānau tekau mā rima o Opononi me Ōmāpere; e £439 i utua, arā (mehemea i rite te wehewehe), e £29 mā ia whānau, mā ia whānau. I te wā raumati o ngā tau 1943–1944, ka whakawāteatia a Ahipara Reef Point hei wāhi kohi rimu, ā, e 5467 pauna (e £273 te wāriu) i apoapohia e ngā whānau o reira.[20]

Tērā pea, ka pōhēhētia he papai ēnei pūtea mō ngā marama o te raumati, engari, ehara i te tino pai ngā hua mō te nuinga o ngā whānau e mahi rimu ana. (Hei whakaritenga, tokomaha ngā kaimahi tāne e whiwhi ana i te £5/5/-, neke atu rānei, i te wiki.)[21] Koia anō, ka inoi atu ngā kaikohi Māori ki ō rātou mema pāremata kia tirohia te tika o ngā utu, ā, kia rapuhia he utu nui ake.[22] Tata ki te mutunga o te pakanga, ka tuhi rātou ki te Minita o ngā Mahi Mākete, kia whakanuitia te utu. I hainatia te petihana nei e ngā tāngata e 49 o Maketū, e 26 o Waihau Pei, 12 o Te Kaha, e 47 o Hokianga, e tohetohe ana, ehara te kohi rimu i te mahi runaruna. '*No serious-minded person would consider taking up Agar Collecting as a full time occupation.*' He pai anake tēnei mahi uaua mō te raumati.[23] Engari, ko te kohi rimu he mahi hei āpiti noa atu ki ērā atu mahi whai moni, ina koa, ko ngā wāhi taiwhenua i tautokona ai ngā mahi pāmu ki ēnei momo pūtea kē. He moni anō hoki mehemea kua kino ngā hua o te mahi pāmu.[24] Engari, ki te whakaaro o ngā tini rangatira o ngā kāinga Māori, tua atu i ngā moni, i te pai te kohi rimu hei tautoko i ngā mahi o te pakanga, hei whakarato hoki i tētahi taonga e matea ana e te motu i te wā āwangawanga nei.[25]

Nō te mutunga o te tekau tau 1940, kua puta mai he pakihi nui hei mahi eikā. Ko Davis Gelatine Co. te kamupene anake e whakaputa ana i taua taonga tae noa ki te tekau tau 1970. I ēnei rā, he whakaputa eikā te tino umanga o te pakihi mahi rimu o Aotearoa. Pērā me ngā tau o te pakanga, ka waiho mā ngā hapori takutai hei tuku rimu ki ngā wheketere i Ōpōtiki me Whakaoriori.[26] Nō waenganui o te tekau tau 1990 ko Coast Biologicals o Ōpōtiki te wheketere anake e mahi rimu ana, e 800 pea ngā kaikohi e tuku rimu ana, puta noa te motu.[27] Kei Ahipara, i Te Tai Tokerau, he Māori te nuinga o ngā tāngata e kohi ana, e hoko ana i te rimu. Ehara i te mea ko te moni te tino whāinga. *'We can't make a living from this. We are here for land. We are out for our inheritance, not the wealth. This is not a place where you make money. Our land means more to us than anything else.'*[28]

I ākina ngā whānau Māori e te pukapuka nei kia kohikohi i te rimu nei, i te eikā. He mea whakaputa te pukapuka nei i te tau 1947.

Nā Davis Gelatine te pukapuka, nō Archives New Zealand Te Rua Mahara o te Kāwanatanga, MA1 19/1/335.

Te Ahuwhenua Māori me te Pakanga

Ross Webb

I Hūrae 1940, ka tuhi a Wiremu Tau Hapa o Ōtangaroa ki te pirimia, ki a Peter Fraser, e tuku noa ana i tōna whenua me āna mahi hei tautoko i te taha pakanga. E 200 ōna eka i roto i te Pararahi Poroka. I a ia hoki ngā purapura me ngā taputapu katoa mō taua mahi.[1] I te urupare a Tau Hapa i ngā pānuitanga e tukuna ana e te Kairēhita o te Tari Māori, e J. H. Robertson, e te kaunihera hou hoki (ko te Maori Primary Production Council te ingoa) ki ngā kaumātua whakahirahira o ngā iwi. I tuhia e Robertson,

> E mihi atu ana kia koutou i roto i te pouritanga mo tenei taimaha nui e peehi nei ia tatou ara, i te pakanga e kaikino mai nei i te tangata i tera taha o te Ao nei. Itemea kua riro a tatou tamariki ki te whawhai e tika ana tatou nga tangata noho kainga kite mahi oranga mo ratou. He nui nga kai e kainga tuku ana e nga tangata o Ingarangi, engari itemea ko etahi o nga whenua tuku kai mai ki Ingarangi kua riri ki raro i te mana o to hoariri, kua titiro penei mai ratou ki a tatou pata, tiihi, poaka piiwhi matene hoki.[2]

I te marama o Ākuhata, ka tuhia he reta whakamihi e te Hēkeretari-ki-Raro o te Tari Māori ki a Wiremu Tau Hapa mō ōna whakaaro atawhai, engari me te kupu, nā te kino o tōna whenua i kore ai ia e whakaae ki te pūtea e matea ana.

> Kei te mihi te Kawanatanga ki te Iwi Maori e awhina nei i nga mahi mo te whaiwhai a ko a koutou take e kaha ake ai te piki haere o nga mahi hei awhina i nga tikanga mo te whawhai kaore e kore ka whiriwhiria paitia e te Kawanatanga ina kokiritia mai aua take ki tona aroaro.[3]

Ka kitea i roto o te reta a Wiremu Tau Hapa me te whakahoki a te kāwanatanga he hītori huna e pā ana ki te hau kāinga i te wā o te Pakanga Tuarua, arā, mō ngā mahi a ngā kaiahuwhenua Māori i te wā i tohe ai te kāwanatanga kia nui atu te whakaputa i ngā kai a ō rātou pāmu. Ko tā te kāwanatanga o taua wā he whakanui noa i ngā mahi a ngā kaiahuwhenua Māori, engari, kei roto i ngā pūranga pukapuka tawhito, ka kitea he kōrero kē. Kīhai ngā kaiahuwhenua Māori i tuku noa i ā rātou mahi, ā, i te ātete rātou i ngā āpiha kāwanatanga me ngā Pākehā e whakatakē ana i tā te Māori whakamahi i ō rātou whenua.

E ai ki te New Zealand Primary Production Council i te tau 1940, '*The most important job to be done in New Zealand today is to produce more foodstuffs.*'[4] Pērā me Wiremu Tau Hapa, tokomaha ngā kaimahi pāmu Māori i pīrangi ki te tautoko i te kaupapa nei. I taua tau, ka whakatūria he Komiti Māori ki Waiariki hei whakahaere i '*the resources of the Maori Race in Man Power, Material and Land in a whole hearted endeavour to increase generally the output of those Primary products that are essential to the successful prosecution of the War*', ā, kia āwhinatia ngā mahi ahuwhenua a ngā tāngata Māori kia nui atu ngā kai e whakatipua ana.[5]

I te Hūrae 1940 i tū ai he hui ki Tūnohopū marae, ki Ōhinemutu, Rotorua ki te wānanga i ngā take ahuwhenua. I reira a Tā Apirana Ngata rātou ko Henry Taipōrutu Te Mapu-o-te-rangi (Tai) Mitchell, ko Judge Harvey mā. I kōrero rātou mō te mahi kānga me te poaka, ā, me pēhea rātou e reri ai '*for the coming struggle*'.[6] E ai ki a Tai Mitchell, mā ngā mahi a te hau kāinga e āwhinatia ai te ope i tāwāhi. I te hui o te Maori Primary Production Committee i Rotorua i te marama o mua, ka matapakitia e Mitchell te take nui kia nui atu te whakaputa i ngā kai nā te mea '*without an abundance of food and food stuffs the war cannot be prosecuted to a successful conclusion*'.[7]

Nā Harvey rātou ko Mitchell, ko Ruhi Pūruru, ko Tīweka Ānaru (arā, nā ngā rangatira o te komiti hou, o te Maori Primary Production Committee) he pānuitanga i tuku atu, hei whakarite i ngā mahi ahuwhenua ki ngā pakanga o mua.

> He tika ano hoki me nui tonu te kai ma a tatou hoia Maori Pakeha hoki i Ingarangi, ka kore he kai ka ngoikore te toa. I o tatou tikanga ano hoki i o te iwi Maori ko te turanga o te toa ko te pakanga a mehemea ka mamao nga pa maioro i nga maara kai ka whakaingoa tonu tia iho taua pa. Ko enei ano hoki te ahuatanga o te whakaingoa o Pikauroa Pa a te Aitanga-a-Mahaki, a Kaiapohia Pa o Ngaitahu me nga pa maha tonu o tenei takiwa, na te werawera me te kaha ki te mahi me te totohe o nga tangata ki te awhina i nga tangata o te pakanga.
>
> I tenei wa ko to tatou pa maioro kei Ingarangi ko te Pikauroa ko te tekaumarua mano maero o te moana nui a kiwa i waenganui i a tatou me a tatou hoia. He take tawhito tenei kia Tatou me hoki whakamuri rawa tatou ki nga mahi a nga tipuna e puta ai te maramatanga. Ko tenei taua take nui.

He kaimahi Māori i te pāmu o Claude Hume i Aongatete, e tata ana ki Katikati, i te wā o te Pakanga Tuarua. Ko te mahi a ngā kaimahi nei he ngaki taru i roto i ngā māra huawhenua. Tērā pea, ka tonoa ētahi o ngā kaimahi ki te pāmu nei e tētahi komiti o te MWEO, e te āpiha māpere rānei.

Nā Marjory Evelyn Hewlett te whakaahua, nō Tauranga City Libraries, 09-070.

I kitea whānuitia taua pānuitanga whakaohooho, ā, ka tū he hui ki Te Teko, ki Matakana, ki Kaikohe hoki. E whā āna kaupapa: 'Te Kaha o te Taane o te Wahine', 'Whenua me nga Taputapu Ahu Whenua', 'Te Mauri o te Tangata', me 'Kaupapa Whakahaere'. Ā, ka tonoa te kupu nei ki te iwi Māori, 'ko te take nui kia mohio koutou ki to koutou kaha. Me whakarite taua kaha ki te poaka e rite ana hei pekana a me era atu kai ka whakaatu mai ai kia matou he aha to koutou kaha ki te awhina mai hei whakarite i te hiahia o te kawanatanga.'[8]

Heoi, ko te raruraru tuatahi, kīhai ngā mea e matea ana i tino mōhiotia. I mea atu a Ngata, *'we are doubtful of what is required of us'*.[9] Arā, me whakamōhio e te kāwanatanga tāna i pīrangi ai.[10] I uaua te kohikohi mai i ngā whika e pā ana ki ngā kai, engari, he rite te karanga a te kāwanatanga kia kaha ake te whakatipu kai, ina koa, ko ngā poaka, ko te pāre, me te kānga hoki. I ui atu ētahi, me pēhea ngā rīwai, engari ka whakahoki te kāwanatanga, ka tuhene kē ngā rīwai, nā reira, *'We should not unduly encourage the Maoris in this direction'*.[11]

I hāereere taua komiti ki ngā kāinga o te motu whakanui ai i ngā mahi ahuwhenua. Ka paingia ngā mahi a te komiti e te kāwanatanga. Ka tuhi a Judge Harvey ki te Tari Māori, e whakamārama ana i tētahi hui i kaikaha ai ngā Māori ki te uru ki roto ki ngā mahi ahuwhenua. Ka meatia hoki, *'We met the Ringatu meeting at Ruatoki last Sunday, and could not but be pleased with the response of that representative gathering'*.[12] I reira hoki a Ngata. E ai ki *Te Waka Karaitiana*, 'ka tu nga rangatira o te hui ki te whakaae ki nga take i haria mai e Apirana ma, ki te ki hoki ka awhinatia te Kawanatanga ki te whakatipu i enei kai e matea ana mo te awhina i te pakanga.'[13] Ka whakanuitia ngā mahi ahuwhenua nei e Ngata. *'Everywhere in the Waikato, the King Country and North Auckland, the Maoris are also making an effort to produce more than last year.'*[14] Ki te whakaaro o te Tari Māori, e 25 paihēneti pea te pikinga o ngā kai e whakaputaina ana.[15] Engari, ki ētahi āpiha Pākehā, ko te inoi a te Māori ki te kāwanatanga kia tukuna he pūtea hei whakapai i ngā pāmu, he tono kaipaoke anake.[16] He kaikiri kē ngā kōrero a ētahi āpiha.[17]

Kīhai i roa, ka tūātia te ingoa o te komiti ki te Maori Primary Production, Man Power and Rehabilitation Committee. I hui anō rātou ki Rotorua i te tau 1942. He maha ngā tūponotanga mai i te tīmatanga o āna mahi: kua wehe kē atu te Ope Māori ki Ōropi, kua uru a Amerika ki roto ki te pakanga, ā, kua whakanohoia ngā tini hōia Marikena ki Aotearoa, tae atu ki te 45,000 te tokomaha i ētahi wā. Ā, i te Hune o 1942, ka whakaae te kāwanatanga kia whakatūria te Maori War Effort Organisation (MWEO). Ka warewaretia e ētahi kaituhi hītori, ko tētahi kaupapa nui a te MWEO, me ngā komiti ā-iwi hoki, he akiaki i ngā mahi ahuwhenua. Ko tētahi o ngā tono a te kāwanatanga ki te MWEO me ngā kaiahuwhenua Māori, mā rātou e whakatipu ngā tana kūmara e 2000 hei whāngai i ngā hōia Marikena.[18]

Puta noa te tau 1942, ka whiwhi tonu te kāwanatanga i ngā reta a ngā tāngata Māori e pīrangi ana ki te tautoko i ngā mahi ahuwhenua. Hei tauira, ka tuhi a Gabriel Elliot ki a Paraire Paikea (ko te Mema ia o Te Tai Tokerau, ko te Minita hoki o te MWEO), e kī ana:

> *The tribe of our old friend Pouaka Wehi are anxious with myself to use some of our large tract of available land to assist the war production effort in the shape of wheat growing. . . . Many of our people are working full time in the timber industry and these are willing to pool their services during Saturday and Sunday to assist in securing the maximum production.*[19]

Engari, kīhai te kāwanatanga i whakaae, e mea ana ko te tono *'obviously an attempt to get free wheat seed'*. Ka kī hoki te Minister of Primary Production for War Purposes, e kore ia e whakaae ki te tuku atu i ngā moni utu kore, i ngā purapura utu kore rānei, ā, me waiho mā te Tari Māori aua momo tono hei whakahaere.[20]

I te tau 1945, e tata ana ki te mutunga o te pakanga, ka puta mai tētahi whakahē mō ngā mahi ahuwhenua o ngāi māori. Ka whakapaea e tētahi kaiahuwhenua Pākehā, e R. L. Cassie, o te North Taranaki Primary Production Council i Ngāmotu, arā, kāore ngā Māori i 'purei i te kēmu' i te wā pakanga.[21] Ka horapa whānuitia te whakapae a Cassie, ā, ka kaha whakahēngia. Kīhai i whakaaetia e J. H. Flowers, e te āpiha māpere o taua rohe.

> *The Maoris have kept up their battalion without conscription. They have steadily increased production right through the war and have not called for men to come out of the Army to help. They have stepped up maize production, sometimes as a lot. They have done shearing and worked in the timber industry and the railways as a war effort. I know how they have answered every call without question and without thought of gain.*[22]

Nā T. Wipiti o Mangorei hoki i tuhi he reta ki te *Taranaki Herald* hei whakahoki i te kōrero a Cassie. *'That we are proud of, and above all,* *they have also unselfishly given unto the war effort production, their human strength with unselfish denial . . . Hoping the public will see fit to interpret the remarks made in our endeavour to uphold production and not shirk conscription, which all goes to help the war effort.'*²³

I te tau 1944, ka kohia e ngā āpiha o te MWEO ngā kaute o ngā kai kua whakatipua e ngā Māori, arā, tua atu i ngā kai ake hei whāngai i a rātou anō. Ahakoa ehara pea ngā whika i te tino tika, ka kitea e ngā āpiha o te kāwanatanga ngā tino mahi a ngā pāmu Māori hei āwhina i ngā mahi pakanga, ā, i nui atu tā rātou whakaputa kai i tā ngā kaiahuwhenua Pākehā.²⁴

Ahakoa i mutu te pakanga, kīhai te inoi kai i mutu. Ka whakakorehia te MWEO, engari, ka haere tonu ngā mahi ahuwhenua. I te tau 1947, ka whakamānutia e te kāwanatanga te kaupapa 'Aid for Britain', ā, ka tonoa anō ngā kaimahi pāmu Māori katoa kia tautoko i taua kaupapa. Ko te mahi he whakaputa kai mā Ingarangi, hei āwhina i tōna ōhanga, kia wini hoki te wā rangimārie i a Ingarangi. Ko te kōrero, '*our future economic progress depends on the restoration of world trade*', ā, ko Ingarangi te whenua i hokona nei te nuinga o ngā kai a Aotearoa.²⁵ Nā, kīhai he Māori i whakatūria ake hei mema o te kaunihera Aid for Britain, engari, kīhai i roa ka tonoa he tangata Māori hei mema o taua komiti '*to represent the Maori viewpoint and serve as a Liaison Officer in matters affecting the calls which were made on the Maori peoples in regard to extra production and other matters connected with the extended Aid for Britain Campaign*'.²⁶ Ka whakatūria a Tipi Tainui Rōpiha hei Hēkeretari-ki-Raro Tuarua, ko ia hoki te Kaitiaki Tuarua hoki o ngā Pūtea Māori.²⁷ Ko Te Rangiātaahua Kiniwē (Rangi) Royal hoki tētahi i tū hei mema o taua komiti i muri i a Tipi.

Ko te mahi a Rōpiha mā, he tūtaki ki ngā kairēhita, ki ngā āpiha ā-rohe, ki ngā rūnanga ā-iwi, ki ngā komiti ā-iwi hoki, ki te akiaki i ngā mahi ahuwhenua. Ā, i te tau 1947, ka toro atu te kaunihera Aid for Britain ki ngā pito o Aotearoa ki te kōrero ki ngā rangatira o Ngāpuhi, o Te Arawa, o Tūhoe, o Ngāti Awa, o Whakatōhea, o Te Whānau-a-Apanui, o Ngāti Porou, o Tākitimu, o Ngāti Kahungunu, o Ruahine hoki. I muri i ēnei hui, ka tuhia he pūrongo e tētahi mema o te komiti.

> We were fortunate in contacting most the leaders of Maoridom, and they assured us of their fullest support to the Campaign. In most cases, tribal committees have agreed to undertake the responsibility of organising the drive which the Maoris are supporting with the enthusiasm that has always

> *characterised their efforts whenever there is a national crisis
> ... We feel confident that our recent trip would influence the
> Maori people to bring all their energy to bear on the problem
> of increasing food production for export to Britain.*[28]

Ka matapakitia e taua pūrongo kua nui haere te whakaputa atu o te pata, o te pēkana, o te kānga, ā, i ngā mānia mōmona i Tūranga, i Wairoa, i Heretaunga, o te tōmato, o te apareka, o te hua kakau, o te pī hoki.

Pērā me ngā mahi o te wā pakanga, ka kōrerotia e ngā iwi Māori ō rātou hiahia, ā rātou here hoki i aua hui. Hei tauira, ka tonoa e ētahi iwi ngā taputapu ā-pāmu, arā, ngā waea, ngā taiepa, me ngā tarakihana. Ka rangona hoki he karanga kia hāpaingia te whanaketanga o ngā hapori, kia whakamanahia ngā kī taurangi kua warewaretia e te kāwanatanga, ā, kia tautokona paitia ngā rūnanga ā-iwi me ērā atu rōpū Māori. I te hui ki Rotorua, he ngākau whakapuke tō Te Arawa ki te oati i tā rātou *'manpower and resources'*, engari ko tō rātou tino hiahia kia tū motuhake ngā mahi a te Māori i ā te Pākehā. I rite te kupu a te Komiti ā-Iwi o Te Whakatōhea. I tautoko a Ngāi Tūhoe i te kaupapa, engari, ko tā rātou tono kia tirotirohia te ngāhorohoro o ō rātou awa, ā, kia hangaia he whare kai, he mea taurangi e te kāwanatanga i mua. I Tūranga, ka whakaaetia katoatia tā te kāwanatanga kaupapa, engari, ka pīrangitia he pahi hei kawe i ngā tamariki i Whāngārā ki Tūranga, me ngā whakangungu ahuwhenua mō ngā hōia e hoki ora mai ana.[29]

Kāore anō ngā rangahau nei kia kite i te pēheatanga o ngā mahi katoa i roto i ngā kāinga Māori e pā ana ki te kaupapa nei. Hei aha koa, i te tau 1947, ka tuhi a Fintan Patrick Walsh (ko ia te tiamana o te Kaunihera ā-Motu mō Aid for Britain) ki a Rōpiha, e kī ana: '*I have the pleasure in writing to you to express the Council's keen appreciation of the encouraging efforts being made by the Maori people in their campaign to assist Britain*'.[30]

He Wāhine Māori me ngā Mahi Taonga Whawhai

Sarah Christie

He wāhi whakahirahira ngā wheketere i hangaia ai ngā matā me ērā atu taonga whawhai i te wā o te Pakanga Tuarua mō ngā kaimahi Māori. Ahakoa he mahi paku tēnei momo mahi i Aotearoa i mua o te whawhai, nā te nui haere o te whakaputa i ngā matā, i ngā pū, me ērā momo mea, i kumekumea ai ētahi taitamāhine Māori ki roto ki ngā tāone. Ka whakaarohia pea e koutou te pikitia o te wahine rongonui, o 'Rosie the Riveter', e mahi ana i roto i tētahi wheketere Marikena e hanga ana i ngā manuao me ngā waka rererangi. Engari, i pēhea ngā wheako o ngā taitamāhine Māori o Aotearoa e whakaputa atu ana i ngā taonga whawhai?

Me kore ake nei ngā wheketere o tāwāhi hei tuku mai i te nuinga o ngā taonga whawhai i hiahiatia nei e Aotearoa. Engari, i te mutunga o te pakanga, i nanea ai te whakaputanga o ētahi momo pū mō ngā hiahia o ō tātou ake hōia, ā, ka taea ētahi atu mea te tuku atu ki ērā atu mana o te Kotahitanga. Kua whakatūria he wheketere hei waihanga i ngā motukā (ki ngā wāhanga he mea tuku mai i tāwāhi); ko te nuinga i Tāmaki Makaurau, i Te Awakairangi (Hutt Valley) rānei. Nā, ka whakahuria ētahi wāhanga o aua wāhi mahi motukā o General Motors, o Ford, me te Dominion Motor Company hei wheketere taonga whawhai. Nā konei i puta mai ngā tini wakatuki pū mīhini, mōtā, pohū ā-ringaringa, me ngā kariri raiwhara.[1]

Kotahi anake te tino kamupene matā o Aotearoa, ko te Colonial Ammunition Company. I te tau 1885 i tuwhera ai ki Tāmaki Makaurau, ko Whitney & Sons te ingoa. I Maungawhau te wheketere i tukuna atu ai ngā kariri kia hokona i Aotearoa me Ahitereiria. He whakahirahira tāna whakarato i ngā taonga whawhai i te Pakanga Tuatahi, ā, ka pērā anō i te wā o te Pakanga Tuarua.[2] I te tīmatanga o te pakanga i te tau 1939, ka whakarahia ngā mahi i te wheketere i Tāmaki Makaurau. Engari, ka uru a Hapani ki roto ki te pakanga, ka whakaritea e te kāwanatanga i Hānuere 1942, he wāhi haumaru kē a Kirikiriroa, he wāhi hoki i taea ai ngā mahi te whakarahi. E 24 ngā whare i hangaia i te taha o Dey Street, arā, he whare whakahaere, he taiwhanga pūtaiao, he whare kai, he whare whakaputu taonga me ētahi atu, ā, i te marama o Hune o taua tau ka tīmata ngā mahi ki reira. I mua o te pakanga, e 20 ngā kaimahi tāne, e 55 ngā kaimahi wāhine o taua kamupene; i Tīhema 1943, e 789 ngā kaimahi, e 557 o ēnei he wāhine.[3] Ki te kamupene, he pai ngā wāhine hei kaimahi, he iti iho nō ā rātou utu. Engari ka matea ngā tini wāhine anō kia ea ngā hiahia o te pakanga.[4]

He noho tūao ētahi o ngā taitamāhine Māori i uru ki roto ki tēnei mahi; he mea whakahau ētahi kia tae atu ki aua wheketere. Kāore ngā pukapuka hītori i te tino whakakite i te āhuatanga o ngā kaimahi katoa e hanga ana i ngā taonga whawhai, i te tokomaha rānei o ngā kaimahi Māori, engari e mārama ana i ngā pukapuka me ngā whakaahua o te Ford Motor Company, o te Colonial Ammunition Company hoki, he taitamāhine Māori ētahi kaimahi i aua wheketere. Nui atu i te 15,000 ngā Māori e mahi ana i roto i ngā umanga whakahirahira, ā, 10,000 ngā tono whakahau a te National Service Department kia haere ngā kaimahi Māori ki te mahi i roto i tētahi o aua umanga. Engari, kāore ēnei whika e wehewehea kia mōhiotia he tāne, he wāhine rānei ngā kaimahi, ko hea rānei te wāhi i tonoa ai rātou, nā reira, kāore e tino taea te whakarite te tokomaha o ngā taitamāhine Māori i tae atu ki ngā wheketere taonga whawhai.[5]

Ko te hanga taonga whawhai tētahi o ngā mahi e whakaritea ana hei umanga whakahirahira, i te taha o ngā mahi hiko, waro, hōhipera, mira kani rākau hoki. I te tīmatanga, kāore ngā tāne e mahi ana hei kaipūkaha, hei kaimahi rino rānei, i whakaaetia kia haere ki tāwāhi hei hōia. Engari, i te pakanga e puta mai ana ki Te Moana-nui-a-Kiwa, ka tokomaha haere ngā tāne i whakahaua kia uru ki roto i ngā ope taua. Nā konei, ka tahuri te kāwanatanga ki te kimi i ngā wāhine mō ngā wheketere taonga whawhai. I te marama o Pēpuere 1943, nā te whakarahi i ngā mahi ki Te Whanganui-a-Tara me Te Awakairanga, ka pīrangitia kia tāpiritia ngā kaimahi wāhine e 345; ā, i Tīhema 1944, 100 anō ngā wāhine i hiahiatia hei tāpiritanga.[6]

Hei whakatutuki i te pīrangi nei, ka tuku ēnei momo kamupene (pērā me Ford) i ngā pānuitanga ki ngā niupepa kia poapoatia ngā taitamāhine ki roto i ngā wheketere. Ka whakamahia te aroha ki te motu ki te pānuitanga a Ford hei akiaki i ngā taitamāhine, me te karanga mō te *'200 More Women and Girls'* hei kaimahi taonga whawhai.[7] I anga atu hoki te pānuitanga nei ki ngā hiahia o ngā wāhine ki te tautoko i 'ā tātou tāne', me te kī taurangi, *'They'll win the war if we all do our part.'* Tua atu i te miramira i te hira o te mahi, ka pāhotia hoki te āhuatanga pai o te mahi.⁸ Engari, mō Mihipeka Edwards, ehara nā te aroha pūmau ki te motu i tahuri ai ia ki te mahi ki te wheketere o Ford. I te mahi ia ki te mira wūru, ā, ki tōna whakaaro, he pai ake ngā utu me ngā āhuatanga mahi ki Ford, he iti iho nō te turituri. Ka pīrangi hoki ia ki te wehe atu i te mira wūru i mua i tētahi whakahau ā-kāwana e herea nei tōna wāhi mahi.⁹

I kaha hiahia te National Service Department kia uru noa ngā wāhine, pērā me Mihipeka, ki roto i ngā mahi taonga whawhai. Ka ahu ētahi taitamāhine Māori, pērā me Maud rāua ko Peggy Parata o Whangārei, ki Pōneke mahi ai, engari ahakoa ngā tini karanga, i matea tonutia ngā kaimahi i roto i ngā wheketere taonga whawhai, ā, ka waiho mā te kāwanatanga e whakahau ētahi kaimahi kia tika te tokomaha.¹⁰ I te Hūrae o 1942, ka whakahaua ngā taitamāhine o Kirikiriroa me Kēmureti i waenganui i te 22 me te 25 tau te pakeke kia rēhititia mō te *'work of national importance'* kia tonoa ki tētahi o aua mahi, arā, kia rahi atu te tokomaha o ngā kaimahi mō te Colonial Ammunition Company.¹¹ Nā te tokoiti o ngā kaimahi taonga whawhai ki Pōneke, ka whakatairangatia he kaupapa puta noa te motu hei kimi kaimahi, me te kupu kapatau, mehemea ka tokoiti rawa ngā tāngata e whakaae mai, ka whakahaua kētia ngā taitamāhine i waenganui i te 21 me te 30 tau.¹² Ko ngā mahi taonga whawhai, me ngā mahi hōhipera me ngā wheketere tūpeka, te tino take o ngā nekeneke o ngā taitamāhine, he mea whakahau e te kāwanatanga, i te wā o te pakanga.¹³

Engari, nā te kaha pīrangi ki ngā kaimahi, ka āhei ētahi taitamāhine Māori ki te whiriwhiri ki ā rātou wāhi mahi, arā, ki te whiti mai, whiti atu rānei, mai i tētahi o ngā momo umanga whakahirahira ki tētahi atu. Hei tauira, i te marama o Hune 1944 ka whakaaetia a Eva Pulham e te Komiti ā-Iwi o Whangārei kia wehe i tāna mahi whakahirahira i roto i te hōhipera kia haere kē atu ai ia ki te wheketere taonga whawhai i Pōneke.¹⁴ I te mutunga o 1944, i te mahi ētahi wāhine o Tūranga ki ngā wheketere tūpeka. He umanga whakahirahira anō tēnei, engari, nā te karanga kia haere ngā taitamāhine o te rohe ki te wheketere o Ford i Pōneke, ko ētahi *'found their way into the munitions business.'*¹⁵

He take tohetohe ngā whakahau kia wehe atu ngā taitamāhine ki wāhi kē atu mahi ai. Ahakoa i kapea ngā Māori i te ture i tangohia ngā tāne hei hōia, i raro kē rātou i ngā National Service Emergency Regulations, i whakamanahia ai i te tōmuatanga o 1942 kia whakahaua ngā tāngata, Māori mai, Pākehā mai, tāne mai, wahine mai, ki ngā umanga whakahirahira. E ai ki te kaupapa here, me kōrero tuatahi ngā āpiha māpere ki ngā komiti ā-iwi me ngā Maori Utilization Committees, engari kīhai i meinga i ngā wā katoa, ā, kīhai ngā āwangawanga o ngā whānau Māori i whakamāmātia mō ā rātou taitamāhine e mahi ana ki ngā wāhi mamao. Kāore tā te kāwanatanga whakahaere i ngā kaimahi e ngāwari ana, nā te mea, i tohe ngā iwi Māori kia nui atu tō rātou mana hei whakatau i ngā wāhi i mahi nei ā rātou rangatahi. He take tohetohe hoki ngā āhuatanga o ngā tāone, me te pēheatanga o ngā taiohi Māori e noho ana ki reira; nā konei ngā āpiha toko i te ora i whakatūria ai.[16]

Nā, kua mea mai te kaituhi hītori, a Deborah Montgomerie, i whakaaweawetia e te kaikiri me te ngākau whakatopatopa ngā mahi a te kāwanatanga hei whakatakoto i ngā wāhine ki roto i ngā momo umanga whakahirahira.[17] Āe, e matea ana ngā kaimahi mō ngā mahi pāmu me ngā mahi wheketere, engari, he whakaaro hoki nō te kāwanatanga he pai ēnei momo mahi mā ngā wāhine Māori. Nā reira, ka puta mai he tikanga i aukatia ai ngā Māori e pīrangi ana ki te uru ki roto i ngā mahi toa, i ngā mahi tari, i ngā mahi papai. Ki te whakaaro o te kāwanatanga, he '*underexploited sources of labour*' noa ngā wāhine Māori kia tutea ki ngā wāhi i whakaritea e ngā āpiha kāwana.[18]

Ko te kōpaka o ngā whare papai te tino raruraru hei kimi i ngā taitamāhine mō ngā wheketere taonga whawhai. Mehemea he whānau, he hoa rānei tō te taitamāhine i Pōneke, i Te Awakairangi rānei hei āwhina i a ia, ka whakaaetia ake ia mō ngā mahi taonga whawhai; ka roa kē te wā mō ērā atu kia kitea he whare mō rātou.[19] Nā te tokoiti o ngā kaimahi, ka whakatūria he wharenoho e te National Service Department mō ngā kaimahi o ngā umanga whakahirahira. I hangaia te mea tuatahi i Woburn (e tata ana ki Pito-one) i 1943 hei nohoanga mō ngā wāhine e 360, he kaimahi taonga whawhai te nuinga. E rua hoki ngā wharenoho i tuwhera i te tau 1944 ki Te Whanganui-a-Tara mō ngā taitamāhine, ko tētahi i Oriental Bay, ko tētahi i Te Awakairangi. He kirimana tā te YWCA hei whakahaere i ēnei wharenoho e toru, hei tiaki i ngā taitamāhine kia noho pai rātou, hei whakarite i ngā mahi ngahau mā rātou kei whātītipatia rātou e ngā whakawai o te tāone.[20]

Ahakoa te tokoiti o ngā kaimahi, ka rere tonu ngā whakaaro whakatoihara i roto i te whakahaere o ngā wharenoho i aukatihia nei te haerenga mai o ngā taitamāhine Māori. I te tukunga e te āpiha māpere kaimahi o Whangārei i ngā wāhine Māori tokowaru ki Woburn mahi ai i roto i te mahi taonga whawhai, ka tukuna he reta ki a ia, e kohete ana kia kaua ia e tuku anō i ngā wāhine Māori ki tēnei momo mahi. E ai ki te kaituhi reta, kāore e tika ana *'that Maoris should be sent forward to this work as they are required to be accommodated in the same premises as European women.'*[21]

Ka whakanohoia ngā kaimahi kua neke ki Kirikiriroa mahi ai ki te wheketere o te Colonial Ammunition Company i roto i ētahi whare ki Peachgrove Road. I hangaia motuhaketia ēnei, e waru ngā whare o tēnā wāhanga, o tēnā wāhanga, tokorua ngā kaimahi i roto o tēnā whare, o tēnā whare.[22] Kotahi te tino rūma o ia whare, arā, hei rūma noho, hei rūma moe hoki; e rua ngā moenga, e rua ngā tūru; kei roto hoki he kāpata, he whakaataata, he rama, he paenga.[23] I waiho mā ngā taitamāhine hei mau mai ō rātou ake hīti, paraikete, taputapu kai, me te kōhua hei tunu kai.[24] Kāore e kore, ka uaua te hokonga mai o ēnei mea mō ētahi whānau, i mua i te whiwhinga ki ngā utu tuatahi o ngā taitamāhine. I ia wāhanga, i ia wāhanga he rūma kaukau, he whare paku, he rūma horoi kākahu hoki. Ka tangohia te whitu hereni me te hikipene mai i ngā utu hei rēti. I reira hoki he hōro nui hei wāhi ngahau, i huihui ai ngā kaimahi, i taea ai hoki he kai te hoko. I ētahi wā, ka whakaratohia he pahi e te kamupene hei kawe i ngā kaimahi ki te wheketere, engari, ki te mahara o ngā kaimahi, ka hīkoi atu hoki ngā ope ki te mahi. Nā te whakaraihana penehīni, me te ruarua o ngā pahi, i rite tonu ai te hīkoikoi i ngā rā kāore rātou e mahi ana.[25]

E ai ki ngā pānuitanga e akiaki ana i ngā taitamāhine ki te mahi ki ngā wheketere taonga whawhai, i tino pai te āhuatanga o ngā mahi o reira. E kitea ana tēnei i roto o ngā whika o ngā matangaro o ngā kaimahi. He haurua te nama o ngā wehenga kore-whakaae o ngā wāhine e mahi taonga whawhai ana o te whika o ngā kaimahi o ngā hōtēra me ngā whare kai, he hautoru hoki o te nama o ngā kaimahi o ngā wheketere tui kākahu.[26] E roa ana ngā hāora mahi, engari, ka £4/6/- ngā utu mō ngā hāora e 47¾.[27] He pai ake tēnei i te £2 mō ngā wāhine e whakatika whare ana, me te £3/8/ – mō ngā wāhine e mahi ana ki ngā whare kai.[28]

Hei whakangāwari i te whakahaere o ngā ahumahi i te wā pakanga nei, ka whakakorea e te kāwanatanga Reipa ētahi o ngā tikanga nāna anō i whakatū hei tiaki i ngā kaimahi. I raro i te Factories Amendment Act 1936, e 8 hāora anake te roa o te rā mahi, e 40 hāora anake te wiki mahi. I rapuhia hoki kia tiakina ngā kaimahi wāhine; i waenganui anake i te waru karaka i te ata me te ono karaka i te ahiahi ngā hāora mahi. Engari i Hune, 1940, ka wetekia ēnei here e te kāwanatanga ki tētahi waeture nonoi kia taea ai ngā mahi tīpakopako te whakatū ki te wheketere o te Colonial Ammunition.[29] Ka rua ngā wā mahi, mai i te

He kaimahi wahine nō te wheketere taonga whawhai i Kirikiriroa i te tau 1944. He Māori ētahi o ngā wāhine e 577 e mahi ana ki te wheketere i taua wā.

Nā John Dobrée Pascoe te whakaahua, nō Alexander Turnbull Library, 1/4-000862-F.

7 karaka ki te 3 me te 3 karaka ki te 11, e ono rā i te wiki, ko te Rātapu anake hei rā whakatā. I tētahi wā, ka āpititia he wā ano, mai i te 11 karaka i te pō ki te 7 i te ata kia whakatutuki ngā mahi nonoi.[30]

I ētahi wā he whīwhiwhi ngā mahi, he āhua hōhā hoki. I ako ētahi kaimahi wāhine ki te whakahaere i ngā mīhini nunui, engari, ka waiho te nuinga o ngā mahi pūkaha mā ngā tāne. I te tīmatanga o te pakanga, tokomaha ngā kaipūkaha mōhio i kapea i ngā mahi hōia, kia mahi tonu ai rātou ki ngā wheketere taonga whawhai.[31] E whitu ngā wāhanga o te hanga i ngā matā; he āhua tāruarua ngā mahi a ngā wāhine, hei tauira, he āta tirotiro i ngā kariri kia kitea ngā hē pakupaku, he hihira i te tika o te wiri i ngā kōhao mō te wāhanga hei pupuhi i te matā.³² He paru, he hōhā hoki ngā mahi i roto i ngā rūma paura hei puru i ngā paura whakapakū ki roto i ngā pohū ā-ringaringa, i ngā mōtā hoki, ā, ka matea kia horoia ngā paru ki te tāuwhiuwhi i te mutunga o ia rā, o ia rā.³³ He mahi mōrearea anō hoki te raweke i ngā mea whakapakū. I a ia e mahi ana ki te wheketere o Ford, ka whakaae a Mihipeka Edwards ki te hanga pohā ā-ringaringa, mōtā hoki, e whakakī ana i aua mea ki te TNT, ā, kotahi te pauna i te wiki i tāpiritia ki āna utu. Ka matea he kākahu motuhake mō tēnei mahi, ā, ka āta whakatātaretia ēnei mahi e ngā kaitirotiro o te taua hōia, e tētahi kaipūtaiao hoki. I rite tonu te kupu tohutohu, arā, kia tūpato rātou, engari, waiata ai rātou i ngā waiata i ētahi wā kia ngahau kē ngā mahi.³⁴

I kaingākautia e ngā taitamāhine ngā rā kāore rātou e mahi ana, ā, ka tahuri rātou ki ngā mahi ngahau, me ngā mahi tautoko i te pakanga. I Kirikiriroa, haere ai ngā taitamāhine o Colonial Ammunition ki te whare karakia, whakatika ai i ngā whare, haere ai ki te tāone, tākaro ai rānei i ngā hākinakina i roto i ngā tīma i whakahaeretia e te kamupene. E whakaaetia ana hoki ngā kaimahi kia haere ki te whare pikitia i ngā Rātapu, kia haere rānei ki ngā kanikani e tū ana ki ngā puni hōia, ki ngā puni waka rererangi hoki. Ka haere ana rātou ki ngā wāhi tawhiti kē, ka matea he whakaaetanga motuhake me te pāhi tereina.³⁵ Ka hāpai hoki ngā wāhine Māori i ngā mahi tautoko i te pakanga; ka uru rātou ki roto ki ngā kapa haka hei āwhina i aua mahi, hei whakawhanaungatanga hoki i a rātou anō e noho ana ki te kāinga hou. Hei tauira, te rīpoata a te *Evening Post* mō tētahi poroporoaki i whakangahautia te minenga e ngā taitamāhine Māori o te Ford Company ki ngā waiata me ngā haka, i te taha o Mr. Love.³⁶

I te mutunga o te pakanga i te 15 o Ākuhata 1945, ka whakamutua te hanga taonga whawhai a ngā wāhine nei. Ka hoki ngā wheketere ki te whakaputa atu i ngā motukā me ngā pouaka makariri me ērā momo taonga. I hanga tonu te Colonial Ammunition Company i ngā kariri, engari, ka paku kē taua mahi. Nā konei, ka tukuna ngā kaimahi i ā rātou mahi mō te pakanga, ā, ka whakaaetia kia hoki ki ō rātou ake rohe. Ka pēnā ētahi ki te hau kāinga, engari, ka whakatau ētahi ki te noho tonu ki ngā tāone mahi ai ki ngā mira wūru, ki ngā wheketere kākahu, tūpeka, pihikete, ki ngā hōhipera hoki, nā te mea, he umanga whakahirahira tonu ēnei.³⁷

He Whare mō ngā Kaimahi Māori ki Pukekohe

Lachy Paterson

I ēnei rā, kāore he whare papai ō ngā whānau katoa o Aotearoa. E āhua pērā ana tō nāianei āhuatanga ki te take whare o ngā kaimahi Māori ki ngā māra mākete o Pukekohe i mua, i waenga, i muri hoki o te Pakanga Tuarua o te Ao. I kitea ngā raruraru e ngā tāngata katoa, ka maha rawa ngā kupu i kōrerotia, engari ka iti ngā mahi hei whakatika i aua raruraru.

E 50 pea ngā kiromita o Pukekohe atu ki te pū o Tāmaki Makaurau. Nā te hokonga atu o ngā māra o Tāmaki Makaurau hei wāhi whakatū whare, nā te hanganga hoki o te rerewē me ngā rori papai, ka ara a Pukekohe hei tino rohe ki te whakatipu huawhenua.[1] He uaua te mahi nei i roto i ngā māra. Nō ngā Pākehā te nuinga o te whenua, engari, i rīhitia ētahi māra ki ngā Īniana i runga i ngā kirimana poto, ko ngāi māori e mahi ana ki ngā pātiki.[2] He rawe a Pukekohe Hill mō ngā huawhenua, arā, ko te auheke e aro atu ana ki te raki, e taea nei ngā kai te tuku atu ki Tāmaki Makaurau puta noa te tau.

Ahakoa he kaimahi ētahi Māori mō te arawheu anake, i noho tūturu ētahi whānau. I mahi rātou ki tēnā māra, ki tēnā māra; he kirimana kē mō tēnā pātiki, mō tēnā pātiki. He kino te āhua o te nuinga o ō rātou whare; he pai pea mō te raumati, engari, ehara i te pai mō te tau katoa. I pērā hoki ētahi atu kāinga i ngā māra e tata ana ki Tāmaki Makaurau, arā, ko Māngere, ko Panmure, me Tāmaki hoki.[3]

Tua atu i te āhua kino o te noho, kāore he whakaaro kotahi mō te tokomaha o ngā Māori (e 500 pea ki te whakaaro o te Mea i te tau 1944); kīhai i tino mōhiotia tokohia ngā mea tūturu, ngā mea rānei e tae mai ana mō te wā poto; nō hea rānei rātou. He maha ngā tau kua riro atu te rohe o Franklin i te Pākehā, ā, i kīia rā, kāore he 'tāngata whenua' e noho ana ki reira. E ai ki tētahi āpiha o te Tari Māori, i te taetae mai te nuinga o ngā kaimahi mō te wā poto, engari i haere mai rātou mai i Hauraki, i Rotorua me Waiariki, i Te Tai Tokerau, i Waikato me Te Rohe Pōtae hoki. E ai ki ētahi atu, nō Te Tai Tokerau te nuinga. Engari anō, kāore he kāinga tūturu, kāore he pā *'where tribal control could be exerted.'*[4]

Ki a Waka Clarke, e kōrero ana ki te Minita Māori i te tau 1944, he hauwhā noa iho te iwi heke, engari, ka hoki te nuinga o ngā Māori o Te Tai Tokerau ki te kāinga i te wā hauhake kūmara.[5] I titiro pī ētahi o ngā kaikōrero, arā, he āhua kōaro ō rātou whakaaro. E ai ki ngā ākonga tokorua nō te kura tākuta e rangahau ana i te tau 1948, he manene ngā kaimahi, '*homeless, landless, illiterate people; the poorer types from many different tribes. . . . their only positive features being their ability to work under hard and adverse conditions*'.[6]

I te tau 1929, ka tū he komiti ā-pāremata ki te tirotiro i te moe tāhae a ngā wāhine Māori me ngā Hainamana, Īniana hoki e whakatipu ana i ngā huawhenua, ā, ka whakamōhiotia te noho kino o ngā Māori ki Pukekohe i roto i tā rātou pūrongo. '*The committee declares that at Pukekohe the accommodation provided for the Maoris is disgraceful. Overcrowding is prevalent and sanitary accommodation is most primitive. The general health of the Maoris was good, but living conditions must have a degrading effect.*'[7] Ko te taunaki a taua komiti, kia tū he '*strict control of the living conditions in market gardens*', mā te Tari Māori pea. Engari, ehara aua momo whare i te pai mō te hauora o ngā Māori. I te tau 1934, i te tirotirohanga a te korona i ngā matenga o ētahi tamariki Māori, ka mea ia, me whakatū '*a hostel similar to that in Tuakau, where these unfortunate people can go*'.[8] I ātetetia tēnei tono e ngā Pākehā o Pukekohe, me te Akarana Maori Association. E ai ki te Association, mehemea he whare noho, ka muia te rohe nei e ngā tini Māori, ā, ka tū hei tauira mō ngā wāhi kē.[9] Heoi anō, ka hangaia kētia he whare okioki i te tau 1938; kāore he moenga nō taua whare, engari, i wātea hei rūma huihui me ngā wharepaku mō ngā Māori e toro ana ki te tāone.

Tokohia kē mai ngā tāngata e tirotiro ana, e rīpoata ana mō ngā āhuatanga o te noho o ngā Māori i aua tau, nō te Tari Hauora, nō te Tari Māori, nō te Tari Hanga Whare, nō ngā kaunihera ā-rohe, ngā tauira o te kura tākuta me ētahi atu. Hei tauira tēnei, mai i te tirohanga a te Pukekohe Maori Women's Association, i whakamāramatia e Mrs. A. G. Clark ki te pirimia i te tau 1938.

> *She quoted the case of thirteen Maoris living in a shack of about 12 x 8 ft., the walls of which were of corrugated iron lined with sacks, and far from weatherproof, with one small window. The fireplace in this dwelling could not be used as it had not been built for a home in the first place. The cooking was done on two primus stoves and the water had to be carried about 200 yards. There were no facilities for washing or drying clothes. In this particular*

> *home there was a child of 18 months with pneumonia after measles who had died since she had made an inspection of the houses a fortnight ago. This was probably one of the worse cases but it was typical of the general discomfort of the Maoris as a whole.*[10]

Nā ngā werawera o ngā kaimahi Māori te āhua tōnui o Pukekohe. I te tau 1929, ka hui te Pukekohe Chamber of Commerce. E ai ki a M. G. Duffy, mehemea ka whakanekea ngā Māori ki ō rātou pā, ka heke ngā moni a ngā kaiwhakatipu huawhenua me ngā kaipakihi o te tāone.

> *He added that he paid between £600 and £700 a year to Maoris and most of this money was spent in Pukekohe, while other growers paid away more than he did. If the Maoris were removed it would be difficult to obtain labour and consequently the growers would have to reduce the productive areas, which would mean there would be less produce, and less money for circulation in the town. No one wanted this to occur.*[11]

Engari, kīhai te hunga whakatipu kai i pīrangi ki te whakarato i ngā whare papai mō ā rātou kaimahi. I muri i tō rātou wini i te pōtitanga o 1935, ka tahuri te Pāti Reipa ki te titiro ki te āhua o ngā kāinga Māori. Ko te hauora tētahi take, ko te hiahia hoki kia whakapākehātia te āhua o te noho Māori.[12] I raro i te Native Housing Act 1935, ka waiho mā ngā whānau Māori e tuku he pīhi whenua, ā, mā te kāwanatanga he pūtea taurewa kia hangaia he whare.[13] Engari, kīhai i taea e ngā Māori o Pukekohe; kāore ō rātou whenua.

I te tau 1937, ka whakatau te kāwanatanga ki te anga ki te raruraru nei, nā te mea, i whakakitea i roto i tētahi tirotirohanga āna kāore ngā whare o ngā kaimahi Māori e rite ana ki ngā ritenga o te Agricultural Workers Act 1936, i meatia ai, me whakarato e ngā kaiahuwhenua he whare papai mō ā rātou kaimahi. I tirotiro he āpiha nō ngā tari kāwanatanga i ētahi o ngā whare, ā, ka kōrero tahi rātou me te Mea o Pukekohe. Ki tā rātou pūrongo, e 47 ngā kaiwhakatipu kai e whakarato ana i ngā whare (o ngā mea 107 tōpū), engari e toru anake ngā whare 'pai'. E ai ki te komiti nei, me whakatū tētahi kāinga, kia 25 ngā pāhoka (me ngā tēneti e 20 mō ngā kaimahi arawheu), me ngā wharepaku motuhake, me ngā whare horoi. Ki tā rātou mahere, ka whakanohoia tētahi whānau (tokorima ngā tāngata) ki roto i te pāhoka kotahi, e 25 x 10 putu (7.6 x 3 mita) tōna rahi, me tētahi ahi i roto hei tunu kai. Ka whakahaeretia te puni nei e tētahi kaitiaki me te mana pirihimana, kia tika te hauora me ngā whanonga o ngā kaimahi.[14] Kīhai te komiti nei i kōrero ki ngā kaimahi.[15]

Nāwai rā, ka pupū ake he raruraru. I te hōtoke o te tau 1938 ka tuku waea a George Parvin (ko ia he kaiahuwhenua, he mema nō te Kaunihera o Pukekohe, he māngai hoki o Franklin mō te poari hōhipera o Tāmaki Makaurau) ki te pirimia e kī ana, 16 ngā tamariki Māori kua mate i roto i ngā marama e ono; ko te āhua o te noho te take i hemo ai rātou; ā, ko tāna tono, me whakatika ināia tonu nei e te kāwanatanga. I kī atu hoki a Parvin, me whakatū he kāinga ki waho o te tāone.[16] I whakahoki atu te Minita Māori Rīwhi, a Frank Langstone,[17] ehara te kaupapa o te kāwanatanga i te kaupapa whakatū i tētahi pā Māori, ā, ko te hiahia kē o te kāwanatanga kia whakahokia ngā Māori ki ō rātou ake takiwā ā-iwi.[18] He whakaaro heahea pea tēnei, nā te mea, e matea tonutia ana ngā kaimahi e ngā kaiwhakatipu kai, ā, ka matea hoki e ngā kaimahi he moni.

Ki te kāwanatanga, ehara tēnei i te take 'Māori', he take takiwā kē. Me ū ngā kaiwhakatipu kai ki ngā ritenga o te Agricultural Workers Act, ā, i muri i te tau 1939, ka wātea he pūtea tārewa i raro i te Rural Housing Act kia hanga whare ai ngā kaiahuwhenua.[19] Engari, ka mahara te kāwanatanga, me tahuri hoki rātou ki te whakatika i te raruraru nei. Ka tonoa e te Minita Māori kia tūhura te Tari i te tokoitinga o ngā kaimahi e matea ana mō ngā māra, ā, ina mōhiotia, ka hangaia he pāhoka mō ngā whānau pakupaku, ā, ka panaia hoki ngā whānau rarahi ki ō rātou ake kāinga tipu.[20] Kīhai tēnei i mahia. Heoi, i te tau 1940, ka whakatau kē te kāwanatanga kia hangaia he whare ruarua, kia toru ngā rūma-moe, kia rētia e ngā Māori. Ka pīrangitia hoki kia whakamararatia ngā whare nei ki ētahi wāhi motuhake *'in order to avoid segregation'*. Kauaka te kaupapa nei hei whakatika pū i te raruraru nei; hei paku whakamāmā noa iho.[21] Ka whakaaetia te £2000, ka tahuri te kāwanatanga ki te kimi i ngā tāngata papai hei kairēti, ki te rapu hoki he pīhi whenua mō ngā whare – kia kaua te nui o te whenua e neke atu i te kotahi eka, nā te mea *'we don't want Pa conditions'*.[22]

I tuhi hoki te Hēkeretari o te Minita Māori (ko M. R. Jones) ki a Rev. P. Moke, e mea ana 'Kei te mohio koe kinga uauatanga o to taua iwi mo te taha ki te waipiro me te purei kaari me era ahuatanga. Kaore te Minita i te pai kia noho huihui nga whare kei tata rawa mo enei ahuatanga.'[23] I hiahiatia he kāinga – arā, he 'pā' – motuhake e te nuinga o ngā Māori, i waho o te tāone, hei wāhi e noho ai rātou hei Māori, kia whakatūria he kura Māori, he whare hauora hoki. Engari, i pīrangi kē te kāwanatanga kia noho tahi ngā iwi e rua, kia haere ngā tamariki ki te kura o te tāone, ā, kia āhua nui ngā rēti e utua ana e ngā Māori i runga i tō te kāwanatanga kaupapa whakapākehā. *'The payment of rent involves responsibility, and responsibility is what the Maoris of Pukekohe must be taught if evils they are at present charged with can be overcome.*'[24]

Pērā me ngā Māori, i pīrangitia e ngā Pākehā he kāinga Māori e tū motuhake ana ki waho o tō rātou tāone,[25] engari he rerekē ō rātou take i ō ngā Māori. Kāore e kore, nā te muimui mai o ngā whānau Māori ki waenganui o te tāone i ngā wīkene, i toko ake ai te ngākau kaikiri i roto i ngā Pākehā ki ngā kaimahi Māori. I te hokonga mai a te kāwanatanga i ngā tekiona mō ngā whare, ka tuku petihana ngā kaiutu reiti Pākehā ki te Kaunihera, e kī ana, e tata rawa ana aua tekiona ki te tāone; mā te *'putting Maoris at the whitemans [sic] front door'* e heke ai te wāriu o ō rātou whenua, ā, ka aukatitia te haere whakamuatanga o te tāone.[26] Ahakoa te whakahoki a Langstone kia piki te atawhai o aua Pākehā ki ō rātou hoa tata Māori, ā, e tika ana kia pai ngā āhuatanga o te noho o ngā Māori *'as the original inhabitants of these islands,'*[27] ka hokona atu ētahi o ngā pīhi whenua e te kāwanatanga. Tekau mā tahi ngā whare i hangaia kautia i te tau 1942.

Tērā tētahi atu mahi a te kāwanatanga hei whakapai i te āhua o te noho a te Māori, arā, he pāhoka 'Public Works' kua whakamahia kētia e te Ope Taua. I te urunga o Hapani ki roto ki te pakanga, me te taenga mai o ngā Marikena ki Aotearoa, ka piki te hiahia ki ngā huawhenua, ā, ka āpititia e te Pukekohe Production Council ngā eka e 938 anō ki ō rātou māra, kia whakatipuria tōna 8000 tana anō hei hoko atu ki te Ope Taua. Heoi anō, 150 ngā kaimahi hou e hiahiatia ana hei mahi i aua kai. Ko te raruraru, kua wehe kē ētahi o ā rātou kaimahi Māori ki ngā umanga whakahirahira o te motu, ā, kāore ō rātou whānau e mahi ana ki ngā māra. Ko te mea whakarapa kē mō ngā kaiwhakatipu kai, kīhai te mahi māra i tauākītia hei mahi whakahirahira, nā reira, e wātea ana ngā kaimahi kia haere ki mahi kē. Nā konei, ka tukuna e te kāwanatanga he pāhoka e 50–60 hei whakatenatena i ngā kaimahi kia noho, kia hoki mai rānei, hei whakamanea hoki i ngā kaimahi hou.[28] Engari, kīhai ngā raruraru i murua katoatia, he whakamāmā kē noa iho tēnei.

Ki te Tari Māori, e ai ki ngā ritenga o te Agricultural Workers Act, me whakarato he whare e ngā kaiwhakatipu kai, ā, ka tohea e rātou kia whakamanahia aua ritenga e te Tari Mahi.[29] Ko te whakautu a te Tari Mahi, ahakoa e noho ana ētahi whānau ki tētahi māra, i ētahi wā ka mahi rātou ki wāhi kē. Ehara ngā Māori i te 'kaimahi' o ngā kaiwhakatipu kai; i te nuinga o te wā, ka whakaaetia e te pāpā o te whānau he utu mō ia māra, mō ia māra. Kāore he utu ā-hāora, he kirimana kē, nā reira, e ai ki te ture, ko te matua te rangatira o aua kaimahi. I kī mai hoki te Tari Mahi, he kirimana poto ā ngā kaiwhakatipu kai, ā, mehemea me whakarato e rātou he whare, ka whakarere rātou i te mahi kai.[30] Nā reira, ka tukuna e te Tari Māori a Kāpene Rangi Royal ki te tirotiro (anō) i ngā āhuatanga o ngā whare o ngā kaimahi Māori.[31] E ai ki tāna pūrongo i te tau 1945, e 84 ngā whare e matea ana mō ngā tāngata e 500.[32]

I mahia hoki he tirohanga anō e ngā ākonga tokorua o te kura tākuta i te tau 1948. I kitea e rāua ngā tāngata e 779 e noho ana ki ngā māra, e 410 o ēnei he tamariki i raro i te tekau mā rima tau. 132 ngā whānau Māori, e 80 paihēneti o te hunga mahi katoa. I te noho rātou i roto i ngā whare 126; e tino kikī ana ngā mea e 39. E ai ki a rāua, 13 anake ngā mea 'pai' (arā, ngā whare 11 he mea hanga e te kāwanatanga i 1942, me ngā mea e rua anō); he 'āhua pai' ngā mea e 66 (arā, ko te nuinga he pāhoka 'Public Works'), engari, kotahi haurua e kikī rawa ana; 12 ngā mea kanukanu; ā, ko ngā 35 e toe ana he *'hovels quite unfit for human occupation'*.[33] I tuhia e Donald Hunt tāna tuhinga tohu paerua i ngā tau o waenganui o te tekau tau 1950. Ka kī ia, tokomaha ngā kaimahi Māori e noho ana i roto i ngā pāhoka ā-kāwanatanga, engari, ka waiho tonu ngā *'corrugated iron sheds'* hei nohoanga, *'with earth floors and primitive sanitary, washing and cooking facilities'*.[34] Engari, nā te tohe a te iwi Māori (me ngā Pākehā pea o te tāone) ka whakatūria he kura Māori, he kura motuhake, e tata ana ki ngā māra i te tau 1952.[35]

Kua mārama nei, ahakoa ngā mahi a te tuatahi o ngā kāwanatanga Reipa ki te hanga i ngā whare mō te hunga pōhara i muri i te tau 1935, me te kaha whakapai i ngā whare Māori ki ngā whenua Māori, ka tū tonu te raruraru o ngā whare kanukanu, o ngā whare kikino o ngā kaimahi Māori ki Pukekohe i te wā katoa o taua kāwanatanga, i muri hoki. I mōhio te Tari Māori, i te pāngia te hauora o aua whānau nā te kino o te noho. Ā, e ai ki tōna ake kaupapa, he taputapu ngā whare papai hei whakapākehā i te āhua o te noho o ngāi māori. Ā, ahakoa ka hiahiatia e te iwi Māori me ngā Pākehā o te tāone kia whakatūria he kāinga Māori motuhake e tata ana ki ngā māra, kīhai te kāwanatanga i whakaae. Nā te aha te kāwanatanga i kore ai e hanga i ngā whare papai mō ngā kaimahi katoa? Nā te kore pīrangi ki te whakapau moni, ka tahi. Ka rua, ki te whakaaro o te kāwanatanga, ehara māna ngā whare mō ngā kaimahi e whakarato, mā ngā kaiwhakatipu kai kē. Heoi, ka waiho tonu ngā whare kanukanu, ngā wharau, me ngā pāhoka pakupaku mō ngā kaimahi Māori rātou ko ō rātou whānau i mua, i waenganui, i muri i te wā pakanga.

Te Kaupapa Wharenoho Māori

Emma Campbell

I te wā o te Pakanga Tuarua, tokomaha ngā rangatahi Māori i heke mai i te wā kāinga ki ngā tāone mahi ai i roto i ngā umanga whakahirahira o te motu. Nui atu ana ēnei tāngata, ka uaua mai te kimi i ngā whare hei nohoanga mō rātou. Nā ngā mahi nei o te wā pakanga i tere ai te whakatū i ngā wharenoho hei wāhi mō ngā taitama me ngā taitamāhine o te iwi Māori. I Tāmaki Makaurau, e kīia ana ko te 'Maori Hostel Movement'.

Ehara ngā wharenoho ā-tāone mō te iwi Māori i te mea hou. He mea hanga he whare ki ētahi tāone i ngā tau tōmuri o te tekau mā iwa o ngā rautau me ngā tau tōmua o te rautau rua tekau, engari mō ngā Māori e tae mai ana ki te tāone mō te wā poto. Ka tahuri hoki ngā hāhi ki te hanga wharenoho, he āwangawanga nō rātou ki ngā tini taitamāhine Māori e haere mai ana ki Tāmaki Makaurau mahi ai hei hāwini i mua i te pakanga. Kāore rātou e tae mai ana ki ngā whare karakia, ko tā rātou mahi kē he *'hanging about the street with nowhere to go'*.[1]

Nō te marama o Hepetema o te tau 1939 te pakanga i tīmata ai, ā, ka whakarērea e ngā tini taitamāhine Māori ā rātou mahi hāwini kia uru ai ki roto i ngā umanga whakahirahira, arā, ki ngā mahi wheketere. I te tau 1944, ka whakapuakina e Hīhita Jessie Alexander he kōrero whakatari i Papatoetoe mō ngā āhuatanga whakarihariha mō ngā wāhine Māori e noho ana ki Tāmaki Makaurau. He roroa āna mahi o mua hei mihingare o te mīhana Māori o te Hāhi Perehipitīriana, engari, i tāna tāoki i te tau 1936, ka neke ia ki Tāmaki Makaurau i anga ai ia ki te kaupapa wharenoho nei.[2]

I kimihia e Hīhita Jessie he wāhi pai hei *'home for our Maori girls'*. I te tīmatanga, ka whakaratongia e ia he kaputī utukore i roto i te whare o te Christian Alliance of Women and Girls. He mea tā he kāri tono i roto i te reo Māori, ā, nā ēnei kaputī i taea ai e ngā taitamāhine te huihui tahi ki te tāone, ki te whakahoahoa hoki. Hei tīmatanga tēnei mō te hanga i tētahi wharenoho mō ngā wāhine Māori; ā, ka whakamahia hoki e Hīhita Jessie tōna kāinga hei *'rendezvous for lonely girls'* e ngenge ana, e pīrangi ana ki te aroha me te manaakitanga.[3]

Ka tahuri a Hīhita Jessie ki te hāpai i te kaupapa nei. I taua wā, ko ia hoki te kaihautū o te taha Māori o te Women's Christian Temperance Union (WCTU). Nā reira, i ngā tau tōmua o te tekau tau 1940, ka tū ia ki te kauhau atu ki ngā huinga o te WCTU mō te kaupapa nei. Nō tāna kōrero ki te huihui i Papatoetoe, ka tautokona e te whakaminenga. Nā te Tumuaki o te WCTU, nā Mrs J. Long, te kaupapa i whakatakoto ki te komiti whakahaere o Tāmaki Makaurau, kia whakamānutia tūturutia te kaupapa nei kia whakatūria he wharenoho.[4] He ngākau whiwhita tō te rōpū nei, ā, ka kaha anga rātou ki te mahi moni, ki te rapu whare hoki.

I ngā tau o te pakanga, ka puta te māharahara ki ētahi, ka pēhea te rangatahi Māori e noho pai ai i roto i te ao tauhou o te tāone. Ko te āwangawanga hoki o ētahi kaihautū Māori, e aukatitia ana ngā whare pai, ngā mea tika, mō ngā taitamariki Māori e te ngākau kaikiri, whakatoihara hoki o te iwi Pākehā. Nā konei te United Maori Women's Welfare Society Incorporated (UMWWS) i whakatūria ai e ētahi wāhine Māori e noho ana ki Tāmaki Makaurau i te tau 1943. I muri tata tonu nei, ka tukuna he tikanga whakahaere ki te komiti ā-iwi Māori o Tāmaki Makaurau kia tū he wharenoho ki ngā wāhi ahumahi mō ngā taitamāhine Māori. Nā te Tumuaki o te UMWWS, nā Matire Hoeft te kaupapa nei i whakatairanga. I te mahara ia ki te hekenga mai o ngā taitamāhine Māori, tata ki te 700, ki te tāone; ko te nuinga e mahi ana ki ngā umanga whakahirahira, e whakangungutia ana rānei hei kaiako, hei nēhi rānei.[5] Ko te māharahara o Matire Hoeft mā, kei kore aua wāhine e uru pai ki roto te ao hou o te tāone i runga i te '*unusual situation created by the war*'. E ai ki te kaitiaki moni o tō rātou rōpū, ki a Waima Davis, ka tino whakaraerae ngā taitamāhine Māori i te korenga e whiwhi i ngā nohoanga papai.[6]

I te tīmatanga, ka whakaarohia kia pērā ngā wharenoho Māori ki ō te iwi Pākehā. Kīhai te komiti ā-iwi i tautoko i taua kaupapa, nō te mea, he tikanga kē tō rātou ki te whakatū i tētahi whare huihui mō te iwi Māori. Ka tahuri kē te UMWWS ki te komiti whakahaere o te WCTU nāna he pūtea i tuku mai mō te kaupapa.[7] I kaha mahi te UMWWS ki te whakatū wharenoho i te taha o te WCTU. Ka uru ētahi ki roto i te Auckland District Union, ā, tokotoru i tū hei mema o te Komiti Wharenoho Māori o taua rōpū.[8] Kāore e tino mōhiotia, ka ahatia te UMWWS; tērā pea ka whakarērea i muri i te pakanga, ā, ka uru rānei ngā mema ki roto ki ētahi atu rōpū Māori.

He wāhine nō te Wharenoho mō ngā Kōhine Māori, i Tāmaki Makaurau, e kai ana i roto i te whare kai.

Nā Maori Missions Committee te whakaahua, nō Presbyterian Research Centre, P-A21.62-170.

Tērā tētahi atu rōpū e tohe ana ki te whakatū wharenoho, ko te Auckland United Maori Mission (UMM). Nō ngā hāhi Porotehana te rōpū nei, ā, i puta mai i ngā tau tōmua o te pakanga. Ko Hīhita Jessie he mema nō te Komiti Whakahaere o te rōpū nei. I tuwhera te wharenoho tuatahi o te UMM i te tau 1943, hei wharenoho, hei whare mīhana hoki. Kīhai i roa, tekau mā rua ngā taitamāhine e noho ana ki reira, ko ētahi he ākonga nō te Kura Paipera, hei kaiāwhina tā rātou mahi ki te wharenoho nei.[9]

I taua wā hoki, kua kohia he pūtea e te WCTU, ā, i te taha o tētahi nama ā-kāwanatanga, ka taea tētahi whare te hoko ki Parnell, tekau mā tahi ngā rūma. I tuwhera tūturu i te 11 o Tīhema, 1943, ā, ka nōhia wawetia e ngā wāhine e rua tekau mā rua. Tokoono he ākonga nō te Epsom Training Institute; i te mahi ētahi ki ngā wheketere. He pai te whare nei mō ngā wāhine e rua tekau. Ka utu moni ngā taitamāhine mō te noho ki taua wharenoho; ka whāngaia ki ngā kai e toru i ia rā, i ia rā. I reira hoki he wahine Māori hei 'whaea', hei kuki hoki. Ka tatū mai ki te mutunga o te pakanga, e rua ngā tau e tuwhera ana, ā, 150 ngā taitamāhine Māori kua noho ki reira.[10]

Ka taka mai ki waenganui o te tau 1944, kua tū ētahi wharenoho mō ngā taitamāhine Māori: ko tētahi i Ponsonby e rīhitia ana e te UMM; he wharenoho i Cleveland Road, i Parnell, e whakahaeretia e te WCTU; ā, he wharenoho i Wellesley Street West nā te Auckland Council of Christian Women i whakahaere. I te tau 1945, ka whakatuwheratia e te Hāhi Perehipitīriana he wharenoho i Pentland Avenue, i Maungawhau mō ngā ākonga ā-kura, ā-whare wānanga hoki, me ngā kaimahi. I tukuna e te Tari Māori he whare i Gillies Avenue ki te UMM kia whakatūria he wharenoho mō ngā taitama Māori.[11] I te kaha mahi hoki te Komiti Wharenoho Māori o te WCTU ki te kohikohi moni kia hokona ētahi atu whare. I te tau 1947, ka tuwhera he wharenoho anō ki Aotea (Shelley Beach) mō ngā wāhine e rua tekau mā rima. Ka hapahapaingia ēnei wharenoho hei 'kāinga Karaitiana' kia tiakina ai ngā tinana, ngā hinengaro, me ngā wairua o ngā taitamariki.[12]

Ka tahuri ētahi atu rōpū ki te whakarato, ki te whakahaere hoki i ngā wharenoho i ngā tau i muri mai i te pakanga. I ētahi wā, ka āwhina te kāwanatanga i ngā hāhi (ko te Hāhi Perehipitīriana tētahi) me ngā rōpū hapori (hei tauira, ko te Auckland Council of Christian Women). Nā konei i nui haere ai te mahi tahi a ngā tini rōpū e whakahaere ana i ngā wharenoho mō ngā taitamariki Māori e heke ana ki te tāone mahi ai.

Te Māpere Ahumahi, ngā Poari Pīra me te Iwi Māori

Ross Webb

I puta mai ngā waeture o te māpere ahumahi (e kīia ana te *'manpowering'*) i te tau 1942. Nā te whakaaro he hira ake ētahi mahi, ētahi umanga hoki i ētahi atu hei tautoko i ngā take pakanga i whakatūria ai aua waeture. Nā te kāwanatanga i whakatau aua momo mahi whakahirahira. Nā konei i kore ai ngā kaimahi e wātea ana ki te whiriwhiri i ā rātou ake mahi, arā, mehemea kua whakanohoia rātou ki tētahi mahi whakahirahira, kāore e whakaaetia ana kia wehe atu.[1] I taua wā hoki ka whakahaua ētahi kaimahi kia wehea ā rātou mahi, kia uru kē ki roto ki tētahi umanga whakahirahira. Engari, ka taea e ngā kaimahi me ngā kaiwhakawhiwhi mahi ēnei whakahau te pīra i mua i te aroaro o te Poari Pīra o te Māpere Ahumahi. Ina āta tirohia ngā ritenga o te Māpere Ahumahi, ka kitea ko ngā whakaaro o ngā āpiha kāwanatanga mō te ahumahi me ngāi māori, ko te hononga o ngā uniana me ngā kaimahi Māori, ko ngā mahi hoki a ngā komiti ā-iwi o ngā tini rohe o te motu.

I whakatauria kētia te take o ngāi māori me te māpere hōia i mua i te tau 1942, kia kaua ngā tāne Māori e māperetia kia haere ki tāwāhi. Engari, kīhai anō te take o te Māpere Ahumahi i āta whakaritea, inā noa atu me pēhea ngā waeture mō ngā wāhine Māori. I te marama o Oketopa 1942 ka tuku reta te Minita o te Māpere Ahumahi ki a Paraire Paikea, ki te Minita o te Maori War Effort Organisation (MWEO), (ko ia hoki te mema pāremata Māori o Te Tai Tokerau), e kī ana, ka rite ngā waeture mō ngā kaimahi katoa, Pākehā mai, Māori mai:

> *As regards those Maoris who continue to maintain their association with their tribes and Maori tradition, that the District Man-Power Officers would seek the co-operation of the elder of the tribe or of any other Maori organisation locally available to him on any points which might arise affecting such Maoris. As regards Maoris who have completely severed their connection with their tribes and traditions it was agreed that they should be treated exactly the same as other workers.*[2]

Kīhai i whakamāramatia, me pēhea e wehea ai ngā Māori e piri tonu ana ki ō rātou iwi me ngā mea e tū iwi kore ana.

Engari, kua mārama, ka whakararu ngā waeture i te ia o ngā ōhanga o ngā whānau Māori, me ā rātou mahi o ia wāhanga o te tau. I amuamu ētahi āpiha ā-kāwana mō ngā wāhine Māori e whakarere ana i ngā mahi whakahirahira, kāore he whakaaetanga nā te Tari Māpere. Ki a rātou, he wero taua momo tokoreko ki ngā waeture. I kī hoki te MWEO o Heretaunga ki a Bob Tūtaki o te New Zealand Workers Union, ka aro rātou ki te *'test the effects of the Regulations regarding the release of Maoris from essential industries, particularly where the Maori women folk are required to go shearing'*. Heoi anō,

He kaikutikuti Māori e mahi ana ki Te Matau-a-Māui.

He kaiwhakaahua tautangata, nō Archives New Zealand Te Rua Mahara o te Kāwanatanga, A2815.

i te werohia aua waeture e ngā kaimahi Māori anō. I Oketopa 1942, ka whakakāhoretia te pīra a tētahi wahine Māori kia wehe atu ia i te Pukeora Sanatorium i Waipukurau. Nāwai rā, ka wehe poka noa ia.³ Me aha ngā āpiha? I wānangahia e rātou me pēhea ngā kaimahi Māori e māperetia atu ai, kia kaua rātou e ātete mai. Ka whakatūpato a Paikea ki ngā āpiha, mā te ritenga a te kāwanatanga pea e puta mai ai he *'reaction on the Maori mind [which] will undoubtedly be to construe [it as] straight out conscription'*. Me waiho kē mā te MWEO hei whakahaere, kia māperetia a ngāi māori e rātou anō. Ka tohe hoki ia me whaikupu te komiti ā-iwi o te rohe i mua i te whakahau kia haere atu he tangata ki tētahi mahi whakahirahira, kia wehe atu rānei ia i tāna mahi.⁴

He pono ngā āwangawanga o te iwi Māori mō te māperetanga. Nō te whakahē a te rangatira o Te Kuiti Line Company, tokorua ngā tāne Māori kāore e uru ana ki roto ki te Ope Kāinga, i te Emergency Precautions Service (EPS) rānei, ka meatia e ngā āpiha kāwanatanga, kāore he ture me uru rāua ki roto ki te Ope Kāinga, engari he herenga kē tō rāua *'to join up with the EPS and take their part in some Civil Defence Duties'*. Ki tō ngā āpiha whakaaro, i te tūpato aua tāne tokorua, mā te uru ki roto ki aua rōpū, ka māperetia rāua kia haere ki tāwāhi whawhai ai, ā, kāore he kupu hei whakaputa kē i tō rāua whakaaro. I te reta a tētahi āpiha ki a Paikea, *'I realise that there are still some traces of anti-Pakeha feeling among the King Country Maoris, and I therefore wish, if possible, to avoid taking the cases to Court, as would normally be done with Europeans who failed to enrol.'*⁵

Whakaae ake te kāwanatanga i te tono a Paikea kia whakahaere te MWEO me ngā komiti ā-iwi i te māpere i ngā kaimahi Māori.⁶ I tuhi atu a H. C. Hemphill (ko te āpiha takawaenga o te MWEO) ki ngā komiti ā-iwi katoa hei whakamōhio atu i te tikanga hou.

> *New Zealand's essential industries call to all of you to help your Country by working for Victory. . . . You will appreciate that never before has so much direct responsibility been given to the Maori People. . . . Upon the Tribal Committees and Tribal Executive Committees will fall responsibility for organising the industrial side of the Maori War Effort.*⁷

Nā konei, ka ngohengohe haere te kāwanatanga. Hei tauira, ka whakaaetia ngā kōhine Māori e mahi ana ki Wattie's Canneries kia wehe atu mō te wā kutikuti hipi *'provided they returned . . . on conclusion of the shearing season'*. Engari, mehemea ka mutu poka noa anō tā rātou mahi kia haere ki tētahi umanga whakahirahira kē, ka whiua rātou ki ngā *'penalties under the Industrial Manpower Emergency Regulations'*.⁸ Ka tuhi hoki a Hemphill ki ngā tumuaki me ngā hēkeretari o ngā komiti ā-iwi, *'nothing is more likely to damage the Maori War Effort generally and to bring discredit on the Maori Race, during this time of stress, than deliberate absence from work without reasonable excuse... workers who so absent themselves must expect the full application of the law'*.⁹

Puta noa te wā pakanga, ka tū he kaimahi Māori i te aroaro o ngā poari pīra ki te wero i ngā whakahau māpere rā. Heoi anō, ahakoa he ārikarika aua momo pīra, he kēhi whakakitekite kē. Hei tauira, i te tōmuritanga o te tau 1943, i te hui o te poari pīra o te Māpere Ahumahi ki Ōtepoti, ka pīratia e tētahi kaimahi rerewē te whakahau kia mahi ia hei kaikutikuti hipi i raro i te Waikouaiti Primary Production Committee. He wahine tāna, tokorima ā rāua tamariki, ā, kua mahi ia hei kaikutikuti i mua; i mōhio ia, he iti iho ngā utu, ā, ka pirau tōna tūranga i roto i te Tari Rerewē me te kakenga ki ngā tūranga pai ake. I āhua ohorere a J. T. Flowers, te āpiha māpere o Ōtepoti, i te pīra nei; ki tōna whakaaro, ka hiahiatia tēnei momo mahi e te tangata Māori.¹⁰ I hinga te pīra, heoi, ka whakatauria, me haere te kaimahi ki te mahi hei kaikutikuti hipi mō ngā marama e rua; kia oti, ka hoki ia ki tāna mahi rerewē.¹¹

I ētahi wā, nā ngā komiti ā-iwi i kawe ngā kēhi o ngā tāngata Māori. Hei tauira, i meatia e Luke Rangi o te Komiti o Ngāti Awa kia kawea te kēhi a tētahi ākonga ā-whare wānanga; ko te take te uauatanga o te whakahau me mahi te taitama rā ki ngā māra whakatipu kai i Patumāhoe. Ko te āhua nei, i pēnei a Rangi nā te mea kua whakakāhore te Tari Māpere i tā te komiti ā-iwi i whakatau ai.¹²

Kāti. Ehara i te mea ko ngā kaimahi Māori anake i tū ki mua i te aroaro o te Poari Pīra. I waenganui o te tau 1943, tokorua ngā tāne Māori i tonoa kia mahi ki te pāpuni hiko ā-awa i Karapiro. I pīratia te whakahau e te kamupene, nā te mea, i whakapeka te kuki o Karapiro ki te whāngai i ngā kaimahi Māori. I whakakāhoretia te pīra, engari i rīria te take o te kamupene me te kuki. I whakahēngia te pīra e te Komiti ā-Iwi o Uenukukōpako. I meinga mai e E. Mita, te hēkeretari o taua komiti, *'Much has been said of the outstanding exploits of the Maori Battalion... but apparently there are still some Europeans who think that the Maori people are not worthy of the*

much vaunted "freedom" their comrades died to preserve.' Ko tāna hoki, he take pōuri tēnei, he taurite ki ngā mahi a Hītara, ā, he huarahi e kino ai te whanaungatanga o te Māori me te Pākehā.[13]
I whakahēngia hoki te take a te kamupene e te Tumuaki o te Returned and Services Association (RSA). I pēnei hoki te uniana kāmura, e kī ana, '*We wish to associate ourselves completely with the protests made by the Uenukukopaka [sic] Tribal Committee against the discrimination against Maoris at Arapuni.*'[14]

I Māehe 1943, ka whakahīhī te kupu a Paikea ki te Pāremata, tua atu i ērā atu o āna mahi, 11,550 ngā Māori kua whakaurua e te MWEO ki roto ki ngā mahi whakahirahira.[15] Nō te tōmuatanga o te tau 1945, kua tae atu te tokomaha o ngā Māori e mahi ana ki ngā umanga whakahirahira ki te 15,000.[16] He whika whakamīharo tēnei, i te mea ka āhua 99,000 te tatau Māori i taua tau, ā, e 58 paihēneti i raro i te 21 tau.

Kua whakakitea e ngā kaituhi hītori te nui o te kaha o te iwi Māori, me te mahi nui a te MWEO hei hāpai i tēnei take. E ai ki a Richard Hill, ko te māpere me te whakahaere i ngā kaimahi te tino mahi a ngā tini peka o te MWEO.[17] He rite te tuhi a Claudia Orange, nā te tino hiahia ki ngā kaimahi i te wā pakanga i nui haere ai te mana o ngā komiti ā-iwi. Tokomaha ngā Māori i karangatia, '*often at short notice, to fulfil labour quotas for specific jobs*', ā, i ētahi rohe, mehemea kāore he kaimahi Māori, kīhai ngā whare patu kararehe me ngā kamupene miraka i ora tonu.[18]

I arotau hoki ngā pūrongo ā-kāwanatanga mō ngā mahi a ngā komiti ā-iwi, me te māpere i ngā kaimahi Māori. '*Almost all directions finally issued by District Man-Power Officers have, as a result of the consultative service rendered by tribal committees and Maori Utilization Committees, been accepted without question by the workers concerned.*' E ai ki te pūrongo mō te Tari Māpere i Tāmaki Makaurau, e 3000 ngā whakahau i tukuna atu ki ngā kaimahi Māori, '*none of which have been appealed against*'.[19]

E ai ki a David Littlewood, he ruarua ngā pīra a ngā kaimahi, a ngā kamupene rānei, ki ngā Poari Māpere. I pēnei anō hoki ngā kaimahi Māori, nā ngā mahi a ngā komiti ā-iwi i raro i te MWEO.[20] Ahakoa i ouou ngā pīra nei, ka whakakitea ngā āhuatanga o ngā wheako o te hau kāinga. Ka kitea ngā raruraru i puta mai i te māpere i ngā kaimahi Māori, ā, he whīwhiwhi atu pea i te hītori e tukuna atu i ētahi wā.

'Tatou, Tatou, Altogether': Ko Bob Tūtaki, ko te Kutikuti Hipi me ngā Mahi Māori mō te Pakanga

Ross Webb

Ko te tikiti nei, he mea hoatu ki a J. Sweeney o Tākaka ki Runga, he kāri mematanga o te New Zealand Workers' Union (NZWU). Ka tukuna i Cobb River i te 24 o Hepetema, 1942, i waenganui pū o te wā pakanga. Ahakoa kāore tātou e mōhio ana ko wai a Sweeney, he aha tāna mahi, he Māori rānei, he Pākehā rānei, ka whakakitea i te kāri he āhuatanga anō nō te rōpū i uru ai ia. Tokorua ngā tāne, he Māori tētahi, he Pākehā tētahi, e harirū ana i mua i te rā e whiti mai ana, me ngā kupu 'tatou tatou altogether'. I te taha maui, i muri i te tangata Māori, he pāmu hipi, he teihana, me tētahi tarakihana hoki; he tohu ēnei nō te ahuwhenua.

Ko te kāri mema a J. Sweeney, he mea tuku e T. O. Bird o te Uniana o ngā Kaimahi o Aotearoa, ki Cobb River i 24 o Hepetema 1942.

He mea kohi e Sonja Davies, 1941–1954, nō Alexander Turnbull Library, Wellington, Ref: Eph-A-LABOUR-Davies-1942-01.

I te taha katau, i muri i te tangata Pākehā, ko ngā tohu o te ao hurihuri nei, he wheketere, he piriti nui hoki. E whakaatu ana te kāri, arā, e ai ki te tangata nāna i tuhi, ngā āhua kē o te Māori me te Pākehā, o te taiwhenua me te tāone.

Engari, ka whakakakautia hoki te hiahia kia tūtaki ēnei ao e rua. I puta mai te NZWU i ngā uniana kutikuti hipi o te tīmatanga o te rua tekau o ngā rautau; i muri, ka whakahaeretia ngā kaimahi ahuwhenua, ahumahi hoki puta noa te motu. I roa ngā mahi a te uniana nei kia pakaru ngā wehenga i waenganui o ngā iwi e rua. Ā, i ara mai ngā kupu 'tatau tatau altogether' i te tuahangata o te ao kutikuti hipi, i te kaihāpai i te āhua tikanga rua o te uniana, arā, i a Robert Pānapa Tūtaki o Ngāti Kahungunu.[1] Kāore e kore, kāore he kaiārahi Māori i tua atu i a Tūtaki i roto i ngā uniana o taua wā, ā, nā āna mahi ka kitea ngā hononga i waenganui i āna mahi Māori, ina koa i roto i ngā mahi kutikuti hipi, i āna mahi whakahaere kaimahi, me ngā mahi pakanga o Aotearoa nei.[2]

I whānau mai a Tūtaki ki Heretaunga, ā, ka whai ia i tōna pāpā ki roto i te mahi kutikuti hipi. Tae atu ki te tau 1908, kei te mōhiotia he mema uniana ia, e tohe ana kia whakanuitia ngā utu, e whawhai ana i ngā mahi ārai uniana a ngā rangatira.[3] I akiaki a Tūtaki kia whakatūria te NZWU i te tau 1919. E ai ki tāna, '*Let us stand up with one common mind*'; '*stick together, everybody, remember that old Maori philosophy, "Tatau tatau", meaning altogether.*'[4]

I uru hoki a Tūtaki ki roto i te mura o te ao tōrangapū. I te Rōpū Rātana e kake ake ana, ka whakahēngia e Tūtaki; ki tōna whakaaro, he kaupapa patu uniana tā taua rōpū. Nō te tau 1928, ka whakataetae ia hei tangata Reipa i te pōtitanga i Te Tai Rāwhiti, i tauwhawhai ai rāua ko Apirana Ngata. I mahi tahi hoki rāua ko te Tumuaki o te Pāti Reipa, ko Harry Holland, i ngā kaupapa e pā ana ki te ao Māori.[5] I te wā rawakore o te tekau tau 1920–1930, ka tū a Tūtaki hei kaiārahi, hei māngai hoki o te uniana, ā, ko ia te māngai Māori anake i tae noa ki te hui tuatahi o te Kotahitanga o ngā Kaimahi (Federation of Labour) i te tau 1937.[6]

Tae atu ki ngā tau tōmuri o 1930, he Māori ngā kaiārahi o te taha kutikuti hipi o te NZWU. Engari, i muri, i ngā tau tōmua o 1940, ka kitea te nui haere o ngā Māori i roto i ngā tūranga nunui o taua uniana. Heoi, nā te pakanga ka ahu atu ngā tini Pākehā ki tāwāhi, ā, ka whiwhi ngā tāngata Māori i ngā mahi ā-kāwanatanga, pērā me te pāpuni hiko o Karapiro, i raro i te maru o te NZWU. I te whakatō rākau hoki ngā wāhine Māori (hei tiaki i ngā tāhuahua o ngā one), ā, ka kuhu hoki rātou ki roto i te NZWU.⁷ I te hui ā-tau o te NZWU o 1937, ka whakaaetia te mōtini *'to place on record its appreciation of the services rendered to the New Zealand Workers Union by Maori membership over a long period of years'*. I haere tonu: *'Ever since the first Shearers Union was formed in New Zealand the Maori people, both in lean and good years, have given their whole-hearted support. Further, this conference pledges itself to do all in its power to co-operate with the Labour Government in improving the working and living conditions of the Maori race.'*⁸ Ka pūrongotia hoki i te hui nei, e rima rau ngā wāhine o te uniana nei, tata ki te katoa he Māori.⁹

Ahakoa i rite ētahi raruraru o te kaimahi Māori ki ō te Pākehā e pā ana ki ngā utu, ka tonoa e ngā Māori kia whakamāoritia ngā pukapuka o te uniana, ā, kia kaha atu hoki te aro mai o te NZWU ki ngā take Māori. Tērā tētahi raruraru i tino pā mai ki ngā kaikutikuti hipi Māori, arā, ko te āhua o ngā mahi me ngā whare noho. He rite tonu tēnei amuamu mai i ngā tau 1920. Engari, i te tau 1941 ka mea mai a Tūtaki ki te hui ā-tau o te NZWU, i te rere tonu mai ngā whakahē a ngā kaikutikuti hipi ki te uniana mō ngā whare noho.¹⁰ I kī mai te hēkeretari mātua o te uniana, i Te Tai Rāwhiti me te Hāku Pei, *'some employers seem to think that anything is good enough for the Maori workers, and it is the plain duty of this union to see that the Maori workers get accommodation equal in every way to that provided for Pākehā workers'*.¹¹

I te Pakanga Tuarua o te Ao, ka tautoko ngā uniana i ngā mahi pakanga i te nuinga o te wā. E ai ki a Bert Roth, *'unionists did not merely work harder to increase production, they also found time to raise funds for Victory Loans, Defence Bonds, and other patriotic causes. They looked forward to the New Order of social justice which was to follow victory over the fascist powers.'*¹² Ā, pērā me Bob Tūtaki, i runga i tō rātou matatau ki te whakahaere tāngata, ki te āhua hoki o ngā kaimahi, ka tahuri ngā uniana ki te āwhina i ngā mahi kimi tangata hei hōia, hei kaimahi hoki mō ngā umanga whakahirahira.

I muri i te urunga o Rūhia ki roto ki te whawhai i te tau 1941, ka tautoko kē hoki te Pāti Communist i ngā mahi pakanga, me te karanga kia whakaputa nuitia ngā hua ahumahi, kia whakamutua hoki ngā porotū. I roto i ngā niupepa o te taha mauī, ka tuhia māriretia te painga o te kuhunga mai o ngā Māori ki roto ki ngā wāhi ahumahi me ngā uniana, te whawhai ki ngā tikanga aukati iwi, arā, te kaikiri, me te pukumahi i roto i ngā mahi whakahirahira o te motu. E ai ki tā *In Print*:

> *Maori men and women are flocking to Wellington from the country areas to take their part in the nation's industrial war effort and can be seen doing their job alongside their pakeha brothers and sisters in most of the essential industrial enterprises in the city. . . . It is only since the war that this opportunity has been available to the members of the Maori race in large numbers. . . . We can be sure that many Maoris will retain their place in industrial life even after the war, and with the support of their pakeha fellow workers and Trade Unions, will demand equal opportunity and no racial discrimination against the Maori people.*[13]

I pēnei hoki te whakaaro o Tūtaki. I muri i te tau 1939, i runga i ōna wheako i roto i te Pāti Reipa me te uniana, ka māharahara haere a Tūtaki ki ngā take e pā ana ki ngā tikanga māpere me ngā mahi kutikuti hipi. I waenganui i te tau 1940, ka tuhi atu ia ki te Minita o te Kaupapa Waonga, e mea ana:

> *Owing to the great number of shearers who have enlisted prompted me to write you about it. With all due respect to the man whether in shearing or otherwise who offers his service to the call of the Empire, but there is one thing I'm afraid of, that is the shortage of shearers for next season is going to be a very serious problem. My duty as an organiser of the NZ Workers Union gives me a fair idea as to the seriousness of the situation, therefore, wish you might give this question a bit of your time and let me have your views on it. I would like to make a suggestion to you, that when it comes to checking the names on the enlistment list that it is quite possible for me to examine the [Hawke's Bay] list, which territory where my activities cover, in that case, I will be in the position to check up the shearers especially the competent shearers.*
>
> *Trusting to hear from you at your earliest,*
>
> *Kia ora,*
>
> *Bob Tutaki*[14]

I whakautu mai te kāwanatanga, e kī ana, ahakoa e whakamaiohatia ana ōna whakaaro, me waiho mā te Tari Māpere (Manpower Organisation) hei whakahaere ngā tikanga māpere kaimahi.[15] Engari, ka tae atu ki te tau 1941, ka kitea he tika tā Tūtaki poropiti; i te māharahara ngā āpiha kāwanatanga i te tokoiti o ngā kaikutikuti hipi e toe ana. Kātahi a Tūtaki ka whakatūria hei āpiha e kimi ana i ngā kaikutikuti hipi Māori i raro ngā tikanga māpere, hei tautoko i ngā mahi pakanga.

E ai ki a Tūtaki, nā te urunga o ngā Māori ki roto i te Ope Māori i tokoiti ai te hunga kutikuti hipi. I mea mai te tiamana o te Komiti Māpere o Heretaunga, nā te *'wonderful co-operation of Mr. R. Tutaki and the trade organisations, even more so than farmers' organisations, we have been able to keep shearers back. One or two may slip through our hands, but we are keeping back any man who is a decent sort of shearer.'*[16] Nā Tūtaki i whakatakoto he kēhi ki mua i ngā komiti māpere kia whakahokia ngā tāne Māori mai i te puni hōia ki te mahi kutikuti hipi.[17]

Kīhai ētahi tāne Māori i hiahia ki te whakahau me hoki rātou ki tā rātou mahi o mua, inarā, ko ngā mea e noho kē ana ki te puni o Te Ope Māori. Engari, kāore i taea te aha e te Tumuaki o te National Service Department. I Hune 1944, ka tuhi ia: *'The East Coast Maoris have made a splendid contribution to the war effort, but the continual drain of men from these districts is having a serious effect on primary production… in this district. Maoris constitute practically the only source of skilled labour for shearing and when not shearing they are engaged as general farm labourers.'*[18]

E pērā ana tō Tūtaki whakaaro ki tō Ngata, arā, kia rite te 'raupanga' o te Māori ki tō te Pākehā, engari, ka tino aro ia ki te hau kāinga. Hei tauira, ahakoa kāore he ture hei māpere i ngā tāne Māori ki roto ki te ope taua, ka tonoa atu e Tūtaki ki te pirimia kia whakahaua te whakaurunga ki roto ki te Ope ā-Motu, arā, ko ngā hōia e noho ana ki Aotearoa. I mea atu ia, kia kaua e pērā ki ngā hōia Pākehā i tukuna ki tāwāhi, engari *'but is merely to make Territorial training compulsory for the Maori. We must be made to realise the danger facing us today and share the burden as far as the war effort is concerned.'*[19]

He kaihautū a Tūtaki nō te taha uniana, engari ko te āhua nei he nui kē atu tōna piripono ki te Pāti Reipa. I te tau 1947, ka tautohe te uniana o ngā kaimahi wāpu ki te kāwanatanga Reipa mō te wiki mahi kia whā tekau hāora. Ko te kupu a Tūtaki, ka tū tahi te iwi Māori me te kāwanatanga, ā, mehemea he porotū, ka ahu atu ngā Māori ki ngā wāpu mahi ai. Mehemea ka karangatia e te kāwanatanga *'we who are blessed with foresight and common sense will respond to that call unhesitatingly'*.[20] Nā konei i rīhaina ai a Tūtaki i tāna tūranga i roto i te NZWU. Kohetetia ana ia i tā te hui ā-tau uniana e whai ana, engari ka whakatūria anō ia ki tōna tūranga whakahaere. Whakawhiwhia ana ia ki te MBE i te tau 1949 mō āna mahi kimi tangata o te wā pakanga. Nō te tau 1957 ia i mate ai, ā, ka nehua ki Ōmāhu.

Ngā Mahi Nēhi

Alice Taylor rāua ko Angela Wanhalla

Kua roa te wā, he wāhine te nuinga o ngā nēhi. I Aotearoa, he wāhine Pākehā te nuinga, engari, ka werohia tēnei i muri mai i te pakanga. I whakamaneatia ngā kōhine Māori ki ngā mahi nēhi i mua mai i te tīmatanga o te Arataki-ki-ngā-Mahi, ā, ka manakohia kahatia e rātou i te wā pakanga. Kua pāngia ngā ratonga hauora e te pakanga, ā, ka matea he tauira nēhi hou. Nā, i te wāteatanga o ēnei momo mahi, ka kitea te wāriu o ngā mahi nēhi e te ao whānui. Ki ngā rangatahi Māori, he pai rawa taua mahi nā te mea he mahi hira, he mahi whai tiwhikete, ā, ka taea hoki e rātou te iwi te āwhina.

I mua i te Pakanga Tuarua o te Ao, i te ako ngā kōtiro Māori i te pūtaio ā-kāinga i roto i ngā kura kia pai ai ā rātou mahi i roto i te whare, hei wahine mā te tāne, hei whaea hoki o ngā tamariki. Koia, i te tau 1931 ka whakatūria tētahi kura ki Tāmaki Makaurau e te Kotahitanga Mīhana o ngā Wāhine Wēteriana, ko Kurahuna te ingoa. He 'School of Domestic Science and Hygiene' tēnei, kia whakangungutia ngā kōtiro hei hāwini. Ā, ka whakatuwheratia he kura tuarua, ko Rangiātea te ingoa, ki Ngāmotu i te tau 1940.[1]

I ngā tau tōmua o te pakanga, ka pīrangi kē ngā tauira o Kurahuna ki te uru ki roto ki ngā mahi nēhi, kaua ki ngā mahi hāwini. I te rapu hoki ngā tauira o ērā atu kura mō ngā kōhine Māori, arā, ngā Kura Kōtiro o St Joseph's, o Turakina, o Kuīni Wikitōria, o Hukarere hoki, ki te uru ki roto ki taua mahi. I te tau 1941, ka tuhi te Tumuaki o St Joseph's, a Hēhita Crescentia, ki te Tumuaki o ngā Mahi Nēhi o te Tari Hauora, ki a Mary Lambie, e kī ana, *'more girls are remaining longer at school.'* Ko tāna pātai, *'what possibility there is for employment for them in nursing.'*[2]

Engari, ko te kaikiri tētahi āhua i aukati i ngā wāhine Māori e pīrangi ana ki taua mahi. Kīhai te tumuaki nēhi o te Hōhipera o Greytown i whakaae ki te whakangungu i tētahi nēhi Māori. Ko te take, he pakupaku te hōhipera, he pakupaku hoki te tāone, nā reira:

> *there are so few attractions the nurses are allowed many privileges, ie., having male friends to afternoon tea, on the tennis court and they have an occasional dance*

> *and if there was a Maori nurse they would have the same concessions, so in a short time I am sure that I would have very few nurses on the staff. Please do not think that I dislike the Maori, for there are many I admire.*[3]

Kāore he mīharo, ka meatia i te rīpoata ā-tau o 1941 mō te kuranga Māori, *'[the] number who made good in the professions is not large, though a few Maori men and women have taken up teaching or nursing and some have entered the Public Service.'*[4] I Tīhema 1941, ka whakautu mai te Tiamana o te Poari Hōhipera o Pātea ki a Lambie, kāore ngā tauira nēhi Māori e hiahiatia ana, nā te mea, ki tō rātou mahara, *'being a Maori and with perhaps the 6th standard primary education she would need more supervision than we would be able to give her.'*[5] He ārikarika ngā kura tuarua, ā, he pāmamao te nuinga i ngā kāinga Māori, ā, he nui rawa te utu o ēnei kura mō te nuinga o ngā whānau Māori. Ka matea te Tiwhikete Kura kia uru ki roto ki ngā mahi whakaako, nēhi rānei. Mai i te tau 1940 tae noa ki 1945, e 24 noa iho ngā kōhine Māori i tīmata ai ō rātou akoranga nēhi, engari, e 82 ngā Māori i haere ki ngā kura kaiako.[6]

I te aukatitia hoki ngā rangatahi nā te kōpaka o ngā karahipi. E rima anake e wātea ana ki ngā kōhine Māori kia taea te kura tuarua te whakaoti, kia tīmata ai rātou i te akomanga nēhi. Ahakoa ka riro he karahipi i te kōhine, kāore rānei, i waiho mā te hōhipera e whakatau kia uru rānei taua kōhine ki roto ki te whakangungu nēhi. I kaha mahi a Mary Lambie o te Tari Hauora ki te kimi i ngā tūranga mō ngā Māori, engari, ahakoa tokomaha ngā wāhine Māori e kaikā ana, he ouou ngā hōhipera e wātea ana ki ngā tauira Māori.[7]

Nā te kaha nui o te iwi Māori ki te whawhai, ki te āwhina hoki i ngā mahi o te pakanga i toko ake ai te aroha me ngā whakaaro nunui ki te iwi me te motu i roto i ngā ngākau o ngā kōhine Māori; he take tēnei i kaha tahuri ai rātou ki ngā mahi nēhi. Ahakoa ngā raruraru, terā ētahi nēhi Māori ruarua i haere ki tāwāhi i te taha o ngā hōia.

He kaiako o mua a Jane Kiritapu Nēpia nō Hukarere. I puta mai ia hei nēhi i te Hōhipera o Nēpia, ā, ka riro i a ia tētahi tūranga i roto i te Ratonga Nēhi o te Ope Taua (New Zealand Army Nursing Service). Ko ia te nēhi Māori tuatahi i haere ki tāwāhi. E ai ki te *Gisborne Herald*, ko ngā tauira o Hukarere *'were thrilled to know that she was the first nurse to represent the Maori race in this war'*. Ka whakawhiwhia ia ki te Royal Red Cross; ka tukuna te tohu ki a ia i Uepōhatu Marae i te marama o Hepetema, 1947.[8]

Ko Wikitōria Kātene te Māori tuatahi o te Voluntary Aid Detachment ki te haere atu ki tāwāhi, e mahi ana ki Īhipa, ki Itāria hoki. Nā te nui o te whakaute me te aroha ki a ia, ka tonoa ia e ngā whānau o ngā hōia i tiaki ai ia, kia toro atu ki Te Tai Rāwhiti i te tau 1945.[9] I kī mai a Tā Apirana Ngata,

> several of the local soldiers had told him of her very great kindness and care of them when in hospital overseas. 'One of our lads who was badly wounded and is still here on crutches, told me that if it were not for her care and the care of her kind he would not be back with us now.'[10]

Ka rīwhitia a Wikitōria e Kia Rīwai. Nō Wharekauri te wahine nei; he tauira o mua hoki ia nō Te Kāreti Kōhine Māori o Te Waipounamu i Ōtautahi. I a ia e noho ana ki taua tāone, ka kaha tautoko ia i ngā mahi e pā ana ki te pakanga. Hei tauira, he kaiārahi ia nō te Ngati Otautahi Maori Club, ā, he kaimahi tūao nō te Rīpeka Whero.[11]

Ka tae ki te tau 1946, ka tīmata ngā Poari Hōhipera ki te karanga atu kia whakangungutia ngā nēhi Māori, hei whakakapi i ngā tūranga e wātea ana. I whākina e te Poari Hōhipera o Whangārei, kīhai ngā tono a ngā kōhine Māori i akiakina i mua, ā, ka mōhio rātou, kīhai i tika tō rātou waiaro o mua, engari e tautoko ana rātou i te tono ināianei.[12] I te tau e whai ana, ka tū he hui tōpū nō te Kotahitanga o ngā Poari Hōhipera ki Ōtepoti i tautokona ai he mōtini *'that a genuine attempt be made to provide greater facilities for the training of Maoris as medical officers and nurses'*.[13] I Noema 1946, e 26 ngā nēhi Māori e mahi ana i roto ngā hōhipera, ā, 10 i roto i te Tari Hauora, e 96 ngā wāhine e whakangungutia ana.[14]

E kīia ana he kārangaranga te mahi nēhi, engari mō te rangatahi Māori, i matea kia mātua whakawāteatia i te huarahi mai i ngā kura. I mea mai a Harawira, ko te āpiha Māori tuatahi o te Arataki-ki-te-Mahi, 'Ehara i te mea e kuare ana tatou ki nga mahi huhua e watea ana ma a tatou tamariki, engari pea te huarahi e taea atu ai aua mahi.'[15] I tino pīrangi ia ki te whakawātea i ngā aukatinga kia riro ai te mātauranga i ngā rangatahi e taea ai e rātou te huarahi te piki ake. Ka whakakitea i tēnei kōrero mō ngā mahi nēhi, ahakoa i te kaikā a ngāi māori ki te tomo ki roto ki tēnei mahi, ahakoa i te kaha pīrangitia e ngā poari he kaimahi hou i roto i ō rātou hōhipera, ka tū tonu he aukati rarahi, ā-kāwana, ā-kura, ā-kaikiri hoki, hei whakararu i aua kōhine Māori.

Ko te marea e mātakitaki ana i te Ope Māori e hīkoi ana mā Kuīni Tiriti, Tāmaki Makaurau. Tērā pea, he ope taunaki tēnei. I whakaahuatia te pikitia nei i mua i te marama o Hepetema o te tau 1941.

Nā Lesnie Photographics te whakaahua, nō Auckland Libraries Heritage Collections, 755-ALB79-00-1.

Ngā Mahi Taua

E kitea ana i te wāhanga o mua, i haere ētahi wāhine Māori ruarua ki tāwāhi hei nēhi. Engari, tērā tētahi atu huarahi i āhei ai ngā wāhine ki te tautoko i ngā mahi hōia. Tokomaha ngā wāhine Māori i tono ki te uru ki roto ki ngā Ope Taua ki Aotearoa nei kia whakawāteatia mai ngā tāne kia haere ki tāwāhi. Engari, ki ētahi kaiārahi Māori, ki ētahi whānau hoki, he maumau tāima, he maumau rauemi hoki taua tikanga. Tokomaha hoki ngā tāne Māori i kuhu mai ki roto i te Ope Kāinga. Nā te tawhiti o ō rātou kāinga, ka tino Māori ētahi o ngā rōpū, engari, kāore e pēnei ana ngā wāhi katoa. Ki ētahi Māori, me Māori ō rātou rōpū, ō rātou āpiha hoki, pērā me te Ope Māori i tāwāhi.

I ētahi wā, ka āhei ngā hapori Māori ki te tautoko i ngā mahi o ngā ope taua, hei tauira, ko te kōrero tuatoru mō te hanga i te papa rererangi ki Wharekauri, i āwhinatia e te tangata whenua. I tahuri hoki te iwi kāinga o Te Tai Rāwhiti ki te whakamahiri i te whakahaere o te whakawhiwhinga i te Rīpeka Wikitōria ki te whānau o Te Moananui-a-Kiwa Ngārimu, mō te toa o tā rātou tama i hinga ki Āwherika ki te Raki. Kāore te hui nei, he mea whakaara e Tā Apirana Ngata, hei whakahōnore anake i te toa o Ngārimu; ka tū hoki kia mōhio ngā tāngata katoa o Aotearoa ki te raupanga o te iwi Māori, arā, ki te mahi a te hōia Māori e hinga ana i te mura o te ahi.

Ngā Mahi Wāhine: Ki te WAAF, ki ngā Pāmu Rānei?

Alice Taylor rāua ko Angela Wanhalla

Mai i te marama o Noema 1942, ka whakatakotoria te iwi Māori i raro i te mana o ngā tikanga ā-kāwana mō te mahi, arā, i raro i ngā waeture nonoi mō te Māpere Ahumahi. Engari, he mea whakatū he komiti ā-iwi i raro i te maru o te Maori War Effort Organisation (MWEO), ā, i whakaae te kāwanatanga kia waiho mā aua komiti ā-iwi e whakarite te rēhitatanga me te whakahaere o ngā kaimahi Māori. Ka tonoa ngā kaimahi Māori e aua komiti ā-iwi ki ngā umanga whakahirahira o te motu, engari, ka arongia hoki e rātou kia uru pai ā rātou tāngata ki aua momo mahi, kia tika ai tā te Māori āwhina i ngā mahi pakanga.[1]

[KEI MAUĪ]
He wahine Māori nō te WAAF (te wāhanga wāhine o Te Tauaarangi) e whakatangitangi ana i te kitā. Kāore e tino mōhiotia te tokomaha o ngā wāhine Māori i uru ki roto ki te WAAF, engari tata ki te 200 ngā ingoa kua kitea e ngā kaituhi o te pukapuka nei.

He kaiwhakaahua tautangata, nō Air Force Museum of New Zealand, Christchurch, PR128a.

[KEI RUNGA]
E whakakeko pū ana tētahi mema Māori o te Karapu Raiwhara o te WAAF.

He kaiwhakaahua tautangata, nō Air Force Museum of New Zealand, Christchurch, PR109.

Engari, i ētahi wā ka whakanohoia ngā Māori e ngā āpiha kāwanatanga ki ngā mahi kē; kāore ā rātou kōrero ngātahi ko ngā komiti ā-iwi. Nā konei i pāiriiri ai te iwi, inarā ka tonoa ngā taitamāhine ki ngā tāone nunui mahi ai. Ko te whakaaro, ka haumaru kē kia tata ngā mahi a ngā wāhine ki ō rātou kāinga, e pai ake ai ā rātou mahi hei tautoko i ngā take pakanga. I whakamaharatia hoki te kāwanatanga e te mema o Te Tai Rāwhiti, e Tā Apirana Ngata, ki ō rātou herenga ki te iwi Māori. E ai ki a ia, me waiho mā ngā Pākehā ā rātou ake taitamāhine e tiaki, heoi mā te ārai anake i ngā whakawai 'whakarihariha' o ngā tāone ngā wāhine Māori e tiakina ai.[2]

I āwangawanga hoki a Ngata i te whakawai mai o te Rōpū Wāhine o Te Tauaarangi. I te tino pīrangitia te WAAF (Women's Auxiliary Air Force) e ngā wāhine, ā, i te karanga mai kia uru ki roto ki taua rōpū i te marama o Hānuere 1941, tokomaha ngā wāhine i whakautu. E ai ki tētahi kairīpoata niupepa, *'Evidently, Air Force blue is to be high fashion'*.[3] Engari, ka kūmea atu hoki ngā tini wāhine nā tō rātou hiahia ki te uru ki tētahi tino mahi mō te pakanga, ā, kia mārama rawa hoki ki te marea ā rātou mahi āwhina.[4] I Te Tai Rāwhiti, tokoiti ngā wāhine i anga atu ki ngā mahi pāmu, engari, ka tahuri te mahi a te wahine, Māori mai, Pākehā mai, ki te uru ki roto ki te WAAF.[5]

I mahi ētahi o ēnei wāhine i ngā mahi hangarau, hei tauira, ko ngā mahi waerehe, engari he mea tono te nuinga hei kaimahi tari, hei kuki, hei kaimahi kākahu, hei kaiāwhina mō ngā tākuta me ngā rata niho, hei taraiwa, hei kaiwhakawhiti waea, hei kaitiaki utauta, hei karere, hei kaiwhakatika whare hoki. I whakaae katoa ēnei wāhine kia mahia te mahi, ahakoa he aha, tae noa atu ki te mutunga o te pakanga.[6]

E mārama ana ki a Ngata ngā take i whakawarea ai ngā wāhine Māori ki te WAAF. Arā, *'What girl did not like to appear in uniform at aerodromes?'* Engari, ka toro ana ia ki ngā puni waka rererangi ki reira kitea ai e ia, he whakatika whare te tino mahi a aua wāhine Māori. I te marama o Hūrae 1943, ka meatia e ia, he whakaari, he whakameremere noa iho ā rātou mahi ki reira. E ai ki a ia, kāore rātou e matea ana, ā, kāore e kitea he tini wāhine Pākehā hei hūkui kaupapa, hei mahi moenga?[7]

He whakaaro manawanui ō Ewhera Kātene ki tēnei take, ki ētahi atu take pakanga hoki. He kuia ia nō tētahi whānau nui, ā, ki tōna whakaaro, he āhua koretake ngā mahi whakahaere a J. E. Thomas, te tumuaki whakarite i ngā kai me ngā raihana.[8] He rite tonu te whakahē a te motu ki āna mahi, engari ka karohia e Thomas ēnei kupu hahani mōna, e kī ana, ka tika tonu kia raihanatia ngā kai e whakatipua ana i Aotearoa nei, nā te mea, he mahi rahi rawa atu te whāngai i ngā tāngata me ngā hōia ki te motu nei, me ngā tini hōia Marikena i Te Moana-nui-a-Kiwa.[9]

He whakaaro kē tō Ewhera. I te marama o Pēpuere 1944, ka tuhi ia i tētahi reta ki te *New Zealand Herald*, i hāpaingia ai he huarahi kē e taea ai ngā tāngata katoa te manaaki, arā, kia whāia ngā tikanga e hauora nei, e whāngaitia nei, tōna ake whānau Māori i te wā pakanga nei. I meatia tāna ake tama hei tauira. He whānau nui hoki tōna, ā, ka ongeonge ngā kai o tōna kāinga i ētahi wā. Nā reira, ka tono mai ia kia tuku atu tōna māmā i te pata, i te mīti, me te pēkana ki a ia. Ka mōhio a Ewhera, me whakanui tāna whakatipu kai kei hemokai ērā atu tamariki āna. Mā reira, ka ora te whānau katoa.

E ai ki a Ewhera, ki te kore tāna tikanga e whāia e Thomas, me rīhaina ia, ā, kia waiho āna mahi mā ngā wāhine Māori. Mā rātou e whakatipu, e whakahaere, e whakarite ngā mahi kai katoa o te motu. Koia anō, me unu ngā wāhine e toru rau, Māori mai, Pākehā mai, i ngā mahi taua, *'where they were a big expense to government, dolled up in pretty uniforms, cleaning buttons and boots for men, and running messages.'* Me whakanoho kē rātou ki ngā pāmu kia nui ai te whakaputanga o ngā poaka, o ngā hipi, me te pata hoki. Ka nui ngā kai; kāore he mate. *'The pakeha way is not the Maori way and it is no good.'*[10]

Te Iwi Māori me te Ope Kāinga

Ross Webb

E mōhiotia whānuitia ana he ope motuhake te Ope Māori, arā, ko ngā hōia Māori i haere ki tāwāhi whawhai ai. Kāore pea e mōhiotia ana te tohetohe kia whakatūria he rōpū Māori, kia whakatūria hoki he āpiha Māori i roto i te Ope Kāinga o Aotearoa. Kei te whakatewhatewhatia i tēnei kōrero te taukumekume kia hangaia he rōpū motuhake mō te iwi Māori, kia Māori hoki ngā kaihautū o aua ope.

I Pēpuere 1943, ka tū he whakatūtū ki Rangiuru Pā, e tata ana ki Te Puke,[1] i te aroaro o ngā tino kaingārahu rātou ko te āpiha kaikimi hōia, ko Meiha Henry Te Reiwhati Vercoe nō Ngāti Pikiao me ngā mema Māori tokorua ko Paraire Karaka Paikea rāua tahi ko Tā Apirana Ngata. E ai ki tā Ngata kōrero, ko te whāinga o te tūngārahu nei he whakaputa mai i '*a better understanding between the Maori and the Pakeha*'. Ko tōna pīrangi: kia uru ngā tāne Māori katoa ki roto i ngā mahi pakanga, ā, kia tautokona e ō rātou kaumātua, e ā rātou wāhine hoki. Ka mea hoki a Paikea, me uru a ngāi māori ki roto ki ngā mahi pakanga '*so that they would not be found wanting*'. I kōrero hoki a Meiha-Tianara Bell, e kī ana, '*[he] was gaining knowledge of the Maori problems relating to the Maori War Effort*', ā, ka whakapuaki ia, māna e whakatū he puni whakangungu hōia kia kōwhiritia ngā kaihautū papai o te iwi Māori hei āpiha mō te Ope Kāinga.[2]

Ko te whāinga o te whakatūtū nei he akiaki kia tautoko noatia ngā mahi pakanga e te iwi Māori ka tahi; ka rua, hei whakautu hoki ki ngā Māori e whakahē ana i te kore whakaae kia whakatūria he ope Māori motuhake, e ārahina hoki ana e ō rātou ake āpiha Māori. Koinei '*the Maori problems relating to the Maori War Effort*' i meatia nei e Bell. I muri tata mai, ka tukuna e Ngata he waea muna ki te pirimia, ki a Peter Fraser, e kī ana, nā ēnei 'raruraru', kua ara mai he hūngeingei nui; '*If Maori efforts frustrated in this the most important aspect of policy repercussions will be unfavourable whole Maori War Effort.*'[3]

I puta mai te manawapā nei i te whakatau a te Rūnanga Pakanga i te tau 1942, kia nukuhia te kaupapa o ngā āpiha ā-iwi ki roto ki ngā rōpū o te Ope Kāinga. Kua whakapuakina noatia tēnei whakatau e ngā

He hoa, he whanaunga pea, ēnei hōia Māori tokorua o te Ope Kāinga o Whakapirau (Wellsford).

Nā Tudor Washington Collins te whakaahua, nō Tāmaki Paenga Hira Auckland War Memorial Museum, Ph-2013-7-TC-B586-04.

kaituhi hītori, engari kāore anō rātou kia āta titiro ki te pēheatanga o te kaupapa nei i roto i ngā tini rōpū o te Ope Kāinga.[4] I te tekau tau 1940, ehara i te mea hou te karanga a te iwi Māori kia whakatūria he hinonga motuhake, ā-tōrangapū, ā-tikanga, ā-hākinakina, ā-hōia hoki. E ai ki a Aroha Harris, *'an informal parallel development, or inadvertent segregation, was therefore established, although as a response to exclusion rather than an enforced regime'*.[5]

I puta te mānukanuka o ngā Māori o te Ope Kāinga mai i te whakaritenga o te Rūnanga Pakanga i whakaaetia ai te kaiārahitanga ā-iwi, engari, e anga ana ki ngā tikanga papai o te taua hōia, arā, *'tribal leadership (consistent with military efficiency)'*. Mai i te tīmatanga, ka tohea e te Komiti Pāremata Māori (MPC) kia whāia ngā tikanga Māori, ahakoa e tūtuki ana ki ngā tikanga taua, kāwanatanga hoki, kāore rānei. I mōhiotia hoki e te kāwanatanga, nā te *'tremendous field to cover, both in remote country districts, and the larger towns'*, i hiahiatia nei ngā tāngata Māori mō ngā mahi kimi hōia. Ā, e ai ki a Ralph Ngātata Love, *'the crisis of the war . . . clearly demonstrated that the Maori Members [of Parliament] were better able to work with the people than the [Native] Department'*.[6]

Nō Ākuhata o te tau 1940 te Ope Kāinga i whakatūria ai e te Rūnanga Pakanga. I roto i ā rātou mahi, he tautiaki i ngā takutai, he whakareri i ngā waonga o Aotearoa kei whakaekea e te hoariri. Pērā me te Ope i tawhiti, ka uru ngā tini tāngata. Ka waru ngā marama, 1200 ngā rōpū, ā, e 98,000 ngā tāne (neke atu i te 15 tau) kua rēhita mō te Ope Kāinga. Ka hira ake taua ope i muri i te whakatokenga a Hapani i Pearl Harbour i te 7 o Tīhema 1941, me te horapa haere o te pakanga ki Te Moana-nui-a-Kiwa. Ka whakaturea kia uru ngā tāne Pākehā ki roto ki te Ope Kāinga, engari, i runga i te kaupapa o te kāwanatanga o taua wā, e tūao tonu ana ngā tāne Māori.[7]

I Māehe 1942, ka mea mai a Paikea, 10,229 ngā Māori kua whakaurua e te MWEO ki roto ki te Ope Kāinga.[8] He rerekē te whakaaro o Ngata, kīhai ia i tino aro ki te Ope Kāinga. Ko tāna kōrero i roto te Whare Pāremata:

> *All talk about home defence, Home Guard, and so on, prior to the shedding of New Zealand blood abroad was all right. That blood is shed and it is calling for a follow-up . . . Their real duty is over there. That is the place one has to meet Hitler, not here. The old Maori warrior did not hang about his meeting-house waiting for the enemy; he went out on to the hills and ranges to meet him.*[9]

I a Ngata e whakapau kaha ana mō te Ope Māori i tāwāhi, ka akiaki a Paikea me te MWEO kia kimihia he tāngata Māori mō te Ope Kāinga. He pai hoki tēnei mahi mā ngā tāngata kāore e hiahia ana ki te haere ki tāwāhi whawhai ai, engari, e pīrangi tonu ana ki te tiaki i Aotearoa. I whakanuitia te Ope Kāinga e te Kīngitanga. Hei tauira, ka tuhi reta a Tonga Mahuta ki a Paikea i Hune 1941, e kī ana, i muri i tētahi hui *'we all agreed that we should join the Home Guard'*.[10] I Māehe 1943, ka tuhi a Te Puea Hērangi ki a P. H. Bell, ki te Āpiha Whakahaere o te Northern Military District kia hangaia he puni whakangungu mō te Ope Kāinga ki Ngāruawāhia, ā, *'the South Auckland Maori people can prove they are 100% prepared to guard the land of the "Long White Cloud"'*.[11]

Ka tokomaha haere ngā Māori i roto i te Ope Kāinga, ka pupū ake mai hoki ngā tini tono a ngā iwi Māori puta noa te motu, a Paikea hoki, kia tū he rōpū motuhake, kia whakaeatia hoki te kaupapa o te ārahitanga ā-iwi. I Māehe 1941, ka tuhi a Paikea ki te pirimia, ki a Peter Fraser, kua mōtinitia e te MWEO, *'it be the policy of the Government to encourage the formation of Maori Units for Home Defence'*. I kī hoki te reta a Paikea, mehemea ka taea, me ārahi ēnei rōpū *'by their own officers and NCOs'*.[12] I Āperira 1942, ka tuhi a Eric J. Bell ki te Minita o te Kaupapa Waonga, ka maha ngā tono a ngā Māori o Matatā kia tū he rōpū Māori, ā, kāore rātou e hiahia ana ki ngā āpiha Pākehā.[13] Kīhai i roa i muri i te whakaae a te Rūnanga Whawhai kia tū te kaupapa o te ārahitanga ā-iwi i roto i te Ope Kāinga, ā, ka ngana a Paikea kia whakamanahia taua kaupapa.[14] Engari, ka tae mai ngā whakahē a ngā iwi Māori i te whakatū tonu i ngā Pākehā hei āpiha. E ai ki te Minita o te Kaupapa Waonga, he āhua *'unfortunate and misguided'* ēnei porotēhe.[15]

I te marama o Hūrae 1942, ka tuhi a Paikea ki te Minita o te Kaupapa Waonga, e whakamārama ana, terā ētahi Māori i ētahi rohe o Aotearoa kua uru ki roto i te Ope Kāinga, engari, kāore e haere ana ki ngā whakatūtū, *'owing to their marked dislike to serve under certain Pakeha Officers'*.[16] I Mei 1942, ka kitea hoki e ngā āpiha taua o Whanganui he hiahia nō te iwi Māori kia whakatūria he rōpū Māori i roto i te Ope Kāinga, ā, he tono kia whakatūria hoki he āpiha Māori mō ō rātou rōpū.[17]

I kitea te ngākau āmaimai nei i te whakatūtū hōia ki Te Puke kua kōrerohia i runga ake nei. E mārama ana, kīhai a Ngata rāua ko Paikea i whakaae ki ō Meiha-Tianara Bell whakaaro. E ai ki a Bell: *'Because a man's great-great-grandfather was a mighty warrior, it is not to say that the great-great grandson is going to be an efficient officer.'*[18] Engari, ka miramira a Ngata rāua ko Paikea, kāore te iwi Māori e āwhina noa ana i ngā mahi pakanga; ka matea kētia kia mārie te ngākau. Nā reira i inoia ai he rōpū motuhake me ngā āpiha Māori. Ka tau te take nei i te whakaaetanga a Bell kia tū he puni hei whakangungu i ngā Māori o te Ope Kāinga. Ka mutu te tau, ka tū ngā puni e rima ki Whangārei, ki Ngāruawāhia, ki Te Moana-a-Toitehuatahi, ki Wharekahika, ki Wairoa hoki.

    Heoi, i taua wā, tērā ētahi take i iti haere ai te hiahia ki te Ope Kāinga. Mō te kāwanatanga, ahakoa e whakahirahira ana te Ope Kāinga hei wawao i Aotearoa, he take nui hoki te mahi kai, ina koa i ngā wā hauhake. Ka haere tonu te pakanga, ka nui ake te hira o te whakaputa kai i ngā mahi wawao. Ka tae ki waenganui o te tau 1943, kua iti haere hoki te hiahia ki ngā hōia mō te Ope Māori i tāwāhi.[19] I meatia e te Chief Liaison Officer o te MWEO kia whakamutua ngā puni whakaako e rima *'until the end of the producing season – say the end of February'*. Nā, i runga i ngā pūrongo a te Tari Ahuwhenua kua tokoiti rawa ngā kaimahi, me te whakaaro e kore a Aotearoa e whakaekea e te hoariri, ka tautohe ngā āpiha teitei me mutu rawa aua puni.[20] E ai ki aua āpiha, kāore he tino wāriu tō te Ope Kāinga hei ope whawhai, engari, *'from a national point of view the Maori Elders and authorities generally in the Maori districts of Gisborne and Hawke's Bay hold a very high opinion of the improvements in Maori youth, caused by attendance at these camps'*.[21]

    Nā, ka nui te take nei kia tū tonu ngā puni nei? Ko te whakatau, kāore. Ka tukuna he whakahau ki ngā takiwā taua katoa: *'All Maori Home Guards Training Schools are to be closed forthwith until further notice. Staff to be demobilised.'*[22] I pērātia hoki te Ope Kāinga katoa o Aotearoa, arā, ka tīmata te whakapaku i ā rātou mahi i waenga i te tau 1943.[23]

    He āhua uaua te whakatau, he painga i puta mai i te Ope Kāinga Māori, kāore rānei. Ka kitea te pīrangi o te iwi Māori kia whaimana rātou i roto i ā rātou mahi i te wā pakanga nei. Nā konei, nā te whakapāpā o te kaupapa ārahitanga ā-iwi ki te 'whakahaere pai' i ngā mahi taua, i puta mai ai tēnei manawa pā i whakaaweawetia te āhuatanga o te piri o te iwi Māori me te kāwanatanga i te wā pakanga.[24]

Te Papa Waka Rererangi Toropuku o Wharekauri

Rosemary Anderson

Kei te taha whakaterāwhiti o Aotearoa a Wharekauri, e waru rau kiromita te pāmamao;[1] e 600 ngā tāngata o aua moutere. Neke atu i te haurua he Māori (nō Ngāti Mutunga te nuinga); nui atu i te 6 paihēneti ngā tchakat henu, arā, ngā Moriori. Nā reira, ka taea pea te kī, ka hāngai ngā mahi pakanga katoa o aua moutere ki te iwi Māori o reira. I te tīmatanga, kīhai ngā tāngata i tino aro atu ki te Pakanga Tuarua, he tawhiti rawa nōna, ahakoa ka hīkaka ngā taitamariki tāne ki te uru ki roto ki te taua hōia, ā, ka whakapiki ngā kaipāmu i te whakatipu hipi, wūru hoki. Heoi, i rite tonu te whakarongo a ngā tāngata katoa ki te waerehe kia rangona ngā rongo o te pakanga.[2] Engari, kīhai i roa, ka ahu tata mai te pakanga ki ō rātou moutere.

I te 25 o Noema 1940, ka motukia tō rātou hononga ā-tima ki Aotearoa. I te hoki mai te *Holmwood* i Te Whakaraupō, ā, he hāora ruarua te tawhiti mai i Wharekauri, hātepetia ana taua tīma e te manuao Tiamana, whakatotohutia ana, e rua tekau mā iwa ngā tāngata, arā, ngā heremana me ngā pāhihi, i riro herehere ki runga i te *Komet*. I te marama e whai ana, e rima kaipuke anō i whakatotohutia; tekau mā ono ngā tāngata i mate. Neke atu i te 500 ngā herehere, ā, i te 21 o Tīhema, ka tukuna atu rātou ki Emirau, ki tētahi o ngā moutere Bismarck (nō te porowini Niu Aerani ēnei ināianei, nō Niu Kīni). Tae rawa mai ngā pāhihi o te *Holmwood* ki Aotearoa i te marama o Hānuere.[3] Nā ngā āwangawanga whakamaru, ka whakatau te kāwanatanga kia hangaia he papa ki Wharekauri mō ngā waka rererangi ā-poti, hei rato penehīni ki ngā waka rererangi e tūtei ana i te moana, me ērā atu mahi pakanga.

He mea hira kia toropuku te kaupapa nei; nā reira, kīhai ngā tāngata o Wharekauri i mōhio kia tae mai he tima e kawe ana i ngā rauemi. I karangatia ngā tāngata e ngā āpiha kāwanatanga kia mene mai ki tētahi hui i whakamāramatia ai te kaupapa, me te tono a te kāwanatanga kia waiho mā ngā tāngata o te moutere rā ngā mahi e whakaoti, arā, ka utua rātou ki te moni mō te mahi me te kāta rauemi. Heoi, ki te iwi nei, hāunga anō te whakatotohutanga o te *Holmwood*, kāore rātou e tino pāngia ana e te pakanga. Nā reira, ki tō rātou whakaaro, mehemea ka hanga rātou i te papa nei, he tino tautoko tēnei mahi ā rātou i ngā take pakanga, nā reira, ka whakaae rātou ki te mahi utukore.[4]

Ka whakatūria he komiti kia whakaritea mā wai tēnā mahi, mā wai tēnā mahi. E whā ngā komiti ki raro e aro ana ki ā rātou ake kaupapa. He tino uaua te mahi a te komiti kawe utanga; tērā he ara, engari, ehara i te rori pai. Ka tukuna te mahi nei ki ngā rangatira mōhio o ngā tīma puruki, tīma hōiho hoki, kia kawea ngā rauemi mai i Waikato Point ki te roto, ki Te Whanga, nui atu i te tekau māero te tawhiti. E rua rau pou waea i whakanohoia i te huarahi nei. I tahuri te komiti waea ki te hanga i ngā waea mai i te teihana waerehe ki te papa, tekau mā tahi māero te tawhiti. Nā te komiti wāpu ngā momo hanganga o te papa, arā, ngā whare me ngā taiepa. I rūritia e te komiti mō te roto ngā wāhi e rua e tau ai ngā waka rererangi ā-poti, ā, ka whakawāteatia ngā rāpihi i te papa o te roto. I whakatakotoria he kārewa tohutohu, he rama karahīni ki te roto, he ramaroa hoki ki te whenua.[5]

Nā te iwi katoa i hanga te papa, Māori mai, Pākehā mai. I hoatu kai ngā tāngata kāore e mahi ana i te mahi hanga; ā, tunu kai ai he rōpū kuki kia reri ngā kai i ngā wā katoa. Nā te pukumahi o ngā tāngata o ngā moutere nei i tutuki ai ngā mahi nei i roto i ngā wiki e rua.

I whakahaeretia hoki te papa waka rererangi e ngā tāngata o te moutere. Mehemea ka whakaarohia e tata ana tētahi waka rererangi, ka tukuna e ngā āpiha kāwanatanga he tangata (ahakoa ko wai) kia āwhinatia te whakakī penehīni.[6] I toropuku ngā mahi nei, engari, ka maharatia e ngā tāngata te taunga mai o tētahi waka rererangi i te marama o Āperira, 1941, kia whakamātauria te pai o te papa nei. He wā pai tēnei mō te iwi kia kitea ngā hua o ā rātou mahi. E ai ki a Tim Te Aika, i katia ngā kura i taua rā, ā, tokomaha ngā tāngata i mene mai ki te papa. Ko Ray Murphy tētahi o ngā tamariki i hoe atu ki waenganui o te roto kia pai ake ai tana kitenga atu i te waka rererangi nei. Harikoa rawa atu ngā tāngata i te wehenga atu o te waka rererangi, e rere ana ki runga, me te tāheke mai o te wai, ānō nei he ua pūkohukohu tēnei.[7]

Kāore he take ā te kāwanatanga mō te papa nei i muri i te pakanga, engari, he painga nui tonu mō ngā tāngata o Wharekauri. I tīmata he rerenga pakihi i te tau 1950, engari, ko te tino painga, ka taea ngā tūroro te mau atu ki Aotearoa. Ka tino hari ngā tamariki i te rerenga mai o Hana Kōkō mā runga waka rererangi ā-poti i te Kirihimete o te tau 1951, engari, ka kitea mai i te whakaahua, he āhua āwangawanga ētahi. Katia rawa te papa waka rererangi nei i te marama o Mei 1967.

I tae atu a Hana Kōkō ki Wharekauri i muri i te pakanga.

Nā *Evening Post* te whakaahua, nō Alexander Turnbull Library, Wellington, 114/408/38-F.

Te Whakawhiwhinga o te VC o Ngārimu, 1943

Lachy Paterson

I te 6 o ngā rā o Oketopa, ka tae mai ngā tini tāngata ki Whakarua Pāka, i Ruatōrea[1] (Ruatōria) mō te hui i whakawhiwhia ai te tohu rangatira, te Rīpeka Wikitōria (VC) ki te whānau o Rūtene Tuarua Te Moananui-a-Kiwa Ngārimu. Kua hinga ia i Tebaga Gap i Tūnihia, e whawhai ana i te Tiamana,[2] ā, ka tukuna te tohu nei hei whakanui i te mutunga kē mai o tōna toa. Ka tae ā-tinana mai ngā tini hōia, te ope kāwanatanga, ngā whānau, me ngā tamariki o ngā kura Māori. Ko tēnei hui *'one of the largest Maori gatherings of modern times'*.[3]

He tāone pakupaku a Ruatōrea, ki te tonga o Īhi Keepa. E 820 tāngata pea ō reira ināianei, engari, e kīia ana, ko te tino tāone o Ngāti Porou.[4] I te wā o te whakawhiwhinga, e 2000 pea ngā tāngata, he Māori te nuinga, ā, tata ki te 4000 ngā Māori e noho ana ki te Kaute o Waiapu.[5] He wāhi āhua taratahi a Ruatōrea, ā, nā te pakanga i tū ai ngā aukatitanga me te raihanatanga; nā reira i matea ai ngā whakahaere nunui kia haere tika te hui, kia manaakitia paitia hoki te takitini e haere mai ana.

I waiho mā te taha hōia hei whakahaere ētahi mahi. Nā te Central Military District i tono ngā moenga e 2000 (kia purua e ngā Māori ki te hei) me ngā taputapu tunu kai. Ka tonoa hoki ngā hōia e 30 o te Ope Kāinga o taua rohe e matatau ana ki te mahi kāmura hei whakatū i ngā karapitipiti. I whakaarohia, ka hokona atu ngā rākau ki te hau kāinga i muri i te hui hei whakaiti i ngā utu. Ka whakaritea hoki kia tae mai ngā hōia Māori e 850, ā, kia tū he puni mō rātou mō ngā pō e rua. He tāngata hou ētahi nō te Ope Māori, he hōia nō ngā Ope Kāinga mai i Rotorua ki Whakaparāoa, tae atu ki Wairoa me Te Wairarapa. Ka manaakitia hoki e te tangata whenua ētahi hōia kua hoki ora mai i te pakanga. I āwhina hoki he komiti Pākehā me te komiti Māori o te tāone. I tonoa hoki kia mauria mai he kapu e ngā manuhiri, engari, ka hokona e te komiti Māori he kapu ki te hunga kua wareware. Ka whakaritea hoki he tereina, he pahi, he motukā hoki hei kawe mai te mahi a te tāngata e haere mai nei i wāhi kē, me ngā kai mā ngā tini tamariki kura.[6]

I āwhina hoki ngā kāinga Māori o te takiwā whānui. Hei tauira, i mea mai he rīpoata nō Korongatā (e tata ana ki Heretaunga):

> *As part of the vast amount of preparation for the Ngarimu VC Investiture by His Excellency the Governor at Ruatoria, the local folks have been kept very busy. Of first importance was the raising of a specified sum of money – quoted at £300 – towards the great occasion. . . . By special request from Sir Apirana T. Ngata, host and fugleman of the great celebrations and demonstrations of Maori culture in everything Maori, the Korongata Choir travelled to Ruatoria as special guests to contribute to the great event on October 6th, 1943.*[7]

Ki te whakaaro o ngā Māori tokomaha, ko Ngata te 'matua' o te Ope Māori, ā, ka tukuna e tōna iwi te wāhanga nui rawa atu o ōna rangatahi hei hōia. I pātata te kāinga o Ngata ki Ruatōrea. Nā reira, kauaka te hui nei hei hāpai i te mana o te Ope Māori anake; i raro hoki i te mana o Ngāti Porou. Ahakoa he mema pāremata a Ngata nō te taha Āpitihana, i monowatia ia e te kāwanatanga, ā, ka tuhia e te Kaingārahu ā-takiwā, e Kānara H. M. Foster, i mua i te hui, '*Sir Apirana Ngata, M.P., is the main mover in this, and I have been told to more or less carry out his wishes in this connection.*'[8]

Engari, tua atu i te mana o te iwi, ki a Ngata, he aha oti te hira o te whakawhiwhinga VC?

Tuatahi, kua whakatūria te Ope Māori hei whakaatu i te mana taurite o te Māori ki tō te Pākehā mā te tuku tahi i ā rāua tama ki te pakanga. Ko te tūmanako o Ngata, mā te toa o ngā Māori, mā ngā mate me ngā kaiākiri, mā ngā tautōhito me ngā wheako hoki e riro i ngā āpiha me ngā hōia, e kore ai ngā ārai ā-kāwanatanga, te whakaiti ā-hapori, me ngā mahi kaikiri noa e tū tonu ki Aotearoa i muri i te pakanga. E whakakitea ana te kawatau nei ki te taitara o tāna pukapuka pakupaku mō ngā mahi a te Ope, ko *The Price of Citizenship* te ingoa, he mea tā hei kīnaki mō te hui.[9] Nā reira, hei whakaritenga a Ngārimu ki ngā hōia Māori katoa i tāwāhi, ā, ko te whakawhiwhi ki te tohu VC hei whakamaharatanga mō te iwi Pākehā ki te utu e namatia ana ki te iwi Māori.

Tuarua, he wāhanga te Ope nō te kaupapa nui a Ngata mā kia hāpaingia te mana me te tuakiri kē o te iwi Māori. Ka kitea hoki te kaupapa nei ki ngā tini whare whakairo me ērā atu whare o te marae i hangaia, me te whakanui i ngā mahi toi me ngā tikanga o te Māori. I te wāhanga o te hui i whakawhiwhia te tohu, ka whakatuwheratia ki te karakia, he mea whakarite e te Pīhopa o Aotearoa; i muri he

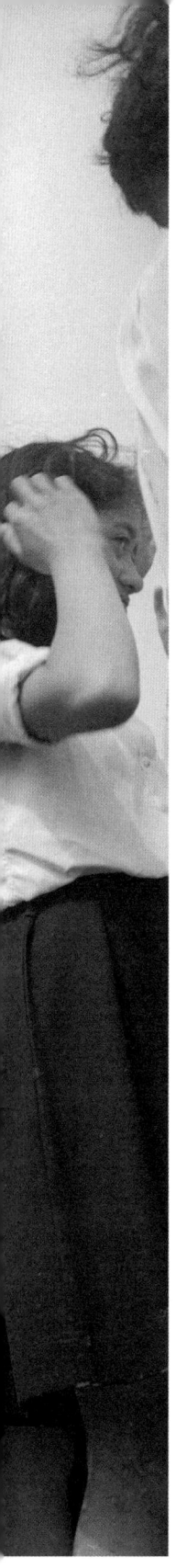

whaikōrero nā te pirimia me te kāwana-tianara, me te tuku atu i te VC me ētahi atu tohu ki ngā āpiha Māori. Engari, he tino Māori te āhua o te pōwhiri roa i mua i te whakawhiwhinga nei; he huhua ngā whaikōrero, waiata, haka, mōteatea a Ngāti Porou, ā, i te taha o te whaea o Ngārimu, ko Te Whānau-a-Apanui.[10] Nā reira, ko te take o te hui nei hei hāpai i te mana, te ingoa me te tuakiri o te iwi Māori.

Tuatoru, ka pāhotia ki te whakaminenga te whakatūranga o tētahi karahipi hou, ko te 'Ngārimu VC and 28th Māori Battalion Memorial Scholarship'. E toru marama i mua i te hui, ka tuhi a Ngata ki te Minita o ngā Kura, ki a Rex Mason, e kī ana: *'to commemorate the first award of the Victoria Cross to a Maori, the settlers, Maori and Pakeha, on the East Coast suggest the raising of a scholarship fund to assist Maori education throughout the Dominion.'* E £2,000 i kohia kētia i mua i te hui. I pīrangi a Ngata kia tukuna atu he tono ki ngā kura Māori me ngā poari o ngā kura i ako ai ngā tini tamariki Māori kia kohi moni e whakaritea ai e te kāwanatanga, he pauna mō te pauna.[11]

Koia nei i whakahirahira ai te taenga mai o ngā tamariki Māori ki te hui. I mea atu a Ngata ki a Mason, *'the Native Schools, of which Moana Ngarimu was such a distinguished product, should take a prominent part in the ceremony'*. Ko tāna tono, kia 1000 ngā tamariki kia whiriwhiria, ā, mā ngā kura e tata ana ki Ruatōrea rātou e manaaki.[12] E ono wiki anake ō te Tari Kura hei whakarite ko wai mā ka tae atu, mā hea hoki haere ai. Ko te whakahau a te Minita ki te Kaitohu o te Tari:

> Of the children, 600 will come from Ngatiporou and not require any special arrangements on your part. Of the other 400, 300 will come from as far afield as the Bay of Plenty and Wairoa, and 100 from Taranaki, Thames, North Auckland etc. Of these 25 will be from North Auckland and 25 from Western Maori. . . . The meeting has the greatest significance as a Maori national event and it is important that an impression should be made on the consciousness of the children from as wide an area as possible. On such an occasion their racial consciousness and self-respect is strengthened in a matter that we should in every way sustain.[13]

He tino tokoiti ētahi rōpū, nō ngā kāinga taratahi. Hei tauira, ko ngā tamariki tokorua o Mōtiti, me te tokorua o Ōmanaia Kura i Rāwene.[14] I manaakitia ngā tamariki e ngā whānau o Ngāti Porou e tata ana ki Ruatōrea; ko ngā tohutohu ki ngā tamariki o Te Tai Tokerau, kia mauria mai *'a rug, towel, toilet soap, boot polish, and if possible a toy flag of any of the allied nations. . . . Boys should be dressed in dark suits, and girls in white blouses. . . . Children should be at least 12 years of age and recommended by the teachers for conduct and self reliance.'*[15]

He nui te ua o te pō i mua o te hui; i te aonga ake o te rā, ka harahara kau iho mai te ua. E whā ngā waiata a ngā tamariki mō te pōwhiri; ko tētahi waiata pārekareka ko 'Hitara Waha Huka', he mea whiriwhiri *'because of its wide vogue among the children of the Native Schools. . . . The piece is reminiscent of the cursing song, or kaioraora, and the children render it with the vigour and gusto of their forefathers.'*[16]

I Noema 1943, ka tuhi atu a Ngata ki a Mason, mō Ngāti Porou, mō Te Whānau-a-Apanui hoki, hei whakamihi i tāna whakaaetanga ki te taenga mai o ngā tamariki ki te hui.

> *It was one of the outstanding features of the gathering, and one from which farreaching [sic] results may accrue. The men to honour whose memory and achievements in this war so many tribes and Pakeha friends cooperated will not have died in vain, if their example and deeds inspire the youth of New Zealand to strive to fulfil their complete obligation as citizens of the British Commonwealth.*[17]

I mea mai hoki te niupepa reo Māori, *Te Waka Karaitiana*:

> Ko tetahi wahi o te whakahaere o tenei hui e tino whakamihia ana ko te whakaritenga kia mauria atu etahi tamariki o nga whare kura katoa puta noa a Aotearoa kia kite ai ratou, kia uru hoki ratou ki nga whakahaere o tenei ra, kia tuhituhia rawatia hoki ki roto i nga papa o o ratou ngakau te tikanga o nga mahi o taua ra, kia kite ratou i nga haka, kia rongo ai ratou ki nga patere Maori, ara kia mohio ai ratou ki nga mahi tohunga, ki nga mahi ataahua o o ratou tipuna, kia wariu ai ratou i nga taonga rangatira o to ratou Maoritanga.[18]

Kāore e kore, ka whakaohoohotia ētahi rangatahi nā ngā mahi o te hui. Ka tuhi ngā kōhine o te Kura o Hukarere ki te Minita: *'We will always look back on the celebrations as one of the big events in our lives and we hope that the courage and bravery that brought this coveted honour will be an incentive to us to strive to the best of our abilities to develop whatever is good in us for the honour and uplift of our beloved race.'*[19] Nā te hui hoki i tahuri atu tētahi hōia o te Ope Kāinga, a Nolan Raihania rātou ko ōna hoa tokowhā, ki te uru ki roto ki te Ope e whawhai ana ki tāwāhi.[20]

[KEI MUA]

E waiata ana ngā tamariki kura i te waiata 'Hītara Waha Huka' i te hui mō Te Moananui-a-Kiwa Ngārimu ki Ruatōrea i te 6 o Oketopa 1943.

Nā John Dobrée Pascoe te whakaahua, nō Alexander Turnbull Library, Wellington, 1/4-000690-F.

Ko ngā mātua o Te Moananui-a-Kiwa Ngārimu, arā, ko Maraea Ngārimu rāua ko Hāmuera Ngārimu, i te taha o tōna whaea kēkē, o Materoa Reedy, i te hui i Ruatōrea i te 6 o Oketopa o te tau 1943. I whakawhiwhia e te kāwana-tianara te tohu VC ki ngā mātua o Ngārimu, ā, ka tū a Materoa Reedy ki te whaikōrero ki te whakaminenga.

Nā *Evening Post* te whakaahua, nō Alexander Turnbull Library, Wellington, ½-061855-F.

Engari, he wā pōuri hoki te rā o te whakawhiwhinga. 'Mrs Ngarimu spoke for every mother who had lost a son, when responding to the question, "Was she proud of Moana's Victoria Cross." "Oh, no," she said, "I would much rather have my son."'[21]

Nahau ra, Moana nui a Kiwa,
I roro [riro] mai ai tenei taonga nui,
Titiro mai, e tama, i Tunihia
Ki te iwi, e mihi atu nei.[22]

He mema nō te kapahaka o ngā kaimahi Māori o te Māra 'Helvetia' i te papa tākaro o Pukekohe i te tau 1945. Nā te kāwanatanga te māra nei i whakatū i Patumāhoe kia whakatipuria ngā huawhenua mā te Ope Taua, mā ngā hōia Marikena, mō te motu hoki. Tokomaha ngā Māori e mahi ana ki taua māra. I mua o te ope a Maraea Te Kawa (o Ngāti Porou), he hunaonga nō Tā Āpirana Ngata i mua. Ko tā rāua mahi ko Nōpera Te Kawa he tiaki i ngā kaimahi Māori.

Nā J. H. Hitchcock te whakaahua, nō Auckland Libraries Heritage Collections, 1631-ALB319-12-02.

Te Hapori

Nā te pakanga ngā papatoieketanga maha i puta mai ai mō ngā whānau Māori, engari, ka ara ake hoki he āheinga ki te āwhina i a rātou anō, i ō rātou hoa, me ngā take e pā ana ki te pakanga. He kōrero tā tēnā whānau, tā tēnā whānau; kāore e taea te katoa te whakahua. Nā reira, he ruarua ngā kōrero i whiriwhiri ai mātou, kia rangona e te kaipānui te matū o taua wā. Kāore e kore, ka whakaurua paitia hoki ētahi kōrero o ērā atu wāhanga ki roto ki tēnei. Ahakoa kīhai ngā kai i raihanatia i mua i te tomo mai a Hapani me Amerika ki roto ki te pakanga, kua tere te kāwanatanga ki te rāhui i te penehīni mai i te tīmatanga o te pakanga, i herea ai ngā haerenga katoa kāore e whai pānga ana ki ngā mahi pakanga. Kei te kōrero tuatahi he matapaki mō te pānga mai o te raihanatanga ki te tino take o te ao Māori, arā, ki tangihanga. Kei te titiro ngā kōrero e toru e whai ana ki ngā mahi a ngā tāngata me ngā rōpū e tautoko ana i ngā take pakanga, arā, he mahi moni, he poroporoaki i ngā hōia e wehe ana, he whakatau i ngā mea e hoki ora mai ana, he manaaki hoki i ngā hōia kua whakatakotoria i Aotearoa.

81

Te Raihanatanga me ngā Tangihanga

Lachy Paterson

Ko te āhua nei, kei te aweawe kahatia nei ō tātou whakaaro mō te 'wā pakanga', mō ngā tāngata o taua wā, ki ngā whawhai o ngā hōia ki tāwāhi. Kei ngā hōtaka pouaka whakaata e kitea ana he whānau e pānui ana i ngā niupepa i runga i te ngākau āwangawanga, e noho ngātahi ana rānei i te taha o te waerehe e whakarongo ana ki ngā pūrongo o te whawhai, he taitamariki tāne e kaikaha ana ki te whawhai, he werawera nō ngā rae o ngā tāngata e mahi tahi ana kia hinga te hoariri. Engari, ahakoa ngā raruraru o te pakanga, ka haere tonu te nuinga o ngā mahi a te iwi, kīhai i puta kē. He pātai nui tō tā mātou kaupapa rangahau nei: arā, nā te pakanga rā, i pēheatia ngā koiora o ngā tāngata Māori e mahi ana i ā rātou mahi, ā, ka taea e rātou, kāore rānei ā rātou mahi mō te whānau, mō te marae, mō te hāhi hoki te whakatūtataki?

    Hei tauira, tirohia te tangihanga. Tae mai ai ngā tini tāngata ki te tangihanga o te tangata kua mate hei whakanui, hei whakahōnore hoki i tōna mana, heoi, hei whakakaha hoki i ngā whakawhanaungatanga ā-whānau, ā-hapū, ā-iwi hoki. He mahi nui te tangihanga mā te hau kāinga hei whāngai, hei manaaki i ngā ope manuhiri. I pēhea te manuhiri e manaakitia ai mehemea kua wehe atu ngā taitamariki ki te whawhai ki tāwāhi, ki te mahi rānei ki ngā tāone, arā, mehemea kāore rātou i te kāinga ki te mahi hāngī, ki te mahi i roto i te kīhini o te marae?

    Ko te penehīni te mea tuatahi i rāhuitia, mai i te tīmatanga o te pakanga. Mehemea kāore he kaupapa whaitake kia whakapaua te penehīni, kāore i whakaaetia. I te 8 o Hepetema 1939, i te wiki tuatahi o te pakanga, ka pāhotia atu e ngā niupepa he kōrero mō tētahi Māori, '*who confided to an officer assisting in the administering of the regulations that he required benzine for his car, which he maintained for the purpose of conveying members of his communities to tangis. Needless to say, the permit was not granted.*'[1] Nā konei, ka kitea he tino rerekē ō te Māori whakaaro mō te tangihanga i ō te Pākehā. I taua marama, ka tāia hoki i roto i te niupepa reo Māori o te Hāhi Perehipitīriana, i *Te Waka Karaitiana,* he kōrero 'Mo te Hunga Whiwhi Moto Ka', i whakamāramatia ai ngā waeture e pā ana ki te penehīni.² I whakapā mai tēnei ture ki te iwi Māori; hei tauira, i te matenga o Tema Pouwharetapu Kewene i te tau 1943, he rangatira hira nō Tainui, tokomaha ngā manuhiri, engari *owing to transport restrictions, the attendance was not as large as it would have been in normal times*.³

Ahakoa i kōpaka te penehīni, ka tokomaha tonu ngā manuhiri i tae mai ki ngā tangihanga o ētahi rangatira whakahirahira. Tua atu i te pirimia rīwhi me te ope kaitōrangapū, e 8000, neke atu rānei, ngā tāngata i haere ki te tangihanga o Tahupōtiki Wiremu Rātana i Rātana Pā i te marama o Hepetema 1939.⁴ Mate ana te rangatira tōrangapū o Te Tai Tokerau, a Tau Hēnare, i te marama o Hānuere 1940, neke atu i te 1000 i mine mai. Nā te nui o te waipuke, tokomaha ngā Māori i haere mā raro ki taua hui.⁵ I te tau 1940 hoki, he ope nunui nō Waiariki, nō Te Urewera, nō Waikato, nō Tauranga, nō Ōpōtiki i ahu atu ki te tangi o Te Naere Hokotuku o Te Arawa.⁶ I mate a Paraire Karaka Paikea i te tau 1943. Ko ia te mema o Te Tai Tokerau, tētahi kaihautū hoki o ngā mahi whakahōia i ngā tāne Māori, ko te minita anō hoki o te Maori War Effort Organisation (MWEO). Nā tōna tūranga nui, ka āwhinatia ngā mahi o te tangihanga e te kāwanatanga me te Ope Taua. Utaina ana te tūpāpaku ki Tāmaki Makaurau mā runga tereina, ā, kawea ana i te taha o *'an army convoy of 35 vehicles, carrying about 450 people'*. Nui atu i te 1000 ngā tāngata i tae atu, he tāngata hira, Māori mai, Pākehā mai.⁷

Ka kitea hoki he āhua kē ō te whakaaro Māori, ō te whakaaro Pākehā i te whakakatinga hoki o ngā tangihanga i Te Tai Tokerau i te tau 1941. I taua tau, ka puta mai te wehi kei pāngia te hapori e te kiriuhi uakakā (he mate roro), ā, i whakamutua ngā tangihanga katoa ahakoa te kaha pīrangi o te iwi Māori ki te poroporoaki i ō rātou tāngata kua mate. Nō te marama o Mei, i te whakaritea e tētahi pāpā he tangihanga i Kohukohu hei whakanehu i āna tamāhine tokorua kua hemo. Ahakoa ngā mahi a te pirihimana o reira ki te ārai i te 50 Māori i tae atu, *'they insisted upon carying [sic] out the Maori custom of staying with the dead'*. Ahakoa i tohe te pāpā kia wehe atu ngā tāngata kua tae mai ki te tangi, ka hāmenetia ia e te kōti. E ai ki te ture, e £200 te tino whaina mō taua momo 'hara', engari £10 anake te whiu mō taua pāpā, he aroha pea nō te kaiwhakawā.⁸ I te marama o Hūrae, ka tāia e te Tākuta Āpiha o te Ora he pānuitanga reorua i roto i te *Northern Advocate* e mea ana 'ko nga Hui Maori katoa, nga tangi me era atu ahua huihuinga ka whakakorea tuturutia i roto i te takiwa Katoa [sic] o te Bay of Islands taea noatia te putanga mai o tetahi atu panui'.⁹

Nā te pakanga i kōpaka ai ētahi taonga, pērā me ngā mea o tāwāhi, engari kīhai ngā momo kai i tino raihanatia kia uru mai a Hapani me Amerika ki roto i te whawhai, ā, ka waiho mā Aotearoa hei whāngai ōna ake tāngata, hei whakarato hoki i ngā kai mō Piritene, mō ngā hōia Marikena hoki i Aotearoa me Te Moana-nui-a-Kiwa.[10] I te tau 1943, ka meatia mai e te *Bay of Plenty Times* kīhai i taea e tētahi kamupene miraka he pata te tuku atu mō te tangihanga o tētahi o ōna kaipāmu Māori. He tikanga tawhito tēnei, engari kāore e whakaaetia i runga i ngā waeture mō te raihana.[11] I kitea hoki he amuamu nō ngā Pākehā i roto i ngā niupepa mō ngā tangihanga, arā, he nui rawa te huka me te tī i tukuna ki ngā Māori.[12] I whakahē mai tētahi kaituhi, ko 'Pakeha' te ingoa, '*The Maoris of our district held a tangi over the week-end and were allowed 15lb of tea and 70lb of sugar for the event*', engari, he iti ngā mea i tukuna ki tētahi whānau Pākehā hei whakanui i te mārenatanga, arā, '*½lb of tea, 1lb of butter, and 1lb of sugar for 40 guests. The moral is: Don't have a wedding breakfast: hold a tangi.*'[13] Ko tā te 'Māori' whakautu, he rite ngā raihana mō te mārenatanga Māori, ahakoa e 300 ngā manuhiri, engari '*the Maoris of the district gave each a little sugar, tea and butter and the problem was solved.*'[14]

I kaha rawa ngā whakahē a ngā Pākehā mō te tangihanga o Paikea. Ko tā rātou, kua whakamutua ngā motukā kura mō ā rātou tamariki i te Nōta, hei penapena i te penehīni me te rapa. Ka waiho mā ngā taraka kirīmi hei kawe ngā tamariki, engari, e toru anake ngā rā o te wiki i haere ai aua taraka. E ai ki te tangata tuhi reta, tua atu i ngā taraka o te taua hōia, e 200 kārani penehīni i tukuna ki tētahi kamupene pahi '*to run a free service to convey passengers*' ki te tangihanga.[15]

Kua mārama nei, nā ngā taonga kōpaka me ngā tikanga raihana i kino ai te ngākau whakatoihara o ētahi Pākehā ki ngā tangihanga Māori. Engari, kīhai i taea ngā mate te whakamutu, ā, ka tohe tonu te iwi Māori ki te mau tonu ki ā rātou tikanga tangihanga, ahakoa ngā raruraru i puta mai i te wā pakanga.

Ko Ngāti Ōtautahi, he Rōpū Māori

Angela Wanhalla

I ētahi wā, he tini ngā kapa haka i whakatūria i roto i ngā tāone i te wā pakanga e ngā tāngata o te wharenoho, o te rōpū hākinakina, o te wāhi mahi rānei. I te nuinga o te wā, nō ngā whakatipuranga katoa ngā mema, rangatahi mai, pakeke mai, kaumātua mai. Ko te tino kaupapa he whakanui, he whakatītina i ngā tikanga Māori, me te whakawhanaungatanga, i roto i ngā tāone. Ko Ngati Poneke Young Maori Club ki Te Whanganui-a-Tara te kapa rongonui rawa atu, he mea whakatū i te tau 1937.

I tūtūtia hoki he rōpū i ngā tāone nunui o Te Wai Pounamu i te wā pakanga. Ko Ngati Otautahi Maori Association tētahi. I te tau 1940 i hui ai tētahi rōpū pakupaku o ngā Māori ki te whare YMCA i puta mai ai te Otautahi Maori Club. I Tīhema 1942, ka whakaingoatia anō te rōpū; ko te Christchurch (Ngati Otautahi) Maori Association te ingoa hou. Ko te rangatira nui ko Mr R. Te Mairaki Taiaroa hei kairangi.[1]

I whakatūria te rōpū nei ki Ōtautahi hei kanohi Māori mō te Rautau o Niu Tīreni, arā, mō te whakanuitanga o ngā tau kotahi rau mai i te Tiriti o Waitangi. Engari, nā te whakapuakanga hoki o te pakanga i te marama o Hepetema 1939 ka kipaina te whakatūranga mai o te rōpū, arā, nā te hiahia o ngāi māori ki te tautoko i ngā mahi pakanga. I Hānuere 1940, ka tū he 'Comforts for Maori Soldiers Committee'; ko Arthur Manawatū te tumuaki, ko John Heketā te hēkeretari/kaitiaki pūtea. I taua hui, ka meatia, *'It is probable that this committee will be added to at a general meeting to be held shortly, when it is hoped to form a Maori social club and concert party.'*[2] Nāwai rā, ka puta mai ko Ngati Otautahi Maori Club.[3] Ko te whāinga o te karapu he kohi moni mō ngā mahi pakanga, arā, ngā whakangahau kapa haka, hei tauira, ko te whakanuinga o te Hui Rautau ki Akaroa.[4]

I te tau 1940, ka uru he tāngata nō Rāpaki, nō Tuahiwi hoki, hei mema o te rōpū, i runga i te whanaungatanga ā-mārenatanga, i te hira hoki o Te Ari Pītama ki te hāpai i te ahurea Māori ki Ōtautahi.[5] Terā hoki he Pākehā kōhure e mahi ana i roto i te karapu. Koinei ngā āpiha i pōtitia i taua tau:

- Tumuaki: John Henry Kīngi
- Tumuaki Tuarua: John Morgan (Mōkena) rātou ko Hēnare Pōhio, ko Te Ari Pītama, ko D. Phillips, ko Wera Couch, ko John Charles Tīkao, ko Dr I. L. G. Sutherland, ko Dr R. A. Falla, ko Roger S. Duff, ko George Anstice
- Tiamana: Frank Lewis
- Kāpene o te Karapu: Miss Ruiha Royal
- Hēkeretari: John Heketā
- Komiti: Miss Kia Rīwai rātou ko Miss K. Parata, ko Miss Tui Pannell, ko Mr G. Gilles, ko Mr D. Wehipeihana, ko Mr T. Wesley.[6]

I whakamahi a John Henry Kīngi (1876–1942, nō Ngāti Kahungunu) i ōna tūhononga i roto i te Hāhi Mihinare kia whakarahitia te tokomaha o te karapu, kia tautokona hoki te rōpū. Hei tauira, he kaikauhau reimana ia nō taua hāhi; i mahi tahi hoki rāua ko Rev. Fraer nāna i whakatū te kura tuarua anake o Te Wai Pounamu mō ngā kōtiro Māori, ko te Kāreti Kōhine Māori o Te Waipounamu te ingoa.[7] I haere ngā tauira o taua kura mai i Pōneke ki Te Tai Tonga me Wharekauri, ā, ka uru hoki rātou ki roto ki te rōpū konohete o te karapu. He mema whakahirahira ētahi o ngā wāhine i puta mai i te kura nō ētahi atu rōpū haka o te motu i te wā pakanga nei, hei tauira, nō Ngati Poneke Young Maori Club. Ka kaha haere te hononga nei i a Hinekura (Kura) Tāhiwi (nō Ngāti Raukawa); he kaiako ia nō te Kāreti o Te Waipounamu e whakaako ana i ngā kaupapa Māori,[8] he tuahine hoki ia nō tētahi o ngā mema tuatahi o te karapu o Ngāti Pōneke.

    He hōia a John Henry Kīngi i ngā tau o mua, ā, hei painga tēnei mō tāna rapurapu i ngā mema hou mō te karapu. Nō Pāpāwai a Kīngi, engari, i heke mai ia ki Ōtautahi i mua i te Pakanga Tuatahi. Ka puta te whawhai, ka haere ia ki Karipori, ki Wīwī hoki hei hōia o te Ope Māori o taua wā, o Te Hokowhitu-a-Tū.[9] Ka pahū ake te Pakanga Tuarua, ka kaha mahi ia ki te tautoko i ngā mahi pakanga ki Ōtautahi; he āpiha ia nō te komiti o te RSA o Ōtautahi, ā, he matangareka āna mahi hei āpiha kimi hōia mō te Ope Kāinga me te Ope ā-Motu o Waitaha, mō te Ope Māori i Hurinui, i Te Tai Poutini hoki.[10]

    Nā ngā mahi kimi hōia a Kīngi mō te Ope Kāinga me te Ope ā-Motu me āna toronga atu ki ngā tini kāinga Māori, i kaha uru ai a Ngāi Tahu ki roto i te karapu. Hei tauira, he tokomaha ngā mema o te Ope Kāinga o Rāpaki i roto i a Ngāti Ōtautahi.[11] Pērā me Kīngi, tokomaha he pāraeroa. He hōia a Hēnare Pōhio nō te Pakanga Tuatahi, ā, he āpiha kimi hōia ia mō te Ope Māori i Te Wai Pounamu i te Pakanga Tuarua.[12] He mema a John Morgan (Mōkena) nō Ngāti Ōtautahi mai rā anō i te tīmatanga, ā, ko te hēkeretari hoki ia o te Maori Returned Soldiers' Association.[13] Nāwai rā, ka uru tētahi atu pāraeroa o te Pakanga Tuatahi, a Arthur Paahi, ki roto i te karapu. I Hūrae 1942 a John Henry Kīngi i hemo ai.

I te mutunga o taua tau, kua tapaina a Ngati Otautahi Maori Club hei Ngati Otautahi Maori Association. I tautokona te rōpū nei e te Mea o Ōtautahi, e Ernest Andrew. Ko Arthur Manawatū te tumuaki tuatahi. I te hui tuatahi o te Association, ka pōtitia a Vernon Thomas hei tiamana o te Komiti Whakahaere; ko Kura Tāhiwi rātou ko Hāriata Baker, ko Hoani Pōhio, ko John Heketā, ko Mr R. Phillips, ko Kitchener Hopa, ko Poihipi Weretā ngā mema.[14] I pūmau tonu te hononga o te rōpū nei ki te Kāreti o Te Waipounamu. Hei tauira, ko Hāriata Baker (Ngāi Tahu, Ngāti Porou), ko te tamāhine a te rangatira o Ngāti Porou, a Matutaera (Tuta) Nihoniho rāua ko tāna wahine tuarua, ko Ria Horomona, te Tumuaki o te Old Girls' Association o te kura, ā, ko ia hoki te kaihautū o te Rangimarie Ladies' Club.[15] I mahi tahi a Ngāti Ōtautahi me taua karapu wāhine, '*an organisation that arranged farewell gatherings to men proceeding overseas.*'[16]

I Tīhema 1942, ka whakatūria hoki he komiti ā-iwi nō Waitaha i raro i te mana o te MWEO, kia mahi tahi me te āpiha kimi hōia Māori, ā, kia whakarite i ngā kaimahi Māori.[17] I Pēpuere 1943, ko ngā mema o taua Komiti Whakahaere:

- Vernon Thomas (Tiamana)
- Mr W. Couch (Hēkeretari, Rāpaki)
- Mrs Hāriata Baker rāua ko Mr R. Phillips (Ōtautahi)
- Mr M. Waaka rāua ko Mr W. Mihaka (Temuka, Arowhenua, Tīmaru)
- Tarata rāua ko S. Ruru (Koukourarata)
- Miss T. T. Meihana rāua ko Mr I. Weepu (Rūrū)
- Robinson rāua ko J. Mōkena (Akaroa)
- Manihera rāua ko G. M. Tīkao (Rāpaki)
- D. Barrett rāua ko H. J. Pītama (Kaiapoi, Tuahiwi)
- Te Mairaki Taiaroa rāua ko A. K. Hopa (Kaiapoi, Tuahiwi)
- M. Tekahuariki rāua ko W. Poharama (Kaikōura).[18]

Tua atu i ā rātou mahi e tautoko ana i ngā take o te pakanga, ko tētahi o ngā whāinga tuatahi o Ngāti Ōtautahi he kimi i tētahi whare mō te rōpū. I te tīmatanga, i Mei 1941, ka tonoa e Kīngi kia hui mai ngā kaumātua kia wānangatia te kaupapa nei.[19] Taka atu ki te tau 1943, kāore anō kia tutuki; i pīrangi te tumuaki, a Vernon Thomas, ki tētahi whare e āhei ai ngā tāne me ngā wāhine o ngā puni taua e tata ana ki Ōtautahi te whakamine mai.[20] Ka inoia te Mea, a Andrews, e Thomas kia āwhina mai, ā, ka tautoko ia i tā rātou tono pūtea, e kī ana, e 300, e 400 pea ngā Māori e noho ana ki te tāone i te marama o Ākuhata 1943.[21] Whiwhi rawa rātou i tētahi whare karapu i te 153 o Worcester Street, e tata ana ki Latimer Square. Ko te Maori Association Hall te ingoa, i tū ai ngā tini momo mahi ki reira. Hei tauira, ka whakaako a Hāriata Baker rāua ko Kura Tāhiwi i ngā karaihe reo Māori ki reira.[22]

Ka arotahi hoki a Ngāti Ōtautahi ki te tautoko i ngā tāne me ngā wāhine o ngā puni taua e tata ana ki Ōtautahi. Nā tōna pāraeroatanga, ka tahuri a Kīngi kia meatia te tautoko i ngā hōia hei tino mahi a te karapu; i whakakahatia te hononga nei nā te urunga o ētahi mema o te karapu ki roto ki te Ope Māori, ko John Heketā tētahi. Tū ai ngā kanikani i ngā Rāhoroi, ko te whāinga: *'no Maori soldier while in camp is without a friend and a home during weekend leave.'*[23]

I kohi moni hoki te rōpū ki te hoko tītī kia tukuna atu ki ngā hōia Māori i tāwāhi. I te tau 1942, ka kaha uru rātou ki roto i tētahi rā mahi pūtea mō te Ope Māori ki ngā tiriti o Ōtautahi; he mea tautoko te mahi nei e te Mea, kia hokona he kai reka mā ngā hōia. Ka āhua £600 i kohia. I whakakakao hoki rātou i ngā pēke kuku, e rua tekau i pāeratia, i hīratia ki roto ki ngā kāho waikawa, kia tukuna atu ki ngā hōia Māori i Ingarangi.[24] I poroporoaki rātou i ngā hōia e wehe atu ana ki tāwāhi, ā, ka pōwhiri i ngā mea e hoki mai ana.[25] Ka toro hoki te kapa konohete o Kia Rīwai (he mea tūhono ki a Ngāti Ōtautahi) i ngā hōia Māori e noho taotū ana ki te hōhipera o Burwood, e mau ana i ngā tītī me ngā hikareti.[26]

Ko Ngāti Ōtautahi i te teihana waerehe 3ZB ki Ōtautahi i te tekau tau 1940. Ko ngā tāne e tū ana ki muri (mai i te taha mauī): Teone Tini rātou ko Johnno Crofts, ko Andy Phillips, me te tāne tautangata. Kei waenganui: Hāriata Baker (i muri ko Hāriata Nihoniho) rātou ko Wilhelmina (Mina) Stirling, ko Maureen Briggs (i muri ko Maureen Tuatini), ko Rima Bell, ko Dot (Hēni) Hūtana, ko Huia Baker. E tū ana te wahine a Andy Phillips ki muri i a Huia Baker. E tūturi ana: Ana Tini rātou ko Betty Tini, ko Noeleen Pītama, ko Martha Ruru (i muri ko Martha Whītau), ko Marama Ruiha Ruru (i muri ko Marama Gibbons), ko Tini Hinewetea (Biddy) Paahi (i muri ko Biddy Tirikātene). E tūturi ana a Rakanui (Billy) Paahi (i muri ko Billy Manawatū) i mua i a Martha Ruru. Ko Aroha Paahi te kōtiro kei mua.

Nā Green & Hahn Photography Ltd te whakaahua, nō RNZ Stills Collection, kei Ngā Taonga Sound and Vision, S286970.

He mahi kē hoki ā Ngāti Ōtautahi. I āwhinatia te whakangahau ā-tau o te Kāreti o Te Waipounamu, e whakarato ana i ngā kai, i te hāngī, ā, ka waiata tō rātou kapa. Ka taka mai te tau 1944, ka nui atu tā rātou arotahi ki te tamariki me te rangatahi. I taua tau, ka manaaki rātou i ngā tamariki Māori e 2000 o Ōtautahi, o Lyttelton me Rāpaki, ki te Hōro o Jellicoe. Tokomaha ngā tamariki mai i te Nazareth Home, mai i te Sumner School for the Deaf, me te Kāreti o Te Waipounamu mō ngā kōtiro Māori.[27] I te anga hoki rātou ki te arataki-ki-te-mahi. I te tau 1944, ka tautoko rātou i tētahi uiuinga i ngā rangatahi Māori o te rohe nā te Poari Kura me te Christchurch Vocational Guidance Centre; ko te whāinga, *'the talents of the younger members of the community would receive full opportunity for development'*.[28] I te tau ki mua, kua tū he komiti ki raro kia tūhurahia, kia whakatūria hoki he ratonga arataki-ki-te-mahi mō ngā rangatahi Māori i te taha o te Christchurch Youth Centre.[29]

I te mutunga o te tekau tau, koinei ngā āpiha o te rōpū.

- Kairangi: Riki Te Mairaki Taiaroa
- Kairangi Tuarua: E. T. Tirakātene, M. P.
- Tumuaki: Vernon Thomas
- Tumuaki Tuarua: J. Te Rangi rātou ko Ngatiki Piripi (Phillips), ko John Stewart, ko Roger Duff, ko Frederick G. Briggs, ko George Anstice, ko D. Tini, ko J. Daniels, ko Ruru (Lou) Wātene, ko W. A. Taylor, ko Joseph Moss, ko James Wiwi Norton, ko Dr. I. L. G. Sutherland, ko Hāriata Baker, ko Mrs D. Tini, ko Mrs J. Daniels, ko Mrs Mae Wātene, ko Mrs G. Briggs, ko Mrs A. Paahi, ko Mrs J. Moss
- Tiamana o te Komiti Whakahaere: Mr Anaru Phillips
- Hōnore Hēkeretari: Mrs A. Paahi
- Hōnore Kaitiaki Pūtea: Mr G. Anstice
- Kaitaki o te Kapa Haka: Mrs Rima Bell
- Komiti Whakahaere: Mr Arthur Kitchener Hopa rātou ko Mr A. Annis, ko Mr Wī Tauwhare, ko Mrs Briggs, ko Mrs Daniels, ko Mrs A. Annis, ko Mrs Phillips, ko Mrs Bell, ko Miss Ashton[30]

Nō muri mai i te mutunga o te pakanga, ka anga tonu ō rātou whakaaro ki te toko i te ora o te iwi, ki ngā rangatahi Māori hoki. Ka kitea tēnei i roto te rārangi mema o Ngāti Ōtautahi. Hei tauira, ko Mae Wātene (née Bannister). He hēkeretari ia nō te Ngati Otautahi

Maori Association. He nēhi tāna mahi o mua, ā, ka whakatūria ia e te kāwanatanga hei āpiha toko i te ora Māori. I muri i te pakanga, ko ia te Tumuaki o te Rapaki Ladies' Welfare League.[31] Ko Erina Paahi (née Momo) te kaiwhakahaere o te Ladies' Christchurch Maori Association i te tau 1948, i arotahi ki ngā kaupapa toko i te ora Māori.[32] He mea tūhono hoki a Ngāti Ōtautahi ki te Peka o Ōtautahi o te National Council of Women; ko Mae Wātene te māngai.[33]

Ko tētahi o ngā tino whāinga o Ngāti Ōtautahi i te wā i muri tata nei i te pakanga he whakatū i tētahi pokapū hapori mō ngā Māori e noho ana i roto i te tāone. I tō rātou reta ki te pirimia, ki a Fraser, ka horahia tō rātou pīrangi ki tētahi whare pai ake, nā te mea *'[their] present room is far too small and has none of the necessary facilities.'*[34] Ko tā rātou i hiahia ai ko tētahi pokapū hapori i waenga i te tāone, me tētahi hōro nui e whai atamira ana *'suitable for meetings of the whole community'*, me tētahi rūma mō ngā hui komiti, mō ngā karaihe reo, hītori hoki, me tētahi rūma anō hoki mō ngā karaihe raranga, me te kīhini e taea nei te tunu kai, *'as no really big function would be considered complete unless the tangata whenua were able to offer their guests some food.'* I te tau 1952, ka hono atu rātou ki te Christchurch Maori Community Centre Committee kia hāpai ngātahi ai rātou i te take nei.[35]

Nā te wawata hoki o Ngāti Ōtautahi e pā ana ki ngā rangatahi Māori e noho ana ki te tāone, i puta mai ai i tēnei mahi tahitanga ko te whare noho o Rehua Marae, he mea whakatuwhera i te tau 1952 mō ngā kōhine Māori. Nāwai rā, ka whakaurua ngā taitama Māori e whai ana i ngā akoranga mahi ā-rehe ki Ōtautahi.[36] Engari, i tipu a Rehua mai i te Pakanga Tuarua me te matakite o John Henry Kīngi mā i whakatūria ai a Ngati Otautahi Maori Club i te tau 1940. He mea raranga ā rātou mahi pakanga ki roto i te hītori o Rehua, me te noho o te iwi Māori ki Ōtautahi i muri i te pakanga.

Lena Matewai Ruru: He Manaaki i te Hapori

Angela Wanhalla

Me kore ake ngā wāhine pērā me Lena Ruru (1902–1977, nō Te Aitanga-a-Māhaki) hei tautoko i ō rātou kāinga i te wā pakanga. He tini āna mahi puta noa i tōna koiora, hei ringapuoro, hei kaiwhakahaere Girl Guides, hei kaipurei hōkī, hei kaipurei korowha, hei tino kaihautū hoki mō tōna iwi, ā, i ētahi wā, ka mahia ngātahitia ēnei mahi āna. He ruarua ngā kupu mō āna mahi i te wā o te Pakanga Tuarua kei roto i te haurongo mōna kei te *Dictionary of New Zealand Biography*,[1] engari, ka puta mai te pakanga, ka nui ake ngā mahi a te wahine nei. I taua wā, ka tino hōriri a Lena, i a ia e whakarite ana i āna mahi puoro me āna tūranga i roto i ngā tini rōpū.

E waia ana a Lena ki ngā mahi toimaha. I te matenga o tōna whaea, o Maata Parāone, i te tau 1920, ka waiho māna hei tiaki tōna pāpā rātou ko ōna tungāne tokorua, ahakoa tekau mā waru anake ōna tau. He rangatira whakahirahira tōna pāpā, a Hēnare Ruru, nō Tūranganui-a-Kiwa. Ka kaha piri pono a Lena ki a ia, ā, ahakoa tōna taiohi, ka mahi ia hei hēkeretari, hei kaiwhakapākehā hoki mōna. Nā tōna pāpā hoki, ka nui haere tōna mātauranga ki te whakapapa, ki te hītori, ki te taha tōrangapū hoki. Ka hemo rawa a Hēnare i te tau 1943, ka whai tonu a Lena rāua ko tōna tungāne ko Eru i ngā mahi a tō rāua pāpā mō ngā kerēme whenua, me te tiaki i tō rātou marae a Takipū kei Te Karaka, kei te tuawhenua, he āhua 30 kiromita atu i Tūranga.[2]

I a ia e tiaki ana i tōna whānau, ka uru hoki a Lena ki roto ki te Women's Institute me ngā mahi pakanga hoki. I tētahi Paraire o Hepetema 1939, i te marama i tīmata ai te whawhai, ko ia tētahi o ngā tini wāhine i hui mai ki Tūranga-nui-a-Kiwa. Ka whakaae taua minenga kia tū he peka ā-kāinga o te Maori Ladies' Patriotic Committee ki te kohi moni mō ngā mahi pakanga. He mema a Lena nō te Komiti Whakahaere ā-Takiwā, ā, ko ia hoki te Tumuaki o te Peka o Te Karaka. Ka nui ake hoki āna mahi i te tau 1941 i tōna pōtitanga ki te Rōpū Whakahaere o te Poverty Bay Federation of Women's Institutes.[3]

Ahakoa ēnei mahi ā-hapori, ka mahi tonu hoki a Lena hei ringapuoro me tōna tira puoro tautito. Puta noa ngā tau o te pakanga, ka whakatangitangi ia ki ngā kanikani me ngā huinga o te hapori, me ngā kaupapa mahi moni mō te pakanga i te nuinga o ngā marama, ahakoa ko ia anake rānei, ahakoa i te taha o tōna pēne rānei. Hei tauira, i te marama o Oketopa 1940, ka purei ia ki te tukunga o te Tatau Tatau Rose Bowl i Selwyn, ki tētahi kanikani hoki i Motu mō te 'kuīni hākinakina'; i te marama o Noema, i te Hōro o Puha a Lena, ā, i te marama e whai ana, ka whakatangitangi ia ki te hui ngahau ā-tau, ki te whakakitenga putiputi me te kanikani o te Whare Karakia o Matawhero, ā, ki tētahi pō whakangahau i Patutahi.

I tae atu ia ki ngā hui hei poroporoaki i ngā hōia o tēnā kāinga, o tērā kāinga, ā, ka rite tonu ngā tono kia whakatangitangi ia ki ngā huinga huritau 21, me ngā mārenatanga. Tua atu i ēnei, ka purei ia mō ngā tini rōpū, hei tauira, mō te Women's War Service Auxiliary, mō ngā rōpū ā-hapori, mō ngā mahi pakanga, mō tētahi karapu pāhiketepōro, mō ngā hōia rangatahi o Te Tauaarangi, mō te Rōpū Tinei Ahi o Tūranga, mō ngā kanikani poroporoaki, mō ngā rā whakamutunga o te tau kura, mō te Young Farmers' Club o Tūranga, mō te Surf Life Saving Club o Wainui, me te Peka o Mākaraka o te Pāti Reipa hoki.

I te mutunga o Āperira 1943, i tōna pāpā e mate ana, ka tahuri ia ki te nēhi i a ia, e kī ana *'she is unable to accept any town engagements for an indefinite period and takes this opportunity of thanking her friends for their past support.'*[4] Ka hemo tōna pāpā i te marama o Mei. I Hepetema, kua hoki ia ki te atamira, hei ringapuoro kotahi rānei, me tōna pēne tokowhā, tokowaru rānei.

Tua atu i ngā rōpū wāhine, me āna mahi kohi moni, ka tahuri a Lena ki te hāpai i te wairua o tōna iwi, nā te whakatū i te karapu hākinakina o Te Karaka. Ko te pāhiketepōro Marikena tētahi o ngā hākinakina, me te 'corner ball', te 'skittles', me te meke pōro. I te raumati, he tino mahi ngā hīkoi me te tēnehi. Ko te tumuaki a Lena o te komiti hei whakahaere i ngā mahi o te karapu. E ai ki te *Gisborne Herald*, *'an energetic committee, under the guidance of Miss Lena Ruru, [was] appointed to control the affairs of the club.'*[5]

I te mutunga o te pakanga, ka āwhina ia ki te pōwhiri mai i ngā hōia e hoki ora mai ana, i a ia e whakahaere tonu ana i āna mahi puoro. I te tau 1950, ka tahuri ia ki te tiaki i ngā kāinga Māori, arā, ka whai ia i a Maora Tamihana hei āpiha wahine toko i te ora Māori mō Tūranganui-a-Kiwa. Kātahi te kauanuanu o ngā tāngata o tōna kāinga mōna; i tōna wehenga i te takiwā o Waikohu i Māehe 1950, e 200 ngā tāngata i tae mai ki te poroporoaki i a ia. I kīia nei, *'[she] is probably the most widely-known person in the Te Karaka district, having spent all her life there and being connected with practically all public organisations, in addition to following her career as a professional musician.'* I kaha whakapuakina e ngā kaikōrero tana *'fine record of public-spirited work in all movements for the advancement of the district; her activities had been marked by a cheerful personality and unvarying goodwill.'*[6]

He wahine hihiko a Lena ki te tautoko i te hapori; ā, he maha ngā momo mahi i meinga e ia. Nā tō Lena *'fine record of public-spirited work'*, ka tū tonu ngā mahi ā-hapori, ā-tōrangapū hoki, mō ngā whakatipuranga e heke mai nei. I te wā pakanga, ka rite tonu tāna āwhina i tōna hapori me tōna whānau, me te kaha tautoko i ngā mahi pakanga, mai i ngā poroporoaki me ngā pōwhiri mō ngā hōia, tae atu ki te kohi moni me te whakatangitangi o tōna pēne mō te iwi. He tauira tino pai a Lena Ruru nō ngā tini Māori i tū ki te hāpai i ngā mahi pakanga mō ā rātou taitama e whawhai ana ki tāwāhi. Nō te tau 1977 ia i mate ai, ā, ka tanumia ki te urupā i Waerenga-a-Hika.[7]

Ko ngā Kuīni Māori o ngā Hui Taurima

Sarah Christie

I te 12 o Tīhema 1944 a Betty Twist i karaunatia ai hei Kuīni Hui Taurima ki te Hōro Rangitahi i Murupara. Hīkoi ana te Kuīni me āna kaiāwhina mā te hōro; tū ana he rōpū whakahōnore ki tētahi tāhapa ki tētahi tāhapa e mau taiaha ana; waiata ana tōna hunga tautoko. Ārahina ana ia e Meiha Henry Te Reiwhati Vercoe ki te atamira, tukuna ana he tākai putiputi ki a ia, whakanuitia ana hoki ia mō tō rātou pukumahi ko te hapori kia kohia ngā £400 mō ngā take pakanga.[1] Mai i te Pakanga Tuatahi o te Ao, kua mahi ngā Hui Taurima me ō rātou Kuīni, pērā me te hui nei i rīpoatatia e te *Bay of Plenty Beacon,* hei kohi moni mō ngā take ā-iwi, ā-hapori hoki.

Kotahi pō anake ētahi o ēnei hui taurima, engari, i te nuinga o te wā, he maha ngā wiki i mua i taua pō i kohikohia haeretia ai ngā moni hei tautoko i ngā take e pā ana ki te whawhai. I te mutunga, ka tū he kanikani, he pō whakangahau rānei, i whakakitea ai ngā pūtea o ia kaiwhakataetae o ia kaiwhakataetae. Ka whakakuīnitia te toa e tētahi tangata nui o te hapori, ka tū ai ērā atu kaiwhakataetae hei kaiāwhina ki te kuīni. He nui te ngahau, te whakanui, te ahurei hoki o ēnei hui.

I te 1 o Oketopa 1939, ka mea a *Te Karere*, kua karaunatia a Molly Nehua *'in royal splendour befitting the honour bestowed upon her'* i waenganui i ngā rākau me ngā putiputi i whakapaipaitia ai te hōro o Ōkaihau.[2] Nā te kawa o te karaunatanga i rerekē ai tēnei momo hui i ērā atu kanikani mahi moni o taua wā. I te nuinga o te wā, ka whakamahia ngā āhuatanga o te kīngitanga o Ingarangi, arā, ko ngā karauna, ngā kāone, ngā hēpeta, ngā hoari, me ngā koti, engari i ētahi wā, ka whakamāoritia ēnei mea kia whakaurua, kia whakakitea hoki ngā tikanga Māori, hei tauira, *'full Maori costume'*.[3]

Mō ngā Māori e noho ana ki ngā tāone nunui, he pai rawa atu ngā Hui Taurima Kuīni hei whakakotahi i ngā Māori o te tāone, hei whakaari i ngā tikanga Māori i roto i te tāone Pākehā. I te tau 1943, ka whakatūria he Hui Taurima i Ōtautahi; ko te whāinga kia kohia ngā pauna e 50,000 mō ngā hōia kua mauheretia, me ngā mea māuiui, taotū hoki. I tū ngā kuīni o tēnei whakataetae hei kanohi mō ngā whenua

haumi ki Aotearoa, kia karaunatia hei 'Mihi Wikitōria'. I pērā tēnei whakataetae ki ngā tini hui taurima puta noa te motu i whakaaturia ai he tuakiri ā-motu mō Aotearoa i whakamanahia ai ngā ariā me ngā tikanga Pākehā. Ka tū anake ngā Māori o te tāone hei kaitautoko i te Mihi Niu Tīreni Pākehā, arā, tokorua ngā 'pirinihehe' Māori hei kaiāwhina māna. Engari, i whakaurua e Ngāti Ōtautahi he taraka, he mea whakapaipai, ki roto i te ope hīkoi o te hui taurima i haere mā ngā tiriti o te tāone. He kākahu Māori ō ngā mema o te rōpū; i runga a Eruera Tirikātene i te taraka, e mau kahu kiwi ana. I reira hoki he hōia

Ko te taenga mai o E. T. W. Rio Love hei 'kuīni' o Te Awakairangi, me āna tamāhine, a Mokoroa Rio Love rāua ko Inanui Rio Love, ki te Hui Taurima o te Kuīni Wikitōria, i Te Whanganui-a-Tara, i Hune 1941.

He kaiwhakaahua tautangata, nō Papa Tongarewa Museum of New Zealand, O.039890.

Māori, tāne mai, wāhine mai, kia kitea ngā mahi a te iwi Māori mō ngā take pakanga e te hunga Pākehā e mātakitaki ana.[4] Nā tā te rōpū tautoko i te kaupapa Mihi Wikitōria o Ōtautahi, ka whakatairangatia tō rātou ake kaupapa kia tautokona ngā hōia Māori.

He ngahau ngā Hui Taurima Kuīni nei, engari, he nui te mahi. I whakamaneatia ngā kōhine rakahinonga ki tēnei momo mahi; ka taea e rātou ō rātou pūmanawa te whakaatu, i te wā i kore ai taua momo whakaaturanga e whakanuitia e te iwi Pākehā, hāunga i roto i ngā 'wāhi wāhine'. Nā reira, mehemea i pukumahi te kuīni, i whakamahia hoki ngā tikanga umanga, ka whai angitu pea ia. Hei tauira, ko Quita Murray; tekau mā ono ōna tau i te tīmatanga o te pakanga. I mua i te tau 1942, kua wehe ia i Matakana ki Tauranga i riro ai i a ia he tūranga ki tētahi toa Beehive (i hokona atu ai ngā tini momo taonga).[5] I taua tau, hei Kuīni Taua Moana ia, ā, ka tahuri ia ki te whakamahi i ōna pūmanawa hei mahi moni. Nā te M. I. A.[6] tēnei whakataetae i whakahaere. I kaha uru a Quita ki roto i tēnei mahi; ko tāna 'mīhana' he mahi moni. Toro atu ana ia ki ōna hoa katoa, patipati ana ia i ngā tāngata i tae mai ki te toa kia tukuna he moni, tonoa atu ana hoki tōna whānau rātou ko ōna hoa i Matakana kia tautoko mai rātou i tāna take. Nā tōna pukumahi ia i whai angitu ai. Ko te mutunga o te Mahi Taurima nei he kanikani ki te Civic Cabaret. Ko tā Quita te pūtea rahi rawa atu, ā, ka karaunatia ia e te Mea, ā, ka tukuna ngā £40 ki te komiti ā-rohe mō ngā take pakanga.[7]

I te wā pakanga, ka whakahaere, ka whakamāori ngā Māori i ā rātou ake Mahi Taurima Kuīni, ā, ka uru rātou ki roto i ngā mea Pākehā, nā te mea, he huarahi ēnei hei whakatutuki i ā rātou whāinga. Mō ngā tāngata takitahi, he wā ngahau, he mahi rerehua ngā mahi kuīni i te wā pōuri o te pakanga. Ka whakaaturia hoki tā rātou tautoko i ō rātou whanaunga i tāwāhi, ā, nā te manaaki i ngā hōia Māori ki te kāinga, ka hāpaingia te mana o te whānau, o te hapū, o te iwi hoki. Mā ā rātou mahi hei kuīni, ka whakakite ngā kōhine Māori i ngā pūkenga umanga, ā, ka ākona te mātauranga hou mō te ārahi i te iwi. Ki ngā hapori Māori, kauaka nga mahi taurima kuīni hei mahi moni anake; he wā kē i taea ai ā rātou tikanga Māori te whakamahi, te whakaari hoki i roto i te ao whānui.

Mā runga hōiho ngā kōtiro nei haere ai ki tō rātou kura i Te Kaha, i te marama o Hūrae, i te tau 1944.

Nā John Dobrée Pascoe te whakaahua, nō Alexander Turnbull Library, Wellington, PAColl-0783-2-1115.

Ngā Taiohi

He reanga nui ngā rangatahi nō te iwi Māori, engari, e warewaretia ana rātou i roto i te nuinga o ngā kupu hītori mō ngā wheako Māori o te wā pakanga. Kei te titiro tēnei wāhanga o te pukapuka ki ngā mahi a ngā taiohi Māori, engari, ka tūhono hoki ētahi o ngā kōrero ki ērā atu wāhanga. Mō Te Rau Aroha ngā kōrero tuatahi e rua, arā, mō te taraka kai i hoatu e ngā tamariki o ngā kura Māori ki ngā hōia o te Ope Māori hei koha. I te taha o te Ope taua taraka mai i Āwherika ki te Raki ki Itari. Nā te hira o taua koha ki ngā hōia Māori, ki ngā tamariki hoki i kohi moni, i whakahokia te taraka ki Aotearoa, ā, ka toro atu ki ētahi o ngā kura Māori o Te Ika-a-Māui.

    I uaua kia riro ngā mahi papai i ngā taiohi e wehe ana i ngā kura. He iti rawa nō ngā whenua Māori e toe ana, nō ngā tūranga hoki i ngā wāhi taiwhenua. Kei te matapaki te kōrero tuatoru i te Arataki-ki-ngā-Mahi mō ngā taiohi Māori, me ngā mahi a Meiha Kahi Harawira ki te akiaki kia whiwhi rātou i ngā mahi papai. Tokoiti rawa ngā Māori i tae atu ki te whare wānanga ako ai; kei te tūhura te kōrero whakamutunga i ngā wheako o ētahi tauira Māori i haere ki reira.

He Tohu Aroha: He Kohi Moni mō te Taraka Kai

Sarah Christie

Ahakoa i tawhiti te nuinga o te iwi i te pae o te riri, ka pāngia ō rātou koiora e te Pakanga Tuarua o te Ao. Ka kōrero tēnei tuhinga mō ngā kāinga taiwhenua Māori, arā, mō ngā tamariki me ā rātou tino anganui ki ngā kawekawe o te pakanga, mā te whakahaere tikanga, mā te pukumahi, me te aroha ki ngā tāne kua uru noa ki roto ki te Ope Māori hei hōia.

I te mutunga o te tau 1940, ka āhua 10,730 ngā tamariki o ngā kura Māori o te motu, ā, ko tētahi tino kawekawe o te pakanga i rongo ai rātou ko te wehenga atu o ō rātou whanaunga.[1] Nō te 1 o Mei 1940 i haere ai te Ope Māori ki tāwāhi. I te poroporoaki ki te Whare Ōpera i Te Papaioea, ka whakahīhī a Apirana Ngata, e mea ana, ka rite te whakahōiatanga Māori ki te tangata kotahi o roto o ngā tāngata e toru tekau mā rua o te iwi Māori.[2] Nā reira, ka kitea e te nuinga o ngā tamariki Māori ngā poroporoaki ki ō rātou mātua, mātua kēkē, tuākana, tungāne, kaihana hoki i taua wā pakanga. I te tono a te Tari Kura kia tautokona ngā hōia i tāwāhi, ka matangareka ngā kura Māori ki te tuku i tētahi taraka kai hei whakarato i ngā ō me te āhurutanga ki ngā hōia e tata ana ki te papa whawhai.[3]

Tae atu ki te marama o Mei 1941, nui atu i te £900 kua kohia e ngā kura Māori 146 hei hoko, hei whakareri i te taraka kai mō te Ope Māori.[4] Ka uiuia te Minita o ngā Kura, a Hon. Henry Mason i te wā i tukuna ai ngā moni ki te Pūtea Take Whawhai, ka whakanuitia e ia te *'keenness of the children to contribute their pennies, never too plentiful, toward this fund.'*[5] E £70 i tukuna mai e tētahi kura o Te Tai Tokerau, e 60 ōna tamariki. Ka apoapohia e ngā tini kura te rima hereni i te tauira; i taua wā, ka taea he pea hū, pārahirahi rānei, te hoko ki te rima hereni.[6]

He matangareka, he auaha te whakahoki a ngā tamariki ki tēnei tono. I tētahi kura o Te Urewera (kīhai i whakamōhiotia ko hea), ka tū he konohete i ia wiki, i ia wiki, kotahi pene hei utu tomo; ka whakawhiti te rōpū tama me te rōpū kōtiro ki te whakarite i te konohete, ki te purei hoki. He mahi taumaha te kohi moni, engari, ka puta mai hoki te ngahau me te pārekareka. Tua atu i ngā konohete, ka hokona e te kura ngā taonga kua hangaia e ngā tamariki, ā, ka kohia ngā rawa hangarua, pērā me te rino me te pepa, kia hokona atu. He mea whakatakoto hoki ngā tīni ki roto i ngā karaehe hei kohi i ngā pene kāore anō kia pau i ngā konohete me ngā taonga hokohoko. I te tukunga i tā rātou koha mō te taraka kai ki te Minita o ngā Kura, ka tuhi taua kura i te reta i kōrerotia ai te hiahia o ngā tamariki, '*to help and show the men we have not forgotten them*', me te tūmanako, ka whiwhia e ia kura, e ia kura he whakaahua iti o te taraka kai.[7] Ki ngā tamariki rātou ko ō rātou whānau, ehara te kohikohi moni i te mahi noa; i te kakare te tau o te ate i te wehenga o ngā tāne o ō rātou kāinga, ā, nā te kohi moni ka taea rātou te tautoko.

I te Pakanga Tuatahi, nā ngā tini rōpū o te hapori e whakataetae ana, e inoi moni ana mō ā rātou ake pūtea, i whakatautetia ai ngā mahi tautoko i te pakanga. Nā reira, i te Pakanga Tuarua, ka whakatūria te Poari Pūtea Take Whawhai ā-Motu kia kotahi ai te tono mō te moni. Engari, ki ngā whānau me ngā kāinga, i te mahi rātou ki te tautoko i ngā tāngata o ō rātou ake kāinga. Ka kitea tēnei i ngā mahi a ngā tamariki o te Kura o Pukepoto i 'taurimatia' ai ngā tauira o mua o te kura kua haere ki tāwāhi. I kohi moni ngā tamariki, ā, ka nitinitihia he karapu, he kākahu hoki mō ngā koha Kirihimete ki ō rātou hōia 16 i te mura o te ahi, me te tokoono i roto i ngā puni herehere.[8]

He mahi ngoto te kohi moni mō te taraka kai, engari i anga ngā tamariki ki te tautoko i ō rātou ake whanaunga ki tāwāhi i te roanga o te pakanga. Nā ngā konohete, nā te kohi pātara karaihe, nā te hoko i ngā taonga he mea hanga ki te kura, i mahi moni ai te Kura o Pukepoto mō te pūtea taraka kai. Engari, tuku moni ana hoki rātou ki te Rīpeka Whero, mahi moni ana mō ngā koha ki ngā hōia, hoko wūru ana hoki mō ā rātou mahi nitiniti. Mai i Oketopa ki Tīhema o te tau 1939, ka whakaakona ngā tamariki katoa kia nitiniti i ngā tapawhā kuira hei koha mō te hunga kua rere mai i a Hītara mā. Tae atu ki Tīhema 1941, kua mīharo ngā mahi nitiniti a ngā tamariki hei tautoko i te pakanga; e 950 ngā mea, arā, e 352 ngā pōtae uhi, e 291 ngā kāmeta, e 297 ngā pea karapu, e 5 ngā poraka, ā, e 5 ngā pea tōkena.[9] I rapuhia e ētahi kaiako (hei tauira, e ngā mea o Pukepoto) kia whakaurua ēnei mahi a ngā tamariki ki roto ki ngā akoranga o te kura. I pōtitia e ngā tamariki o te kura tō rātou ake komiti whakahaere hei mahi moni, ā, ka whakaakona rātou kia whakaritea ngā kaute, he mea hihira e ngā kaitirotiro kura o te rohe.[10] I tautoko ō rātou iwi i ngā mahi a ngā tamariki ki te kohi moni, ki te hāpai hoki i ngā mahi pakanga. I Pukepoto, ka hui ngā wāhine me ngā taitamāhine i ia wiki, i ia wiki mō ngā karaehe nēhi, āwhina whānau hoki. I ia marama, ka mene rātou mō te hui tuitui, ki te tapitapi kākahu, ki te tuitui, ki te whakapai hoki i ngā mea o te Hōhipera o Kaitāia. Ka whakanuitia hoki e ngā wāhine o te rohe ngā mahi a ngā tamariki me ngā rangatahi; nā ā rātou purei kāri i ia rua wiki, ka kohi moni rātou ki te hoko i te waerehe mō te kura hei koha mō tō rātou pukumahi me ā rātou mahi moni.[11]

I ētahi wā, ka mahia ngā kohi moni mō te pakanga i te taha o ngā mahi tūturu o te iwi. I ngā wāhi taiwhenua, he rorotu ngā karapu kāwhe i akona ai te whakatipu kāwhe, i whāngaia ai e ngā tamariki ā rātou ake kāwhe. Ā, i tautokona kahatia hoki ēnei karapu i roto i ngā kura Māori kia taunga ngā tauira Māori ki ngā mahi pāmu.[12] I hoatu e ētahi kura Māori tā rātou i kohi mai ai i ō rātou rā kāwhe ki te tono mō te taraka kai. Hei tauira, ko te Kura o Nūhaka nāna i kohi te £20 i tō rātou rā kāwhe ā-tau i Tīhema 1940. Ka whakarārangitia ngā kāwhe a ngā tamariki kia tirotirohia, ā, ka whakawhiwhia e te Nuhaka Co-operative Dairy Company he kapu hiriwa ki te tamaiti o te kāwhe toa. I muri i te whakataetae, ka kai rātou i te hāngī.[13]

I te marama o Mei 1941, ka tukuna katoatia ngā moni i kohia e ngā kura Māori ki te Poari Pūtea Take Whawhai kia hokona, kia whakareria hoki te taraka kai. Ko te taraka o ngā kura Māori tētahi o ngā taraka e rima he mea hoko nā te kohi pūtea a te hapori. E rua nā ngā kaimahi o Woolworths New Zealand, kotahi nā te New Zealand Federation of Shop Assistants, ā, ko te tuarima nā tētahi Rōpū Masonic. Nō te 20 o Ākuhata 1941 i tū ai he hui ki te Whare Pāremata, kia tukuna atu aua taraka kai ki te Ope Taua. Ko te kāwana-tianara, ko Tā Cyril Newall hei tumuaki o te hui. I reira hoki ngā mema pāremata (me Tā Apirana Ngata); ka whakarongo te marea ki ngā whaikōrero, ka tirotiro hoki rātou i ngā taraka.[14]

E toru tana me te hāwhe te taumaha o te taraka; he mea peita ki ngā momo kākāriki e rua hei kirihuna. He taika penehīni tāpiri ō ngā taraka kai, ā, he taika wai me ngā papu kia rere te wai ki tētahi tāpu i roto i te taraka. Nā te tuwhera o tētahi taha o te taraka, ka meatia he tuanui iti, he paenga hoki hei whakarato kai ki ngā hōia. I te taha o ia taraka te ingoa o te hunga takoha. I roto i te reo Pākehā, i te reo Māori hoki ngā kupu o te taraka kai mō te Ope Māori:

Presented to the Maori Battalion as a token of love from the children of the Native Schools of New Zealand.

He Tohu Aroha na nga Tamariki o nga Kura Maori o Niu Tireni ki te Ope Whawhai o te Iwi Maori e tau mai ra i te Pae o te Pakanga i te Mura o te Ahi.[15]

E ai ki ngā rīpoata niupepa, he 'Tohu Aroha' te taraka kai o te Ope Māori, nō ngā tamariki Māori ki ō rātou whanaunga tāne e whawhai ana ki tāwāhi. Ka whaikōrero te kāwana-tianara, ka whakanuitia te koha nei a ngā tamariki: *'There is nothing like a children's gift for touching the heart.'* I meatia hoki e Tā Cyril, he whakahirahira ngā taraka kai hei tautoko, hei awhi i ngā hōia ki te pae o te riri; ka kīia nei hoki, *'these gifts ... catered for the inner comforts of man, and sometimes in war that was the most difficult place to comfort.'*[16]

I te putanga mai o te taraka kai ki te pae o te pakanga i Noema 1941, ka tino rangona tēnei awhi e ngā tāngata o te Ope Māori. I tōna taenga mai ki te whawhai a te Ope i Rīpia, ka tuhi mai te tiaparani, a Kāpene Harawira, ki a Tā Apirana Ngata, 'E Api, heke ana te roimata i te mea e korero ana i nga tuhituhi. Ae ra, e te whanau ma tae mai ana ta koutou taonga ki te mura ra no o te ahi.'[17] He ngākau whakaaroharoha ō ngā hōia, nā te mea kua whakahaeretia, kua utua hoki te taraka kai mō rātou e ngā tamariki kura. He tohu ā-tinana tēnei nō te aroha me te tautoko o ō rātou whānau, o te hau kāinga.

I te pakipūmeka o Te Reo Irirangi o Aotearoa mō te Rā ANZAC o 1980, ka kōrero he pāraeroa nō te Ope Māori mō ō rātou whakaaro mō te taraka kai me te kohi moni a ngā tamariki. E ai ki tētahi pāraeroa, he tino taonga te taraka kai, nā te mea, kua kohia te pūtea *'solely by school children, a penny here, a penny there, a penny there.'* Nā reira, he *'morale booster'* tēnei i ngā wā i whawhai ai rātou, ā, he tino hononga ki te kāinga. Ki tōna mahara, *'[When] you saw it you saw tau iwi, your people, everything.'*[18] Ko ngā kupu whakapoto a tētahi atu pāraeroa: *'It's a thing that has been donated to us by the organisation of the children. Through that, it has its mana.'*[19]

Ki ngā hōia Māori, he hononga ā-tinana te taraka kai ki te wā kāinga, i maharatia ai ngā tāngata o te kāinga, tae atu ki ngā tamariki pakupaku e tohe ana, e kaha mahi ana ki te tautoko i ā rātou tāne e whawhai ana ki tāwāhi.[20]

Ko te kohi moni mō te pakanga he mahi nā te hapori katoa. Mā tēnei tauira o te tono kia tukuna he taraka kai ki te Ope Māori, ka kitea te urunga o ngā tamariki ki roto i ngā mahi hei tautoko i te pakanga. Ka whakamahi rātou i ngā takunetanga o mua hei kohinga moni, ā, ka meatia he mahi hou kia riro mai ai he kapa mō te pūtea. Ka whakapaua he wāhanga nō te wā kura hei kohi moni, ā, ka āhei ngā kaiako te whakaako i ngā pūkenga hou, arā, i te nitiniti me te whakahaere kaute. Ka roa te wā i muri i te pakanga, i tū tonu ai te ngākau whakahīhī o ngā tamariki i tā rātou mahi whakamīharo i roto i ngā marama e ono i kohi moni ai kia utua, kia tukuna he taraka kai mō ō rātou whanaunga ki tāwāhi.

Ko te taraka kai, ko Te Rau Aroha, i te mura o te ahi.

He kaiwhakaahua tautangata, nō Archives New Zealand Te Rua Mahara o te Kāwanatanga, ADAE 14952/2j.

Te Rau Aroha: Te Taraka Kai, i te Mura o te Ahi, i Muri Hoki

Sarah Christie

I te kōrero kei runga ake, ka matapakitia te 900 pauna i kohia e ngā kura Māori i te tau 1941, i runga i te karanga mai kia mahi moni rātou hei hoko, hei whakarite hoki i tētahi taraka kai mō te Ope Māori. Mai i tōna taenga atu ki Āwherika ki te Raki i Noema 1941, ka tū te taraka kai hei tohu tūturu ki te Ope Māori mō te tino tautoko a ō rātou whanaunga o te hau kāinga. I ngākaunuitia te taraka kai e ngā hōia, nā te mea kua penapena pūtea, kua mahi moni ngā tamariki, ā, kua rapua he kaupapa hou hei kohi i ngā pene me ngā hereni kia whakaratohia ai he manaakitanga ki ngā tāngata o te Ope e whawhai ana ki te koraha o Āwherika ki te Raki.

Puta noa te pakanga, ka ngaki ngā kāinga Māori ki te whakarite, ki te whakarato i ngā ō o te taraka. I muri tata mai i ngā mahi pai a ngā tamariki kura ki te kohi pūtea kia hokona te taraka kai, ka tonoa e te mema pāremata o Te Tai Tokerau, e Paraire Karaka Paikea, kia hokona ngā kai mō te taraka. I whakautua atawhaitia te inoi nei e ngā rōpū Māori: e £5 mai i te Maori Girls Club o Pito-one, £10 mai i te Poari Māori o Taranaki Māori ki Hāwera, e £5 mai i te Ngati Poneke Patriotic Committee, e £20 mai i te Poari Māori o Tūwharetoa, e £20 mai i ngā Komiti Māori o Tāmaki Makaurau, ā, e £20 he mea tuku e Te Puea i raro i te mana o Kīngi Korokī.[1] I tae tonu mai ngā koha a ngā tini kura Māori ki te Tari Kura, ā, i te marama o Ākuhata, 1944, e £20/10/4 i tukuna e te Tari ki te National Patriotic Fund Board mō ngā ō o te taraka kai.[2] Nā te hokinga mai o ētahi o ngā hōia o te Ope, me ā rātou kōrero mō te hira o te taraka, ka whakaihiihia ngā kāinga Māori kia kohia anō he moni. I muri i te kauhau a Kāpene Pine Taiapa ki te Rangitukia Women's War Service Auxiliary, ka whakatū ngā wāhine i ngā kanikani e rua, ā, e £20 i mahia mō te taraka kai. I tuhia e te Hēkeretari Tominiana o te Auxiliary, *'The feelings of our Maori elders were really touched,'* i muri i ngā kupu a te kāpene i whakamāramatia ai *'what this Mobile Canteen was, and how much it meant to our boys.'*[3]

I katohia ngā tau o te ate i te kaupapa nei i puta mai ai tēnei taraka kai. I piki hoki te mana o te taraka i ōna wheako, i ngā mahi hoki a ngā taraiwa i te wā o ngā whawhai. I runga i ēnei kōrero, ka whakawhiwhia te ingoa, ko 'Te Rau Aroha', hei whakaute i te toa o ngā tāngata me ā rātou mahi.

I whakahaeretia te taraka kai e te Young Men's Christian Association (YMCA), ā, ko Charles Basil Bennet te taraiwa. Ko 'Charlie Y. M.' tōna ingoa kārangaranga kei pōhēhētia ko Charles Moihi Te Arawaka Bennett ia, arā, ko tētahi o ngā toihau o te Ope Māori. Ka taotū a Charlie Y. M. ki Cassino, ka rīwhitia e Norm Perry hei kaimahi o te taraka kai.[4]

E kīia nei, i tata rawa atu te haere o ngā taraka kai o te YMCA o Aotearoa ki te pae o te riri kia whakaratohia ngā kai me te manaakitanga ki ō tātou hōia. E ai ki te *Auckland Star* i te tau 1943, ko Te Rau Aroha *'perhaps the most famous of all front-line canteens in the Middle East,'* e whai ana i, *'the Maori Battalion into the most dangerous places.'*[5] I haere te taraka hei hoa o te Ope Māori mā Āwherika ki te Raki, mā Hiria, mā Itari hoki. I Noema 1942 ka whiwhi te poari pūtea take whawhai ā-motu i te rīpoata a Rūtene-Kānara Waite (ko ia te komihana o te Poari i taua wāhi, i te Whenua Tapu) i kōrerotia ai te puhanga o te taraka kai ki ngā repo hoariri. I kī mai ia, ka kitea *'the close contact made by the welfare services with the troops in battle.'*[6] Ehara i te mea, ko ēnei anake te wā i tū nei te taraka. Kore rawa i wareware i a Harry Lambert te rā i pōmatia ai te Ope Māori e te Luftwaffe, i a rātou i te koraha.

> *And there amidst the horror and stench, black acrid smoke and churned up sand stood 'Te Rau Aroha', all four tyres flattened, half-a-dozen gaping wounds in her side, but the wireless still broadcasting a popular song and fruit syrup and milk, dripping from Charlie Y. M.'s recently replenished stocks of tinned goods.*[7]

E whā ngā wā i pūhia ai a Te Rau Aroha ki ngā matā o te hoariri, ā, nā ngā pakarutanga, ka whakaarohia me tuku he taraka hou, engari, i ia wā, i ia wā, ka whakapaitia, ā, ka whakahokia ki te Ope Māori.[8] I rīpoatatia e te *Bay of Plenty Beacon*, he tino taonga te taraka kai ki ngā hōia Māori, ā, *'on several occasions when it seemed beyond repair and had been ordered to the wrecking heap by higher authorities, they took it upon themselves to tow the bus wherever they went.'*[9]

Nā reira, he whakahirahira a Te Rau Aroha i roto i ngā mahi rongonui a te Ope Māori, tua atu i te toa hāereere noa e tuku kai ana ki ngā hōia. I mōhiotia whānuitia tōna manaakitanga. I rite tonu tā Charlie Bennet hoatu hikareti, tiakarete hoki ki ngā tāngata katoa i tae mai ki te taraka, ahakoa nō tēhea wāhanga o te Ope Taua, ā, nāna i *'provided a constant supply of little luxuries, which he often risked his life to obtain and distribute.'*[10] I te 'whiwhinga' o tētahi waerehe i ngā Itāriana i Rīpia, ka mui mai ngā hōia ki te taraka kai ki te whakarongo ki ngā pānui a te BBC me ngā waiata a Lili Marlene, i ngā hāora roroa e tatari ana rātou.[11] I te whakanuitanga ā-Kirihimete, ko te taraka te wāhi i tuaritia ai ngā kai reka o Aotearoa, arā, *'there were delicacies well covered in pork fat; tuna, paka [poaka] tahu, mutton bird, karengo, kahawai, pipi; and so on and on'*.[12] Ko te taraka hoki he wāhi nō ngā mahi ngahau; nā ngā kaimahi o ngā taraka kai i whakahaere ngā konohete, ngā waiata, ngā pō kiriata hoki. I Itari, ka riro i te taraka kai he piana nui, he mea *'liberated'* mai i te whare whakapaipai o tētahi o ngā hoa o Mussolini. I whakatakotoria ki runga kāta, ā, ka ruturutu haere i muri a Te Rau Aroha hei whakapainga mō ngā konohete a te Ope. I ētahi wā, hei waka tūroro te taraka mō ngā hōia Māori i taotū; i ētahi wā, ka āwhina ngā kaimahi YMCA ki te tuitui i ngā purutapu mō ngā tūpāpaku, ki te ārahi hoki i ngā herehere hoariri ki tua atu i te pae o te riri.[13] Nā ēnei wheako, nā ēnei mahara, nā ēnei hononga, ka tohetohe ngā tāngata o te Ope Māori kia whakahokia te taraka kai ki Aotearoa i muri i te pakanga. I whiwhia tēnei hōnore e Te Rau Aroha anake; ko ia te taraka kai anake o te Ope Taua i whakahokia mai.[14] E ai ki tētahi pūrongorongo, mehemea kīhai te taraka i utaina ki runga i te tima, kua whana ngā hōia.[15]

I tōna hokinga mai ki Aotearoa, ka hoatu a Te Rau Aroha ki te Tari Kura; ko te kaupapa kia tāpoi te taraka kai ki ngā tini kura Māori o Te Ika-a-Māui kia kite ngā tamariki i ngā hua o tā rātou kohi pūtea. Engari, me mātua whakapai kia taea te haere. I tōna taenga mai ki Pōneke i runga i te *Dominion Monarch* i Hānuere 1946, ka matea kia tōia mai i te wāpu e tētahi atu taraka. I te tukunga o ngā £40 e te poari pūtea take whawhai, ka tahuri ngā kaiaka mīhini o te Ope Taua ki te raupine i te waka nei kia reri ai mō tōna haerenga i te marama o Hepetema.[16]

Kāore e mārama ana te wāhi i tīmata ai te haerenga, engari i te toro atu te taraka ki ngā kura o Te Tai Rāwhiti i te tīmatanga o Oketopa; kātahi ka neke atu ki Whakatāne me Tauranga. Ka peitatia ngā ingoa o ngā kura katoa i tae atu ai te taraka hei whakamaumaharatanga, ā, i te

He waiata-ā-ringa nā ngā tamariki o tētahi kura e tata ana ki Kaikohe i te toronga mai o Te Rau Aroha.

He kaiwhakaahua tautangata, nō Archives New Zealand Te Rua Mahara o te Kāwanatanga, AAQT 6539.

21 o Oketopa, e 56 ngā kura kua torohia. I muri atu i Waiariki, ka hono anō te taraiwa, a Charles Bennet (Charlie Y. M.) ki a Te Rau Aroha, me te ahu atu ki Whangārei me Te Tai Tokerau. Ka toro atu te taraka kai ki Whatuwhiwhi, ki Te Hāpua, ki Te Kao, me ētahi kura e tata ana ki Kaitāia; ka haere ai ki Hokianga, ā, i muri ki Rotorua.

I a Te Rau Aroha i ruturutu mai rā mā ngā huarahi ki ō rātou kura, ka kite ngā tamariki i ngā tūnga motuhake o te waka nei, arā, i ngā puta me ngā tapi *'where shrapnel and machine-gun bullets have pierced her sides.'* Kua riro hoki tōna mīhini tuarima, me ngā taea hou, mō te haerenga nei. Kua peitatia hoki ngā tatau o te taraka nei ki ngā tohu Taua, arā, ki ngā 'hōnore' me ngā ingoa o ngā putakari i uru ai a Te Rau Aroha.[17]

Ahakoa te āhuatanga kanukanu, i tino hiamo ngā tamariki kura i te toronga mai o te taraka kai. I tētahi maharatanga mō te taenga mai ki Te Hāpua, ka manatuhia ngā tangi a ngā tamariki, i te taraka *'came grinding up the school drive, right across the playground and into the shade of the trees,'* i tata pakuru ai ētahi o ngā peka nunui.[18] Nā te manawa reka me te pohewatanga o ngā tamariki o Te Hāpua ki ngā wheako o te taraka, ka whakatūria he tamaiti tuakana hei hēteri kei tūturu rawa ngā kēmu pakanga a ngā tamariki i te wā tākaro.[19] He kōtuku rerenga tahi te taraka nei, nā reira, ka harikoa ngā tamariki kia kite i te hua nei o ā rātou kohinga moni, ki te whakarongo hoki ki ngā kōrero a Charlie Bennet mō ngā mahi mātātoa ki tāwāhi, ki te mātakitaki anō hoki i ngā whakaahua mā te rama e whakaatu ana i ngā mahi pakanga i Āwherika ki te Raki, i Itari, i Parihitini hoki, i kitea pea ai he kanohi i mōhio nei rātou.[20]

Ko te tikanga o te haerenga he whakamihi ki ngā tamariki mō tā rātou tautoko i ngā take pakanga. Nā te tāpoi hoki i āhei ai ngā kāinga Māori ki te mihi atu ki te hunga i manaaki mai i ō rātou tāne ki tāwāhi. He wā whakahīhī, he wā whai hōnore, ā, ka whakapau kaha ngā kura mō te taenga mai o te taraka kai. Hei tauira, ko te kura o Pāmapūria; i kī mai tētahi ākonga, *'I was twelve at the time, and we were proud of our appearance and our performance on that momentous occasion.'*[21] Ka whakakākahuria ngā tamariki kura e ō rātou mātua ki ngā piupiu, he hāte pai, he hāte mā mō ngā kōtiro, me ō rātou upoko *'swathed in weeping willow as a sign of mourning for those soldiers who were killed in action'*; i pōwhiritia ngā manuhiri e ngā tama e mau taiaha ana; nā rātou hoki ētahi o ngā taiaha i whakairo. Ka mutu ngā whaikōrero a te tumuaki, a Mr J. Blackman, rātou ko ngā kaumātua, ka tū ake a Charlie Bennet rāua ko Meiha Kahi Takimoana Harawira ki te whakautu. Ka haere a Harawira (he tiaparani nō te Ope Māori) ki ngā kura i te taha o Charlie Bennet me Te Rau Aroha. I muri i ngā *'polished poi dances'* a ngā tamariki, me ngā whakaahua a Bennet, *'the afternoon programme was completed with a hangi.'*[22]

Nā te haerenga nei, ka kitea te tino pīrangi o te iwi i muri i te pakanga ki te whakanui atu i te wā whawhai, me te rangimārie kua puta mai.[23] I taea hoki e rātou te maumahara, te tangi tahi, te kōrero mō te pakanga. I te taenga mai o Te Rau Aroha, ka puta mai anō ngā mahara o ngā hōia kua hoki ora mai. Ka whakatau rātou i a Charlie Bennet rāua ko Meiha Harawira, me tō rātou taraka toa, ā, ka whakamihia ngā tāne kīhai i hoki mai. I tūtohu mai te *Gisborne Herald*, *'to those families bereaved by casualties – and there are many on the East Coast,'* ka kawea e Te Rau Aroha he *'special message of remembrance.'*[24] Ki ētahi o ngā hōia, he whakamaumaharatanga tūturu taua waka e kaha mau tonu ana i ō rātou wheako ki tāwāhi. E toru tekau mā rima tau nō muri mai, ka uiuia tētahi pāraeroa, ā, ka taea tonutia e ia te tohu atu tētahi rua o tētahi matā i te taha o te taraka i mate ai tōna hoa. '*That was about 1942. I was standing here with a chocolate in me hand, and my mate was over there, and he [shooter] blew the chocolate out of my hand and of course it killed him, and that was that hole there.*'[25] Ki ētahi atu, he tohu maumahara te taraka mō tō rātou wā ki tāwāhi. I mea mai tētahi pāraeroa, '*Those [bullet holes] are an emblem of the scars members have got to carry through to their dying days.*'[26]

Nā te tāpoi nei o te taraka, ka taea hoki te tuku ngā kōrero mō te arataki-ki-te-mahi ki ngā kura e tū mamao ana. E toru ngā tau o Kahi Takimoana Harawira hei tiaparani o te Ope Māori; ka hoki mai ia ki Aotearoa, ka whakatūria ia hei āpiha Māori tuatahi mō te arataki-ki-te-mahi, ki te Pokapū Arataki-ki-te-Mahi o Tāmaki Makaurau. (Tirohia te kōrero e whai ana mō K. T. Harawira me te arataki-ki-te-mahi.) I haere ia i te taha o Te Rau Aroha, arā, mō te wā o te toronga ki Te Tai Tokerau, e kōrero ana ki ngā kura mō ngā momo mahi e wātea ana ki a rātou. I Whatuwhiwhi, ka whakakite ia i ngā kiriata o ngā wharenoho ki Tāmaki Makaurau, me ngā mahi pai o aua whare.[27] I rapu te kāwanatanga ki te whakaiti i te koremahitanga o ngā rangatahi Māori mā āna kaupapa ā-kura, ā-mahi hoki, ā, ki a Harawira, me mahi tahi rātou ko ngā whānau me ngā iwi kia kite i ngā momo mahi e kake ake ai ngā rangatahi Māori.

I Tīhema 1946 i mutu ai te haerenga o Te Rau Aroha i Rotorua, ā, ka waihotia te taraka kai ki te marae me te Kura Māori o Whakarewarewa kia rapuhia he whakatakotoranga tūturu. I tāna kauhau whakamutunga, ka mea a Charlie Y. M. '*that had you not bought this truck in the first place it would never have performed its errand of mercy and been the comfort it was. It was your present to your men overseas, and it is only right that its final resting place should be here among you.*'[28] Engari, kīhai te poropititanga a Bennet i whakaeatia mai. Kāore he kāinga pūmau i te tau 1948; kāore he wharau hei tāwharau mō te taraka kai. I te noho noa ki te papa waka rererangi o Rotorua, ā, i te kanukanu haere, me te waikura o te rino, me te pirau o ngā wāhanga kānawehi.[29] Heoi, i te tau 1949 ka puta he kāinga anō mō te taraka; kua nekea ki Waitangi, ā, e kīia ana, ko tēnei tētahi o ngā taonga o Te Papa Whenua o te Tiriti o Waitangi.[30]

Mai i te tekau tau 1950 ki te mea 1970, ka āhua rite te ahatanga o Te Rau Aroha ki tō te iwi maumahara ki te pakanga. I iti haere te aro o te motu ki ngā hui whakamaumahara; he hira kē ērā atu kaupapa, ā, i te arotahi ngā pāraeroa, me te iwi whānui, ki te whai i ngā mahi e ora ai rātou.³¹ I noho mokemoke a Te Rau Aroha kia hāpaingia tōna take e te Ope Māori i te tau 1976. I te hui ā-tau o te Ope, ka whakatauria kia hoatu a Te Rau Aroha ki te Museum of Transport and Technology (MOTAT) ki Waiōrea i Tāmaki Makaurau. Engari, i mua i te tukunga o te taraka kai ki reira, ka whakatūria a Te Mata Toa, ki Waiouru, ā, ka hoatu kētia e Te Ope ki tēnei whare taonga hou o te Ope Taua. I kitea a Te Rau Aroha e te Taua i tētahi takotoranga motukā ki Tāmaki Makaurau, ā, ka tōia ki te School for Mechanical Engineering i te puni taua o Waiouru. Ka aromatawaitia me aha kia pai ai, engari, nā te kore pūtea, kīhai ngā mahi whakahou i tīmataria.

Engari, ki te whakaaro a Meiha Bruce Poananga, tērā he *'spiritual and emotional focus for former Battalion members'* e puta mai i te whakahounga o te taraka, ā, nāna i whakarite kia tukuna ki te puni taua o Linton.³² E toru tekau mā rima ngā tau kua pahi i tōna kitenga whakamutunga i Te Rau Aroha. I mahara ia i tōna kitenga i te taraka e tae mai ana ki te puni i runga i te taraka kawe waka, e kī ana, *'I must say that my heart fell somewhat when I saw the condition it was in. It was a sorry derelict and in marked contrast to when I last saw it in Italy.'*³³

I te wā o te pakanga, ka tū te taraka kai hei kaupapa e honoa ai ngā whakatipuranga. I pēnei hoki te whakahounga. Ka mahi ngā rangatahi o te Manawatu Youth Institute ki te taha o ngā kaiaka mīhini o te Taua, o ngā pāraeroa hoki o te Ope Māori. Ka tangohia ngā wāhanga katoa kia whakapaitia; ka whakamauria he taupoki hou mō te mīhini, me tētahi paenga kai hou, ā, nāwai rā, ka ngunguru anō te mīhini.³⁴ I maharatia e Meiha Poananga *'the sensitivity and affection with which the Institute staff and the Maori remand youths carried out their task of restoration. It was a task that had meaning for them and their dedication was something to wonder at.'*³⁵ He mea peita, he mea whakapīataata, ā, ka tū manawanui ake a Te Rau Aroha ki Linton mō ngā karakia whakapai, ā, i Āperira 1980 ka tukuna ki tōna kāinga hou, ki Te Mata Toa i Waiouru. Kei te noho tonu te taraka kai i reira ināianei hei tino taonga o taua whare.

I te 5 o Pēpuere 2020, ka tuwhera he whare taonga hou ki Waitangi hei whakahōnore i ngā hōia Māori o ngā Taua o Aotearoa, inarā, i te Kamupene A o te Ope Māori. Ko Te Rau Aroha te ingoa o taua whare taonga hou, arā, he mea tapa i runga i te wairua o te taraka kai rongonui.³⁶ Kua pēneitia hoki te ingoa o te wharekai o Ngāti Mārau me Ngāi Te Rangitotohu, kei Rākautātahi marae e tata ana ki Takapau. Puta noa te hītori o tēnei taraka noa, kua whakaohoohotia te aroha me ngā mahi whakarato, mai i te kohikohi moni a ngā tamariki i ngā tau 1940–41, ki te whakahoutanga o te taraka e ngā rangatahi i ngā tau 1979–80, waihoki, mai i ngā mahi a Charlie Y. M. rāua ko Norm Perry i ngā tau o te pakanga, ki te manaakitanga o ngā kāinga Māori i a Charlie mā i tō rātou hokinga mai ki Aotearoa. Kei te tū a Te Rau Aroha i roto i Te Mata Toa hei tohu o te toa o te Ope Taua Māori, engari, hei tohu hoki o te hononga me te tautoko o te hau kāinga me te hunga e whawhai ana ki tāwāhi, o ngā whakatupuranga, rangatahi mai, pakeke mai, i te wā pakanga, nō muri mai hoki.

[KEI MAUĪ]

I te noho ngā tamariki ki runga i te pae o te kura o Te Kaha, e kai ana i ā rātou ō i te poupoutanga o te rā, i te tau 1944. I te hōtoke tēnei wā, nā te mea, i tuhia ki tērā atu taha o te whakaahua, 'Ko te tina. Mehemea ko te raumati, kei tātahi ēnei tamariki.'

Nā John Dobrée Pascoe te whakaahua, nō Alexander Turnbull Library, Wellington, 1/4-001116-F.

[KEI RUNGA AKE]

I te papa tākaro ngā tamariki o te kura o Te Kaha e tū porohita ana, ki te parakitihi ki te paraihe niho, i te tau 1944.

Nā John Dobrée Pascoe te whakaahua, nō Alexander Turnbull Library, Wellington, 1/4-001107-F.

Te Arataki-ki-ngā-Mahi mō ngā Taiohi Māori

Sarah Christie rāua ko Alice Taylor

I te 22 o Noema 1946, ka mine mai ngā whānau o Whatuwhiwhi ki te hōro o te kāinga ki te mātakitaki i ngā whakaahua kiriata i whakaaturia e Kahi Takimoana Harawira, e te āpiha Māori tuatahi o te Arataki-ki-nga-Mahi. I taua tau, ka tāpoi tahi rāua ko Charles Bennet o te YMCA ki te rohe o Te Tai Tokerau ki te mihi atu ki ngā tamariki o ngā kura Māori mō Te Rau Aroha i utu ai aua tamariki hei taraka kai mō ngā hōia Māori. Tua atu i ngā kōrero mō te taraka, ka tahuri a Harawira ki te uiui i ngā mātua me ngā tauira o te rohe mō ō rātou wawata. I whakaaturia he whakaahua nō ngā wharenoho o Tāmaki Makaurau hei kīnaki mō tāna kōrero i ākina ai ngā mātua kia riro i ā rātou tamariki ngā painga hou o te mātauranga ina wehe rātou i te kura.[1]

He tama o mua a Harawira nō Te Aute, ā, i te wā o te Pakanga Tuatahi, he pāraeroa nō Te Hokowhitu-a-Tū. Ka mutu taua whawhai, ka whakawahia ia hei minita Mihinare i te tau 1920.[2] E toru ōna tau hei minita o te Ope Māori i te Pakanga Tuarua. Ka hoki mai ia ki Aotearoa, ka tū ia mō te tūru pāremata o Te Tai Tokerau i te pōtitanga o 1943; kāore ōna pāti, ā, ka piro.[3] I runga i tōna tūnga hei āpiha arataki-ki-ngā-mahi, i tēnei wā i nui ai te whakahaere a te kāwanatanga i ngā koiora o ngā taiohi Māori, ka tohe a Harawira mō ngā mahi pai ake mā rātou.

Ko te pūtake o te Ratonga Arataki-ki-ngā-Mahi i roto i ngā hōtaka i mahia e ngā hinonga, pērā me te YMCA (Young Men's Christian Association), te YWCA (Young Women's Christian Association), i āwhinatia ngā rangatahi kia rapu mahi. I tipu ake te whakaaro o ngā kairangahau mātauranga me te kāwanatanga, me tū he tāngata mōhio, kua whiwhi ki te mātauranga e matea ana, hei arataki i ngā taiohi ki ngā mahi pai rawa atu mō ō rātou pūmanawa. I te tau 1938, ka whakatūria ngā āpiha arataki-ki-ngā-mahi tokowaru, tokowhā ngā tāne, tokowhā ngā wāhine, i ngā tāone nunui.[4]

I tino aro te Ratonga Arataki-ki-ngā-Mahi ki ngā taiohi Māori i muri tata iho i te pakanga. Koinei te tekau tau i puta mai ai te ariā o te *'teenager'*.[5] Ki ngā āpiha o te Tari Kura me te Tari Mahi, he wāhanga motuhake tēnei nō te koiora o te rangatahi e hiahiatia nei kia ārahina mai e te kura kia uru pai ki roto i tētahi mahi. Mō ngā rangatahi Māori, ka noho tahi tēnei hiahia me te āwangawanga o te kāwanatanga ki ngā taiohi Māori mō te wā e heke mai ana, i nui ai te nekeneke ki ngā tāone. Ki ngā kairangahau i ngā take mātauranga, hapori hoki, ko te 'raruraru Māori' tēnei. He raruraru te kī, he 'raruraru' ngā taiohi Māori, engari, i roa te wā i tū tonu ai tēnei kupu.

I te hui ā-motu o te Kotahitanga o te Arataki-ki-ngā-Mahi i Ākuhata 1941, ka pāhitia te mōtini, me rangahau e te New Zealand Council for Educational Research ngā whakangungu ā-mahi me te momo arataki e matea ana mō ngā rangatahi Māori.[6] Nā tēnei mahi rangahau i tāia ai tā H. C. McQueen *Vocations for Maori Youth* i te tau 1945 i whakamātau ai te kaituhi ki te whakamārama i ngā take o te 'raruraru', ki te tuku tikanga hoki hei whakatika i taua 'raruraru'.[7] E ai ki a McQueen, kāore ngā huarahi ki te mātauranga tika e wātea ana ki te iwi Māori, arā, ahakoa i te nui haere te tokomaha, ahakoa i te kōpaka ō rātou whenua e toe ana. Ko ā McQueen tikanga, me nui ake te kuranga i roto i ngā kura tuarua ka tahi, ka rua, me whakatū he āpiha Māori i roto i te Ratonga Arataki-ki-ngā-Mahi hei ārahi i ngā taiohi Māori ki roto i ētahi momo mahi.[8] Mā te Arataki-ki-ngā-Mahi ka whakareria te iwi Māori mō te *'life in a complex, industrial and pastoral society'*, engari, ka miramira ia i ngā mahi ahuwhenua, i ngā mahi ngāherehere, me te mahi ahumāra.[9]

Mō ngā tau tekau mā rua i mahi ai a Harawira hei āpiha arataki-ki-ngā-mahi, ka hāpai ia i ngā huarahi Māori ki te mātauranga. Kei tētahi atikara reorua āna i roto i *Te Ao Hou*, he mea tā i te tau 1954, ka whakamārama a Harawira i āna mahi, 'he awhina, he tohutohu hoki i nga tamariki e puta mai ana i nga Kura Teitei me nga Kareti kia whiwhi ai ki nga mahi e tika ana ma tena ma tena o ratou, nga mea tane me nga mea wahine, kia kaua ai hoki e maumauria te matauranga kua riro mai nei i a ratou'.[10] Ko tāna tino mahi 'he korero ki nga tamariki e tata ana te mutu te kura, whakaatu ki a ratou i nga mahi e tika ana ma ratou, he whakautu hoki i a ratou patai'.[11] Ka tae ana ia ki te kura, ka kōrero ia ki ngā tauira takitahi i roto i te kōeke tuarima, tuaono hoki, ka kōrero ki ngā karaihe, ki ngā kaiako hoki; ko tōna tūmanako ka mōhio ngā tauira ki *'the openings are available for those properly prepared'*.[12]

Ki a Harawira, ehara te rangatahi Māori i te 'raruraru'; mā te arataki-ki-ngā-mahi e nui ai ngā āheinga huhua e wātea ana ki a rātou. Ko tāna kupu ki a rātou:

> Tamariki ma, ko koutou te iwi Maori mo nga ra kei te haere mai, ma koutou e arahi te iwi. . . . Ma te matauranga, ma te manawanui, ma te whakapono me te mahi, ka pumau ai te ora mo te tangata, mo te iwi ano hoki, ora tinana ora Wairua. Ma te ora o nga taha e rua ka kore ai e titaha te haere, ka paoho ai ano hoki te reo koa te reo hari ki o tatou marae.[13]

I mōhio a Harawira, mā te mātauranga e taea ai ngā wawata o ngāi māori, ā, i muri i te hinganga o ngā tini rangatira i te mura o te ahi, e whakawhanaketia ai he whakatipuranga hou hei arataki i te iwi.

Ngā Wheako Māori ki ngā Whare Wānanga

Zoe Thomas

Kāore te tokomaha o te Māori i ngā whare wānanga i te wā o te Pakanga Tuarua e mōhiotia ana, engari, e 28 (neke atu pea) ngā ākonga Māori i whiwhi i ngā karahipi ki te ako ki te whare wānanga mai i te tau 1935 ki 1947.[1] Mai i tēnei rōpū whai karahipi, ka puta mai he kaituhituhi, he rata, he kaiako, he tāngata hākinakina hoki. He rongonui ētahi, hei tauira, ka riro he karahipi i a Hiwi Tauroa i te tau 1946, i muri mai i whakatūria ia hei kaiwhakawhanaunga ā-iwi. I ako a Tame Ngāhiwi Kawe i ngā mahi tākuta ki Ōtākou, ka mahi ia hei rata ki Whakatāne. I tīmata tahi a Tame rāua ko tētahi atu tākuta Māori, ko Manahi (Nītama) Paewai. I te tau 1940 a Martin Te Punga i whiwhi ai i te karahipi ki te ako i te pūtaiao ki Wikitōria i whakaoti ai ia i tāna tohu, i te tāhū paerua. I muri, ka riro mai tāna tohu kairangi i roto i te mātai aronuku, kātahi ia ka tū ki Wikitōria hei pūkenga. I te tau 1944, ka whakawhiwhia a Miraka Petricevich ki te pūtea tautoko i a ia e whai ana i tāna tohu BA ki Tāmaki Makaurau.[2]

Mehemea kīhai te tangata i ako i roto i te kura tuarua, kāore i taea te haere ki te whare wānanga. Kia whakaaetia te uru ki roto i te whare wānanga, me pāhi ngā whakamātautau '*Matriculation*'. Engari, mehemea kīhai ngā mātauranga tika i whakaakona i roto i te kura tuarua, kāore i taea ngā whakamātautau nei te pāhi. I tino uaua tēnei mō ngā tauira Māori, inarā mō ngā mea i roto i ngā kura Māori, nā te mea, ka whakahaungia ngā kaiako e te kāwanatanga kia arotahi ki ngā pūkenga e tika ana mō ngā mahi ā-ringa me ngā mahi poroteke, kia kaua e whakaako i ngā kaupapa ngaio, ahakoa te pai o te tauira.[3] I whakamahia tonutia he marautanga kē mō ngā tamariki Māori tae noa ki te mutunga o te tekau tau 1940. I tohe ai te iwi Māori kia ōrite ngā mahi kura, kia wātea te Tiwhikete Kura mā ā rātou tamariki.[4]

I matea hoki he kaiako e māraurau ana ki te whakaako i ngā kaupapa i whakamātauria mō te *Matriculation*. Ka piki ake te pai o te ako mō ngā tamariki Māori i te tekau tau 1940 i rohea he wāhi mō ngā Māori i roto i ngā kāreti kaiako; e toru ngā tau me whakaako ēnei kaiako Māori ki roto i te kura Māori. Tua atu i tēnei, ka ngāwari haere te haere ki te whare wānanga i te tukunga mai o ngā karahipi. Engari, nā ngā ārai maha mō ngā tauira Māori i te tau o te pakanga, ka whakanikonikohia ngā kōrero mō ngā ākonga Māori i puta mai i te whare wānanga.

I te tīmatanga o āku mahi rangahau, ka mahara ahau, he tāne te rōpū tauira nei, e mahi ana i ngā akoranga tākuta ki Ōtākou, e uru tōtika ana ki roto ki ngā whare wānanga, me te huarahi ngāwari i muri. I whakaaro hoki au, he mahi wā kikī ā rātou akoranga, arā, kāore he mahi hamanga e wātea ana. Nō ngā kāinga tawhiti ngā tauira Māori, nā reira, ki tōku whakaaro, ka mokemoke kē rātou i ērā atu tauira. Engari, ka werohia ēnei mahara ōku ki ngā wheako o ngā tauira i rokohanga atu e au i a au e rangahau ana.

Ka kitea i roto i te kōrero mō Jacquie Sturm, he maha ngā raruraru i mua i a ia hei wahine Māori e whai ana i ōna moemoeā ki te whare wānanga. Ahakoa ngā wero, ahakoa ngā aukati, ka rawe tāna ako ki te kura tuarua, ā, ka whiwhi ia i te karahipi ki te ako ki te whare wānanga. Kīhai tāna haerenga i ngāwari. Ka tīmata ia i ngā akoranga tuatahi mō te urunga ki roto i te Kura Tākuta i Ōtākou, engari, kīhai ia i whakaaetia kia haere tonu mā taua ara, nā reira, ka neke kē ia ki Ōtautahi, ki te whare wānanga o reira ako ai i ngā akoranga BA. I paku ohorere ahau, nā te mea, kīhai au i whakaaro, ka whakarerekē ngā ākonga i ō rātou wāhi ako, i ā rātou tūmomo akoranga hoki. Heoi anō, he tauira tāpua a Jacquie ki ahau; e kīia ana, ko ia te wahine Māori tuatahi ki te whakaoti i te tohu paerunga. I oti tēnei, i a ia e tiaki whare ana, e noho ana me tāna tāne, me ngā tamariki hoki.[5]

Kei roto i te kōrero mō Maharaia Winiata, ka huraina āna mahi huhua mō te iwi Māori, tōna ngākaunui ki te mātauranga, me ngā pīkaunga i hari ai ia. Pērā me Jacquie, ka riro i a Maharaia he karahipi ki te haere ki te whare wānanga, engari, he hamanga āna mahi ako, ā, ka whiwhi ia i tōna tohu BA i a ia e whakaako ana ki ētahi kura tuarua. Tua atu i ērā atu mahi āna (he hōia ia nō te Ope Kāinga i te wā pakanga), i ērā atu rōpū ōna, me tōna tū hei māngai o tōna rohe, ka mahi tonu ia ki te hāpai i te kaupapa o te kuranga Māori. Ahakoa kīhai tōna koiora i roa, kāore i ārikarika ngā mahi i tutuki i a ia i te taha tōrangapū, whakapono, mātauranga, kuranga hoki. Hei oha hoki tāna tuhinga tohu kairangi i te tau 1967, i whakaputaina mai i muri i tōna matenga hei pukapuka, ko *The Changing Role of the Leader in Maori Society* te ingoa, me te karahipi i raro i tōna ingoa e whakawhiwhia ana e te Whare Wānanga o Tāmaki Makaurau ki tētahi tauira kōhure o te iwi Māori i ia tau, i ia tau.[6]

Ko Varsity A te tīma toa o te whakataetae whutupaoro o Ōtepoti o te tau 1941. Tokowhā ngā ākonga Māori o te Kura Tākuta o te Whare Wānanga o Ōtākou i roto i taua tīma, ko Tame Kawe rātou ko Hēnare Bennett, ko Leonard Broughton, ko Nītama Paewai.

Nō te kohinga a John Broughton.

Ko ētahi tauira o te Kura Kaiako o Tāmaki Makaurau i tātahi. I nui haere te tokomaha o ngā tāngata Māori ki ngā Kura Kaiako i mua tata mai i te mutunga o te pakanga, i muri hoki.

He kaiwhakaahua tautangata, nō Auckland Libraries Heritage Collections, 755-ALB79-30-6.

Nā te kōrero mō Leonard William Broughton i nui haere ai tōku mōhio ki ngā wheako o ngā tauira Māori e ako ana ki te whare wānanga. Me kore ake tāna tama, a John Broughton, hei whakamataora i te kōrero nei; nāna hoki i whakamārama ki a au ngā mahi a tōna pāpā ki te Whare Wānanga o Ōtākou. I mua i tā māua kōrerorero ko John, ka pōhēhē au, nā te hekenga mai i te hau kāinga i noho mokemoke ai ngā tauira Māori, engari, nā tēnei kōrero, ka kitea he āhuatanga kē. Ka tipu tahi Leonard rāua ko Henry Bennett i te pā, ka haere tahi rāua ki te kura, ā, ka tae tahi rāua ki Ōtākou ako ai i ngā mahi tākuta. Nā te tino hoahoa o Leonard rāua ko Henry, ka tuhi tahi rāua i tā rāua *preventive medicine dissertation* i te tau tuarima ki te Kura Tākuta. Ehara i te ngāwari te urunga o Leonard ki roto i te whare wānanga; kīhai ia i tae mai i te tīmatanga o te tau, ā, ka waiho māna e whakaoti ngā mahi o te tau katoa i roto i te hāwhe tuarua. Kua whakangungutia a Leonard rāua ko Henry hei hōia rangatahi i roto i te kura, nā reira, ka uru tahi rāua ki roto ki te Ope Tākuta o te whare wānanga i te wā o te Pakanga Tuarua, i muri mai hoki.[7]

Mā ēnei kōrero, ka miramiratia ngā wheako o ngā tauira kōhure tokotoru, me te whakaaweawe mai o ō rātou wā i te whare wānanga ki ō rātou tau i muri iho. Heoi anō, ehara i te mea he maha ngā hītori me ngā rangahau e tāria nei ngā wheako o ngā tauira Māori i roto i ngā whare wānanga i te wā pakanga ina whakaritea ki ērā atu hītori e pā ana ki ngā kura Māori. Nā reira, he kaupapa pai kia rangahautia hōhonutia e tangata kē. Mā reira e pai ake ai tō tātou mōhio ki ngā wero mō ngā tauira tōmua o te tekau mā iwa me te rua tekau o ngā rautau.

I haerea e Jacqui rātou ko Maharaia, ko Leonard te ara i hīkoia ai e Apirana Ngata rātou ko Te Rangi Hīroa, ko Māui Pōmare, ko Hāmiora Hei, ko Tūtere Wī Repa mā. Ka matea ēnei tūmomo kōrero kia āta mōhio tātou ki ngā wheako ā-kura, ā-whare wānanga o te iwi Māori i waenga i te rua tekau o ngā rautau.

Ahakoa ngā raruraru o te pakanga, ka hangaia tonutia he wharenui hou. I mua a Tā Apirana Ngata i te wharenui, ko Tūkakī te ingoa, e kōrero ana ki te whakaminenga. Tokomaha ngā tāngata i tae atu ki te marae o Te Kaha mō te tuwheratanga o taua whare, i te 9 o Hūrae o te tau 1944. Ko Ngata te tino kaihautū o te hui nei. Engari, kua hinga kē ia i te pōtitanga o 1943.

Nā John Dobrée Pascoe te whakaahua, nō Alexander Turnbull Library, Wellington, 1/4-001085-F.

Te Tōrangapū

Ko te tikanga o te 'tōrangapū' he whakamātau nā te iwi ki te whakarite i ō rātou ake koiora, i ngā ritenga hoki a ō rātou ake hapori. Nā reira, puta noa te ao tōrangapū ki ngā wāhanga katoa o te porihanga whānui; he nui atu i ngā mahi a te pāremata me te kāwanatanga. Ahakoa mō ngā pōtitanga ā-pāremata ngā kōrero tuatahi e rua, arā, mō ngā rangatira rongonui, mō Tā Apirana Ngata rāua ko Pei Te Hurinui Jones, ka titiro ngā kōrero e whai ana ki ērā atu huarahi i tohe ai ngā Māori ki te hāpai i ngā take o te iwi.

I te tau 1940 a Niu Tīreni i whakanui ai i tōna rautau tuatahi, engari, kei te whakaatu te kōrero tuatoru, kīhai ngā Māori katoa i whakaaro ka tika te kuhunga ki roto i ngā harakoakoa o taua tau. Hei tauira, ka whakamutua e te rangatira hira o te Kīngitanga, e Te Puea Hērangi, te uru o Tainui ki te hui nui i Waitangi. Koinei te āhua o te wahine nei; nā te horopaki o ia take, o ia take, ka reka, ka kawa rānei, tōna ngākau. Kei te kōrero tuawhā he whakatewhatewha i āna mahi ki te whakawhanaunga ki ngā hōia Marikena e noho ana ki Aotearoa. Engari, ka whakakite te kōrero tuarima i tāna tautoko i a Ngāti Whātua ki Ōrākei nōna te whenua i kāeaea ai te kāwanatanga.

I matapakitia i roto i te wāhanga 'Te Mahi' kei runga ake, nā te waihanga i te Maori War Effort Organisation (MWEO), ka puta mai he āheinga mō ngā iwi Māori ki te whakahaere i ā rātou ake tāngata, ā rātou ake kaupapa. I tū tauaro tēnei ki tā te kāwanatanga i pīrangi ai, arā, kia whakahoki i te whakahaere o te iwi Māori ki te Tari Māori. Kei te torohē te kōrero whakamutunga ki tētahi hui i karangatia e ngā mema Māori o te pāremata kia tohe ki te mau tonu te MWEO i te wā o te rangimārie.

Pei Te Hurinui Jones: Ko Hakipia me te Taha Tōrangapū

Lachy Paterson

I te tau 1945 ka tū a Pei Te Hurinui Jones hei kaitono mō te tūru pāremata Māori mō te Hauāuru; i te tau i muri mai ka whakaputa ia i tāna whakamāoritanga o tā Hakipia *Te Tangata Whai Rawa o Weniti* hei pukapuka. Ahakoa kīhai a Pei Te Hurinui i ako ki ngā kāreti nunui o te motu, he ihumanea whakahirahira ia nō te iwi Māori, e tuhituhi ana i roto i te reo Māori me te reo Pākehā. Ka puāwai āna tuhinga i waenga o tērā rautau tae noa ki tōna matenga i te tau 1976. Ko tāna mahi rongonui rawa atu pea ko *Nga Iwi o Tainui* (he kohinga reorua, e 67 ngā wāhanga o ngā hītori, whakapapa, waiata, mōteatea hoki o Tainui). He mea whakaputa taua pukapuka i muri i tōna matenga, me ngā whakapākehātanga o āna tuhinga reo Māori e tērā atu pūkenga o Ngāti Maniapoto, e Bruce Biggs.[1] Ko ētahi atu o āna mahi nunui ko āna whakapākehātanga me te ētitatanga hoki o *Nga Moteatea* i muri i te matenga o Tā Apirana Ngata i te tau 1950, ā, ko tāna pukapuka mō te koiora o te tuatahi o ngā Kīngi Māori, ko *King Potatau*, he mea whakaputa e te Polynesian Society. Nā te hira o āna oha ki te mātauranga, ka whakawhiwhia a Pei Te Hurinui ki te tohu kairangi hōnore e te Te Whare Wānanga o Waikato i 1968. He tino tangata hoki ia nō te Kīngitanga; arā, hei māngai mō ngā iwi o Tainui e kimi utu ana i muri i te Komihana Raupatu o Sim o te tau 1928. I muri, he mema ia nō te Poari o Tainui, ā, he kaitohutohu ki ngā arikinui o te Kīngitanga.[2] I te tau 1940, nāna te poroporoaki ki a Lord Galway, ki te kāwana-tianara, i tētahi hui ki Ngāruawāhia i tonoa e Te Puea Hērangi.[3]

Engari, ko te āhua nei, he āhua whanokē, he āhua pohewa, ētahi o ngā mahi whakamāori a Pei Te Hurinui. Tua atu i tāna whakamāoritanga o tā Wiremu Hakipia *Te Tangata Whai Rawa o Weniti*, nāna hoki a *Hūria Hiha* me *Owhiro*,[4] me tētahi whakamāoritanga o te whakapākehātanga a Edward FitzGerald i ngā toikupu Sufi o te karakia Muhirama, *The Rubáiyát of Omar Khayyám*.[5] E kīia ana e ētahi kaituhi, i oti i a Pei Te Hurinui *Te Tangata Whai Rawa o Weniti* te whakamāori i te tau 1945, otiia, e tinga ana, ka tuhia i mua. I tukuna *Nga Rupaiaha o Oma Kaiama* i te tau 1975 (hei tuhinga ā-pūrere patopato), engari, ka tāia kētia ētahi wāhanga i roto i *Te Ao Hou* i te tau 1955.[6] He mea whakaoti te whakamāoritanga o *Huria Hiha* i te tau 1942,[7] engari, ka tukuna ki te ao i te tau 1959, hei tuhinga ā-pūrere patopato anō hoki. I rīpoatatia hoki i te tau 1943, kua whakamāoritia kētia e ia a *Huria Hiha* me te *Te Tangata Whai Rawa o Weniti*.[8]

Ehara i te mahi ngāwari te whakamāori i ā Hakipia kupu, engari, e kīia ana, ko tōna whāinga, he hoatu ki ngā Māori *'a wider choice of literature and of providing classical works for students of the Maori language'*.[9] Nō tā rāua kōrero ko Don Selwyn mō tāna mahi whakamāori, *'Jones said that Shakespeare was "such a brilliant linguist in his own language that I thought it'll be wonderful if Māori actually learnt to understand what he said in Māori – and that was his motivation..."'*[10] Ahakoa kīhai i matapakitia e ia, e rua ngā whakaari (o ngā toru nāna i whakamāori) e whakapā ana ki ngā tū tahakitanga o ngā iwi kē, arā, ka tū a Hairoka te Tiu rāua ko Owhiro te Moa hei manene o ngā hapori Karaitiana i noho ai rāua.

I kī a Pei Te Hurinui i te tau 1944, ākuanei e whakaputaina ai tāna whakamāoritanga o *Te Tangata Whai Rawa o Weniti,* ā, kua uiui ia ki te Tari Mātauranga me te Whare Wānanga o Niu Tīreni, kia aro mai pea rātou ki tēnei whakamāoritanga āna hei rauemi whakaako.[11] Nā, ahakoa *'the sonority and splendour of Shakespearean verse proved very adaptable to Maori rhythms and idioms'*,[12] ā, ka kitea ināianei te rawe o ngā mahi a te ruānuku nei,[13] e tinga anō nāna anō i whakaputa tāna pukapuka i te tau 1946. Nā te aha i pērā ai? Nā te ruarua pea o ngā tāngata i aro mai ki ēnei momo mahi, nā te iti rānei o te pūtea hei tautoko i ngā whakamāoritanga i taua wā? I muri mai, ka whakamoemititia, ka umeretia hoki a *Te Tangata Whai Rawa o Weniti* hei whakaari i te tau 1985, hei kiriata hoki i te tau 2002.

I a ia e tū ana mō te pōtitanga ā-pāremata o 1943, ka whakamōhiotia tāna *'interesting sideline'* ki te iwi pānui niupepa, arā, ko tāna whakamāori i ā Hakipia purei, i tā Edward FitzGerald *Rubaiyat*, me te whiti a Thomas Bracken, ko 'Not Understood'.[14] E whitu āna tūnga kia rapuhia te tūru Māori o Te Tai Hauāuru, mai i te tau 1930 ki te tau 1963, engari, kore rawa ia i toa. He kaitono kore pāti ia i te tau 1938, ā, ko ia te tuarua ki te kaitono tūturu o Rātana/Reipa, ki a Haami Tokouru (Toko) Rātana. Ka pēnei anō ia i te tau 1943, ahakoa hei *'Unofficial Labour candidate'*, arā, *'having pledged himself, if returned to support the New Zealand Labour Party*'.¹⁵ Nā, i kaha tautokona te taha Rātana/Reipa e ngā iwi o te Hauāuru; nui atu i te hāwhe ngā pōti i riro i a Rātana. Heoi, ka toko ake te whakaaro, nā te aha a Pei Te Hurinui i kuhukuhu tonu ai ki roto i te whakataetae nei? Pērā me āna whakamāoritanga o Hakipia, ka āia ia e tōna ngākau?

Nā te matenga o Toko Rātana i Oketopa, 1944, i tū ai he pōtitanga motuhake i Pēpuere, 1945, i puta ai hoki he raruraru i roto i te Kīngitanga. Tokowaru ngā kaitono; ko te teina o Toko tētahi, ko Matiu Rātana, ā, ka tū anō hoki a Pei Te Hurinui Jones. Ko Maharaia Winiata hoki (ko Piahana tōna ingoa whānau i taua wā) i uru ki roto i te whakataetae nei. He rangatahi whai tohu a Winiata e whakaaro paitia ana e te iwi. Engari, i mōhio kē ngā tāngata katoa, ka toa a Rātana.

E ai ki te rīpoata o te *Waikato Times* o 17 Hānuere, 1944, ka mine te Kaunihera o te Kīngi ki Waahi Pā wānanga ai i te kōrero, ā, ka tautokona a Pei Te Hurinui e Kīngi Korokī me te kāhui ariki. I whakakāhoretia te kōrero nei e te tiamana o te Kaunihera, e Haunui Tāwhiao, e kī ana, mā ngā iwi o te rohe e whakatau te mema hou.¹⁶ Kāore he kaitono nō te Pāti Nāhinara. Nāwai rā, ka meatia e Nāhinara, māna e tautoko '*the candidature of Mr Pei Te Hurinui Jones, who has been nominated by King Koroki and Princess Te Puea Herangi*'.¹⁷ Kātahi a Te Puea i tuku kōrero, e whakakore ana i te mana o Haunui Tāwhiao hei kaikōrero mō te Kīngitanga, ā, ka taituarā ia (a Te Puea), hei tiamana o te Kaunihera, hei māngai hoki o ngā komiti ā-iwi e ono tekau, i te tūnga a Pei Te Hurinui.¹⁸ Whakahēngia ana tēnei e Haunui Tāwhiao i roto i te niupepa, e kī ana kua tukuna te mana ki a ia i te tau 1903 i uru ai a Kīngi Mahuta ki roto i te pāremata, ā, ko ngā mahi a ngā komiti ā-iwi hei tautoko i ngā mahi pakanga a te iwi Māori, kauaka hei raweke i te taha tōrangapū.¹⁹ I tū hoki a Maharaia Winiata Piahana ki te tautoko i ngā kupu a Haunui Tāwhiao, arā, me kaua tētahi kaitono e hāpaingia e te Kīngitanga.²⁰ I te mutunga, kīhai tā Te Puea i pīrangi ai i puta mai; ka whiwhi noa a Matiu Rātana ki te tūru pāremata. Ka tū anō a Pei Te Hurinui i ngā tau 1957, 1960, 1963, hei kaitono tūturu o Nāhinara, engari, kīhai i toa.²¹

Ina titiro whakamuri tātou ki ngā tau o te Pakanga Tuarua, kei te whakaaro pea tātou, i aro noa ngā whakaaro katoa o ngā tāngata o taua wā ki te whawhai, ā, kotahi te whakaaro, me mahi tahi rātou kia hinga ai te hoariri. Āe, he kaupapa tino nui te pakanga i kaha tautokona e te iwi Māori, engari, ka puta tonu mai ngā raruraru me ngā taupatupatu. Ā, he mahi kē, he pīrangi kē hoki ō ētahi tāngata. Hei tauira, he kohara tō Pei Te Hurinui ki ngā tuhinga tawhito o te reo Pākehā, ā, ka rikarika ia kia whakamāoritia ētahi o aua tuhinga, ahakoa kīhai te nuinga o te iwi i aro ki tēnei mahi āna. Ki a ia, mā āna whakamāoritanga ka hāpaitia te reo Māori, nā reira, he mahi whai tikanga. Rite tonu tāna uru ki roto ki ngā whakataetae pōtitanga, ā, nō tētahi wā i pupū mai ai he raruraru i roto i te Kīngitanga. Ahakoa ka tautokona ia e Te Puea, ka hinga ia, he kaha rawa nō te taha Rātana/Reipa. Ka tino arotahi a Pei Te Hurinui Jones ki te rangahau i ngā whakapapa, i ngā hītori ā-iwi, i te mātauranga Māori, ki te mahi hoki mō Ngāti Maniapoto me te Kīngitanga, ā, mā reira e maumaharatia tonutia nei, e whakanuitia nei.

Te Hinganga ā-Pōti o Ngata i te Tau 1943

Lachy Paterson

E rua ngā take e hira nei te pōtitanga o te tau 1943 mō te ao Māori. Tuatahi, ko te whakaeatanga tēnei o te poropititanga a T. W. Rātana, ka riro i tāna rōpū tōrangapū ngā koata e whā, arā, ko ngā tūru Māori e whā i roto i te pāremata.[1] Tuarua, nā te tangohanga o te koata whakamutunga nei, o te tūru Māori ki te Rāwhiti, i hinga ai a Tā Apirana Ngata, ko te mema o taua tūru mai i te tau 1905.[2] He takiwā rahi tō te tūru nei, mai i Te Wairarapa ki Te Matau-a-Māui, ki Te Tai Rāwhiti, tae atu ki Te Moana-a-Toitehuatahi. Kīhai tōna hinganga i pērā ki tōna pāti, ki a Nāhinara. Ahakoa i ora tonu te kāwanatanga Reipa, e iwa ngā tūru hou i whiwhia e taua āpititanga. Arā, ki reira, ka piki a Nāhinara, ka hinga a Ngata. Engari, ka taea pea taua hinganga te matakite.

I te tīmatanga ka aro a T. W. Rātana ki ngā mahi whakapono, arā, hei whakaora i ngā mate ā-tinana ki te karakia. Nāwai rā ka whakatūria he hāhi hou, ā, ka tahuri ia ki te taha tōrangapū i te tekau tau 1920. Nā te tango a Eruera Tirikātene i te tūru Māori ki te Tonga i te tau 1932, ka riro i a Rātana te koata tuatahi; nā tāna tama, nā Tokouru te mea tuarua i te tau 1935, arā, ko te tūru Māori ki te Hauāuru. He rite tonu tā te rōpū Rātana hāpai i ngā take o ngā mōrehu, arā, o ngā rawakore o te ao Māori, ngā ware, me ngā tāngata hoki i mahue i te ao hurihuri. Kīhai i roa, i te mahi tahi rātou ko te Pāti Reipa i roto i te Whare Pāremata, ā, kīhai a Reipa i whakatū i ngā kaitono hei whakataetae i ngā tūru Māori. Ka riro i a Reipa te mana kāwanatanga i te tau 1935, ka uru a Tirikātene rāua ko Tokouru Rātana ki roto ki taua pāti, ā, i te tau i whai mai, ka whakapūmautia e Rātana rāua ko te pirimia hou, ko Michael Savage, he whakaaetanga i haumi ai aua rōpū e rua.[3]

He tangata rongonui a Ngata. Ko ia te tangata tuatahi i puta mai i te whare wānanga Pākehā, me te tohu ture me te tohu paerua mō ngā take tōrangapū. Ko ia hoki te kaihautū o te Kotahitanga o Te Aute, arā, o te Young Maori Party i te taha o Tā Māui Pōmare rāua ko Te Rangi Hīroa. He rangatahi rātou i puta mai i te whare wānanga i te tīmatanga o tērā rautau, he Karaitiana, he kaikaha hoki ki te whakatika i te ao Māori. Hei wheao a Ngata ki te kaitōrangapū rongonui o Ngāti Kahungunu, ki a Tā Timi Kara. Ka piki ake āna mahi i roto i te Whare Pāremata tae noa ki te tau 1928, ki tōna whakatūranga hei Minita o ngā Take Māori, i anga ai ia ki te rauhī mai i ngā whenua Māori kia tōnui ai. Engari, nā ētahi hapa e pā ana ki ngā kaute, ka kaha whakahēngia ia e Reipa i roto i te Whare Pāremata, ā, ka rīhainatia tōna tūranga minita i te tau 1934.

Kāore he māharahara ō Ngata mō te pōtitanga o 1932; tokorua anake ngā kaitono, ko rāua ko te tangata o Rātana, ko P. Te T. T. Moko, ā, tata ki te 71 paihēneti ngā pōti i riro i a Ngata. Tokorua ōna hoariri mō te pōtitanga o 1935; he kaimahi pāmu rāua, ko Tiaki Ōmana (nō Ngāti Kahungunu, ko Jack Ormond tōna ingoa kē) hei kaitono Rātana, ā, ko Rēweti Kōhere hei kaitono motuhake. I ngā tau o mua kua tautoko a Kōhere i te Kotahitanga o Te Aute, ā, kua mahi ia hei minita o te Hāhi Mihinare. I a ia e minita ana, e mōhiotia whānuitia ana tōna whakakino i a Rātana; he maha āna tuhinga i roto i ngā niupepa reo Māori mai i te tekau tau 1920 i whakahēngia ai te whakapono me ngā mahi tōrangapū a Rātana.[4] E ai ki a Walker, ahakoa i tautoko a Kōhere i a Ngata i ngā tau o mua, kua tahuri kē ki te kairiri ki a ia.[5] Ehara te pōtitanga nei i te raruraru mō Ngata; e 5712 ōna pōti; e 2477 ki a Ōmana, e 411 anake i riro i a Kōhere.[6]

He rerekē te pōtitanga o 1938. Ahakoa e 47 tau o mua i whakaturetia ai te tikanga o te pōti huna mō ngā tūru Pākehā, ko te pōtitanga tuatahi tēnei i pēneitia mō te iwi Māori. Nā reira i tokomaha kē ai ngā kaipōti Māori i ērā atu pōtitanga o mua i ara ai ō rātou ringa hei tohu pōti.[7]

Tokomaha kē ngā kaitono i te tūru Māori ki te Rāwhiti i te tau 1938. I te tū anō te mema, a Ngata. Nā, i whakatauria e te Pāti Reipa (ko ia te kāwanatanga) kia tū he kaitono tūturu, ā, ka kōwhiritia a Matu Rangi (o Tūranga) hei kaitono Reipa.[8] Engari i āta whakararua a Rangi e Kōhere (e ōna kaitautoko rānei). I mea mai tētahi reta ki te niupepa o Tūranga, '*Everybody knows of the position he [Kōhere] holds amongst the Maoris. For the Wellington people to turn him down is hard to understand and is enough to make one disgusted.*'[9] Kīhai i roa, ka unu a Rangi i tōna ingoa, ā, ka whakatūria a Kōhere hei kaitono tūturu mō Reipa.[10] Engari, i a ia e kōrero ana ki ngā kaipōti o Mangatuna, ka meatia e Kōhere me tautoko a Rangi i a ia, i te kaitono o Reipa; ka tuhi kē a Rangi ki te *Poverty Bay Herald* e kī ana, kua tuku reta a Kōhere '*to some of my supporters that he would be a better man for the position than I*'. Mehemea ko Kōhere te tino tangata, kāore e matea ana te tautoko a Rangi mā. '*I wish to inform Mr. Kohere that I am very sorry that my people and I are not supporting him.*'[11] Kātahi a Matu Rangi ka uru anō ki roto i te reihi, engari hei kaitono 'Reipa Motuhake', arā, e anga ana ki ngā kaupapa o Reipa, ahakoa ehara ia i te kaitono tūturu. I te taha whakateuru o te takiwā, nā ngā '*strong representations of a large number of Maori people in the electorate*' ka tū hoki a Harry Dansey (nō Te Arawa) hei kaitono motuhake.[12]

Kīhai ngā tāngata o Rātana i pīrangi ki te tautoko i te kaitono i whakahāweatia ai tō rātou whakapono i ngā tau o mua, ā, i tētahi hui ki Rātana Pā, ka karangatia a Tiaki Ōmana e ngā tāngata o taua takiwā kia tū anō hei kaitono 'Reipa Motuhake'.[13] Tērā tētahi atu tangata, ko Tiki Paaka (nō Ōpōtiki), engari ka unuhia tōna ingoa i mua i te rā tautapa.

Nā te tokomaha o ngā kaitono, ka toa anō a Tā Apirana Ngata. Engari he rahi atu te kaute o ngā pōti o ērā atu kaitono i tōna kaute. E 4160 ki a Ngata, engari e 3088 ki a Kōhere, e 332 ki a Dansey, e 347 ki a Rangi, e 2150 ki a Ōmana.[14] Nā te pōti Rātana i kore ai te tūru e riro i a Kōhere. Kīhai te Pāti Reipa i pai ki te kaute nei. I kī mai te Tumuaki o te Kaunihera Aroturuki Māori, a Rangi Māwhete, mehemea kāore ngā pōti Reipa i wehea, kua wini i te Pāti Reipa ngā tūru Māori e whā, engari i tohea te kaitono tūturu o Reipa, a Kōhere, e ngā kaitono tokotoru. He mema rātou nō Reipa kua oati ki te tautoko i te kaitono tūturu, engari, ka toa a Ngata nā te mea kīhai a Matu Rangi rātou ko Harry Dansey, ko Tiaki Ōmana i piripono ki tō rātou pāti, ki tō rātou oati hoki.[15]

Nā te pakanga i whakatōmuritia ai te pōtitanga ki te tau 1943, engari, ka whakaritea e te Pāti Reipa kia kaua tō rātou pōti e wehea anō. Tokorua anake ngā kaitono mō te tūru Māori ki te Rāwhiti, ko Tā Apirana Ngata rāua ko Tiaki Ōmana. I te āwangawanga pea a Ngata, nā te mea, ka tukuna e ia tētahi o āna wheao, ko Tame Te Whetū, kia haere atu ki ngā hui a Ōmana kia kitea te tokomaha e tautoko ana i a ia. E ai ki a Walker, kātahi te hiamo o Te Whetū ki ngā kaupapa o Reipa, i tahuri ai ia ki taua rōpū. I a Ōmana te wikitōria, e 5462 ōna pōti, e 5222 ki a Ngata.[16]

Tērā pea ka whakaarohia e ngā kaipōti he tangata nō nanahi a Ngata; e 69 ōna tau i 1943. Engari kua tahuri ngā tini Māori ki te Pāti Reipa, nā te mea, i te tau 1935 ka whakaritea ngā moni oranga mā ngā tāngata koremahi, ahakoa Māori, ahakoa Pākehā; ā, i te tau 1938 i whakaputaina ai he pūtea mō te hauora me ērā atu ratonga mō ngā tāngata katoa. E tū ana ngā kaitono Rātana tokowhā ki runga ake i ngā wehenga ā-hāhi, ā, ka meatia e rātou, nā tō rātou haumi ko Reipa i tohaina ai ēnei painga ki te katoa.[17] Mai i tēnei pōtitanga, ka rua tekau tau ngā koata e whā i puritia ai e ngā mema Rātana, tae noa ki a Puti Tīpene Wātene (he Mōmona) i riro ai te tūru Māori ki Te Tai Rāwhiti hei kaitono Reipa.[18]

Ahakoa i tata te reihi o 1943, kua mutu ngā mahi roa a Ngata, i muri i ōna tau e 38 i roto i te pāremata. I tū anō ia hei kaitono mō te pōtitanga o 1946, engari, ka wini anō i a Ōmana. I muri i te hinganga o Reipa i te tau 1949, ka whakatūria a Ngata e te kāwanatanga Nāhinara hei mema o te Whare o Runga o te pāremata, engari, i mua i tāna taenga ki reira, ka hemo rawa ia.[19] He rangatira a Ngata nō te pāremata, e kīia ana 'te matua o te Whare', ā, he mema i mahi tahi me ngā pāti katoa mō ngā take Māori, mō ngā mahi pakanga hoki. Ko ia anō te mema anake o Nāhinara i pōti kia tārewa tonu te pōtitanga o 1943 kei kino ngā take pakanga i tētahi pōtitanga.[20] I kaha hoki ia ki te kimi tangata, ki te mahi moni hoki mō te Te Ope Māori, ā, ka pērā tonu āna mahi i muri i te tau 1943.[21] Ko tā te *Gisborne Herald* i muri tata iho o tōna hinganga ā-pōti, '*No historian of the Maori race will fail to record what the former Eastern Maori representative did to put the famed Maori Battalion in the field in this war.*'[22]

I mua a Ngata i ngā wāhine e waiata ana ki te hui i whakawhiwhia ai te Rīpeka Wikitōria ki a Te Moananui-a-Kiwa Ngārimu, i Ruatōrea i te 6 o Oketopa 1943.

Nā *Evening Post* te whakaahua, nō Alexander Turnbull Library, Wellington, PAColl-6301-60.

Ngāi Māori me te Rautau 1940

Lachy Paterson

I muri tata iho i te tīmatanga o te Pakanga Tuarua te whakamaharatanga o te rautau tuatahi o Niu Tīreni, puta noa te tau 1940. Koia, i te mahi ngā kaiwhakahaere o te whakanui o te Rautau i ngā tau o mua; he maha ngā hinonga ā-motu, ā-rohe hoki i whakahaeretia, hei tohu i te haere whakamua o Aotearoa me (ki te whakaaro Pākehā) te pai o te whakahoatanga o te Māori me te Pākehā. I kaha pā mai te pakanga ki te Rautau. Ka whakakorea e Ākarana (arā, te tāone me te porowini) āna mahi Rautau, ā, nā te tokomaha o ngā tāne o Te Tai Rāwhiti kua uru ki roto i te ope hōia i whakarērea ai te whakaaritanga o te taenga mai o Kāpeni Kuki ki Aotearoa i te tau 1769.[1] Ahakoa te pakanga, ka ākina e te kāwanatanga kia tū tonu ngā whakamaharatanga; ka nui te uru a ngā tāngata Māori ki roto i ēnei. Engari, ehara i te mea he whakaaro kotahi tō te iwi Māori, ā, kīhai te Rautau i tautokona noatia. Āe, i whakakotahitia te motu, engari, ka whakakitea hoki te whakahē a te iwi Māori ki te kaupapa whakapākehā o te kāwanatanga, ki tōna ngoikore hoki ki te whakaea i ngā hara o mua. Kei te torohē te kōrero nei ki te kuhunga o te iwi Māori ki roto ki ngā hinonga hei whakanui i te Rautau o Niu Tīreni, arā, ki tō rātou pīrangi kia whaitake taua urunga, kia whai painga rānei ngā hinonga Rautau ā-hapori i whakaotia i ngā tau o muri mai.

  I runga i te Ture Rautau o Niu Tīreni 1938, nā te kāwanatanga he Kaunihera ā-Motu i whakatū, me *'one person appointed by the Minister [of Internal Affairs] to represent the Native race'*.[2] Tērā hoki ētahi komiti ā-motu, me ngā rōpū ā-porowini. I whakatūria a Tā Apirana Ngata hei māngai mō te iwi Māori, ā, ka kaha uru ia ki roto ki ngā mahi. He mema hoki ia nō tētahi Komiti Rautau whaimana mō te iwi Māori i te taha o Tai Mitchell o Te Arawa, o Tau Hēnare o Ngāpuhi, me te wahine rangatira o te Kīngitanga, me Te Puea Hērangi.[3] Kua tīmata kē ētahi mahi i mua i te putanga mai o te komiti nei; i tīmataria ngā whakairo mō te wharenui ki Waitangi i te tau 1934; ā, i tahuri a Te Puea ki āna mahi hanga waka taua i te tau 1936.[4]

  I te tatanga mai o te Rautau, ka noho rangirua pea ētahi Māori; me tautoko te whakanuitanga o te tāmitanga o Niu Tīreni, kāore rānei? I Hune 1939, ka mea mai a Ngata, kāore anō ētahi Māori kia 'mahana' ki te Rautau; e ai ki a ia, nō rātou *a confused impression as to just where they were to fit in as regards the Exhibition, provincial celebrations, local celebrations, and even Waitangi*'.[5] Engari, e mārama ana ki ētahi Māori, kāore he aha kia whakanuitia e rātou. Ka inoi te Mea o Whangārei, a W. Jones, ki ngā Māori o Te Tai Tokerau '*to eliminate dissension on all questions, including politics and religion, and to co-operate in order that the Centennial celebrations should be successful*'.[6] I roto i te Whare Pāremata, ka tauākī a Paraire Paikea, '*right down in the Maori heart still lingered a sense of the grievances of the last 100 years*', ā, me tahuri te kāwanatanga ki te whakatika i aua hē, hei '*centennial gesture*'.[7] I tino mārama ngā kupu a te rangatira o Tūwharetoa, a Hoani Tūkino Te Heuheu, i tāna tono i te marama o Tīhema 1938 kia hui ngā iwi Māori hei wānanga i tā rātou urunga ki roto ki ngā mahi Rautau.

> *The Maori people cannot be expected to join in Centennial laudation of past treatment while our wrongs are ignored and our Treaty set aside. We must stand together; must decide in general meeting what action to take; and must prevent any suggestion that our disapproval is voiced by only a few of our race with fancied grievances.*[8]

He maha ngā whakaaro nō te iwi Māori; he whakaaro kē hoki ō tēnā tangata, ō tēnā hapū, ō tēnā iwi, engari, nā te putanga mai o te pakanga me te mānukanuka ki te hoariri o tāwāhi i toko ake ai te whakaaro me whakangungu tahi ngā iwi e rua i te motu. Nā konei pea i kaha uru ai te nuinga o te iwi Māori ki roto i ngā hinonga o te Rautau.

Ko te hinonga nui rawa atu pea mō te iwi Māori i taua tau ko te whakamaharatanga o te Rā o Waitangi ki Waitangi. Mai i te tukunga mai o te papa Tiriti e Lord Bledislow i te tau 1934, ka aronui te hunga whakamahara ki te Whare Tiriti me te Pou Haki. Engari, i tahuri a Ngata rātou ko Tau Hēnare mā ki te hanga i tētahi wharenui mō taua marae kia whakapūmautia ai he tohu Māori, ā, ka pīrangi hoki rātou kia whakatuwheratia i te wā o te Rautau. Nā, he mea tuhi e tētahi rangatira o Ngāpuhi, e Hēmi Whautere Witehira o Mataraua:

> He whakaatu ki te motu katoa. Tenei kua timata te mahi o te whare whakairo mo te Tiriti o Waitangi. Hei whakamaharatanga ki te iwi Maori me te rau tau o te Tiriti o waitangi e heke mai nei a te Pepuere 6th, 1940.

> He mea nui tenei ki te motu. Ko nga rakau kei Motutau
> e whakairongia ana, i te kainga o Tau Henare. Ko nga
> tukutuku kei Kaikohe e mahi ana. He mahi whakamiharo,
> ataahua hoki; he tohunga rawa nga kai mahi no
> Ngatipourou [sic] i raro i a Apirana Ngata.⁹

Nō te 5 me 6 o Pēpuere te whare i whakatuwheratia ai; hāunga ngā rawa me ngā hāora i tuku noa ai ngā tāngata Māori, e £26,300 te utu o te whare me te whakapaingo o te wāhi hui mō ngā tāngata 10,000, neke atu rānei.¹⁰ I tino pīrangi a Ngata mā kia whakakitea ngā tikanga Māori ki Waitangi i taua tau, engari, ka tino hiahia ia ki te whakaatu i te haere o ngā tāne Māori ki tāwāhi whawhai ai, hei hāpai i tāna kaupapa o te 'utu o te kirirarautanga'. Ahakoa kīhai i roa te whakatūranga o te Ope Māori, ā, kotahi wiki pea tō rātou nohoanga ki Te Papaioea parakitihi ai, ka whiriwhiria ngā hōia e 500 *'to represent all tribes in New Zealand'*, kia tae atu ki Waitangi *'to form honour guard for the Governor General'* i te whakatuwheratanga o te whare.¹¹ I a rātou i reira, ka tū he tari kimi hōia hei whakawai i ngā tāne Māori ki roto ki te Ope Māori.¹² Ahakoa te kaha o te pōwhiri i ngā hōia, me ngā whaikōrero whakatari a Ngata rāua ko Paikea, me te ihi o ngā haka o Ngata mā i mua i te wharenui, tokoiti ngā tāne i tahuri ki te uru ki roto ki te Ope.¹³

I taua rā, ka mau ētahi o Ngāpuhi i ngā paraikete whero hei porotēhe ngū i ngā take whenua. Ka whakamārama a Ngata i tā rātou mahi ki tāna whaikōrero, engari, kīhai i rīpoatatia nuitia e ngā niupepa.¹⁴ Engari, i puta mai he mate kino ake; kīhai a Waikato me Taranaki i tae atu ki te whakamaharatanga. He take whakahirahira tēnei, nā te mea, e whā ngā tau i hanga ai, i whakahui ai a Te Puea i ngā waka taua e ono hei tāruru mō te Rautau.¹⁵ Ahakoa i Waitangi ngā waka, kīhai a Te Puea rāua ko Kīngi Korokī i tae atu. Ki a Te Puea, he ngākau kawa tō te kāwanatanga ki te kīngi me te Kīngitanga. E mahara ana ki te raupatu o ngā pakanga o mua, ka meatia e ia, he wā te Rā o Waitangi *'for rejoicing on the part of the pakehas and those tribes who have not suffered any injustices during the past 100 years'*.¹⁶

Nā, ka kuhu mai ngā tini Māori ki roto i te mahi a te hinonga Rautau. I te rohe o Te Arawa ētahi; i Hānuere te hinonga tuatahi i Maketū i huraina ai he whakamaumaharatanga hei whakanui i te taenga mai o te waka *Te Arawa*, e ono rautau ki muri. Nā te whakakorenga i ngā hinonga o Tāmaki Makaurau, ka whakahirahira ake tēnei whakamaharatanga; e 4000 ngā tāngata i tae mai.¹⁷ I Noema,

ka whakanuitia te tuwheratanga o te wharenui, o Wāhiao, i
Whakarewarewa. Ahakoa ngā whaikōrero a ngā kaitōrangapū Pākehā e
whakanui ana i ā rātou kaupapa whakapākehā, he hinonga Māori ēnei.

Ko te 'Ekipitini' (he whakaaturanga) tētahi o ngā mahi matua o
te Rautau. E 55 eka te nui o te whenua, e tata ana ki te papa rererangi o
Pōneke, i whakanohoia ai ngā mahi whakangahau, ngā whakaaturanga
pakihi, me ngā whakakitenga o ngā taonga o Aotearoa, hei whakaari i
te haere whakamua o te motu. E ono marama te roa, mai i Noema 1939.
I āhua tūreiti te whakaaro mō te *Maori Court*, hei whakakī i tētahi o
ngā hōro nunui. Nō Hepetema 1939 i tīmata ai te hanga; nō Tīhema
i whakatuwheratia ai, engari kīhai i oti rawa te whakapaipai. I reira
a Ngata e hautū ana i ngā mahi. Nā te Whare Taonga Tominiana
he whakairo i tuku, ā, i te mahi tonu a Pine Taiapa rātou ko ngā
kaiwhakairo ko ngā kairaranga e whakaatu ana i ā rātou mahi ā-ringa.
E ai ki te rīpoata o te Tari Māori:

> *Adjacent to the meeting-house, representatives of different
> tribes were engaged in carving and weaving, and visitors were
> thus afforded an opportunity of seeing the Maori engaged in
> his traditional crafts. A series of entertainments were given,
> and visitors enthusiastically received the items, which mainly
> comprised vocal music and dancing. The programmes were
> provided by representatives of the Arawa and Taranaki tribes,
> and latterly by members of the Ngati-Poneke Young Maori Club,
> to whose continued efforts a well-merited tribute is due.*[18]

Ahakoa he āhua iti te wāhi Māori, neke atu i te rua miriona me te
hāwhe ngā tāngata i tae mai ki te whakaaturanga nui rā, nā reira, ka nui
atu te kitekite a ngāi pākehā i ngā tāngata me ngā tikanga Māori o te
Maori Court i ērā atu hinonga Māori o te Rautau.[19]

Nō te mutunga o te whakaaturanga, ka matea te whenua mō
Te Tauaarangi, ā, ka nui ngā kōrero mō te pēheatanga o te whare.
I pīrangi te mema o Te Tai Tonga, a Eruera Tirikātene ki taua whare,
arā, hei '*suitable centennial memorial for South Island Maori,
something that could be "seen as an opportunity for a revival of Maori
art and culture in the South Island"*'. I tautokona tāna tono e Ngata, ā, ka
akiaki rāua kia nekea te whare ki Ōtautahi. Engari, he nui rawa te utu
o te neke, o te hanga, me te whakatika kei pirau i te ua. Ka maha ngā
tau i noho noa iho ai te whare i roto i tētahi whare kāwanatanga; nāwai
rā, ka tukuna ētahi o ngā whakairo ki te wharenui i Waiwhetū, me ngā
tukutuku ki te Karapu Reihi Hōiho o Ōtaki.[20]

Ko Akaroa te wāhi o te hinonga matua mō Te Wai Pounamu i te 20–22 o Āperira. Ka tū he whakamaharatanga ā-hāhi, me ngā whakaaritanga o te taenga mai o ngā kainohonoho Wīwī me te huti o te haki o Ingarangi i te tau 1840.[21] Engari, i nui hoki ngā mahi a ngā Māori, inarā, ko ngā mahi whakangahau. E 500, neke atu rānei, ngā Māori i reira; i ākina e Tirikātene ngā hapū o Ngāi Tahu, ā, 100 ngā tāngata o Te Ika-a-Māui i tikina mai e Ngata rāua ko Paikea. I tae mai hoki he Māori nō Rakiura me Wharekauri. Tua atu i a Ngāti Ōtautahi me Te Pīpīwharauroa o Tuahiwi, ka tae mai hoki a Ngāti Pōneke hei kapa haka mō ngā whakangahau. E ai ki a William Renwick, ko tēnei *'the largest and most representative Maori gathering ever to take place in the South Island.'*[22] Engari, me noho ngā kapa, me ngā tāngata Māori katoa ki hea? I matenui ngā tāngata whenua ki tētahi pā tauira, *'not only as a place to help house the visiting Maori people, but also as a worthy reminder of a race of people who were here before the white people'*.[23] Nā te nui o ngā utu i whakakāhoretia taua tono e te Minita o ngā Take ā-Motu, e Bill Parry; i whakatū kē noa iho i tētahi puni taupua mō ngā tāngata Māori ki reira.[24]

I taua wā, i te whakarite a Ngāi Tahu i te kerēme mō ō rātou whenua i hokona hētia ai i tērā atu rautau. I te hītori o mua e whakaaritia ana i Akaroa, *'elders assembled on the edge of the ground and did not repress their feelings. "Way goes the land," one of them murmured. Another said, "Now the pakeha's got the place."'*[25] Ahakoa te whakatau a Te Mairiki Taiaroa i whaikōrerotia ai ngā tini tau i te tatari a Ngāi Tahu kia whakatikatia ngā hara a te kāwanatanga, ka āhua pōuri te iwi i te korenga nō te pirimia e kōrero mō te kerēme. Ko taua āhua tonu; he kōrero noa tāna mahi mō te whakahoahoatanga o ngā iwi e rua. Ka tino pukuriri te iwi i te whaikōrero a te mema Pākehā o taua rohe, a H. T. Armstrong, e whakateka ana i te mana whenua o Ngāi Tahu, e mea ana *'whether the Maori claim to land was really any greater than that of the pakeha. He asked where were the original owners of the land and who did really own the soil.'*[26] I whakahē te iwi ki te kāwanatanga, arā, mō ngā kupu a Armstrong ka tahi, ka rua, mō te ngoikore o te kāwanatanga ki te whakaea i ngā kerēme Māori.[27]

I tomo hoki ngā tāngata Māori ki roto ki ngā mahi Rautau i ngā rohe katoa. Hei tauira, ka ārahi a Te Ari Pītama i te kapa haka o Tuahiwi ki ētahi o ngā hinonga puoro o Waitaha.[28] He kaipurei hoki ngā Māori i roto i ngā whakaari i tū rā ki ētahi rohe hei whakaatu

i te hītori o aua wāhi. Engari, i tētahi whakaari, ka whakakoretia
e ngāi māori tētahi kaupapa i marohitia e ngā Pākehā. I meatia
e te Banks Peninsula Centennial Committee kia whakaāritia
te pakanga ki Ōnawe i te wahapū o Akaroa, i kōkiritia ai te pā o
Ōnawe e Te Rauparaha me Ngāti Toa, i mate ai hoki te nuinga o ngā
tāngata. I whakaaetia e Bill Parry te kupu a Ngāi Tahu, *'anything
which tended to give reminders of old troubles should have no place
in the pageantry'*.[29] Nō te hītori Māori o neherā ētahi wāhanga o
ngā whakaari nei, pērā me te whakatōnga tuatahitanga o te kūmara
i kawea mai i Hawaiki i roto i te whakaari hītori o Whakatāne.[30]
Neke atu i te 1000 ngā kaipurei o Waimate ki te Raki, Māori mai,
Pākehā mai, i whakaari mai i ngā mahi a ngā tūpuna mai i te tau 1350
taka noa mai ki te taenga mai o te hiko ki te rohe.[31] Engari, i whakaatu
te nuinga o ngā whakaari nei i te hainatanga o te Tiriti, i ngā pōwhiri
Māori rānei i ngā kainohonoho tuatahi e tae mai ana ki te rohe.[32]
Hei tauira, i te whakaari o Petone ka whakakitea he *'famous scenes
from the past, including the early contacts and friendships between
Maori and pakeha'*.[33]

Ko ngā hinonga i raro o te ingoa *'Centennial'* i tū roa, engari kīhai
pea i kitea whānuitia e te motu, ko ngā mahi hanga whare. Mehemea ka
whakaaro te kāwanatanga he pai te whare o tētahi hapori, hapū, iwi rānei
hei hinonga Rautau, ka tukua te pauna kotahi mō ia toru pauna i kohia e
te iwi. I oti te nuinga o ēnei whare te hanga i ngā tau o te pakanga. Puta
noa te motu, ka kimi ngā Māori i tētahi pūtea tāpiri nei ki te hanga, ki te
whakahou rānei i ngā wharenui me ērā atu momo whare. Hei tauira,
ko Tawakeheimoa, te wharenui Rautau i te marae o Te Awahou; ko
Tamatekapua, te wharenui Rautau ki Ōhinemutu; ko Ruakapanga rāua
ko Whānau-a-rua, te wharenui Rautau me te wharekai Rautau i Ūawa;
me Hinematikotai, te Hōro Rautau i Tokomaru.[34]

Engari, nā te kimi pūtea ka whīwhiwhi ngā hapū ki te rīpene
whero a te kāwanatanga. Hei tauira, i te whakamahere a Ngāti Wai kia
hangaia ētahi wharenui mō ō rātou hapū, ā, ka tonoa te pūtea tāpiri.
Ka whakahoki te kāwanatanga, me whakatū he komiti Rautau e ia
hapū, e ia hapū, me whakamōhio ngā utu hanga, ā, me tuku *'a sketch
plan of the building which should have the memorial features in the
form of carvings so that the Minister will be able to visualise the
completed building'*.[35] I ētahi wā, ka whakakorea ngā tono, hei tauira, kia
whakapaitia te marae o Te Kao. Ko te whakautu a te Minita, mehemea
he *'distinctive memorial'*, ka whakaaetia.[36]

I tohetohe hoki a Te Puea ki te Hēkeretari ki Raro o ngā Take ā-Motu mō tētahi hōro i Muriwai. Ko te tikanga a te kāwanatanga: *'the Centennial subsidy is payable only in respect of moneys actually raised and paid into a Centennial account. It cannot be paid in respect of gifts of labour, land or material.'*[37] Ka nonoi a Te Puea kia whakamōhiotia te rahi o ngā pūtea tāpiri i whakawhiwhia ki a Ngāti Porou me Te Arawa, e mea ana, e tino mōhiotia ana aua iwi mō ō rātou whiwhinga ki ngā moni kāwanatanga. Ka whakahoki mai te Hēkeretari-ki-Raro, e tika ana ngā pūtea tāpiri kua tukuna tika ki aua iwi, engari, ki te kāwanatanga, he iwi kotahi ngā Māori katoa.[38] Ko te whakautu a Te Puea:

> As to the amount of the Centennial Grants made to Ngatiporou and Te Arawa – let it pass. I merely wanted to know how much greater was the cleverness or experience, or whatever you want to call it, of Te Arawa and Ngatiporou as compared with Waikato, which enabled them to draw thousands of pounds in Centennial subsidies.[39]

Ko te matū o tāna kōrero, he ngākau ngāwari tō te kāwanatanga ki a Ngāti Porou me Te Arawa i runga i tō rātou piripono i ngā tau o mua, i taua wā hoki. Ka rīria hoki e ia te Hēkeretari-ki-Raro mō tāna whakamahi i ngā kupu 'tātou tātou'. '*Yes, "tatou tatou" is the word for the coming years, but alas, it does not bring back to Waikato the lands that were unjustly seized. Nor does it bring fulfilment, so far, of solemn promises made on behalf of the Crown.*'[40]

Ki ētahi, arā, ki te nuinga o ngāi pākehā, hei whakanuitanga te Rautau o 1940 i te whanaketanga me te haere whakamua o te motu i roto i te rautau kua hipa. Ki ētahi Māori, hei whakamaharatanga te tau nei i te taenga mai o te mana o Ingarangi, te taetae mai o ngā tini Pākehā, me te ngaronga atu o ngā whenua, mai i ngā raupatu, i ngā hoko hē rānei. Kāore he mīharo, ka whakatau ētahi Māori kia kaua e tomo koa ki roto i ngā mahi o te Rautau, kia porotēhe, kia amuamu rānei mō ngā nawe kāore anō kia whakaeatia. Engari ka puta mai te Rautau i te wā o te pakanga, i whakakotahitia ai te motu katoa ki te whawhai ki te hoariri. Ki ētahi Māori, he huarahi te Rautau ki te uru ki roto ki ngā mahi o te motu, kia kore rātou me ā rātou tikanga e warewaretia.

He hōia Māori i te tuwheratanga o te wharenui, o Tamatekapua, ki Ōhinemutu i te tau 1943.

Nā John Dobrée Pascoe te whakaahua, nō Alexander Turnbull Library, Wellington, 1/4-000245-F.

Te Kīngitanga me te Ao

Connor Aston

Nā te urunga mai o Amerika ki roto ki te pakanga, me Aotearoa hei momo puni mō ngā hōia e whawhai ana ki Te Moana-nui-a-Kiwa, ka āhei te Kīngitanga ki te toro atu ki ētahi atu mana nunui o te ao.

Mai i te tau 1942 ki 1944, ka tautoko a Aotearoa i te whakanoho i te Ope Taua, i te Taua Moana, me te Ope Marines o Amerika ki Tāmaki Makarau, ki Te Whanganui-a-Tara, tae atu ki Whakaoriori, Whangārei, me ētahi atu tāone. 100,000 ngā Marikena katoa i tae mai, nā reira, he wāhanga rātou nō te mātau ā-wheako o te iwi Māori i te wā pakanga.[1] Ka aro te Kīngitanga ki te whakapiki i te whakawhanaungatanga i waenganui o Aotearoa (inarā, o ngā Māori) me ngā hōia Marikena, ā, ki te totoro atu ki taua mana nui o tāwāhi ki te tuhituhi reta.

I whakahirahira rawa ngā mahi a te Kīngitanga hei whakangāwari i ngā taunekeneke ki ngā āpiha o ngā hōia, ki ngā āpiha ā-kāwanatanga o Amerika. Nā ngā whakahāweatanga i kawea mai i Amerika ki te Tonga, i mahia ai ngā ture kaikiri ki te iwi mangumangu, ka puta mai he raruraru ki Aotearoa, arā, he taupapatu ā-tikanga he korenga nō ētahi o aua hōia e pīrangi ki te mahi tahi, kai tahi me ngā tāngata Māori.[2] Ka nui haere ngā paku whawhai a ngā hōia Marikena ki ngā Māori puta noa Te Rohe Pōtae i ngā marama tōmuri o te tau 1942. Koia rā i tukuna ai he tono e Te Puea Hērangi kia kitea ngā āpiha i Manurewa. Engari, ka roa te wā i noho ai ia e tatari noa ana, kātahi ka whakaitia e te āpiha Marikena. I a Te Puea e hoki mai ana, ka whakapuakina te hara nei ki ngā kāinga Māori i hipa atu ai ia. Kīhai i roa ka ara ake he kakari i waenganui i ngā hōia me ngā Māori. Nō konei i whakapā mai ngā āpiha ki a Te Puea kia tū mai he hui ki Ngāruawāhia.[3]

Ki tō Michael King whakaaro, ka whakaritea he tikanga i te hui nei, i meatia ai e Te Puea kia haere mai ngā rōpū iti ki Tūrangawaewae kia manaakitia, kia whakamanuhiritia. He painga ō ēnei *'garden parties'* hei whakarata i ngā raruraru. Tokomaha hoki ngā hōia Marikena i tae mai kia kite i ngā rīketa ki Ngāruawāhia, i whakatūria ai he tikanga mahi moni, whakawhanaungatanga, e whāia tonutia ana tae rā anō ki ēnei wā.[4]

He hōia, he heremana nō Amerika e whakarongo ana ki te pōwhiri a te Kīngitanga i Ngāruawāhia i āhua 1943.

Nā John Dobrée Pascoe te whakaahua, nō Alexander Turnbull Library, Wellington, 1/4-000345-F.

Tua atu i ā rātou huinga kānohi ki te kanohi me ngā hōia
Marikena, ka toro atu te Kīngitanga ki ngā māngai ā-kāwanatanga
o tāwāhi mā te tuhi reta. Kei roto o ngā pepa a Pei Te Hurinui Jones
i te Whare Wānanga o Waikato he reta nā Kīngi Korokī i tuku ki
te Tumuaki o Amerika, ki a Franklin D. Roosevelt i te tau 1944.
Ka whakamihia e ia ngā kupu atawhai a te Tumuaki; kāore e tino
mārama ana, e pā ana aua kupu ki a ngāi māori rānei, ki te Kīngitanga
rānei, otirā, e ai ki a Korokī, ko aua kupu *'have given such pleasure to
my aunt, Princess Te Puea Herangi, and to my people generally'*. I te
rīketa o 1943, ka hoatu hoki te Kīngitanga i tētahi ipu hua rākau,
me tētahi ipu ingiki, he mea whakairo, ki ngā āpiha Marikena hei koha
ki te Tumuaki rāua ko tōna hoa rangatira. I kawea atu ēnei taonga e
Walter Nash, te māngai hou o Aotearoa ki Amerika, me ngā kupu a
Korokī, ko ngā taonga nei he *'manifestation of the love and friendship
that exists between my people and your own'*.[5] Ka hoki mai a Nash
me te whakaahua o te tamāhine a Roosevelt hei takoha ki a Korokī.
I tauākī te Kīngi ka whakairia te whakaahua ki roto i a Māhinaarangi,
i te whare rūnanga o te Kīngitanga ki Ngāruawāhia. Ka āpititia hoki
he *'invocation'* ki tāna reta whakahoki, me te mihi ki Amerika mō te
urunga mai o āna hōia ki roto i te pakanga ki Te Moana-nui-a-Kiwa,
me ngā whakaaro papai o tōna whaea kē, o Te Puea, rātou ko ngā
rangatira o Waikato.[6]

    Nā ēnei mahi whakahoahoa, i te taha o ērā atu mahi a te
Kīngitanga hei tautoko i ngā take pakanga, arā, mō ngā hōia Māori,
mō te ahumahi, mō te hapori hoki, ka kitea te hiranga o te Kīngitanga
hei mana Māori motuhake e mahi ana i roto i ngā take o te ao. He mahi
whakahangahanga ēnei kua meatia tonutia mai i te tekau mā iwa o
ngā rautau.

    E kitea ana i roto i ētahi atu kōrero o te pukapuka nei, ka āwhina te
Kīngitanga i ngā mahi pakanga, ā, ka tautoko i ngā take nunui o te motu,
engari, ka tiaki hoki i ā rātou ake tāngata, ka tohe ki te kāwanatanga kia
ea ngā hara o te raupatu, ā, ka whakahē a Te Puea i tā te kāwanatanga
apu whenua ki Ōrākei. Tua atu i ēnei mahi ki Aotearoa nei, ko ngā
reta a Kīngi Korokī me te tautoko i ngā mana nunui o te ao he tino
whakatinanatanga nō te āheitanga o te Kīngitanga ki te whai i āna
tikanga i te wā o te pakanga.

Te Petihana mō Ōrākei, 1943

Angela Wanhalla

Kāore e taea ngā mahi Māori hei tautoko i ngā take pakanga te tino mōhio mehemea kāore e tirohia ana ngā tohetohe kia whakaeatia ngā nawe o mua, kia ātetetia hoki ngā hara o taua wā.

Ahakoa i kaha pā mai nei te pakanga ki te iwi Māori, ehara i te mea ka waiho katoa ā rātou mahi noa, ngā auētanga rānei i whakapēhia ai rātou. Tokomaha ngā tūao Māori i haere ki tāwāhi whawhai ai, me ngā tini tāne, wāhine hoki i neke ki ngā tāone mahi ai i ngā mahi hirahira. Engari, ahakoa te pakanga, kīhai ngā raruraru o mua i tukuna kia moe tonu. Hei tauira, ka petihana tonu ngā iwi mō ō rātou whenua i raupatuhia i ngā pakanga o te tekau tau 1860, ā, mō ō rātou matatika hoki i raro i te Tiriti o Waitangi.

Kei te titiro tēnei kōrero ki ngā petihana Māori i tukuna atu ki te Pāremata i te wā o te Pakanga Tuarua o te Ao. Mā ēnei petihana e kitea nei, i mahi tahi a ngāi māori mō ngā take tōrangapū, ahakoa te kupu a te mema o Te Tai Tokerau, o Paraire Paikea, '*regarding many of their outstanding claims and grievances, the Maori people, generally speaking, have decided to allow these to remain in abeyance till more propitious times*' hei painga mō te motu.[1]

Mā ēnei petihana hoki e whakakitea nei ngā whakaoreore i puta mai i ngā hapori Māori, arā, mō ngā take e pā ana ki ngā kāinga pakupaku tae atu ki ngā take nunui o te motu. Mai i 1940 ki 1945, 176 ngā petihana i āta tirohia e te Komiti mō ngā Mea Māori. He komiti tēnei nō te Whare Pāremata, i noho ai ngā mema Māori me ētahi atu mema ki te pānui i ngā petihana, ki te whakarongo hoki ki ngā whakaaturanga e whākina ana, ki te tuku whakaaro anō hoki ki te Pāremata.

Ko te nuinga o aua petihana 176 e pā ana ki te whenua. I rapu utu ētahi mō ngā raupatutanga o ngā whenua o ngā iwi 'tutū' i whawhai ki te Karauna i te rautau o mua; i hiahia ētahi kia tūturu ō rātou tikanga hī ika, ā, tērā ētahi petihana nunui a te iwi Māori whānui pērā me ngā mea a Rātana kia whakapūmautia te Tiriti o Waitangi.

Nā te pakanga hoki i puta mai ai ētahi petihana. Hei tauira, ko te Nama 66/1945 '*Praying for the return from the Vienna Museum of a collection of Maori relics unlawfully removed from the King Country'*. I inoia kia whakahokia ngā kōiwi o ō rātou tīpuna he mea tāhae e te kairangahau taiao o Ateria, e Andreas Reischeck, i te tekau tau 1880 nāna i tuku ki te Imperial Natural History Museum i Wiena. Ka tonoa:

> Now that Vienna has fallen we, your petitioners, humbly pray that your honorable House will take steps to have restitution made on behalf of the Maori people by taking steps to have the whole of the collection herein referred to returned to the Dominion of New Zealand.[2]

He petihana takitini te nuinga o ngā petihana 176, arā, he maha ngā waitohu. Hui katoa aua petihana, ka āhua 15,500 ngā waitohi, mai i ngā tāone nunui, mai i ngā kāinga ririki hoki, hei tauira, mai i Kai Iwi, i Pakipaki, i Rangitukia, i Poroporo, me ngā tini wāhi atu.

E mārama ana te mahi tahi ā-whānau, ā-kāinga hoki, ngā hiahia hoki o te iwi Māori i roto i tēnā petihana, i tēnā petihana. Ina titiro tātou ki ngā take i puta mai ai ēnei petihana, ka kitea, ehara te nuinga i te harore rangitahi; he tohe kē ētahi petihana nō roto o ngā tohetohe maha hei whai i te tika. Hei tauira hoki, ko te petihana mō Ōrākei.

Ko tētahi o ngā petihana tōpū nui rawa atu o ngā tau pakanga te pukapuka inoi mō te kāinga o Ngāti Whātua ki Ōrākei. E kīia ana he *'largely-signed petition'*, engari e whā ēnei pukapuka inoi. E 3319 ngā ingoa i tuhia ki te mea nui rawa atu, he mea whakarite e Te Puea Hērangi. He maha ngā petihana mō ngā take kāinga, engari, i whakaoreoretia ngā tini tāngata mō Ōrākei, puta noa te motu. Nō te orokohuinga mai o te Komiti Petihana mō Ōrākei i ngā rā tōmuri o Noema 1942, ka tīmata te whawhai nei. I te tukunga atu o ngā petihana e whā i Pēpuere 1943, e 5039 ngā tuhinga ingoa, mai i ngā pito katoa o te motu.

I roto i te petihana nei he inoi kia whakahokia te papakāinga tāpui e 25 eka; kia whakapūmau ki a Ngāti Whātua te mana noho ki runga i te papatipu, ā, kia tuku pūtea te kāwanatanga kia whakapaitia ngā taonga whakaahuru mō ngā tāngata o Ōrākei. I whakahēngia hoki te kaupapa a te Kaunihera o Tāmaki Makaurau kia whakanekea te iwi i *'the last remnant of land in Auckland under Maori occupation'*, nā te mea, ko tō rātou kāinga a Ōrākei, he wāhi whakahirahira tēnei hei manaaki i ngā tini Māori e neke ana ki Tāmaki Makaurau mahi ai ki roto i ngā wāhi ahumahi. Ko te whakanekenga o ngā whānau me te mukunga o te kāinga '*as a residential quarter and consequently as a marae would impose a grave injustice not only on the Ngati Whatua tribe, but also on the Maori people generally, who went there from various parts of the country.*'³

Kei te whanga o Ōkahu i Tāmaki Makarau a Ōrākei. Pērā me ngā kupu a te petihana, kua timohia te whenua e te Karauna kia toe anake he eka ruarua. Ehara tēnei i te wā tuatahi i petihana ai te iwi kia whakahokia tō rātou papatipu, kia whakapaitia rānei tō rātou papakāinga.⁴

I te tau 1942, i te tautoko ētahi Pākehā i te iwi o Ōrākei. I tāna reta ki te *Auckland Star* i taua tau mō te pēwheatanga o Ōrākei, ka tuhi a D. Burleigh '*On numerous occasions we have read of the generous sums collected by the Maori and donated for patriotic purposes, we also read of their bravery on the battlefield – fighting so we may be free. Therefore, let them and theirs also be free to retain what is sacredly theirs.*'⁵

Ka kitea hoki te tautoko ā-Pākehā nei i roto i te Komiti Petihana mō Ōrākei i mahi tahi ai a Te Puea me te General Labourers Union, me te Kaunihera Kaimahi o Tāmaki Makaurau. Nō Ngāti Whātua a Ōrākei, engari nā te ngākau pirihongo o mua o Tainui ki a Ngāti Whātua, ka uru a Te Puea ki roto ki tēnei whawhai.

Ahakoa ngā pukapuka inoi, ka tahuri hoki te tangata whenua me te hunga tautoko ki te porotēhe. Mai i Āperira 1943, ka mahi ngātahi te iwi me ngā kaimahi uniana e 200 ki te hanga i tētahi taiepa, e 300 putu te roa, e āwhio ana i te pā. I titia he pou tōtara ki roto i te tumu raima, me ngā rākau mānuka kei waenganui.⁶ I mahi tahi ngā tāne, ngā wāhine me ngā tamariki, ā, ka tukua e ētahi wāhine Māori kia topea ana ngā rākau mānuka o ō rātou whenua. I whakatūria hoki he tomokanga whakairo.

He tino tangata a Te Puea nō te porotēhe nei. E ai ki te Pūrongo o te Taraipiunara o Waitangi mō Ōrākei, i whakatūpatoria a Te Puea e te Pirimia, e Peter Fraser, kia kaua ia e uru ki roto ki ngā mahi a te Kaunihera Kaimahi ki te whakangungu i te kāinga, kei hopukina ia e ngā pirihimana, kei tōia ki te whare herehere.⁷ Engari, ka ngawhere a Fraser; he hirahira rawa nō te Kaunihera Kaimahi i roto i te taha tōrangapū, ā, he hirahira rawa nō Te Puea hei kaimahi i roto i te ao Māori.

I tauākītia kētia e Fraser he kaupapa kia hangaia he whare mō ngā whānau Māori o Ōrākei ki te taha rāwhiti, kia tū tonu te marae ki te papatahi, ā, kia hangaia e te kāwanatanga me te Kaunihera o

Tāmaki Makaurau he wharenui hou i te wāhi i noho nei te whare tawhito. Heoi, ki a Ngāti Whātua rātou ko Te Puea he whakaneketanga kau tēnei, nā reira, kīhai rātou i whakaae.[8]

I muri i te pakanga, ka whakahaua te Tari o ngā Take Māori kia hokona te whenua e toe ana, engari, ka whakaparahakotia tēnei tono e te iwi. Nā konei, ka riro te whenua i te tau 1951 i runga i te ture. Kāore i taea te aha e te iwi. I te tau i muri, ka kāwhakina ngā tāngata, ā, ka pau ngā whare katoa i te ahi. He whenua Karauna te kāinga; i noho whenua kore a Ngāti Whātua ki Ōrākei.

He whawhai ā-motu te whakangungu i Ōrākei i te tau 1942, 1943 hoki. Engari, ehara te Petihana mō Ōrākei te nonoke tuatahi o reira, ehara rānei i te mea whakamutunga. I te tau 1977 ka whakatakoto te kāwanatanga i te kaupapa kia hokona atu te whenua kia hangaia ai he whare mō ngā tāngata whairawa. Nā konei ka nohoia te wāhi e Ngāti Whātua mō ngā rā e 506 kia kāwhakina rātou e ngā pirihimana. Engari, nā tēnei porotēhe te hokonga i whakamutua ai.[9] Whakahokia rawatia a Ōrākei e te kāwanatanga ki a Ngāti Whātua i te tau 1988. I muri mai nei, kua piki ake a Ngāti Whātua hei kaihautū ā-ōhanga, ā-tikanga hoki ki Tāmaki Makaurau.[10]

He wāhanga ngā petihana me ngā porotēhe nō ngā tini mahi Māori o te wā pakanga. I ngā hōia Māori e whawhai ana ki tāwāhi kia wini ai 'te utu o te kirirarautanga', i te rapu tonu ō rātou whānau kia whakatikaina ngā hē o mua, kia kore ai hoki he kino kē e puta mai.

Te Hui Māori o Oketopa 1944

Lachy Paterson

Mai i te 18 ki te 20 o Oketopa 1944, nui atu i te 400 ngā māngai o ngā iwi o te motu i mine ki roto i te Hōro o Ngāti Pōneke, i Te Whanganui-a-Tara. Ka hui mai rātou nā te tono a te komiti o ngā mema pāremata Māori. Ko te mema o Te Tai Tonga, ko Eruera T. Tirikātene te upoko o taua komiti, ā, i taua wā ko ia hoki te mema o te Rūnanga o te Kāwanatanga hei māngai o te iwi Māori. Engari, he aha te take i tū ai te huinga nui nei, ā, he pēhea te whakapā mai ki ngā take Māori o te wā pakanga?

Ahakoa he mahi tēnei nā ngā mema Māori, kīhai te Tari Māori i pīrangi kia pōhēhētia nāna te hui i karanga, e kī ana ki tētahi kaitono, *'The Conference is not an official gathering but has been convened by the Maori members of Parliament under the Presidency of Hon. E. T. Tirikatene.'*[1]

Tua atu i ngā māngai ā-iwi, ka tonoa hoki e Tirikātene te pirimia rātou ko ngā minita o te Karauna ko ngā tumuaki o ngā hāhi. I whakamāramatia ngā kaupapa o te hui ki tāna reta ki te Minita Māori, ki a Rex Mason, e mea ana, ko te huinga nei *'will be non-party and non-sectarian'*, ā, *'has been called in response to repeated and urgent requests from the various Maori tribes throughout New Zealand'*. Ka titiro whakamua te whakaminenga, arā, ki ngā *'Lands, Claims, Education, Vocational Training, Health, Housing, Social Security and Rehabilitation, the proposed Maori Councils Bill'*. I kīia hoki, *'the future role of the Maori War Effort Organisation [MWEO] will undoubtedly loom large in the minds of the representatives'*.[2]

E whā ngā hui i karangatia e ngā mema Māori, engari, ko te hui ki Te Whanganui-a-Tara te hui hira rawa atu. I Ōpoutama (e tata ana ki Te Māhia) me Rātana Pā ngā mea tuatahi i te marama o Hānuere, 1944, e 72, e 45 ngā māngai i reira.[3] I muri i te hui ki Pōneke, ka tū he huinga ki Rotorua i te marama o Pēpuere, 1945.[4]

E tika ana ngā tuhinga a ngā mōhio hītori, a Ngātata Love rāua ko Claudia Orange, hei wāhanga te hui nei o 1944 o te tautohe i waenga i te Tari Māori me te MWEO.[5] Kua roa te whakaaro o te iwi Māori,

kāore rātou e tiakina paitia ana e te Tari, nā te mea, i te aro anake te kāwanatanga ki te whenua me te moni, kaua ki ngā painga mō te iwi. Nā, i nui ake te aroha o te kāwanatanga tuatahi o Reipa (1935–49) ki ngā take Māori i tō ngā kāwanatanga o mua, ā, kua tokomaha haere ā rātou mema Māori. Engari, ki te māharahara o te iwi (me ngā mema Māori), kāore ngā tari kāwanatanga i te mahi tahi kia tutuki pai ai ngā take Māori, ā, he Pākehā tonu te nuinga o ngā āpiha o te Tari Māori.[6]

Nā te Pakanga Tuarua, ka whānui kē ngā momo mahi e wātea ana mā ngā kaiārahi Māori. I whakatūria he komiti e ngā mema tokowhā rātou ko Rangi Māwhete (he mema ia nō te Kaunihera o Runga) hei whakanui i ngā mahi kimi hōia Māori. Nā te hiahia ki ngā hōia mō te pakanga, ka whakatūria a Paraire Paikea (ko te mema o Te Tai Tokerau) hei mema o te Rūnanga o te Kāwanatanga i te tau 1940 kia akiakitia aua mahi. Nā runga i taua tūnga, i te tau 1942 ka tuku ia i tētahi kaupapa *'for a nation-wide network, operated and controlled by Maori, which would deal not only with recruiting but with all war-related activities'*.[7] I te marama o Hune 1942, ka whakaaetia e te Rūnanga, ā, ka whānau mai ko te MWEO i raro i te maru o ngā mema Māori, ā, ko Paikea hei Minita Whakahaere.[8]

I rawe, i whaitake ngā mahi a te MWEO, i whakahaeretia ai te whakauru i ngā tāngata Māori ki roto ki ngā ope taua me ngā ahumahi whakahirahira, me te whakanui hoki i ngā mahi ahuwhenua a te Māori. Ka maha haere ngā pekanga; e 41 ngā komiti o runga i roto i ngā takiwā e 21, ā, e 315 ngā komiti ā-iwi i roto i ngā kāinga Māori.[9] I te hekenga mai o ngā taitamāhine Māori ki ngā tāone mahi ai, ka whakatūria e te MWEO he āpiha toko i te ora hei tiaki i a rātou. E ai ki a Orange, *'the organisation constituted a vital bridge for many Maori between rural and urban life'*.[10]

E ai ki te kaupapa ake a Paikea, kia ono marama noa iho te oranga o te MWEO, engari, nā te pai o āna mahi, e rua ngā whakaroatanga, ā, ka mate ohorere a Paikea i Āperira 1943, ka ora tonu tāna rōpū tae noa ki te mutunga o te pakanga. Ka tū te pirimia, a Peter Fraser, hei minita o te MWEO, engari he mahi whakatekoteko noa, ko Tirikātene te tino kaihautū.[11] E ai ki a Tirikātene me ngā mema Māori, ki te iwi Māori hoki, he pai ake te MWEO i te Tari Māori hei whakatutuki i ngā wawata me ngā hiahia o te iwi Māori, koia rā i whakahaeretia ai ngā mahi e ngā Māori anō. I ngā tau whakamutunga o te pakanga, ka mōhio rātou, kua hāponotia te wāriu o ā rātou mahi, ā, me haere tonu aua mahi i te wā o te rangimārie.[12]

Ko Eruera Tihema Te Aika Tirikātene te kaihautū o te MWEO i muri i te matenga o Paraire Paikea i te tau 1943.

Nā S. P. Andrew Ltd te whakaahua, nō Alexander Turnbull Library, Wellington, PAColl-5547-078.

Nā ngā mahi papai o te MWEO i noho tarahae ai te Tari Māori, e whakaaro ana kua kapohia ā rātou ake mahi. Nā, e ai ki a Love (nāna a Rex Mason i uiui mō tāna tuhinga roa), ko te Minita Māori *'had had little contact with Maoris in the community'*, ā, *'viewed his portfolio in purely administrative terms and seemed unable to accept or understand the special needs Maoris felt necessary for the development of Maori society'*.[13] I te marama o Hānuere 1944 i tohe ai te Tari Māori, me te Tari Pūtea, kia whakakorea wawetia te MWEO. Engari, kīhai i taea. Kātahi te Tari ka anga kia ara ake anō ngā Kaunihera Māori o mua, kia tū anō aua kaunihera ngoikore hei whakautu, hei papare i ngā wawata o te MWEO. Ka nui te mānukanuka o ngā komiti ā-iwi, puta noa te motu, i taua kaupapa.[14]

I runga i te pīrangi kia mau he rōpū whaitake i muri i te pakanga e whakahaeretia ana e te iwi Māori, i karangatia ai e ngā mema Māori tētahi hui i te marama o Oketopa 1944. E ai ki a Love, *'their idea was to provide a show of force regarding the desires of the Maoris and to have a continuing level of independence in their own administration.'*[15] He tini take i kōrerotia e ngā māngai, engari ko te tino take, mā wai e whakahaere ngā mahi kāwanatanga e pā ana ki te iwi Māori i muri i te pakanga.

Nō muri mai i te pōwhiri me ngā mihi, ka tū te pirimia, a Peter Fraser, ki te kōrero, ki te whakamānu hoki i te hui. Ko te kaupapa o tāna kauhau he hiahia kia haere whakamua me te ngākau pai, me te mahi tahi ki te ngākau whakahoahoa. Ka whakapuaki hoki ia, hei pirimia, *'he was charged with the duty of parenthood of the Maori people; that he was to a very real extent the guardian, advocate and the father of the Maori race.'*[16] Ahakoa tāna kupu ka āta titiro aroha te kāwanatanga ki ngā mōtini a te hui, he tino mārama tōna whakaaro. *'The Native Department is to be retained as the medium by which Government assistance is to be given to the Maori people in land settlement and the social organization.'*[17]

I pōuri hoki te whakaminenga i te kauhau a te Minita Māori, a Rex Mason. Ka kī ia *'The Native Department has not the idea, sometimes circulated, that it is the land that comes first and the man second. Not at all.'* Kātahi ia ka whakarārangi i ngā mahi katoa a te Tari hei painga mō te iwi Māori. Ahakoa kīhai i meatia e ia, kua puta mai te nuinga o ngā mahi a te Tari hei whakautu i ngā mahi a te MWEO. I kōrero ia mō te hokinga o ngā Kaunihera Māori, e kī ana, *'Where-ever people want it the Maori War Effort organisation can be fitted in.'*[18]

Ehara ēnei i te momo kōrero e pīrangitia ana e ngā mema Māori, e ngā māngai ā-iwi rānei. He kupu ruarua noa ngā meneti o te hui engari e kitea ana te matū me te āhua kare ā-roto o ā rātou whaikōrero. Mō ngā take whenua, ko tā Hone Hiki (ko Hone Heke Rankin pea) *'Give the Maori the Mana Motuhake. Absolute right to the Maori.'* Nā Hēnare Tāwhai *'(1) Absolute right of the Maori to decide his own destiny (2) Home Rule for the Maori'*. Nō Ngāpuhi rāua. He aha te tino kauhau a Rangi Māwhete, a te mema Reipa o te Rūnanga o Runga? He mea whakapoto tāna kōrero, ko te matū:

> Mana Motuhake – 1852 or 1840
> Confederation of tribes
> Treaty of Waitangi
> Native Dept, is the Boss
> Not the Maori.[19]

I ngā kōrero mō te MWEO, ka tautoko ngā māngai kia mau tonu. Ka kī atu a Hone Heke Rankin *'Don't destroy the War Effort, it is an organisation to keep the Maori united.'* Nā Waka Clarke, *'The soul and spirit of the Maori was re-born through M. W. E.'*, ā, *'Fundamental principle Maori only can interpret the mind of the Maori.'* Ko tā Kelly Harris, *'Opportunity to have a voice in our own affairs.'* E ai ki a Kāpene Love: *'M. W. E. has given the Maori the first say in his own affairs.'* Ā, ka mea atu a Kāpene Werohia, *'Don't let Party Politics – divide us and destroy us'*, ā, *'Don't let the Pakehas separate us.'*[20]

Ka kitea te wairua o te hui i roto i te mōtini mō te MWEO. I runga i *'the freedom and privileges vouchsafed upon us'* (arā, i ngā tikanga Māori me ngā mana tangata) me *'the great work which has been performed, and is still being performed by the Maori War Effort Organisation'*, i whakaae ngā māngai kia mau tonu te MWEO, engari kia whakatūturutia ā-turetia, ā, kia tukuna he pūtea tika mō āna mahi.[21] I meatia hoki kia whakatārewatia te Pire Kaunihera Māori a Mason kia mutu rawa te pakanga.

Nā, terā ētahi atu take i kōrerohia. He take whenua tō tēnā iwi, tō tēnā iwi, tō tēnā iwi, ā, ka mōtinitia e te hui kia tū he *'competent tribunal'* (he āhua rite ki Te Rōpū Whakamana i te Tiriti o Waitangi o nāianei), he Komihana Roera pea, ā, kia mahia ngā kerēme kia wawe poto ngā nawe. Ka kōrerohia te kino o ngā tini whare Māori, ā, ka tonoa kia whakapaitia; kia hangaia hoki he wharenoho i roto i ngā tāone, e tata ana ki ngā hōhipera hoki; kia whakanuitia, kia whakapaitia hoki ngā ratonga ā-kura, ā-hauora hoki mō te iwi Māori. He kupu whakapāha hoki hei whakamutunga, e kī ana *'on account of paper restrictions that this Report has, of necessity, had to be abridged, and in English only.'*[22]

Kotahi te whakaaro o ngā māngai ā-iwi mō te tino nuinga o ngā mōtini o te hui. I kaingākautia te MWEO, ā, ka pīrangitia kia pūmau tōna āhua i muri i te pakanga. Ko te tūmanako hoki, kia tahuri te kāwanatanga ki te whakaea i ngā hiahia ā-hapori o te iwi.

I kī te komiti o te hui e titiro ana ki ngā tikanga me ngā mana, kāore he tāima kia tutuki āna mōtini; tērā pea ka puta mai he raruraru mō ngā ture e pā ana ki te waipiro. Tērā ētahi māngai e tono ana kia whakakorea ngā tikanga o aua ture i kore ai e taea e te Māori te waipiro te kawe ki te kāinga. I tohe rātou he 'kirirarau' ngā Māori, nā reira, me ōrite ō rātou mōtika ki ō ērā atu iwi. I titiro korotaha ngā hāhi ki tā rātou tono. Ka tāia e te *Waiapu Church Gazette* ngā kupu a tētahi Māori (kāore he ingoa), arā, *'The Maori is not in all things of age, and should not therefore be declared an adult in all things because of equal ability with the pakeha in some if not most things'*, nā reira, kia kaua ngā ture waipiro e whakangāwaritia, kei pāngia mai e *'the gravest consequences'*.[23] Ka puta anō te take nei i te hui ki Rotorua, ā, ka pāhitia he mōtini kia whakakorea ngā wāhanga o ngā ture waipiro e pā ana ki te iwi Māori anake. Ka kaha whakahēngia e Matthew Cowley, e te Tumuaki o te Hāhi Mōmona. I mea ia:

> [despite] the treatment the Maori has received at the hands of the Pakeha during the past one hundred years. . . . Is it not rather a perverted sense of values to suggest that the license to consume liquor is the criterion of racial equality without due consideration being given to the relative destructive effects of alcohol on the two races? . . . Abstinence, not licence is the criterion of racial superiority.[24]

Hei whakaotinga, ka taea te kī, i tautokona e ngā māngai ā-iwi (ahakoa ō rātou ake taha tōrangapū) te tono a ngā mema Māori kia mau tonu i te iwi Māori te mana e pā ana ki a rātou ake mahi. Engari, kīhai tō rātou wawata i puāwai mai. Ahakoa ka riro he paku mana i ngā komiti ā-iwi (he mea whakature e te Maori Social and Economic Advancement Act 1945), i raro pū ngā kāinga Māori i te Minita Māori me tōna tari.[25] E ai ki a Love, *'the Government effectively destroyed the incentive and initiative of a large measure of self-determination which had been the motivating factor behind the Tribal Committees during the time of the Maori War Effort Organisation.'*[26]

He tauira anō te hui o Oketopa 1944 o ngā tini wā o te hītori o te Māori me te Karauna i kore ai te kāwanatanga e tautoko i ngā hiahia me ngā tūmanako o ngā iwi Māori. Ko wai ka mōhio ka ahatia, mehemea kua puritia e te kāwanatanga ngā mahi whaihua o te MWEO hei hāpai i te iwi Māori i muri i te pakanga.

Ko te tuwheratanga o te whare karakia ki Ōtākou, i te 22 o Māehe, 1941. He hinonga tēnei nō te Pūtea Rautau.

He kaiwhakaahua tautangata, nō Alexander Turnbull Library, PAColl-7344-09.

Te Whakapono

He wāhanga te whakapono nō te ao Māori i wehea ai ngā whānau; i te nuinga o ngā kāinga Māori, o ngā rohe Māori rānei, e rua ngā hāhi, e toru, neke atu rānei, e mahi ana. Ahakoa pea e āhua rite ana ō rātou koiora i waho i ngā hāhi, i rerekē ngā wheako o ngā mema Māori o tēnā hāhi, o tēnā hāhi. Nā, ka whai te kōrero tuatahi i te wāhanga tōrangapū kei runga ake, e whakaaturia nei te āwangawanga i puta mai mō te piripono, mō te ngākau kaikaiwaiū rānei o ngā tāngata o te Hāhi Rātana, ahakoa he wāhanga ngā mema pāremata o Rātana nō te kāwanatanga.

Ko te nuinga o te iwi Māori nō ngā hāhi i noho ai rātou hei itinga, hei tauira, ko ngā hāhi Mihinare, Katorika, Wēteriana, Perehipitīriana hoki, engari, nā te pāmamao o ētahi kāinga Māori, me te ū tonu ki te reo Māori, i tū mokemoke ngā whakaminenga Māori i ngā mea Pākehā. Ka whakatewhatewha te kōrero tuarua i te tohe o ngā Māori Mihinare kia mau tonu tō rātou Hāhi Māori i roto i te Hāhi nui, ahakoa te pīrangi o te nuinga o ngā Pākehā kia whakakotahitia ngā taha e rua. Kei te kōrero tuatoru, ka matapakitia tēnei take mō te Hāhi Perehipitīriana, i ngāwari atu ai te whakatū o te hīnota Māori motuhake mō tō rātou taha Māori. Kei te titiro te kōrero e whai ana ki te Hui Hākarameta a-Motu o te Hāhi Katorika mō ngā Katorika katoa o Aotearoa, Māori mai, Pākehā mai, i kaha uru ai ngā Katorika Māori hei Katorika, hei Māori hoki.

Ka pāngia ngā hāhi e te pakanga, engari ka anga ngā tāngata kia mahia tonutia ā rātou mahi Māori. Ka whakaatu te kōrero tuarima i ngā mahi a Hēhita Atawhai, he 'hēhita' Māori ia, me ngā mea i whakararu ai i āna mahi mihingare. He whakatahuri i ngā tāngata Māori ki te whakapono, he whakakaha i te taha wairua ngā tino aronga o ngā hāhi, ā, ka titiro te kōrero tuaono ki ngā mahi mīhana a te Hāhi Mihinare i ngā tau o te pakanga, me te kōrero e whai ana ki te tuitui o te kuira e te Kotahitanga o ngā Whaea Māori o Manutūkē mō ngā hōia Māori i tāwāhi. Ko te kaupapa o te kōrero whakamutunga ko te Hāhi Mōmona. He hinonga motuhake tēnei, nā te mea, ahakoa he hāhi 'Pākehā', he Māori te nuinga o ōna mema. E rua ngā tino tikanga o te hāhi nei i te wā pakanga; kia haere tonu āna mahi katoa i muri i te wehenga o ngā mihingare Marikena ki te kāinga, ā, kia piki te mana o te hāhi ki te marea whānui.

Tērā ētahi Kaikaiwaiū Māori i te Wā Pakanga?

Lachy Paterson

I te kōkiri a Hapani i a Pearl Harbour i te 7 o Tīhema 1941, me te nekenga mai o āna hōia ki Āhia ki te Tonga mā Rāwhiti me Te Moana-nui-a-Kiwa, ka rua ngā hoariri o Aotearoa. I te haere tata kē mai o te pakanga ki ō tātou motu, ka āwangawanga haere te iwi, ā, i ētahi wā ka tino kohuki rātou. I te tau 1942, ka puta mai he mahara mō te piripono o te rōpū Rātana. Ahakoa tokotoru ngā mema Māori o Rātana i roto i te kāwanatanga Reipa, ka uia te pātai – i tūmanako ngā tāngata Rātana kia wikitōria a Hapani, kāore rānei? Ko te mānakanaka nei mō te piripono o te Māori, inarā, o te taha Rātana te kaupapa o tēnei kōrero, ā, e tohea ana, kāore he tino take mō ngā whakapae i puta mai i te wā o te maurirere me te kohuki.

    I te piki haere te mana o Hapani i te tīmatanga o te rua tekau o ngā rautau, he mea whakakite e tāna patunga i a Rūhia ki Port Arthur i te tau 1905. Mā te Anglo-Japanese Alliance o 1902 i haumi ai a Hapani ki Ingarangi, ā, ka whakahōnoretia taua Tiriti e āna mahi hei āwhina i te Emepaea o Piritene me ōna hoa i te wā o te Pakanga Tuatahi o te Ao. Hei utu, ka riro i a Hapani ngā motu a Tiamana ki Te Moana-nui-a-Kiwa, me (ahakoa i whakahēngia e te kāwanatanga o Haina) te wāhi Tiamana i te porowini o Shandong. He mea whakapūmau tēnei e te Tiriti o Versailles i te tau 1919.

    I te wā me whakahou te Alliance i te tau 1920, ka māharahara ngā tominiana 'kirimā' o te Emepaea o Piritene, hei hoa rānei a Hapani ki a rātou, hei whakahakahaka rānei? Heoi anō, nā te tohetohe Marikena, ka hainatia te Four-Power Treaty e Ingarangi, e Amerika, e Wīwī, e Hapani hoki, kia whakaritea ā rātou mahi ki Te Moana-nui-a-Kiwa. Nā te whakaturetanga o taua Tiriti i te tau 1923 i mutu kau ai te haumitanga o Ingarangi me Hapani. Nā konei i nui ai te tūpato o Aotearoa ki ngā takune o Hapani.[1]

    He nui hoki ngā whakaaro kaikiri i roto i ngā whenua o te Emepaea, pērā me Aotearoa me Ahitereiria, mō te 'mōrearea kōwhai', arā, kei waipuketia ngā iwi kirimā e ngā tini tāngata o Āhia.

E kitea ana hoki ēnei whakaaro i roto i ngā *School Journal* o ngā kura o Aotearoa. Tērā tētahi tuhinga i te tau 1923 i whakatūpatoria ai *'the potential threat posed by China and Japan. The answer in this case, was to be found in attracting more British migrants as a bulwark against a land-starved Asia.'*[2]

I Haina ngā tino takune o te Emepaea o Hapani ki te apo whenua i ngā tekau tau i waenganui o ngā pakanga nunui o te Ao. He wāhi a Shandong i wehe atu ai āna hōia ki te tāmi i ngā tāngata o Haina. I muri i tētahi whawhai ki Mukden i te tau 1931, ka whakaeke āna hōia ki roto ki Manchuria; ka whakatū ai i te kāwanatanga pononga, ko Manchukuo te ingoa. I te noho mokemoke a Aotearoa, ka nui haere tōna āwangawanga i aua mahi ririhau a Hapani. *'New Zealand's only means of defence, given the United States' isolationism, was the Royal Navy and its much-vaunted base at Singapore.'*[3] I te tau 1937, ka whakaeke a Hapani i Haina tūturu; he maha ngā whenua i tangohia, ā, ka whawhai tonu rātou tae noa atu ki te mutunga o te Pakanga Tuarua.

I te whakatūranga o Reipa hei kāwanatanga i te tau 1935, ka kaha ake te reo o Aotearoa i roto i te League of Nations, e whakahē ana i te ngākau haumate o ērā atu whenua ki ngā whenua ririhau, hei tauira, ki ngā mahi a Hapani ki Haina.[4] I te nui haere tonu te wehi ki Hapani. Ko te kaupapa wawao o te kāwanatanga o Aotearoa *'was based on the assumption that Japan would attack'*; ka tīmata te pakanga ki Ūropi i te tau 1939, ka whakaritea āna hōia mō te whawhai, engari, ka rapuhia hoki he whakaaetanga kia whakahaumarutia te motu e te taua moana o Piritene.[5]

Ko te tino take i haere ai a Rātana ki tāwāhi i 1924 he tāpae i tētahi petihana ki a Kīngi Hōri V kia whakamanahia te Tiriti o Waitangi, kia whakaeatia hoki ngā nawe o ngā raupatu o ngā Pakanga o Niu Tīreni, engari i mūhore tāna haerenga. E pērā ana hoki te League of Nations ki Geneva, i whakamātau ai tāna rōpū ki te tuku i tā rātou pukapuka inoi ki reira.[6] I haere hoki he kapa haka ki Rānana i te taha o Rātana, ki te haka i te Whakakitenga Nui o te Emepaea o Piritene. I a rātou e hoki mai ana ki Aotearoa, ka toro atu a Rātana mā ki Hapani, i pōwhiritia mai ai, i manaakitia mai ai, e tētahi pīhopa Hapanihi, ko Jūji Nakada tōna ingoa. I a rātou i reira, ka whakangahau te kapa haka i ngā tāngata Hapanihi.[7] E kīia ana hoki, ka toro atu a Rātana i te kīngi o Hapani ki te whakaora ā-wairua i tōna mate,[8] engari, he pakiwaitara pea tēnei.

Kua mārama nei ki tō Rātana whakaaro, he āhua rite te iwi, te reo, me ngā tikanga o Hapani ki ō te Māori, ā, ka rongo ia i te hononga pono, ā-wairua, ā-whakapono hoki, ki te pīhopa Hapanihi; he ōrite ō rāua whakapono, arā, nō ngā Hūrai o te Paipera ō rāua ake iwi.[9] I haere mai he rangatahi Hapanihi, ko Kito Hireshi tōna ingoa, ki Aotearoa i te taha o Rātana; ā, i āhua roa tōna noho ki Rātana Pā.[10] Engari, i te hokinga o Rātana ki Aotearoa, ka whakapaea e ngā niupepa āna mahi ki Hapani, me te pairi mō tōna piripono ki Aotearoa me te Emepaea o Piritene.

Ko te wā tēnei i te karanga a Rātana ki āna tāngata kia tū he hāhī tūturu mō rātou. I āna kaiwhakarite e kawe ana i te kawenata o te Hāhī ki ngā pito katoa o te motu i te tau 1925, ka kaha rawa pea tā rātou whakamoemiti i te hononga o te Māori me te Hapanihi. E ai ki ngā niupepa, ka mea atu tētahi ki a Te Arawa, i Rotorua, '*Ratana has married the Maori race to the Japanese race, and their salvation now lies in the hands of Japan.*'[11] Ka tuhi reta hoki ētahi rangatira o Whanganui ki Runga, e whakanonoi ana, e pērā ana ngā kupu i kōrerotia ki a rātou, arā, kua hangaia he whakaaetanga e Rātana me Hapani, ā, ko ngā Māori e whakapeka ana ki te haina i te kawenata, '*will be forced to serve against the Maori interests in the coming war, whereby Japan will restore the Maori lands.*'[12]

He tere rawa atu te hēkeretari a Rātana, a Pita Moko, ki te whakakore i aua whakapae, e kī ana, hei take whakapono anake tā rātou mīhana ki Hapani, ā, '*Ratana has never made nor suggested a political or national alliance with Japan, and he repudiates the reported statements made at Rotorua.*'[13] I tētahi uiuinga niupepa, ka mea mai hoki a Rātana, '*the allegations in regard to the visit to Japan were hardly worth referring to, as the Government had received information that there was no truth in them.*'[14]

I whaihua te taha tōrangapū o Rātana i te tekau tau 1930, arā, i te pōtitanga o 1938, ka toru ngā tūru pāremata i riro i a rātou. Mai i te tau 1935, nō te Pāti Reipa hoki aua mema Rātana, ā, i te matenga o Rātana i ngā marama tōmua o te pakanga, tokomaha ngā tāngata o te kāwanatanga i tae atu ki te tangihanga. I Tīhema 1940, ka whakatūria he mema Rātana/Reipa, a Paraire Paikea, hei mema o te Rūnanga Nui o te kāwanatanga; kāore e kore, nā konei i piri haere ai ngā tāngata Rātana ki te kāwanatanga. I te marama ki muri, '*a pledge to support the war effort and the Government and also to support the Home Guard movement was given by the Ratana Maoris after they had been addressed by Mr. Paikea, representative of the Maori race on the*

Executive Council, during his first official visit to Ratana pa.'[15] Mai i te tau 1942, ko Paikea te upoko o te Maori War Effort Organisation (MWEO), e whakahaere ana i te whakahōia i ngā Māori, me te kimi tangata mō ngā ahumahi whakahirahira.

Engari, i puta mai te āwangawanga Pākehā i mua i te pakanga. I Hune 1939, i tētahi minita Pākehā, he koroua, e hararei ana ki tōna pāriha o mua, ka rīpoata ia, kua rangona ngā kupu a tētahi tangata o taua pāriha, '*[who] had seen certain pamphlets that were circulated amongst the Natives, telling them that if the Japanese were to land at . . . that they were to welcome them and treat them as brothers,*' ā, '*he thought it might be the work of Ratana.*'[16] I whakakorea tēnei e tērā atu Pākehā, engari, ka kī ia, i a rātou ko te minita e kōrerorero ana, ka mea mai tāna wahine, kua rangona e ia he koroua Māori e kōrero ana mō ngā Māori e āwhina ana i ngā Hapanihi, engari, kīhai rāua ko tāna tāne i whakapono ki aua kupu.[17] He maha ngā mahi uiui a te pirihimana o taua kāinga, me te rapurapu pārongo hoki, engari, ka mea atu te Tumuaki Pirihimana ki te Komihana Pirihimana, '*There appears to be no truth in the information received.*' Ā, ka tukuna aua kupu ki te Tumuaki o te Ope Taua o Aotearoa.[18]

I whakatūria te Ope Kāinga o Aotearoa i te marama o Ākuhata 1940, arā, i mua i te urunga mai o Hapani ki roto ki te pakanga. I rīpoata he haihana i ōna māharahara mō ngā tāngata Māori o te Ope Kāinga, nā te mea, kua mea tōna hoa ki a ia, ko ngā karakia Rātana he '*nothing more than hot beds of disloyalty and open to support our enemies, particularly the one we think of most in the East. . . . At present I feel so strongly about it that I would not have any Maori in a key position for fear of treachery.*'[19] I tukuna tēnei ki te Komihana Pirihimana, engari, kīhai i tirotirohia.

I nui haere te ngākau āwangawanga o Aotearoa mai i Tīhema 1941.[20] He tata kē a Hapani ki te whenua nei i Ūropi, ā, i Āwherika ki te Raki ō tātou hōia. Ka piki te kohuku o ētahi tāngata, me ngā mahi tirotiro a te kāwanatanga. Ka rangitahi te putanga mai anō o ngā whakapae o 1924 mō Rātana me Hapani i roto i ngā niupepa i te tau 1942, engari tērā ētahi ketuketutanga huna i mahia e te kāwanatanga.

I ara tūmatanui te take nei i tētahi tangihanga i kōrero ai a Bob Tūtaki (he kaihautū uniana ia) mō '*the question of loyalty and the alleged want of loyalty on the part of a certain section of Ratana people.*' Ka tū he rangatira nō Taupō, a Hōri Mautaranui, ki te whakakore i taua whakapae. '*In his own village all able-bodied men had gone to the front. Some had gone through Greece, Crete and Libya, and some were wounded, others prisoners of war.'* Ahakoa tata ki te 70 ōna tau, kua uru te rangatira nei ki roto ki te Ope Kāinga. I kōrero hoki te Pīhopa Māori o te Hāhi Mihinare mō te take nei, me te whakahua anō i ngā whakapae o 1925, engari, ka mea ia, *'we hope this statement represents the spirit of the Ratana movement as a whole'*.[21] Kīhai te take i kitea anō i roto i ngā niupepa, engari, e ai ki tētahi kōrero Rātana, i Māehe 1942, ka tango a Tokouru Rātana (ko tā te poropiti tama ia, ko te mema Māori o te Hauāuru hoki) i ngā taonga Hapanihi i Rātana Pā i mua i te taenga mai o ētahi āpiha taua kua haere mai ki te tirotiro i ngā hononga o te rōpū Rātana ki Hapani.[22]

Ka kitea hoki te tino mānakanaka o te iwi Pākehā i roto i ngā kōnae huna o te kāwanatanga, e kōrerotia nei ngā mahi o mua a Rātana mā ki Hapani, me te āta tirotiro a te kāwanatanga i ngā kāinga Māori. Hei tauira, i tuhi he kaitiaki whare rama ki ōna rangatira, e kī ana, kīhai ia i whakapono ki te piripono o āna kaimahi Māori.

> *Seemingly, years ago, before Ratana died, he visited Japan and the high officials there made a pact with him that if the Maoris would help them when the time came they would come to New Zealand, turn the British out, and give the land back to the Maoris. These people actually believe this, and the change in these people since Japan struck is remarkable. . . . I am not getting the sleep I ought to have because I have to keep a close watch on them. I have no evidence of this; they are careful not to say anything to me, but I have been 7 years amongst these Maoris here, and by a word let drop now and again and when I saw the change when Japan came in I am certain that in the event of an invasion any of these Ratana Maoris would help the enemy.*[23]

I haere a Paikea ki reira tirotiro ai. E ai ki tāna, *'although there had been some excitement among the Maori staff on the outbreak of hostilities with Japan, their actual loyalty cannot in any way be questioned.'*[24]

I puta mai anō te take o te piripono Māori i roto i te Ope Kāinga. I rīpoata te kaingārahu o tētahi rohe ki te toihau o te Ope Kāinga, *'Shortly after the Home Guard was formed, it was evident that considerable activity was going on amongst the Maoris in connection with the Ratana Movement, and a certain amount of disloyalty appeared to exist.'*[25] Engari, kāore he aha kei roto i taua kōnae hei tautoko i āna kupu. E pā ana te nuinga o ngā reta ki ngā Māori e rapu ana kia whakatūria he ope Māori me ō rātou ake āpiha Māori.

Ko te āhua nei, i whakaarohia e ngā āpiha Pākehā, ehara tēnei i te piripono rawaka.

He nui hoki te māharahara mō ngā waka whakatakere me ngā manuao o te hoariri e rere ana mā ngā huarahi o te moana, ā, ki ngā wāhi mokemoke. Inarā hoki a Wharekauri. Nā te pāmamao i rerekē ai te wawao o aua motu i tō Aotearoa, nā konei he maha ngā rangahau i mahia mō ngā motu me ngā tāngata. Hei tauira, i whakaaro te minita o reira *'that from 25% to 35% of the inhabitants, particularly those of Portuguese, German and Maori descent can be regarded as apathetic towards Britain.'*[26] E ai ki te rīpoata a tētahi atu tangata, ko ētahi *'[were] of doubtful loyalty . . . descended from deserters from whaling ships, also Maoris of the Ratana persuasion.'*[27] I te tau 1942, ka tuhia e tētahi āpiha he rīpoata roa mō te wawao o Wharekauri; ā, ka āhua tūpato ia ki ngā Māori katoa. I mea mai ia, ahakoa ka hāpai ētahi i te kaupapa o te whakahoa ki ngā Hapanihi, tokoiti ngā tāngata ka āta āwhina i te whakaekenga Hapanihi. *'The general feeling of the Natives is "if the Japs. come, give them what they want in the hope that they will go away in peace."'*[28] Pērā me ērā atu kōnae, kāore he aha kei roto i te rīpoata hei tautoko i ngā whakapae mō te whanonga kaikaiwaiū.

I te tau 1924, nā te māharahara o Aotearoa ki te pikinga o te mana o Hapani i pōhēhētia ai ngā take o te haerenga a Rātana ki taua motu, me āna kupu mō tōna hononga ā-wairua ki ngā Karaitiana Hapanihi. Engari, kāore he pono nō ngā kupu whakapae, ā, nāwai rā, ka warewaretia. I kaha haere te taha tōrangapū o te rōpū Rātana i te tekau tau 1930, ā, he wāhanga rātou nō te Pāti Reipa i tū hei kāwana i Aotearoa mai i 1935 ki 1949.

Nā te pakanga i toko ake ai he āwangawanga, ā, ka tupu he māharahara ki ngā rōpū kore piripono i roto i te motu. I kaha haere te whakaaro nei i te horonga o Hingapoa, me te whakaekenga mai o ngā Hapanihi ki Te Moana-nui-a-Kiwa, ā, ka puta anō ngā whakapae teka o te tekau tau 1920 mō te kaikaiwaiūtanga o Rātana. Nā te ngākau kohuki nei i nui haere ai te āta titiro ki ngā kāinga Māori. E kitea ana te nuinga o ēnei mahi i te tau 1942, i te wā i tūpato rawa atu ai te iwi ki te whakaeke mai o ngā Hapanihi. I muri i ngā wikitōria ā-manuao o ngā Marikena ki Te Moana-nui-a-Kiwa, ka whakaarohia e tinga ana e kore ngā Hapanihi e whakaeke mai. Nā konei, ka iti haere te āwangawanga, ā, kāore aua whakapae mō te rōpū Rātana i rangona anō.

Ngā Tautohetohe mō te Taha Māori o te Hāhi Mihinare

Lachy Paterson

He wāhi whai tikanga, he wāhi hapori ngā whare karakia, he wāhi wairua hoki, ā, ki ngā tini Māori he pai ake ngā whakaminenga e noho Māori nei ā rātou tikanga, tō rātou reo, me tō rātou tuakiri. Engari, mō te nuinga o te hītori o Niu Tīreni nei, kua rarua a ngāi māori e ngā hiahia o ngā Pākehā kia whakakotahitia ngā iwi e rua hei 'iwi kotahi', ahakoa ka āhua Pākehā taua iwi kotahi. Ko tēnei hoki te tūmanako me te whāinga o ngā tini kaihautū Pākehā o te Hāhi Mihinare, engari, he ariā i ātetetia kahatia e ētahi Māori o te Hāhi.

I haere tonu mai ngā tautohetohe nei i te tekau mā iwa o ngā rautau tae noa ki te tau 1994 i riro ai i te Hāhi Māori te mana whakahaere o tētahi o ngā tikanga e toru (Māori, Pākehā me Pasifika) o te Hāhi Mihinare o Aotearoa. Kua whakamāramatia rawetia te nonoke rahi nei e Hirini Kaa ki tāna pukapuka whai paraihe, ko *Te Hahi Mihinare* te ingoa.[1] Kei raro iho nei he matapaki mō ngā tautohetohe o te tekau tau 1940, inarā, ngā tuhinga o roto o ngā tini niupepa o te Hāhi, i te wā i kaha nonoi ai kia whakakotahitia te Hāhi, engari i te wā hoki i whakahī ai te ngākau Māori ki ngā mahi hautoa a te Ope Māori 28.

He ātārangi ngā tautohetohe ā-hāhi nei nō ngā kaupapa e whakapā ana ki te ao Māori i waho i te Hāhi o taua wā, nō te hītori o mua hoki i aukatitia ai te kotahitanga me te mahi tahi o ngā iwi e rua. E kitea ana i taua wā, i te urunga haere a te iwi Māori ki roto i te ao hurihuri, i te heke rātou ki ngā tāone noho ai, ā, i te rahi haere te whakamahi i te reo Pākehā. I wānangahia ngā kaupapa nei e ngā upoko Māori, Pākehā hoki, o te Hāhi: ka nui rānei ngā putanga kētanga o te ao hou o te Māori kia horo ngā taiepa i waenganui o ngā Māori me ngā Pākehā o te Hāhi, kia hui karakia tahi ai rātou? Me tū motuhake tonu rānei te Hāhi Māori me āna minita kia tiakina ai ngā āhuatanga, me ngā hiahia o ō rātou whakaminenga?

I te tau 1814 te orokotaenga mai o ngā mihingare o te Church Missionary Society (CMS). Kāore e kore, i whakaaro rātou, ka tino roa ā rātou mahi, kia mutu rawa tā rātou 'mīhana', ā, kia riro i te hunga kua whakatahuritia me ō rātou uri te mana hei whakahaere i tō rātou ake Hāhi, kia tiakina e rātou ō rātou ake pāriha, ā, kia tīmataria ā rātou ake mahi mihingare ki wāhi kē. Ko tēnei te moemoeā o Henry Venn, te hēkeretari hōnore o te CMS mai i 1841 ki 1872. I a ia e whakahaere ana i te rōpū nei ki Rānana, ka whakawhanake ia i tāna ariā mō ngā mīhana, e hāpai ana i te kaupapa o ngā *three selfs*, arā, kia whāngaia e ngā iwi taketake o te ao ō rātou ake Hāhi, ā, kia kāwanatia, kia whakatipua hoki ngā mahi e rātou anō.[2]

I te taenga mai o George Augustus Selwyn i te tau 1842 hei pīhopa mō te koroni hou, ka tahuri ia ki te whiwhi i te mana o ngā mahi katoa o te Hāhi o Ingarangi, tae atu ki ngā mīhana CMS anō hoki. I tipi haere hoki ia ki Aotearoa, ki Te Moana-nui-a-Kiwa hoki, hei mihingare.[3] I te tau 1858, ka wehea te pīhopatanga o Selwyn kia whakatūria ētahi atu pīhopa, ā, ka waiho mā rātou ngā mahi mīhana e whakahaere i roto i ō rātou ake pīhopatanga. '*Although Maori Anglicans remained for the most part loyal to and were embraced by the Mihinare (missionary) Church, real ecclesial power and influence ultimately resided within the episcopal authorities present only in the settlers' Anglican Church.*'[4] I haere tonu ngā Māori ki ō rātou ake whare karakia ā-mīhana, nā te mea i noho wehewehe ngā whakaminenga Māori, Pākehā hoki, ā, i karakia rātou ki ngā reo kē.

Ka tae ki te tau 1940, kua maha ngā karanga a te taha Pākehā o te Hāhi kia nui haere te hui tahi o te Māori me te Pākehā. I pēnei anō hoki ngā whakaaro o ētahi minita Māori. Ka kitea i roto i ngā tuhituhinga o taua wā, ehara i te mea me whakakotahi ngā iwi e rua, kāore rānei, engari, hei āhea, ā, me pēhea hoki.

He tini ngā take tohetohe hei tautoko i te kaupapa whakakotahi nei. Inarā, ka whakaaro ngā upoko o te Hāhi, mā te kura, mā te kaha haere ki te kōrero i te reo Pākehā, ā, meāke mate ai te Hāhi Māori. I Māehe 1939, ka hui ngā kaimahi o ngā mīhana Māori (Māori mai, Pākehā mai) o te Pīhopatanga o Pōneke, me ngā minita Pākehā, me te Pīhopa o Aotearoa. '*It was felt by all present that, with the advancing education of Maori youth side by side with the Pakeha young people, and the increasing intermingling of Maori and Pakeha in every walk of life, the time must come when the two races will be drawn together in a closer Church fellowship.*' Engari, i whakaae hoki te huinga, '*for many years to come there will be a large proportion of older people whose spiritual needs can only be provided in the Maori language and in a Maori environment.*'[5]

I tohea hoki kia kaua ngā rauemi e moumouhia. E ai ki te Huperitene o ngā Mīhana Māori o Pōneke, ki a W. G. Williams, '*The Maoris are scattered through the Dominion, so that each Maori clergyman must of necessity have a huge geographical area to cover.*'⁶ I uaua hoki te whakamanea i ngā minita hou hei whākapi mō ngā mea kua mate, kua tāoki rānei, i roto i te nuinga o ngā pīhopatanga, hāunga ngā rohe hohe o Tāmaki Makaurau me Waiapu.⁷ Ka taea ēnei tūranga te whakakapi ki ngā tāngata e minita ana ki ngā Māori me ngā Pākehā.

Tērā hoki te whakapono, he pai noa iho te whakakotahitanga i ngā taha e rua o te Hāhi. Ki ngā tini Pākehā, he tika te kaupapa o te kāwanatanga kia whakapākehātia te reo me ngā tikanga o ngā Māori, kia kake ake ai te motu katoa me te whakawhanaungatanga o ngā iwi e rua, hei painga hoki mō te iwi Māori. Ki a rātou, mehemea ka tika tēnei mō te ao whānui, ka tika hoki mō te Hāhi. I whakanohoia hoki tēnei i roto i te kaupapa ā-whakapono, arā, ko te whāinga mutunga o te Hāhi, '*must be the uniting of Maori and Pakeha in one communion and fellowship.*'⁸

Mehemea kāore anō te wā kia tae mai kia tino whakakotahitia ngā Māori me ngā Pākehā i roto i te Hāhi, me tīmata te mahi ināia tonu nei. Hei tauira, ka whakatenatenatia kia tae mai ngā mema o ngā peka Māori o te Uniana Whaea o te Pīhopatanga o Ākarana (nō Te Tai Tokerau te nuinga) ki te huinga taurima ā-tau i te Whare Karakia Nui o Tāmaki Makaurau; ka tonoa hoki e te Uniana Whaea o St. Saviours ki Kaitāia kia haere mai aua peka Māori ki ētahi hui whakangahau kia hui tahi mai ngā iwi e rua.⁹ I te hui o te tau 1939, ka whakapai te minita Pākehā i tētahi kara hei '*token of the bond of unity which binds Maori branches to the Pakeha branches of the parish*'.¹⁰

I te huinga o ngā kaimahi mīhana o Pōneke i Ōtaki i te tau 1941, i whakaritea he karakia whakakotahi ki te whare karakia Māori o reira, ki Rangiātea, i te Rātapu, ā, '*a large congregation of both races filled the fine old Maori church to capacity for the morning service*' ki te whakatinana i te whakaaro,

> [i]t was felt that the gradual merging of Maori and pakeha in one national entity, and one church organisation, would follow the ordinary course of events, and that nothing could be gained by passing resolutions on the question. It was, however, felt that where the opportunity offered occasional combined services, in which both Maori and pakeha clergy and Maori and pakeha worshippers united, would help to prepare the way for a more permanent uniting of the two races in the future.¹¹

He maha ngā pūrongo o ngā niupepa o te Hāhi i whakanuitia ai ngā huinga i mine tahi mai ngā Māori me ngā Pākehā, engari, ka tautokona te kaupapa nei e ngā whakaminenga Pākehā katoa? I whakaaro pea te Huperitene o ngā Mīhana Māori o te Pīhopatanga o Waikato, a Ākirīkona Oulds, kāore ngā Pākehā e pīrangi ana ki te noho tahi me ngā Māori i roto i ō rātou whare karakia, nā konei i inoi atu ai ia i te tau 1944 *'that Maoris who attended European services should be made welcome and that no distinctions should be drawn.'*[12]

Kātahi te pakanga ka pānuitia, ka kuhu ngā tini taitama Māori ki roto ki te Ope Māori, ā, ka mahi ngā kaumātua, ngā kaitōrangapū, me ngā āpiha kimi hōia kia hono tonu ngā tāne Māori ki te ope. *'Between 1941 and 1945 the Māori Battalion forged an outstanding reputation on the battlefields of Greece, Crete, North Africa and Italy.'*[13] I tino whakahī te Hāhi, he Mihinare te nuinga o ngā Māori i roto i te ope. I Tīhema 1942, ka whakapuakina e te *Waiapu Church Gazette*, *'It is an interesting fact that of the four Maori Battalion Company Commanders, three are sons of our Maori Clergy, and the fourth is a son of a loyal Church family from the Waipawa district. All of them have passed through Te Aute College'*, arā, mā te kāreti Hāhi mō ngā tama Māori.[14] I te tau 1946, ka meatia e taua kura, *'that 80 per cent. of the officers and decorated men of the Maori Battalion were Te Aute College Old Boys.'*[15] Ki ētahi, nā ngā mahi a te ope nei i ara mai ai he tuakiri whakahī i roto i te ngākau Māori. I pēnei te Pīhopa o Aotearoa, a Frederick Bennett, i te tau 1946, e kī ana, ka mōhio ia, *'the Maori had certain characteristics that could not be eliminated. The Maori Battalion had cemented such feelings that would endure so long as the race existed.'*[16]

I ngā tau whakamutunga o te pakanga, ka mine mai ngā hāhi Porotehana nunui hei Kaunihera ā-Motu o ngā Hāhi ki te wānanga, ka taea e rātou te mahi tahi, te whakakotahi rānei. Ka whakatūria hoki he Komihana Māori e te Kaunihera kia tirohia te tū o ngā Māori i roto i ngā hāhi. I te huinga o Tīhema 1944, ka whakaaetia e ngā mema Māori, mā ngā putanga kētanga o te iwi Māori, ka tūpono mai *'the ultimate end of unification of the two races'*. He kōrero whanokē tēnei, nā te mea, i ngā tau i muri, ka riro i te Hāhi Māori tōna ake mana whakahaere, engari, i whaiwhai pea aua mema i ngā whakapono noa o taua wā. Heoi anō, i mārama hoki ki aua tāngata, ka tino roa te wā kia tūpono taua āhuatanga. I taua hui (he mea whakahaere e Pīhopa Bennett) ka kitea te tino kaha ohonga o te iwi Māori, i whakatinanatia i te wā pakanga *'the unique opportunity of racial self-expression and leadership presented by the Maori Battalion under its own Officers.'* Nā reira, me tū tonu te Hāhi Māori. *'We recognise and welcome the need for continuing many distinct Maori congregations, worshipping in a characteristic Maori atmosphere, and wherever possible under a qualified Maori ministry.'*[17] Ā, i te Hāhi Māori e ora ana, *'Maori congregations should be organised with the fullest possible measure of independent Maori leadership.'*[18]

I tohaina hoki he pukapuka uiui ki ngā tino tāngata o ngā hāhi, me te pātai, *'In Church life do you favour the blending of the two races?'* Me tū tonu rānei ngā hāhi Māori? I whakapuakina e te minita o mua, e Rēweti Kōhere, ngā hiahia kē o ngā rangatahi me ngā pakeke o roto i te Hāhi, engari, pērā me ētahi atu, ka matea tonutia ngā karakia Māori mō ngā kaumātua mō te wā roa. Ko Tā Apirana Ngata pea te reimana nui rawa atu o te Hāhi o taua wā. Ki a ia, ka tītaha ngā pātai o te pukapuka uiui *'in favour of hastening the Europeanisation of the Maori'*. Ka mea ia, kua tāmia ngā tikanga Māori e te Hāhi i ngā wā o mua.

> I suspect that to-day they would be prepared to see the Maori surrender the last vestiges of individuality, and custom, the need of protection there is in his tribal system and comfort in his social customs in order that 'differences between Maoris and pakeha may be eliminated' and 'the blending of the two races in Church life' may be achieved.[19]

I haere tonu ngā tautohetohe. I te tau 1946 ka tū he Hīnota Māori o te Pīhopatanga o Pōneke. Ka whiu atu a Rev. Pāora Temuera i te pātai, kua tae mai te wā kia whakatūria rānei he pīhopatanga Māori motuhake, kia whakakotahitia rānei te taha Māori me te taha Pākehā. Ki a ia, he pai ake te mea tuarua, nā te mea, kīhai te nuinga o ngā Māori o āna whakaminenga i te kōrero, i te pānui rānei, i te reo Māori. Kāore ērā atu minita o te hui i tautoko i āna kupu. I kī mai a Pīhopa Bennett, he takoha te reo Māori nā te Atua, ā, ka mea mai a Rev. Hōhepa Taepa, i te pīrangi ngā rangatahi kia mau tonu ki te reo Māori. Ka kī hoki a Bennett, kāore anō he hua kia kitea i te whakamātau ki te whakakotahi i ngā iwi e rua, ā, he mea whakawhara *'even to suggest that the time has come for giving up our own characteristics as a race and merging completely with the pakeha.'*[20]

E ai ki a Hirini Kaa, ko te Pīhopatanga o Ākarana (me ōna tini mema Māori ki Te Tai Tokerau) te wāhanga o te Hāhi i tino whakamātau ai ngā pirihi Pākehā nunui ki te whakakotahi i ngā taha

Ko ngā minita Māori me ngā pīhopa i Bishopscourt, Tāmaki Makaurau. E noho ana ki mua (mai i te taha mauī) a Rev. W. N. Papapa (Minita ki te Ope Māori) rātou ko Rev. M. P. Kapa, ko Rt Rev. F. A. Bennett (Pīhopa o Aotearoa), ko Rt Rev. W. J. Simkin (Pīhopa o Tāmaki Makaurau), ko Rev. E. E. Bamford. Kei muri a Rev. P. Tīpene rātou ko Rev. H. Parāone, ko Rev. H. Harawira, ko Rev. P. Kena, ko Rev. M. Te Paa, ko Rev. M. Cameron, ko Rev. W. Mātene, ko Rev. H. K. Pou, ko Rev. W. Maioha, ko Rev. W. N. Patuawa, ko Rev. E. Riiwhi.

He kaiwhakaahua tautangata, nō John Kinder Theological Library, KIN-068-1-10.

e rua, ā, ko te tino taniwha ko John Simkin, te Pīhopa o Ākarana mai i te marama o Hune i te tau 1940.[21] Engari, kua mārama nei, i te kawea hoki taua kaupapa i roto i ērā atu pīhopatanga, arā, i te mahi tahi ngā pirihi Māori me ngā mea Pākehā kia minitatia ai ngā iwi e rua. I Pōneke, i whakapuaki te pīhopatanga i te tau 1939, ka whakaritea he tikanga *'for drawing some of the parochial [Pākehā] clergy into closer contact with the Maori side of the work.'*[22] Ka whakaminitatia a Rev. Hōhepa Taepa i taua tau, ka tonoa ia kia mahi i raro i te maru o te minita Pākehā o Whakaoriori, *'while devoting the greater part of his time to work among the Maori people in the Wairarapa and Wellington districts'*.[23] I pēnei hoki a Rev. John Tamahori i raro i te minita Pākehā o Tauranga.[24] Nā ēnei tikanga, ka whakamaurutia te kore minita, ā, hei whakaruruhau ngā minita Pākehā ki ngā minita Māori hou.

He mea pono, i tauākī noatia e Simkin tōna hiahia ki tētahi hāhi kotahi, e kī ana i te tau 1941, *'outwardly there is unity, but we want the unity of one family'*.[25] I te tau 1943, ka tuku ia i tēnei pātai ki tōna Hīnota, *'Is the Church to maintain the present policy of segregation?'*, e whakahē ana i te ritenga i raihanatia ai ngā pirihi Māori kia minita ki ngā Māori anake. Nā konei, ka whakaitia te whanaketanga o ngā Māori i roto i te Hāhi. Ka whakamahi ia i te Ope Māori hei tautoko i tāna take, arā, kia whaitake *'the qualities which have enabled young Maori men to rise to such positions of responsibility as the command of a whole battalion in actual modern warfare'* hei hāpai i te Hāhi kotahi. I meinga hoki te take o ngā rangatahi Māori kāore e mōhio ana ki te reo o ngā hui karakia Māori, me te tohetohe ā-whakapono. *'How . . . can a Church which professes to be the universal fellowship, where there is neither Greek nor barbarian, be true to its origin if it fails to unite Maori and pakeha in its communion?'*[26]

Engari, kāore ngā wheako o ngā tāngata Māori o tāna pīhopatanga i puta kē i taua wā; i te minitatia tonutia ngā whakaminenga Māori e ō rātou pirihi Māori; i te tae tonu atu ngā wāhine Māori ki ō rātou ake peka o te Uniana Whaea; ngā rangatahi ki ō rātou ake Karaehe Paipera; me ngā tamariki ki ō rātou ake Kura Rātapu Māori. Otirā, ka tahuri a Simkin ki te whakangaro i ngā Poari Hāhi Māori i hui ai ngā minita Māori ki te whakarite i ngā mahi, ā, ki te kōrero mō ngā take e pā ana ki te Hāhi Māori. Ka whakahau hoki ia kia mahi tahi ngā pāriha Māori me ngā mea Pākehā, arā, ki te whakaaro o ētahi, kia whakahāwinitia ngā minita Māori i raro i ō rātou hoa Pākehā.[27]

I pakū te raruraru nei i te hui o ngā Poari Hāhi Māori o te Pīhopatanga o Waiapu i te tau 1948. Tū ai tēnei hui i ia toru tau, i ia toru tau, hei momo hīnota Māori, i wānangatia ai ngā take e pā ana ki te Hāhi Māori. Hei tauira, ka tino āwangawanga te hui ki te mana whāiti o te Pīhopa o Aotearoa, kāore e whakaaetia ana kia minita i ngā kāinga Māori, mehemea kāore ia i raihanatia e te pīhopa o te rohe. Ko Ngata te tino tangata o taua hui, e whakamōhio ana i tōna ake wawata o *'the two communities in the Church advancing side by side, but retaining freedom to deal with their own problems in the manner best suited to their own needs'*. I tahuri hoki ia ki te whakahē i ngā tikanga e mahia ana e Simkin i roto i te Pīhopatanga o Ākarana, e kī ana, i te whakamātau te Pīhopa ki te *'smother the Maori Church in the North'*; ka whakatapitapi hoki a Ngata i te kore minita me te kore wharenoho mō ngā tini Māori e heke atu ana ki Tāmaki Makaurau.[28] He mea tautoko a Ngata nā James Hēnare. He reimana ia nō Te Tai Tokerau, ā, ko te rangatira o mua o te Ope Māori. I pōwhiritia ia e Ngata mō tōna putanga mai *'from behind the iron curtain'*.[29] Nō nā tata nei kua wehe a Rev. Pera Kena i te Pīhopatanga o Ākarana, ā, ka āta whāki hoki ia i ngā kino e whakararu ana i te Hāhi Māori ki te rohe o Simkin.[30]

Tere rawa atu te whakahoki a te Pīhopatanga o Ākarana. E ai ki a Percy Houghton, ki te Ākirīkona o Waitematā, *'there is no attempt in the Diocese to smother the Maori church, and in the sense of a separate body there is no such thing as a Maori Church anymore than there is a pakeha Church.'* I te minita tonu ngā pirihi Māori i ā rātou ake tāngata, engari, *'by close association with his Pakeha colleague he gains experience in organisation and administration of his pastorate and the benefit of fellowship in service.'* Ka whakamārama a Houghton, nā tā Simkin raihana i ngā pirihi Māori ki te minita i ngā iwi e rua, ka āhei aua Māori ki te piki ake ki ngā tūranga nunui of te Hāhi, ā, *'he will tolerate no sign of the colour bar which some would erect between Maori and Pakeha'*.[31] Ka puta pea te whakaaro ki ngā kaipānui o te niupepa, i te tāmia kētia ngā Māori o ērā atu pīhopatanga.

I uru hoki a Rev. Mangatītoki Cameron (Kamariera) ki roto i te whawhai. I mua, ka mahi te tangata nei hei minita kaiāwhina i raro i tētahi pirihi Pākehā, engari, kua whakatūria ia ināianei hei Pirihi o Hokianga, o tētahi pāriha āhua Pākehā. Ka whakahē ia i tō Ngata pīrangi kia tū tahi te Māori me te Pākehā i waho o te Hāhi, engari, kia noho motuhake te Māori i roto i te taha karakia. I hāpai hoki a Cameron i te take whakapono kia ngaki te Hāhi kia karakia tahi ngā iwi e rua, ā, nā te aukati i ngā pirihi Māori ki ngā whakaminenga Māori anake, kāore rātou e ako ana i te ariā o te kotahitanga o te Hāhi o te Atua.[32] Engari, kāore e tino mōhiotia ana, i ākina rānei a Cameron ki te tautoko i tōna Pīhopa? Kua mārama nei, i hiahia ngā minita Māori o te Pīhopatanga o Ākarana ki ō rātou ake rōpū whakahaere. E rua ngā tau i muri mai i te tāokinga o Simkin i te tau 1960, ka whakatūria anō tō rātou Poari Hāhi Māori.[33]

I ētahi wā, hei whakaata te Hāhi Mihinare ki ngā whanaketanga e puta mai ana ki te ao o waho. I ngā tekau tau 1930 me 1940, ka whakaponohia whānuitia, ahakoa ka roa te wā, ka whakakotahitia ngā iwi e rua, mā te mārenatanga, mā te hui tahi o ngā iwi e rua ki te mahi, ki te kura, ki te hākinakina hoki, nā reira, me pēnei hoki ki te whare karakia. I te noho tonu ngā pāriha Māori motuhake, nā te mea kīhai ngā Māori me ngā Pākehā i noho tahi, ā, i kōrero rātou i ngā reo kē. Engari, nā te kore kōrero a te rangatahi Māori i te reo Māori, me te heke haere ki ngā tāone, ka whakakahangia te whakaaro, ka tika, ka pai kia karakia tahi ngā Māori me ngā Pākehā ā tōna wā.

Ehara i te mea he tangata kaikiri a Simkin mā, e tohe ana kia 'ōrite' te Māori me te Pākehā. Engari, ki a rātou, me haere tahi ngā iwi e rua mā te huarahi kotahi kia riro ai taua ōritetanga, arā, mā te huarahi āhua Pākehā. E pērā ana tēnei ki te ao i waho i te Hāhi me noho Pākehā te iwi Māori ki te whiwhi i ngā hua o te ōritetanga. I whakatenatena te Hāhi kia hui tahi ngā Māori me ngā Pākehā, ahakoa he ruarua aua hui. Ka whakamahia hoki te tohetohe ā-whakapono, nō te whānau kotahi ngā tāngata katoa, ā, kia rite te wā, me karakia tahi rātou. I tautohetohe hoki a Simkin, kia ōrite ngā minita Māori ki ngā mea Pākehā i roto i ngā rārangi o te Hāhi o Ingarangi, ā, kia kaua ngā pirīhi Māori e herea kia mahi anake i te taha o tō rātou ake iwi.

Kīhai te nuinga o ngā Māori i kaingākau ki te wawata Pākehā o te kotahitanga. Tuatahi, kei roto i tā Ngata tuhinga whakahoki ki te pukapuka uiui o te Hāhi, *'the Maori cannot easily forget the loss of their lands or relax vigilance against further inroads into the remnant of lands and culture'*. He nui rawa ngā taonga me whakarere e ngā Māori ki te uru ki roto i te ao Pākehā. Me pēnei hoki te Hāhi? Inarā, mehemea *'the practical interpretation of the Christian order by the pakeha is to be the form and standard by which the Christianisation of the Maori is to be judged'*?[34]

He mea tika, i te memeha haere te reo Māori i waenganui o te rua tekau o ngā rautau, engari e rerekē ana tēnei āhuatanga i tēnā kāinga, i tēnā kāinga. I te whiwhi ngā rangatahi Māori i te mātauranga o ngā kura Pākehā, ā, i te mahue te reo Māori i ētahi o rātou, engari, ehara i te mea ka pīrangi rātou ki te whakarere i tō rātou hāhi, i ō rātou whare karakia i waia nei rātou, i karakia ai hoki rātou, i āhei ai rātou ki te tū hei Māori i waenga i ō rātou whanaunga. Ehara te matatau i te reo te take anake o tō rātou tuakiri Māori.

I mōhio pū hoki ngā Māori, ahakoa he ōrite ngā iwi e rua i raro i te nuinga o ngā ture, kāore e taea te kī kāore he kaikiri, kāore he *'colour bar'*. He nui te kūare me te kore aroha ki te Māori i waho i te Hāhi – he rerekē a roto? I te tekau tau 1940, haunga te Pīhopa o Aotearoa, ka mau ngā tūranga nunui katoa o te Hāhi i ngā tāngata Pākehā.

I te tekau tau 1970, kua mārama nei, kāore anō te kotahitanga ā-iwi i poropititia i mua kia puta mai. I te whakahē ngā Māori i ngā kaupapa o te kāwanatanga Pākehā hei tāmi, hei whakapākehā i a rātou mai rā anō. He roa te wā i tū ai a Frederick Bennett hei pīhopa kaiāwhina ki te Pīhopa o Waiapu, engari i te tau 1976 ka whakaritea te pīhopatanga Māori *'as a semi-autonomous body with representation in the General Synod for the first time'*; he whakaaturanga tēnei nō ngā whakaaro kē i roto i te Hāhi o taua wā. I te tau 1992, ka puta kē anō te kāwanatanga o te Hāhi, kia hangaia he tikanga e āhua tata ana ki te kaupapa o Venn, arā, kia riro ai i te Hāhi Māori te ōritetanga ki te taha Pākehā.[35] Ahakoa kīhai pea ngā kawatau katoa o ngā tāngata katoa i ea,[36] he pai ake te tū o te Hāhi Māori o nāianei i ngā poropititanga o te tekau tau 1940.

Te Reo Māori me te Hāhi Perehipitīriana, 1945

Lachy Paterson

Ko te ako a ngā mihingare i te reo Māori, me tā rātou kauwhau i roto i te reo, tētahi o ngā take i tahuri ai te iwi Māori ki te whakapono Karaitiana i te tekau mā iwa o ngā rautau. I whakamahia hoki e rātou ngā pukapuka he mea tā ki te reo Māori, arā, ko te Paipera me te Rāwiri, ā, i ētahi wā, ko ngā niupepa me ērā atu momo pukapuka hei kawe atu i te Rongopai. Ko *Te Waka Karaitiana* he niupepa i tukuna atu e te Mīhana Māori o te Hāhi Perehipitīriana, mai i te tekau tau 1930, i waenga tonu o ngā tau o te pakanga, ki te tekau tau 1960. I te marama o Hūrae 1945, i whakaputaina e taua pepa tētahi atikara e pā ana ki te reo Māori, me tōna hononga ki ngā tikanga me te tuakiri Māori.

Puta noa te tekau mā iwa o ngā rautau, ka noho ngā tini Māori ki ō rātou ake kāinga, ā, ka kōrerotia te reo Māori i reira. Ahakoa ka whakatū te kāwanatanga i ōna ake kura Māori i muri i te tau 1867, me te whāinga kia whakaakona ai te reo Pākehā ki ngā tamariki Māori, ka tū tonu te reo Māori hei reo tūturu ki roto i te nuinga o aua kāinga i te hāwhe tuatahi o te rua tekau o ngā rautau, inarā i Te Ika-a-Māui. Engari, whaihua rawa ngā kaupapa a te kāwanatanga, ā, ka pōuri haere ngā kaumātua i te kore mōhio o ētahi tamariki ki te reo Māori. I Hūrae 1945, ka mea mai a Rev. Rēweti Kōhere (nō te Hāhi Mihinare), '*When I preached in the Ohinemutu church a few months ago the Maori vicar asked me to preach in English, otherwise I would not be understood by the young people. On the other hand, elderly Maoris cannot be ministered to by a European clergyman.*'[1] I ora tonu te reo ki ētahi kāinga. Nō te toronga o te Motoreta (Tumuaki) o te Hāhi Perehipitīriana, o Rev. T. C. Brash, ki te kura me te iwi o Waiohau i Hune 1945, 'na te Motoreta te korero ki nga tamariki, nana ano te kauwhau ki nga pakeke, a na Hemi [Pōtatau] tana kauwhau i whakamaori'.[2] Engari, i te heke kē ngā tini Māori ki ngā tāone i te wā pakanga, e uru ana ki roto ki ngā ahumahi whakahirahira, ā, e mārama ana, ka pērā tonu tēnei hekenga haeretanga i muri mai i te pakanga, me ngā pānga kino ki te reo me ngā tikanga Māori.

Nā reira, i te tekau tau 1940 i te āwangawanga kē ngā mīhana Māori o ngā hāhi Porotehana nunui e toru, arā, o te Mihinare, o te

Wēteriana, o te Perehipitīriana, i ngā mea papai, kino rānei, e puta mai ana i te mahi tahi o te Māori me te Pākehā ki roto i ngā whare karakia. Kei runga ake he kōrero mō tēnei āhuatanga i roto i te Hāhi Mihinare i tohe ai te Pīhopa o Ākarana kia pēhia āna minita Māori i raro i te kōnui Pākehā.[3] I te puta mai tēnei raruraru i te wā i matapaki ai aua hāhi nunui (i roto i te Kaunihera ā-Motu o ngā Hāhi) i te pai o te mahi tahi o ngā hāhi, o tō rātou whakakotahitanga anō hoki hei hāhi kotahi. E whānui noa ana te whakaaro Pākehā o taua wā, i roto i aua hāhi hoki, kāore e taea te urunga o te iwi Māori te ārai ki roto ki te iwi Pākehā, ki roto rānei ki te ao reo Pākehā, waihoki, ka whakaarohia hei painga tēnei mō te iwi Māori, mō te motu hoki. Ki te whakakotahitia ngā iwi e rua, ka ahatia ngā mīhana Māori me ngā hāhi? Ko te reo Māori anake te take e wehe ana te Māori me te Pākehā i roto i ngā hāhi? Hei whakautu i ēnei pātai, ka whakatūria e te Kaunihera he Komihana Māori nāna ngā rangatira me ngā hoa o ngā mīhana i uiui; ko ētahi o ngā pātai ko, *'In Church life do you favour the blending of the two races? Or should we continue to have separate Maori Churches?'*[4]

Engari i te haere kē te Hāhi Perehipitīriana i tōna ake ara. I te Hīnota Mātua o te Hāhi o te tau 1944, ka pōtitia kia whakatūria he Hīnota Māori motuhake. (Ko Te Aka Pūaho tōna ingoa i ēnei rā.) Ka whakamahia te tauira o te Ope Māori e whakatutuki ana i ngā mahi kaingārahu i te pae o te riri, me ngā Māori o te haukāinga, *'[who had] faced up to responsibility at home'*; ka pērā hoki ngā Māori i roto i te Hāhi.[5] I taua wā, he pakupaku ngā kāinga Māori o te Mīhana Perehipitīriana, e tū ana ki ngā takiwā taiwhenua, pāmamao, arā, i te rohe pōtae o Tūhoe, i te rohe hoki o Mātaatua, me ngā wāhi motuhake, pērā me Nūhaka me Taumarunui. I whakahaeretia te nuinga o ēnei mīhana e ngā minita me ngā hīhita Pākehā, i raro i te tumuaki, i a Rev. John Laughton.[6] Ki te iwi o te mīhana Perehipitīriana, ko 'Hoani' tōna ingoa. Tērā ētahi kaimahi o te mīhana e tino matatau ana ki te reo Māori, ko Hoani tētahi (he mema ia nō te Komiti Whakamāori i te Paipera), ko Hīhita Edith Walker tētahi, engari, ko te kawatau, me ako te reo Māori e ngā kaimahi Pākehā o te mīhana.

I pōtitia a Rev. Hēmi Pōtatau hei Motoreta tuatahi o te Hīnota Māori; i Ōhope te hui tuatahi i whakamine mai ai ngā pakeke e 75 me ngā tamariki e 50. Ki te whakaaro o Hoani, *'the work of the Maori Mission would never again be wholly Pakeha'*, ā, *'it is now Maori and therefore assured of permanence'*.[7] I tōna kauwhau ki te Hīnota, ka kōrero a Pōtatau mō ōna wheako i roto i te Ope Māori, me ngā mahi

He wā whakahirahira. He hīnota motuhake kia tū ai te Mīhana Māori hei hīnota Māori o te Hāhi Perehipitīriana. E tuku ana te Motoreta, a Rev. Baird, i te pukapuka whakamana ki a Rev. Hēmi Pōtatau. Mai te taha mauī: [kāore e mōhiotia], ko Rev. Ratu Lewis rātou ko Dr Alan North, ko Rev. Tommy Taylor, ko tētahi kaumatua nō Waimana, ko Rev. Smith, ko Rt Rev. James Baird, ko Rev. Hēmi Pōtatau, ko Rev. John Laughton, ko Rev. Warren Foster.

He kaiwhakaahua tautangata, nō Presbyterian Research Centre, Dunedin, P-A517.10-20.

a ngā hōia i tūturu ai tō rātou kaha, tō rātou toa, tō rātou āheitanga. Ka rite ngā Māori e whakahaere ana i te Hīnota. Pērā me nga mahi a te hau kāinga ki te tautoko i ō rātou hōia ki tāwāhi, me pēnei tā rātou tautoko i ngā pāriha me te Hīnota ki ā rātou moni.[8] I pānuihia hoki e *Te Waka Karaitiana*,

> Ko te reo Maori ano te reo o te Hinota, a i tino kaha te whakatau a te Hinota kia tohungia to tatou reo Maori, kia korerotia hoki i roto i nga karakia, a kia aroha nga matua Maori katoa ki te ako atu i te reo o te iwi ki a ratou tamariki, koinei hoki ko te mauri o te Maoritanga ko te reo Maori, ki te ngaro te reo, ka ngaro te Maoritanga.[9]

Kātahi te Hīnota ka whakatū i tētahi komiti kia whakaputaina he pukapuka reo Māori ki tō rātou perehi i Whakatāne. 'Ko tetahi mahi nui ma tenei komiti ko te tuhituhi i nga pukapuka Maori e tika ana hei ako i te iwi ki nga ahuatanga hohonu o te whakapono.'[10]

I puta mai te atikara, ko 'Te Reo Maori', i roto i taua putanga anō o *Te Waka Karaitiana*, ā, ahakoa kāore āna kupu e hāngai ana ki te Hāhi, ki te whakapono rānei, ina pānuihia e tātou o nāianei, me whakaaro ngā wero i mua i tēnei hāhi Māori motuhake i taua wā, me te tūnga o te hīnota Māori hou. E ai ki te niupepa, nā te ētita i tuhi. I meatia e ia ngā kupu 'to tatou Maoritanga', nā reira, ehara pea ia i te Pākehā, i a Hoani Rōtene, i tuhi. Kua tū anō a Pōtatau hei ētita tuarua,[11] nā reira, nāna pea ngā kupu. He tuhinga whai whakaaro, engari, he mea whakaputa i te tau 1945, nā reira, kāore ngā kupu o ēnei rā e kitea ana. Hei tauira, ko te whakamahi i te kupu 'Maoritanga' mō te mana rangatira, mō te tuakiri, mō ngā tikanga rānei, i runga i te horopaki o tēnā rerenga kōrero, o tēnā rerenga kōrero. Kāore e kore, tokoiti ngā tāngata o nāianei e whakaae ki tā te kaituhi i kī ai: 'i mutu tonu atu te tumanako ki te rangatiratanga o te iwi Maori,' me ētahi atu kōrero. Nā, i tuhia ēnei e tētahi pou whakarae o te Hāhi i te tau 1945; he tangata ia nō tōna ake wā. Engari, e mārama ana ki ngā Māori o taua wā, i te tū mōrearea te reo Māori, ā, ki te ngaro, ka kino te 'Māoritanga' o te iwi Māori. Mā āna kupu hoki e kite nei tātou, ka taea e ngā tūpuna ngā whakaaro hōhonu te tuhituhi i roto i te tūmomo reo i kōrero ai rātou i taua wā.

> **TE REO MAORI**
>
> Mai ano o te ekenga tokomaha mai o te Pakeha ki tenei whenua kua puta mai te tohe o te Maori kia mau tonu ai ano i a ia tona Maoritanga. I te mea ka whakaheke mai te Pakeha i ona mano ka kite te Maori i ona whenua e paheke atu ana i a ia, ka kite ia i te Pakeha kei te nuku haere te tokomaha ake i a ia, ka whakatu ano tetahi wahanga o te iwi i te kingi Maori hei pupuri i te mauri o te Maori. Na wai ra ka tino nui te awangawanga o te Maori ki tona Maoritanga ka mau pu ia ki te Pakeha, he mea kia kaua tona Maoritanga e ngaro atu i a ia. Ka mutu te whawhai e kiia nei ko te whawhai Maori, ara ko te whawhai o te Maori ki te Pakeha, he maha nga Maori i he manawa tonu atu, i mutu tonu atu te tumanako ki te rangatiratanga o te iwi Maori. Ki a ratou kua pu te ruha, kua ngaro te Maoritanga, kua kore rawa e taea te whakahauora, te whakatikatika. Ka noho, ka mahi nga Hahi, ka mahi te whakapono, ka mahi nga kura, ka mahi te tari o te ora ki te karo i nga mate e haukoti ana i te iwi, na i muri rawa mai nei ka puta ko nga kiima ahu whenua hei oranga mo te iwi, hei whakamanawa hoki i a ratou. Na kua mau te mauri o te iwi Maori, kua mutu tana haere tira ki te reinga, kua piki ano tona kaute, taihoa ake nei ka rite ano te tokomaha o te iwi ki te tokomaha i te wa i takahi tuatahi mai ano te waewae o te Pakeha ki runga o Aotearoa. Otira ka nui te wehi o te hunga titiro whakaaro nui ki to tatou ahua i roto i enei wa kei ora noa iho, ka tokomaha te iwi e kiia ana he Maori, engari ko te mana Maori ka ngaro i a ratou; ko nga kiri he Maori engari kahore kau te mauri Maori i runga i a

ratou. Na, i enei ake tau kua kite tatou i te whakaarahanga i etahi o nga mahi tohunga o te Maori kua mahue haere, te raranga whariki, te whatu kakahu, te whakairo me era tu mea. He aha ano te kiko o te whakahoutanga i enei mahi rangatira o nga tipuna. Koia tenei he rite tonu ano ki era atu takatutanga o te Maori kua whakararangitia i runga ake nei, ara te whakatutanga o te kingi Maori, me te pakanga Maori he hopu i te mauri o te Maoritanga kei ngaro. Mehemea ka ata titiro marama o tatou hoa Pakeha ka kite ratou i te tika o era takatutanga o te Maori i roto i era wa, tae noa ki te whawha hou nei ki ana mahi rangatira o mua i roto i enei ra, he mea kia mau i a ia tona Maoritanga me te mauri, me te mana o tona karangatanga. Ko wai ano te iwi e tika ana tangata kia kiia he tangata ka whakaae noa iho kia ngaro te mauri o tona karangatanga iwi? Otira i roto i enei takatutanga katoa hei pupuri i to tatou Maoritanga ko te mea nui rawa hei tiaki ma tatou i roto [i] tenei wa ko te reo Maori kei ngaro, no te mea ahakoa kei te piki to tatou kaute inaianei, ahakoa kei te hoki atu tatou ki te whai i era mahi o mua penei me te whakairo kia kaua e makere noa atu i a tatou ki te makere te reo kua ngaro te Maoritanga. Moumou te ora mai o te kiri Maori, moumou te mau o te mahi whakairo me era atu mohiotanga rangatira o te iwi, mehemea ka ngaro te reo Maori, ehara te Maori i te Maori, he Pakeha pango noa iho te Maori i taua taima. Otira ehara ano taua Maori pango i te Pakeha, heoi ano he poriro noa iho ia, kahore e mohiotia ko wai tona papa i te mea hoki kua ngaro te mauri o tona Maoritanga.

Ko nga reo katoa he temepara tapu, he nohoanga tuturu o te wairua o te iwi no ratou taua reo. Ko te wehenga o nga reo o te ao he whakaahuatanga noa iho o te wehenga o nga tikanga me nga whakaaro heke iho no mua rawa, me nga ritenga o tena iwi, o tena iwi. Ahakoa te pono o te ki he kotahi tonu te ahua o te ngakau tangata, ahakoa no tehea iwi o te ao, no tehea iwi o te ao, otira kei raro iho i tera kotahitanga kei te wehe nga tikanga me nga ritenga o nga iwi o te ao pera tonu ano me te wehe o o ratou reo. He rereke nga whakaaro o tetahi iwi i nga whakaaro o tetahi iwi. Na nga whakaaro Maori i tino tuturu te Maoritanga, otira ko te whakatinanatanga o nga whakaaro ko te reo. Ko te reo Maori te mea i hangaia e te Atua hei kete rau i nga whakaaro Maori. 'E kore e taea te riringi i te waina hou ki roto i nga ipu tawhito'. E kore ano hoki e ora nga whakaaro Maori mehemea ko te reo Pakeha hei kairau mo aua whakaaro. Kei te mohio tatou e ahua marama nei ki te korero Pakeha ki te uaua rawa o te whakawhiti i etahi o o tatou whakaaro Maori i roto i te reo Pakeha. Ko te whakapuakanga o te wairua o nga iwi katoa kei roto i tona reo ake ano. Ka nganga te manawa ora o te wairua o nga iwi katoa ki roto i tona reo ano, i tona reo ano. He hara nui te patu i nga tinana o tetahi iwi, kati he pera ano te hara o te patu i o ratou

Te Whakapono

Ko ngā taitama me ngā kaiako o te Kura Pāmu o Te Whāiti i te tau 1943. I whakatūria te kura nei e te Mīhana Māori o te Hāhi Perehipitīriana i te tau 1937 kia whakaakona ngā pūkenga ahuwhenua ki ngā taitama Māori.

Nā Māori Missions Committee te whakaahua, nō Presbyterian Research Centre, Dunedin, 21783.

wairua. Ki te katia te tangata ki roto i tetahi ruma pakupaku rawa e kore nei e hehe tona manawa, ka hemo ia, he mea patu pera hoki i runga i te katinga o tona nga. Kati ki te tangohia atu te reo o tetahi iwi he pono te ki ko te katinga tera o te nga o to ratou wairua, na he pera tonu atu te hara o te patunga pera o te wairua o taua iwi. Ko te huarahi tera e tino ngaro ai te Maoritanga.

Ko te aitua nui rawa tenei mo nga iwi iti o te ao e turakina ana e nga iwi nui. Ehara i te mea ko te hinga o to ratou toa me to ratou kaha, ehara i te mea ko te tangohanga atu o to ratou whanua [whenua] tupu i a ratou, ahakoa ano te nui o enei aitua, otira koinei ke te tino aitua, te tino mate nui whakaharahara o nga iwi o te ao e turakina ana ki raro ko te ngaro o to ratou reo. Ka wahangu te reo ke o tetahi iwi, kua mate taua iwi i roto i taua ra, kua kore e mohiotia he iwi i muri iho, kua tukitukia te ahurewa o tona tapu i roto i taua ra, kua tahuna tona Maoritanga ki te ahi i taua ra kia kore atu. No reira e te iwi i a tatou katoa e ngakau nui nei kia mau tonu to tatou Maoritanga, pera ano me o tatou matua i mua i a tatou, i ngakau nui ai ki taua mea koinei te mea nui rawa he whakaaro ki to tatou reo kia korerotia, kia akona atu ki a tatou tamariki, kei reira hoki te mauri o to tatou Maoritanga.[12]

Ngā Katorika Māori me te Hui Hākarameta o 1940

Lachy Paterson

Kāore ngā mahi a ngā Katorika Māori o te wā o te Pakanga Tuarua o te Ao e tino tuhia ana i roto o ngā hītori o te whakapono, ina whakaritea ki te taha Māori o ērā atu hāhi, ahakoa 15 paihēneti rātou nō te iwi Māori, arā, ko te tuatoru o ngā hāhi Māori. E ai ki a Maharaia Winiata, kua nui kē te komokomo o ngā Katorika Māori ki roto ki te taha Pākehā o tō rātou hāhi i ērā atu hāhi.[1] Engari, e pēnei ana pea te whakaaro nei, i te mea he tino Pākehā ngā rōpū e minita ana i a rātou.

E rua ngā mīhana nui, ko ngā Mill Hill Fathers tētahi, he Tātimana te nuinga, e mahi ana i roto i te Pīhopatanga o Ākarana, arā, i te hāwhe whakateraki o Te Ika-a-Māui, ko ngā pirihi Marist tētahi i te Pīhopatanga o Pōneke, arā, i te toenga o taua motu. I matatau ngā pirihi o aua mīhana ki te reo Māori, ā, ka whakahaeretia ngā miha (karakia Katorika) Māori mō ā rātou whakaminenga.[2] Tua atu i ēnei pirihi, tērā ētahi atu rōpū moke, none hoki, e whakahaere ana i ngā kura Katorika. Nā te whakawahinga o Pā Wiremu Te Āwhitu i te tau 1944 i tū ai te tuatahi o ngā pirihi Māori.[3] Ahakoa i kaha whakanuitia tōna whakapirihitanga, kāore he tuarua tae noa ki te tau 1962.[4]

Pērā me ngā rōpū Māori o ērā atu hāhi, i noho te nuinga o ngā Katorika Māori ki ō rātou whenua ā-iwi. He nui te taha Katorika i ētahi kāinga Māori, i kitea pea he pirihi, he whare karakia, me te kura kaweneti. Hei tauira ko Ōtaki.[5] Engari, e ai ki tētahi pirihi, *'the vast majority of missions have a scattered flock, a few families here, a few there, who are visited at more or less regular intervals.'*[6]

Kīhai te nuinga o ngā mahi a ngā Māori Katorika i kitea, hei tauira, ko ngā 'retirīti' pakupaku me ngā hui katikīhama i whakaakona ai ngā kaikatikīhama Māori kia tukuna te mātauranga nei ki ngā whānau o ō rātou ake kāinga.[7]

Ki ngā Katorika, Māori mai, Pākehā mai, ko tētahi o ngā tino mahi a te Hāhi i ngā tau o te pakanga ko te Hui Hākarameta o te Motu (*National Eucharistic Congress*) i tū ki Te Whanganui-a-Tara i te tau 1940. He āhua rite tēnei ki ētahi hui kua tū ki whenua kē,[8] engari, ka tāpaetia hoki te hui nei e te Hāhi hei wāhanga o te Whakanui o te

Rautau o Niu Tīreni.⁹ Ahakoa mō ngā Katorika katoa o Niu Tīreni, he mahi anō tā te iwi Māori. I noho tōpū ngā ope Māori ki Ōtaki, he mea manaaki nā te marae Katorika o reira, ko Pukekaraka te ingoa, ā, ka haere rātou ki te tāone i ia rā, i ia rā ki ngā mahi o te Hui.

He whare anō tō te Hāhi Katorika i te Whakaaturanga o te Rautau, ā, pērā me ngā Māori o ērā atu hāhi, i te kohikohi te hunga Katorika i ngā moni mō ngā mahi Rautau o tō rātou hāhi, mō ētahi atu mahi Rautau hoki. Hei tauira, i Hepetema 1939 i tū ai he konohete Māori nui i roto i te Hōro Tāone o Pōneke hei mahi moni mō te Pūtea Rautau o te Hāhi Katorika; i te marama o Mei o taua tau, ka whakahaeretia e ngā Katorika Māori he pō whakangahau, arā, he kanikani me te purei uka, i roto i te wharenui ki Kākāriki, tata ki Eketāhuna, hei kohi moni mō te Pūtea Rautau o ngāi māori.[10] I taua marama anō, e ai ki te *Opunake Times,* ka whakatū hoki he kapa haka nō Taranaki ki te Tonga i ngā whakaaturanga ki Ōpunake me Pungarehu kia ngāwari ai tō rātou haerenga ki Ōtaki me ngā mahi o te Hui Katikīhama i Te Whanganui-a-Tara. Tērā pea ko tēnei te kapa o Ketemarae me Fraser Rd, tata ki Hāwera, i whakatū konohete kia riro mai he moni mō tō rātou taenga atu ki te Hui.[11]

E iwa ngā rā o te Hui, mai i te 28 o Hānuere ki te 5 o Pēpuere, 1940. I tū te nuinga o ngā mahi ki te Kāreti o Hāto Pateriki, i Cambridge Terrace, i hangaia ai he āta nui, he mea huarewa. Tērā ētahi atu mahi i wāhi kē, hei tauira, tata ki te 200 ngā miha ki ngā whare karakia o te tāone.[12] Nā te pakanga i kore ai te pōtae whero Ingarihi, a Cardinal Arthur Hinsley, e āhei ki te tae mai ki Aotearoa, engari, ka haere kē mai a Ākipīhopa Giovanni Panico, ko te kanohi o te Hāhi i Poihākena, ki te Hui hei māngai o te popa.

I tino kitea ngā Māori i ētahi o ngā mahi o te Hui. I tū he miha tamariki i te ata o te Paraire, e 4000 ngā tamariki i reira. Ko tētahi o ngā mahi o taua miha he hoatu i te 'takoha ā-wairua' e ngā tamariki tokowaru (tokorua he Māori) ki a Ākipīhopa Panico; he pukapuka tēnei takoha i tuhia ai ngā ingoa o ngā tamariki Katorika o Niu Tīreni.[13] E 70 ngā tamariki Māori nō Hiruhārama me Rānana o te awa Whanganui i reira, e mau ana i ngā piupiu, i ngā takawai (pari) me ngā tīpare hoki. I te hipanga mai o te Ākipīhopa i a rātou, ka haka atu rātou ki a ia.[14]

I taua pō, ka mine mai ngā Māori o Araukuku, arā, o Ketemarae me Fraser Rd, me te koaea o te Kāreti Kōtiro Māori o Hato Hōhepa ki te whakatū i te konohete ki te Hōro Tāone. E 2000 ngā tāngata i tae mai, tae atu ki Ākipīhopa Panico rāua ko ētahi atu rangatira o te Hāhi.[15] I te Rātapu, ka hīkoi he ope nui, e 20,000 ngā tāngata, mā ngā tiriti o

I tukuna he tākoha e ēnei tamariki ki a Ākipīhopa Panico i te Miha Tamariki i Pōneke, i te 2 Pēpuere 1940. I mua a Ernest Taharangi o Rānana rāua ko Nita Waitford o Hiruhārama.

He kaiwhakaahua tautangata, nō Catholic Archdiocese of Wellington Archives, SP55.

183

Te Whanganui-a-Tara ki te Kāreti o Hato Pateriki. Ka umeretia kahatia te wāhanga Māori o taua ope e te marea e mātakitaki ana. Nō Te Tai Tokerau ētahi; i te mau kākahu Māori ētahi o ngā tamariki, o ngā pakeke hoki.[16] I mua he tamariki e kawe ana i te kara, he mea raranga ki te harakeke e ngā wāhine o te awa o Whanganui ki ngā āhua ā-mahi tawhito, me ngā kupu 'Kia Mau Kite Whakapono'.[17]

I te rā whakamutunga o te Hui, e 400 pea ngā Māori i mine mai ki Pukekaraka Marae i Ōtaki. Tokomaha hoki ngā pirihi me ngā none (he kaimahi mīhana o mua ētahi) me ngā tini Pākehā. I mua o te wharenui tawhito, ko 'Hine nui o te ao katoa' te ingoa, ka tū he kaikōrero ki te whakatau i te 'kōtuku rerenga tahi', i a Ākipīhopa Panico. Nō Te Tai Tokerau, nō Ngāti Tūwharetoa, nō te awa o Whanganui, nō Te Matau-a-Māui, nō Taranaki hoki ngā kaikōrero. Ka kōrero hoki he pirihi nō ngā Mill Hill Fathers me te Mīhana Māori o Ōtaki. Oti rawa ngā whaikōrero, ka hura te Ākipīhopa i te kōhatu whakamaumaharatanga mō Pā Francis Marie Melu; he tino roa te wā i mahi ai tēnei pirihi Wīwī ki Ōtaki. Kātahi ka tū he hākari.[18] I tēnei wā pea, ka tū he whakaari nā ngā tamariki o Hiruhārama mō 'Te Pakanga o Moutoa'.[19]

E ai ki te *Evening Post*, '*indeed, it is a significant thing that at all Congress functions the Maori race has been well and worthily represented – a fact which has not escaped the attention of those present from overseas.*'[20] He tino whakahirahira te hui nei. He roa hoki nō tō rātou whakataretare; ahakoa te pakanga, ka tae atu ngā tini Katorika Māori ki te Hui. Hāunga ngā konohete Māori me te hui ki Ōtaki, kāore e taea te kī, he 'Māori' te āhua o te nuinga o ngā mahi o te Hui Hākarameta o te Motu, engari ka arotau te taha Māori o te Hāhi ki te uru ki roto ki aua mahi. I te tau 1940, ka noho te nuinga ki ngā kāinga taiwhenua, e haere ana ki ngā karakia o ngā mīhana Māori. Nā reira, i whai rātou i tō rātou whakapono hei tāngata Māori. I te neke haeretanga o ngā Katorika Māori ki ngā tāone i te wā o te pakanga, ka whakatūria ō rātou ake rōpū Māori. Mai i te tau 1941, ka uru ngā taiohi Māori o Te Whanganui-a-Tara ki roto i Te Māramatanga. I Tāmaki Makaurau, ka karangatia ngā Katorika Māori kia tū he miha Māori mō rātou, ā, ka whakatūria he pekanga Māori o te Legion of Mary i te tau 1942.[21] Pērā me ērā atu whakapono, kīhai tō rātou tuakiri Māori i mimiti i tō rātou Katorikatanga. E whakakitea ana tēnei e ngā tāngata i tae atu ki te Hui Hākarameta nei, i manawanui ai rātou ki te kawe i tō rātou ake tuakiri, i ā rātou tikanga Māori hoki ki roto i ngā mahi o te Hui.

Hēhita Atawhai, Mihingare Wēteriana

Sarah Christie

I whānau mai a Rīpeka Huingariri Atawhai Wilcox (Ngāpuhi) ki Waiōmio i Pēwhairangi i te tau 1907. I tōna taitamāhinetanga, ka neke ia ki Ōtautahi kia whakangungutia hei hēhita Wēteriana.[1] He kaimahi wāhine ngā hēhita e mihingare ana, e tuku ana i ngā ratonga toko i te ora i roto i te hapori. Hei wāhanga o te whakangungu hēhita nei, ka ako ia i ngā mahi ako kura, i ngā mahi nēhi ā-takiwā hoki. Nō tōna putanga mai i taua kura, ko ia te hēhita Māori tuatahi o te Hāhi Wēteriana. Ko 'Hēhita Atawhai' tōna ingoa mahi, ā, ka tukuna ia ki te Mīhana Māori i Waikato mahi ai mō te hāhi.[2] I ngā tau tōmua o te tekau tau 1930, i Te Kūiti me Ōkaiawa ia e mahi ana, ā, ka tukuna ia ki Ngāmotu i te tau 1935, ki Hokianga i te tau 1940, ka neke ai ki Pēwhairangi i te tau 1943.[3]

 E kitea ana te āwangawanga mō te wā e heke mai nei i roto i ngā reta a Hēhita Atawhai i te pānuitanga o te 4 o Hepetema 1939 ka tū nei a Aotearoa hei hoariri ki Tiamani. I te putanga o taua rongo, i te whakareri te Mīhana Wēteriana o Ngāmotu i tō rātou puni mō te mutunga wiki o te Labour Day. I tuhi mai te Hupiritene o te Mīhana, a George Laurenson, ki a Hēhita Atawhai, e akiaki ana kia tū tonu te puni, ahakoa te pūrongo mō te pakanga. Ka whakatenatenatia kia manaaki rātou i a rātou anō, kia whakaohooho hoki ā rātou mahi i a rātou anō, arā, *'It will be a great thing for you all to stand together just now in a spirit of Christian co-operation.'*[4] I tētahi reta ki a Laurenson, ka whakamāramatia e Hēhita Atawhai ōna āwangawanga. I hemo a Tahupōtiki Wiremu Rātana i te 18 o Hepetema, ā, ka hurihuri ōna whakaaro, me haere ki te tangihanga, kāore rānei. I te mutunga, kīhai ia i haere; *'news of the war is too disturbing at present.'*[5]

 Nā te māharahara me te kumukumu, ka aro ngā tāngata ki ā rātou iwi ake, ki ngā hāhi hoki, kia manaakitia rātou, kia whakamanawatia hoki, ā, ahakoa ngā āwangawanga mō ngā take o tāwāhi, me haere tonu ngā mahi o te kāinga. I te Rāhoroi e whai ana, ka rewherī a Atawhai i te whakataetae pāhiketepōro Māori i tākaro ai ngā kōhine o tāna Kura Rātapu. He mea whakarite hoki tētahi haerenga ki te maunga mō te wiki e whai ana, ā, i te hīkaka hoki aua taitamāhine kia tū tonu tā rātou haere, kia kaua e whakararua e ngā take o tērā atu taha o te ao. Nō te tīmatanga o Tīhema i te tau 1939, kua māia anō a Hēhita Atawhai ki te hāereere; ka whakarite ia i tōna hararei raumati, me te toronga atu ki Waitangi mō te whakanui i te Rautau o Niu Tīreni.[6]

I tōmua ngā whakaaro o te iwi me pēhea ngā mahi pakanga e tautokona ai, ā, tere rawa ngā rōpū tūao ki te tahuri ki te kimi tangata. Nā te tomo ki roto ki ēnei momo rōpū i āhei ai ngā taitamāhine hīkaka ki te uru ki roto ki aua mahi pakanga. Nā konei te ngākau whakaihiihi, ā, ki tō rātou whakaaro, i pērā tō rātou tūtika me te haepapa ki ngā taitama e hōia ana. I roto i ngā wiki tīmatanga e rua o te pakanga, ka tukuna kētia atu ētahi o ngā kōhine o te Kura Raumati a Hēhita Atawhai kia uru ki te Rīpeka Whero hei kaimahi tūao.[7]

Ki te whakaaro o ngā tini rōpū tūao, nā ngā hononga ā-iwi o Hēhita Atawhai, me tōna āheitanga ā-whakahaere, he tino taonga ia mō ō rātou ake rōpū. I huritao ia ki te uru ki roto i te Rīpeka Whero, ki te VAD (*Voluntary Aid Detachment*, arā he rōpū nēhi) rānei. He rōpū nēhi tēnei i haere ki tāwāhi tiaki ai i ngā hōia i te Pakanga Tuatahi. I te mutunga o Hepetema, kua tae kē ia ki tētahi kauhau pārongo o te Rīpeka Whero, ā, e rua ngā rōpū kē e ngana ana ki te whakawai i a ia kia hono ki a rātou. I te mutunga, ka anga ia ki te mahi mō te RSA.[8]

He ngāwari kē kia pokea te tangata e ngā mahi mō ngā tini rōpū me ngā tini take. Ka āta whakatūpatoria a Hēhita Atawhai e Laurenson: '*You will find all sorts of suggestions being made to you about what you should do with this war situation … Watch that you do not get swung into too much.*'[9] E whakakitea ana ki taua reta, he tūao te nuinga o ngā momo mahi hei tautoko i ngā take pakanga, tua atu i ērā atu mahi whai utu, mahi kore utu o te tangata. I waiho mā tēnā tangata, mā tēnā tangata hei whakarite ēnei mahi katoa. Ka whakamahara hoki a Laurenson i a Atawhai, kia tūpato kei whakararua tāna tino mahi e ngā pīroiroi kē.[10] Engari, ka tukuna a Hēhita Atawhai e te Hāhi hei whakarite i tāna taha hāhi me āna mahi e tautoko ana i ngā take pakanga.

He mahi whakahirahira te whakatipu kai i te wā pakanga. Ahakoa ka mea mai a Hēhita Atawhai, ehara ia i te tautōhito ki te whakatipu kai, nōna e noho ana ki tōna whare ki Tāheke i Hokianga i Hepetema 1943, ka whakatōngia e ia he rārangi rīwai, aniana me ngā tini momo huawhenua.[11] Ehara i te mea ka mahi te tangata i tāna māra hei whāngai i a ia anake; ka tohatohaina ngā kai ki ngā hoa e noho tata ana. I te marama o Hānuere 1941, ka homai he pouaka pītiti ki a Hēhita Atawhai; ka whakapounamutia e ia, ā, kāore e kore ka hoatu ētahi ipu ki tāngata kē.¹² Ā, i a ia i Hokianga, ka tukuna atu e Hēhita Atawahi mā te poutāpeta he rīwai, he kāpeti, me ngā pī i roto i te pēke huka ki ōna hoa i Taranaki mō te Kirihimete.¹³ Ahakoa te whakaraihana kai, me whāngai ngā tāngata i tae mai ki te kāinga. I whakapāha a Hēhita Atawhai mō te poto o tētahi reta, nā tōna ruha i āna mahi i taua rā, i te tapahi wāhie, i te horoi me te haeana kākahu, me te tunu kai hoki mā ngā kaimahi tokorua i tae mai ki te whakatika i te hiko o te whare.¹⁴

I ētahi wā, ka hiakai hoki ētahi o ngā whānau i toro ai a Hēhita Atawhai i te kore kai, ā, ka rapua e ia he tikanga hei whakatika i taua mate. Hei tauira, ka inoi atu ia ki te Hāhi kia whakaaetia kia whakapaua tētahi wāhanga o āna moni whakahaere kia hokona he kai mā ngā tamariki o tāna Kura Rātapu. Ka pīrangi ia ki te manaaki i a rātou, i te mea *'some of these children come from poor homes.'*¹⁵ I tētahi reta, ka tohua e ia tētahi whānau, tokoiwa ngā tamariki, ā, i te hōhipera te pāpā e pāngia ana e te mate kohi. I runga i te Family Allowances Act 1926, mehemea i raro ngā moni a te whānau pōhara i te £4 i te wiki, ā, tokorua, neke atu rānei, ngā tamariki i raro i te 15 tau, ka riro i te māmā he pūtea āwhina.¹⁶ Engari, ka mea a Hēhita Atawhai *'that just pays for their Kai and [the mother] has nothing to pay for clothes.'* Me haere rauna te whaea *'from one place to another milking to earn something to clothe her little ones.'*¹⁷ Nā te pakanga i neke ai ētahi kaimahi ki wāhi kē mahi ai, engari tērā hoki ētahi tāngata i te neke haere tonu i ō rātou ake rohe ki te rapu mahi hei whāngai i ō rātou whānau.

Nā te raihana penehīni o te wā pakanga i whakararua ai te haere mā runga motukā. I mua i te pakanga, he wero ngā rori kirikiri o ngā takiwā taiwhenua, me te pāmamao mai i tētahi kāinga ki tētahi kāinga, engari, nā te raihana penehīni ka tino taonga te motukā. I whakawhiwhia e te Hāhi Wēteriana he motukā ki a Hēhita Atawhai kia toroa ngā kāinga mokemoke me ngā whakaminenga hāhi o tōna rohe. Nā te whakaaro ka whakararua e te hoariri ngā tima hari penehīni mai i tāwāhi, i whakaturetia ai te raihana penehīni i te tīmatanga o te pakanga kia kore e pau rawa. I te tau 1940, e 8–12 kārani anake i te marama (i runga i te nui o te motukā) e whakaaetia ana mō te tangata noa.¹⁸ I Āperira o taua tau, ka tuhi a Hēhita Atawhai ki a Laurenson mō te pā mai o te raihanatanga ki āna mahi: *'The car (engine) is running well, but am using a lot of benzine because of the stops I make when visiting. Visiting is I find a most important part of the job here.... The roads here are cruel. I do feel sorry for the car and therefore rarely travel more than 25 [mph].'*¹⁹ I ngā Rātapu, ka haere a Hēhita Atawhai mai i Rāwene ki Ōmanaia mō ngā karakia i te 10 karaka, mutu ana, ka haere atu ai ki Waimā mō ngā karakia i te hāpāhi i te tahi karaka. Ka mutu, ka hoki ia ki Rāwene mō ngā karakia o te ahiahipō. Ka āhua 32 kiromita te roa o te haerenga katoa.[20]

E āhua porehu ana tētahi rīpoata a Hēhita Atawhai ki a Laurenson e mea ana, i te whiwhi ia i te raihana penehīni o te '*30 gallons ... and extra if I wish.*' Engari, ki tōna whakaaro, kāore e pūmau ana, nā te mea, '*Mr Wilson our fuel controller is leaving next month unfortunately – I suppose my allowance will be cut down.*'[21]

Ehara i te mea ko te penehīni anake te mea e ongeonge ana. Nā te pakanga ki Te Moana-nui-a-Kiwa, ka whakararua ētahi atu taonga, ā, ka tino hiahiatia te rapa mō ngā taea.[22] I Hune 1942, ka tuhi a Hēhita Atawhai ki a Laurenson mō ōna '*tyre troubles*'. Ka inoi a Laurenson ki te Minita Whakarato mō ētahi taea (me ngā ngongo o roto), engari ka tuhi ia ki a Atawhai, kāore tōna ngākau e rorotu ana, nā te mea kua tuhi kē te Hāhi ki taua tari, ā, kua whakautua kētia, ehara ngā mahi a ngā hēhita i te mahi whakahirahira mō te motu. Nā konei, ka kī ia, '*for the time being we shall have to work simply on the equipment we have at the moment and make it go as far as possible.*'[23] Ko tāna kupu tohutohu ki a Hēhita Atawhai '*[to keep] the running [of the car] to the merest essential work so that there will be no danger of your being left stranded in an emergency.*'[24]

Nā ngā here raihana, ka whakarerekētia e te Hāhi ngā rohe o ngā hēhita, ā, ka neke a Hēhita Atawhai ki Kaikohe, e tata ana ki tōna whānau.[25] I whakatau hoki a Hēhita kia rāhuitia te whakamahi i tōna motukā mō ngā Rātapu me ngā Hui Wāhine, ā, ka tahuri ia ki te hapori hei whakatika i ōna raruraru taea. Nā ngā here o te pakanga i puta mai ai he mahi rauhanga kē. I mea mai ia, '*my cousin's husband fixed my old tyres up (even the ones I discarded) that my car is set for a few more months*'.[26] I waiho ētahi tāngata kia tū noa ana ō rātou motokā, arā, kia kaua e whakamahia mō te roanga o te pakanga. Nā konei, ka whakaae te kura māhita o Ngāwhā kia hokona atu ki a Hēhita Atawhai ngā taea o tōna Hillman tawhito kāore e taraiwatia ana i taua wā.[27]

I te 8 o Tīhema 1944, ka mārena a Hēhita Atawhai rāua ko George N. George (Hōri Hōri) i Waiōmio, ko tōna kaka he '*navy blue ensemble with cream and navy accessories*'. Ko Rev. Makarae Tauroa te minita o te mārenatanga, he mea whakataki ki te reo Māori. E ai ki te *Northern Advocate*, neke atu i te 100 ngā hoa me ngā whanaunga i tae mai. Ka whakamihia hoki ngā mahi a Atawhai, arā, ko tāna '*splendid service rendered to the church and the Maori people*'.[28] I mua i te mārenatanga, ka whakarere a Hēhita Atawhai i tāna mahi i runga i te tikanga a te Hāhi o taua wā kia kaua ngā wāhine mārena e mahi tonu hei hēhita. Nā te tikanga nei i ngaro kē ai he kaimahi pai rawa atu i te Hāhi. Engari, ko te tikanga hoki, ka noho tonu ia i roto i ngā mahi a te Hāhi, ā, i kaha uru ia ki roto i ngā mahi o tōna pāriha ki Waikare.

Nāwai rā, ka puta kē ngā whakaaro o te Hāhi mō ngā mahi ā-utu a ngā wāhine mārena, ā, ka whiwhi mahi ia i roto i te Hāhi Wēteriana mai i te tau 1960 ki 1967. Nō te whakarerekētanga o ngā ture o te Hāhi, ka whakatūria anō ia hei hēhita, he mea whakawahi i te tau 1968, ā, e whā ngā tau o tēnei mahi āna ki Pēwhairangi.[29] I te whakawhiwhinga o te tohu Queen's Service Medal mō āna mahi ā-hapori i te tau 1980, ka whakamōhiotia tōna takiwā roa e tautoko ana i te iwi Māori.[30] Me kore ake ngā reta a tēnei wahine Māori e noho ana i roto i te whare pūranga o te Hāhi Wēteriana hei whakakite i te taha rauhanga o ngā iwi Māori kia ora tonu ai rātou i te wā pakanga.

Ngā Mahi Mīhana a te Hāhi Mihinare

Lachy Paterson

Ka rangona ana ināianei te kupu 'mihingare', ka whakaaro noa pea ngā tini tāngata ki te wā o Aotearoa i mua i te Tiriti o Waitangi, ki ngā mīhana o muri mai pea ki Āwherika me ērā atu wāhi o tāwāhi. I ētahi wā, e āhua whakaiti ana ō tātou mahara ki ngā mihingare, ānō nei he tāngata pakeke, he upoko mārō, he tāngata kakawa rātou, e takahi ana i ngā tikanga o ngā iwi taketake hei hauhake i ngā wairua o ngā tāngata. Kāore pea e mōhiotia whānuitia, he mihingare tonu ō ngā hāhi nunui o Aotearoa i te wā o te pakanga, he Māori hoki ētahi o rātou. I hohe te kaupapa mīhana i taua wā; ka utua, ka whakahaeretia hoki e ngā hāhi nunui he mīhana ki tāwāhi, ki ngā Pākehā e noho marara ana ki Aotearoa nei, ki ngā kāinga Māori hoki.

    Nā te nui o te taha Māori o te Hāhi Mihinare (Hāhi o Ingarangi), kāore e taea ngā kōrero katoa te matapaki i roto i te tuhinga kotahi. I whakahaeretia e te Hāhi he kura noho, he kura tuarua mō ngā tauira Māori; ā, i te taha o ērā atu hāhi Porotehana, ka whakatūria he wharenoho mō ngā Māori e heke ana ki ngā tāone nui.[1] Tērā hoki ētahi tautohetohe, ētahi wānanga hoki, i roto i te Hāhi, me memeha te Hāhi Māori, āhea hoki, kia karakia tahi ngā iwi e rua i roto i te Hāhi kotahi, me whiwhi rānei te taha Māori ki te mana ki te whakarite i te Hāhi Māori hei hinonga motuhake.[2] Ka wāua e tēnei kōrero, he aha ngā mahi a te Hāhi ki waho i ngā tāone, ko wai mā āna kaimahi, ā, he aha te āhua o ngā mahi mīhana.

    I whakahaeretia e ngā pīhopatanga o te Hāhi ā rātou ake mahi Māori i raro i te mana o ia pīhopa, o ia pīhopa. Ko te nuinga o aua mahi i roto i te Pīhopatanga o Ākarana (mai i Te Rēinga ki te awa o Waikato, tae atu ki Te Tara-o-te-Ika-a-Māui me ngā tūranga tekau mā rima i nohoia ai e ngā minita Māori), me te pīhopatanga o Waiapu (arā, e toru ngā takiwā Māori me ngā tūranga tekau mā rua ki Waiariki, ki Te Tai Rāwhiti, me Te Matau-a-Māui). Nā te wehenga o ētahi mema Māori ki te Hāhi Rātana, ka whakatūria a Rev. Pererika Pēneti (Frederick Bennett) hei Pīhopa o Aotearoa tuatahi i te tau 1928. Ko te mea whakarapa, he iti noa tōna mana whakahaere; i mahi ia hei kaiāwhina o te Pīhopa o Waiapu, ā, ka matea te whakaaetanga o ērā atu pīhopa kia tae atu ia ki ō rātou rohe mahi ai.[3]

Hāunga anō ngā pīhopatanga e rua nei, he āhua iti ngā mahi Māori kē o te Hāhi. I te tau 1943, ka whakahēngia e te Pīhopa o Waikato ngā mahi Māori o tōna ake rohe; ko Ātirīkona Oulds te Hupiritene o taua Mīhana, engari i te tiaki hoki ia i tōna ake pāriha Pākehā; kotahi anake te pirihi Māori, ko Kēnana Karaka, me ngā wāhine Pākehā ruarua. I te tau ki muri, ka mea te pīhopa nei, he koretake noa ngā mahi, *'observing that one Maori priest and five or six women travelling about in various parishes could not hope to cope with the work.'* I te tau 1946, ka pāho ia, kāore kau he minita Māori i roto i tōna pīhopatanga.[4] I te tau 1941, tokowhā anake ngā pirihi Māori o te Pīhopatanga o Pōneke (e 99 ngā minita tōpū) hei tautoko atu i ngā tini kāinga Māori, ki wīwī ki wāwā. I kino kē a Te Wai Pounamu. I te tau 1939, i te hiahia te Pīhopa o Ōtautahi kia haere he minita Māori o Te Ika-a-Māui ki Kaikōura, me tētahi ki Rangiora hei pirihi whakamahiri.[5] Engari, kīhai i tutuki, ā, ka waiho kia toro mai he minita Māori ki te Pīhopatanga o Ōtautahi, ā, ka mutu aua toronga mai i mua i te mutunga o te pakanga.[6]

Nā te pakanga hoki he raruraru i puta mai ai. Nā te tokomaha o ngā Māori o te Hāhi Mihinare, ka tukuna e te Hāhi ngā tiaparani katoa ki te Ope Māori. Nā konei, ka memeha ngā kaimahi o te Hāhi.[7] I ngā matenga, i ngā rītaiatanga, i te tukunga hoki o ngā pirihi ki te Ope Māori, ka uaua haere te whakakapi. Hei tauira, i te tau 1945, ko Kēnana Wiremu Keretene te Hupiritene o te Mīhana Māori o Ākarana, engari, e rua ngā minitatanga i whakahaere ai ia, ki Paihia, ki Waimate ki te Raki hoki.

I roa te wā i rarua ai ngā mīhana Māori o te Hāhi Mihinare i te kore moni. E whakakitea ana tēnei ki ngā utu pakupaku i whiwhia e ngā minita Māori, ahakoa he whānau ō te nuinga kia whāngaia.[8] I te tau 1937, e £200 i te tau ngā moni i utua ki ngā minita Māori o te Pīhopatanga o Waiapu; he hāwhe pea i pau i te hokonga i tētahi motokā hei whakatutuki i ngā mahi i roto i ō rātou minitatanga nunui. I kīia, *'we look forward to the time when each parish will be able to make an adequate provision for car expenses, so as to leave the stipend free for the support of the Maori vicar and his family.'*[9] Ko te āhua nei, ka whakaitia ngā utu; i te tau 1941, ka meatia e te *Waiapu Church Gazette*, *'a £1 for £1 subsidy is given after the Maori parishioners have raised the sum of £78 towards the stipend of the clergyman in charge, to bring the total of £156'*, ahakoa *'several of the pastorates have considerably increased the allowances for the car expenses of the clergy.'*[10] I te Pīhopatanga o Ākarana, ka riro i ngā pirihi Pākehā ngā pauna £300 i te tau, i mua i te tāke; he iti iho tēnei i ā ērā atu tāne o ō rātou whakaminenga. E £3622 i kohia e te pīhopatanga mō ngā mīhana o tāwāhi, engari, e £556 anake mō tō rātou mīhana Māori. I whiwhia te £140 i te tau e ngā pirihi Māori, ā, e mōhiotia ana, ka mahi te nuinga i ngā mahi kē, ki waho o te Hāhi, hei whāngai i ō rātou whānau. I te tau 1942, ka pānuitia he inoi ki ngā pāriha Pākehā kia kohia he moni mō ngā utu a ngā minita Māori, engari, ka tokoiti haere tonu ngā pīrihi Māori i taua wā.[11]

I whakakapi ngā pīhopatanga i ētahi o ngā tūranga minita Māori ki ngā wāhine Pākehā. Hei tauira, tokorua ngā kaimahi wāhine i Tāmaki Makaurau i te tau 1939, ā, tokoono ngā wāhine i Waikato i te tau 1941 ki ngā mīhana e rima, arā, ki Paeroa, ki Rāhui Pōkeka, ki Ōtorohanga, ki Mangapeehi, ki Waitara hoki.[12] I āwhinatia hoki ngā mīhana Māori e tētahi rōpū whai karakia o te Hāhi, e te Church Army, arā, i mahi a Kāpene Withers ki Te Urewera, ā, mai i te tau 1945 ka whakahaeretia te whare mīhana o Waimate ki te Raki e Hēhita North rāua ko Hēhita Robinson.[13]

Me kore ake he wāhine tūao nō Ingarangi hei haere mai ki te whakahaere kore-utu i ngā whare mīhana o te Pīhopatanga o Waiapu i waenga o te tekau tau 1930.

> *For the work of organised Church Sunday Schools, the weekly scripture lessons in the Day Schools, the leadership of Maori companies of the Girl Guides, Brownies, and Girls' Life Brigade, the regular visiting of Maori homes and the sick in the hospitals, and a good deal of the work of preparing confirmation candidates we are still almost entirely dependent upon our lady workers in the mission houses.*[14]

Engari, i te tau 1940, nō te māuiuitanga o aua wāhine, ka karangatia kia ahu mai he wāhine hou ki Waiapu mahi ai.[15] I taua tau, ka tae mai he wahine nō Te Awakairangi ki te mahi kore utu ki te whare mīhana o Te Araroa. Engari, i te tau e whai ana, ka tangi te pīhopatanga, *'the present position is that we have seven workers in five Mission Houses, where four years ago there were seven centres, worked by a staff of 18, including three trainees'*, ā, ka pānuihia he *'Free board and lodging at the Mission House, and £50 a year if experienced'* mō ngā wāhine e hiahia ana ki taua mahi.[16]

I whakahaere hoki he mema Māori nō te Hāhi i ngā Kura Rātapu o ō rātou ake rohe. He mea whakatū ngā karaihe e rima e ngā rīkona Māori i te tau 1941, ā, ka whakahaeretia e ngā wāhine Māori. '*At Mohaka Miss Esme Huata, daughter of the Rev. Heemi Huata and teacher in the local Native School, conducts a Sunday School of 40 children. There are also schools at Te Kiwi and North Clyde, conducted by Miss B. Tehima and Miss McAndrew, respectively, and Mrs. Whaanga has a Sunday School at Nuhaka.*'[17] He kaihautū mō ngā Kura Rātapu tō te Pīhopatanga o Ākarana. Ka haere atu ia ki te toro, ki te ārahi i ngā Kura Rātapu Māori, Pākehā hoki, ki te toro atu hoki ki ngā tamariki o ngā wāhi taratahi e mahi ana i ngā akoranga Paipera mā te reta.[18] I whakahaeretia ngā tini Kura Rātapu e ngā mema o ngā peka Māori o te Uniana Whaea o Te Tai Tokerau. He rōpū whai karakia tēnei mō ngā wāhine, engari, ka tae mai he tāne ki ngā hui o ētahi peka Māori. I toro atu hoki ngā wāhine nei i ngā tūroro, ā, ka whakatika hoki rātou i ngā whare karakia.[19]

I mahi hoki ngā minita Māori i te taha o ngā taitamariki me ngā pakeke. He pirihi hohe a Rev. Wī Te Tau Huata ki Te Matau-a-Māui.[20] I whakaako ia i ngā karaihe Paipera ki Kohupātiki, ā, nāna i whakatū he hui nui mō ngā karaihe Paipera i Pakipaki i te tau 1941, ā, he hui anō ki Ōmāhu i te tau 1943 i tae mai ai ngā tāngata e 270. Ahakoa he whai karakia te āhua o ēnei momo hui, ka whakamahia hoki ngā tikanga Māori. I Ōmāhu, i āwhinatia a Wī Huata e '*Rev. H. Rangiihu, of Te Kaha pastorate, Rev. Turoa Pohatu, of the East Coast, and Rev. Manu Bennett, of Tauranga. The camp was opened by a fine Maori entertainment and concert on the marae at Omahu, which was attended by about 400 people, mainly members of the Maori race.*'[21]

Tērā tētahi momo 'mīhana' kē i mahia, i whakaritea ai e ngā minita ngā hui roroa hei whakakaha i te wairua whakapono, hei rapu i ngā wairua hou. I muri i tana taenga atu ki tētahi mīhana ono rā ki Wairoa i te tau 1939, '*The Rev. H. Huata, Vicar of the Pastorate, said that in the whole 40 years of his ministry this had been the first experience of a parochial mission, and he wished he could have had the experience years before.*'[22] Ka whakamahia hoki ngā mīhana kia tōia mai ngā tāngata kua kotiti atu, hei akiaki hoki i te whakaminenga kia whakapuaki rātou hei tāngata tūturu rātou ki a Īhu Karaiti. Hei tauira, kotahi wiki te roa o tētahi mīhana i Te Kao i te tau 1939; ka āhua 100 ngā tāngata i mine mai, Mihinare mai, Rātana mai, Pikopō mai. I te rā whakamutunga, '*after a final appeal, 24 people, young and old, stood up one after another, and in a few simple words professed their faith in Jesus Christ.*'[23]

Ko te Rōpū Karaehe Paipera i Houngarea Marae, Pakipaki i te tau 1941. E tū ana a Rev. Wī Te Hau Huata ki mua o te amo o te whare.

Nā Alex Lovell-Smith te whakaahua, nō Knowledge Bank: Hawkes Bay Digital Archives Trust, 878/1616/39317.

He maha hoki ngā mīhana i whakaritea e te Pīhopa o Aotearoa. Kāore te whakaminenga i te tino nui i tāna mīhana rima rā ki Pūtiki i te tau 1941, engari, *'at the final service on Easter Sunday 20 people stood up to re-dedicate their lives to Jesus Christ, and then knelt at the altar rails to receive the Bishop's blessing.'*[24] Tērā pea, kīhai a Pēneti i tino whakaae ki te ngākau pakeke o te Hāhi ki te whakapono Rātana,[25] engari, i roto anō i ngā pūrongo, ka whakakitea he harikoa i te hokinga mai o ngā mema Rātana, Ringatū hoki, ki te Hāhi Matua. I te marama o Māehe 1941, e toru ngā mīhana a Pēneti rāua ko Kēnana W. H. Williams (ko te Hupiritene o te Mīhana Māori o Pōneke) ki Wairoa, ki Mōhaka, ki Nūhaka hoki i roto i ngā wiki e rua. I a rāua i reira, ka whakaminea e rāua ngā tāngata Ringatū e 30 ki Te Māhia, ā, ka iriiria ngā kōhungahunga tokowhā.[26]

I tino pakeke te tikanga a te Hāhi Mihinare ki te wehenga o ō rātou mema ki ngā karakia Rātana, ā, mai i te tau 1925, ki te haina ana he mema Mihinare i te kawenata Rātana, e kīia nei, kua ārai rātou i a rātou anō i te Hāhi Mihinare.[27] Engari, e pai ana kia hoki mai ngā mea kua hē, kua kotiti rānei. Hei tauira, i muri i te whakapau kaha a ngā rīkona Māori tokotoru me ngā ākonga whakapono tokorua ki Mōhaka i te tau 1940, *'the Bishop of Aotearoa, in the presence of a large congregation, admitted back to the Church fourteen members of the Ratana sect. We know also that there are many others in this district considering taking the same step.'*[28] I puta mai he hua hoki ki te mīhana a Bennett i Tāngoio i Oketopa 1941.

> One happy result of this mission was the public readmission to the fold of the Church of an old man of 93, who had been a member of the Ratana movement. This old man is now a permanent inmate of the Napier Hospital, and for some time has expressed the wish to be received back into the Church so that he might again partake of the Holy Communion before he dies.[29]

E kitea ana he raruraru nui ō te Hāhi Mihinare Māori i ngā tau o te pakanga. Ina koa, tokoiti rawa ngā kaimahi, ā, he iti rawa hoki te pūtea i utua nei rātou. I pēnei hoki a Ākarana me Waiapu, arā, ko ngā pīhopatanga i kaha atu ai ngā mahi mīhana.

Ahakoa ngā wero nei, i uru mai ngā tāngata Māori ki roto ki ngā mahi a te Hāhi me āna mihingare. Ka whakaako ngā Māori i ētahi o ngā Kura Rātapu, ā, ka tae mai ngā tamariki ki aua karaihe. I whakatū ngā wāhine Māori i ō rātou peka o te Uniana Whaea; ka mui mai ngā rangatahi ki te ako i te mātauranga Paipera; ka ahu atu ngā minita

Māori ki ngā kāinga Māori 'mīhana' ai, ā, i ētahi wā ka mine mai ngā tini tāngata ki aua hui. I pēnei ai pea nā te ngākau o taua wā ki te tomo kaha atu ki roto ki ngā mahi wairua me te whakapono; he wā hoki tēnei i whāki ai te tino nuinga o te iwi Māori, he Karaitiana rātou, arā, he hāhi ō rātou. Nā reira, kāore pea te ngākaunui ā-whakapono i taunuhia.

Tērā pea ētahi atu take. I noho te nuinga o ngā tāngata Māori ki ngā takiwā taiwhenua, ā, ka meatia e te Pīhopa o Ākarana i te tau 1943, e noho ana te nuinga o tāna kāhui Māori i ngā kāinga taratahi.[30] I pāngia ngā tini kāinga Māori o ngā rohe taiwhenua e te pōharatanga, me te kore mahi ngahau. Ki a rātou pea, he pārekareka, he whakahoahoa ngā mahi a ngā mihingare. I hoatu e ngā kaimahi Kura Rātapu ngā pukapuka ki ngā tamariki, me ngā taonga tākaro i te Kirihimete;[31] ka haere pea ngā taitama me ngā kōhine ki ngā karaihe Paipera kia kite ai i ō rātou hoa; ā, ka kaingākautia e ngā wāhine ō rātou hui whakahoahoa o te Uniana Whaea. Kāore e kore, he ngahau hoki te mātakitaki i ngā whakaahua o te *magic lantern*,[32] nā te mea he rerekē i ā rātou mahi noa o te kāinga.[33]

I tino āwangawanga ngā Māori Mihinare i te pakanga. I tuku te Hāhi i ngā tiaparani ki te Ope Māori, ā, ka tū whakahīhī te Hāhi i ngā tini tāne Mihinare kua uru ki roto ki te Ope Māori.[34] Engari, i ētahi wā, he whakararu noa iho nā te pakanga; ka tokoiti haere ngā minita, ā, nā ngā tikanga raihana i te penehīni i uaua haere ai te haere. Engari, kua mārama nei, ka tohe tonu ngā mihingare kia haere tonu ā rātou mahi, pērā me ā rātou mahi i mua o te pakanga.

'He Mea Whatu ki te Aroha me te Ngākau Pai'

Rosemary Anderson

He maha ngā momo rōpū i whakautu i te karanga ki te āwhina i te motu i te wā o te Pakanga Tuarua. Ahakoa matatau, ahakoa ninipa, ka tahuri ētahi wāhine ki te hanga i ngā tini taonga, he mea tuitui, he mea nitiniti hoki; ahakoa nā ngā kōpakatanga o te wā pakanga i āhua uaua ai ēnei mahi. Engari, he mea whakahihiko ngā rōpū nei i runga i te ngākau aroha ki ngā tāngata e pāngia ana e te whawhai.

I taua wā, ka aro te iwi ki ngā niupepa kia kitea ai ngā mahi a tāngata kē, ahakoa i āhua mokamoka ētahi tuhinga. Nā te nui o te pakanga me ngā raupanga o te iwi Māori ki tāwāhi, ka whakaarohia pea, ehara ngā mahi a te hau kāinga i te mahi whakahirahira. Nā reira, he poto ngā rīpoata, kāore rānei ngā mahi mō ngā take pakanga i rīpoatatia. Engari ka taea te kī, kāore te nuinga o ngā mahi me te kaha o te aroha o ēnei rōpū e kitea ana i roto i ngā niupepa. Engari, hei tino painga ngā tini momo mahi a ēnei rōpū ki ngā mahi katoa o te pakanga.

Hei tauira, ko te Kotahitanga o ngā Whaea Māori o Manutūkē. I kaha pīrangi te katoa ki te tautoko i ngā mahi pakanga, ā, ka hui rātou ki te kōrero mō tā rātou e mahi ai.[1] E matatau ana ngā wāhine ki te tuitui kākahu, ki te tui tāniko, ki te nitiniti hoki. Ka tū he rōpū mahi ā-ringa, ka aro ai ki ngā hiahia o ngā hōhipera me ngā ope whawhai. Ka whakamāoritia he karakia motuhake mō te rangimārie, ā, whakatakotoria ki ō rātou kāinga katoa.[2]

He wāhanga ngā Whaea Māori o Manutūkē nō te Kotahitanga whānui. Nō te Hāhi Mihinare taua Kotahitanga, puta noa te ao, he mea whakatū i te tau 1876. Ki a rātou, he whakahirahira te whakahoatanga, ko te kaha me te mana hoki o te karakia. I tahuri rātou ki te whawhai i ngā mate ā-hapori, ā-ōhanga hoki, arā, i nga kino e whakapā ana ki te noho pai o te whānau. Ka whakatūria te Kotahitanga nei i te tau 1886 i Aotearoa, engari, tokoiti ngā wāhine Māori i uru mai, tae noa ki te tekau tau 1930.[3]

I ia marama, i ia marama ngā whaea o Manutūkē i hui ai ki roto i te whare mīhana o te whare karakia Toko Toru Tapu. Hei pokapū taua whare mō te kāinga, arā, '*the centre of all organisations for the good of the church and the community*'.⁴ Tū ai ngā tini huinga i reira i te wā pakanga, i mine ai ngā whaea rātou ko te hapori whānui ki te whakareri i ngā kono kai me ētahi atu taonga mā ngā hōia i tāwāhi.⁵ I ia wiki, i ia wiki hoki i hui ai te rōpū nitiniti o te Mīhana o Manutūkē, Māori mai, Pākehā mai, ki te nitiniti i ngā pōtae pūāhuru, i ngā tōkena, i ngā poraka, i te aha, i te aha, mō te taua hōia me te tauaarangi.⁶

Tērā ētahi rīpoata i roto i ngā niupepa mō ngā mahi a te Kotahitanga; hei tauira, ko te kohi kākahu mō ngā manene rere o te pakanga, mō ngā wāhine me ngā tamariki hoki o Ingarangi.⁷ I tukua hoki he moni ki te Rīpeka Whero, ā, he taonga hoki ki te tuatahi o ō rātou hōia i mauheretia.⁸

He wāhi manaaki hoki te whare karakia i te wā pakanga nei, ā, ka mahi ngā whaea ki te tautoko i te pāriha. I kohia he moni hei whakatika i te whare karakia, ā, ka whakatipuria he rākau, he putiputi hoki hei whakapai i te whenua.⁹ Ka tukuna he moni ki ngā whaea pōhara, ā, ka hoatu he taonga ki te waka tūroro o te rohe. Ko te rā hirahira o te tau ko te taenga mai o te Pīhopa o Aotearoa, o te Rev. Pererika Pēneti ki te kōrero ki a rātou.¹⁰

Nō te tau 1943 he rīpoata mō tētahi koha mīharo, mō tētahi koha motuhake, he mea āta hoahoa, he mea āta hanga e te rōpū nei. I te tau 1942, ka riro i te Hōhipera Tahi o Aotearoa ki Īhipa he kuira nā te Kotahitanga o ngā Whaea Māori o Manutūkē i tuitui. He maha ngā kuira i tukuna atu i Aotearoa i te wā pakanga, engari, he rerekē tēnei kuira. Ko te pīrangi o ngā whaea '*to convey a message of love and goodwill*' ki ngā hōia Māori e noho tūroro ana ki te hōhipera. Nā reira i tuia ai ki ngā hainatanga a ngā tāngata e 300 o te rohe o Manutūkē, hoa mai, whānau mai, Māori mai, Pākehā mai. I tuia hoki te waitohu a te Pīhopa o Aotearoa.

I whakahoki mai a Hēhita Wilson, te tumuaki tuarua o ngā nēhi, hei māngai mō ngā kaimahi katoa o te hōhipera, e mea ana:

> *It will give us great pleasure to use it on the beds of the Maori patients. I know they will be delighted and intensely interested to find the names of their own people. I will keep a close look-out for the first soldier from the Manutuke district and I am sure he will be very proud to use the quilt.*

I whakamōhio hoki ia i ngā whakaaro o ngā kaimahi o te hōhipera, e kī ana:

How proud we, as New Zealand women, are of the Maori Battalion in the Middle East. As patients, either sick or wounded, they have endeared themselves to the nurses and sisters who have been privileged to care for them. They are outstandingly brave and cheerful in their sufferings. They never complain and are always ready to help the nursing staff and orderlies with fatigues.

I wish you could have seen the Maori patients on Christmas Day with an improvised string orchestra going round the wards playing to the bedridden patients. All day long they entertained and spread their cheerful spirit among the less fortunate.[11]

I te mutunga o tāna tuhi reta, kātahi he hōia Māori ka whakaurua. Nō Te Karaka ia, engari, he pai tōna mahara ki Manutūkē. Nā reira, ko tōna moenga te tuatahi i uhia ai ki te kuira nei.

Tērā ētahi atu rongo mō te kuira nei. I Māehe 1949, ka whakahokia mai te kuira ki Manutūkē. Kua haere ki ngā tini wāhi o te ao. I te mutunga o te whawhai ki Ūropi, ka tukuna ki tētahi hōhipera hōia ki Hapani. Engari, nā te katinga o ngā hōhipera katoa o te taha Piritihi i reira, ka whakatau te Rīpeka Whero kia whakahokia te kuira ki te iwi nāna i tuitui.

I a ia e tamariki ana, ka noho a Stan Pardoe i Manutūkē, ā, ka maumahara ia ki te kuira. Mō ētahi tau, ka whakakitea i te matapihi o te toa o Reid ki Tūranga. He wāhi tēnei i mui ai te iwi. Hokona kau atu te toa tawhito nei, ā, ka hangaia he whare hou. I kūare pea ngā toakipa hou ki te hītori o taua kuira, ā, ka whakarērea, ka ngaro, ka ahatia rānei.[12] Ko te āhua nei, ki te kore he tāngata e puta mai, e mōhio ana ki te ahatanga o tēnei kuira, kua ngaro rawa atu mō ake tonu atu.

Te Hāhi Mōmona me te Iwi Māori

Lachy Paterson

Pērā me ērā atu hāhi i ngangahau ai te iwi Māori i te wā o te Pakanga Tuarua, i tau iho ētahi wero ki te Hāhi o Ihu Karaiti o te Hunga Tapu o ngā Rā o Muri Nei, engari, ka tohe rātou kia haere tonu ā rātou mahi ā-hāhi ahakoa ngā āhuatanga hou me ngā wero o te wā pakanga. Pērā anō hoki ki aua atu hāhi, ka noho, ka mahi hoki ngā mema Mōmona i roto i te mirumiru o tō rātou ake Hāhi; i waho te pakanga i te nuinga o te wā, engari, ka uruuru mai ki roto i ngā mahi i ētahi wā. Kāore ngā whakawai o ēnei rā i a rātou, engari he maha ngā momo mahi i roto i te Hāhi hei oreore i a rātou, hei whakangahau i a rātou, hei whakapau i ō rātou hāora wātea. Tērā pea, he nui atu aua momo mahi i ō ērā atu hāhi. Me kī hoki, pērā me ngā Hāhi Mihinare, Wēteriana, Pikopō, Perehipitīriana hoki, he āhua 'mīhana' tō te Hāhi Mōmona i taua wā. Engari, he rerekē te Hāhi Mōmona; he āhua Marikena te wairua o taua hāhi, ā, ko ngā mema Māori te nuinga o te 'hunga tapu' o Aotearoa. Arā, i te tatau nui o te tau 1945, e 6551 ngā Mōmona Māori. Ahakoa e 6.63 paihēneti anake rātou o ngā Māori katoa, e 84 paihēneti rātou o te Hāhi Mōmona i Aotearoa.[1]

He maha ngā momo mahi mā ngā mema i ngā tekau tau 1930 me 1940, engari mā ngā wāhine ētahi, mā ngā tāne ētahi. I haere ngā tamariki nonohi ki te Kura Rātapu, ā, ka whakahaeretia hoki e te Paraimere ngā karaehe o te wiki mō ngā tamariki i raro i te 14 tau, i whakaakona ai ngā kaupapa o te Hāhi e pā ana ki te taha wairua, ki te matatika, ki te hauora, me te tākaro. He mema hoki ngā rangatahi nō Te Miutara (*M. I. A.* rānei), arā, i roto i ngā wāhanga tāne, wāhine rānei. Ka kake ake ngā tama mai i te 'Boy Scout' ki te 'Cub' i te tau 15, ā, he 'M-Men' rātou mai i te 17 ki te 23 tau; ko ngā ingoa ōrite o te taha kōhine, ko ngā 'Beehive Girls' me ngā 'Junior Girls' tae atu ki ngā 'Gleaner Girls'. Ka eke ngā tāne me ngā wāhine ki te 23 tau, ka hui tahi rātou. E ai ki te tikanga o te Hāhi, he mema ngā tāne pakeke katoa nō te hunga pirihi. Hui ai ngā tāne i ia wiki, i ia wiki *'to study important subjects in sacred or profane fields and to consider one another's welfare, as well as the needs of the Church'*. He mema ngā wāhine pakeke nō te Hui Atawhai; ko ā rātou mahi he ako i te whakapono, he tiaki i ngā tūroro me ngā rawakore, he whakahaere hoki i ngā *'bazaars, excursions, social evenings, and a variety of other activities for the advancement of women'*. Tua atu i ēnei mahi, tērā ētahi tūranga hei whakahaere i ngā tini peka o te Hāhi, arā, he tumuaki me ngā kaiārahi tokorua, he hēkeretari me te kaiāwhina, he hunga kaiako me ētahi kaiāwhina mō ia peka, mō ia peka. I haere hoki ētahi pakeke ki te Hui Whakapapa *'derived from the doctrine of the Church pertaining to the salvation for the dead'*.² I whakatenatenatia e ētahi peka ngā mahi ahurea. Hei tauira, he koaea nō ētahi peka; i Nūhaka ngā 'Singing Mothers'; ā, i Heretaunga he tōwhā autangi.³

Tua atu i ngā mahi i roto i ngā peka, tērā ētahi atu hui i te maramataka o te Hāhi. I ia tau, ka whakaritea e ngā peka katoa ā rātou Hui Pāriha, e rua rā te roa. Ka hui ngā tāngata o tētahi peka, engari ka pānuitia hoki kia tae mai ngā mema o peka kē. Hei tauira, i te marama o Mei 1940 ka tū te hui o te Peka Hauraki ki te marae i Manaia. Ka āhua 200 te hunga i tae mai; 'I te Haterei ka eke mai a Ngati Kahungunu, a Nopera me tona ope, nga Hunga Tapu o Mangere me Waikato'.⁴ I tū hoki he kanikani ki ēnei hui. Mā ēnei hui ka whakamaneatia pea ngā tāngata hou, kia kitea ngā mahi a te Hāhi. I te hui ki Manaia, ehara te hau kāinga o te marae i te pononga o te Hāhi, engari, ka āwhina rātou i ngā kaiwhakahaere, ā, ka tae mai ngā tamariki o te Kura Māori o Manaia ki te pōwhiri i te whakaminenga, ki te haka, ki te waiata me te poi hoki.⁵ Ka whakahaeretia hoki e ngā peka he whakangahau mō te Kirihimete, te Rā Pāpā, me te Rā Māmā, ā, i ia tau, ka whakatūria e ngā Miutara o ngā peka he kanikani nui, ko te *Green and Gold Ball*. I aua kanikani hoki, ka karaunatia he 'kuīni'; he whakataetae tēnei e kohi moni ai ngā rōpū hei tautoko i tō rātou wahine, kōhine rānei, mahi moni ai mō te Hāhi, mō tētahi atu take rānei.

> *In the spacious and attractively decorated Recreation Hall, the Kaikohe M.I.A. held a successful Gold and Green Ball on October 25 [1940]. A capacity house was in attendance. A Fairyland-like charm was effectively fused into the decorations, adding immensely to the beauty of the occasion. Miss Eva Wihongi was the successful Queen candidate and was crowned by Mr. G. Fraser, manager of the Ford Co. The evening's takings was most satisfactory, the major portion of which was handed over to the Patriotic Fund.⁶*

Ko te Hui Tau te takunetanga nui o te tau, i mine mai ai ngā mema o ngā peka katoa o te motu ki tētahi wāhi mō ngā rā e whā. He Māori te nuinga o ngā tāngata, ā, e kīia ana, ko te Hui Tau te tino rā o te maramataka Mōmona mō rātou i taua wā. E 2500 pea ngā tāngata i tae mai ki te Hui Tau o 1939.[7] Nā Te Puea Hērangi i whakauhi te Hunga Tapu i Ngāruawāhia i ngā tau 1938 me 1939, i mua i te tīmatanga o te pakanga.[8] I te tau 1940, i Nūhaka te tuatahi o ngā hui o te wā pakanga, he tino wāhi tēnei nō te Hāhi Mōmona. He maha ngā mahi o te Komiti Marae kia reri ai te marae mō te hui, arā, '*a beautification programme including new concrete paths, new tar-sealed tennis court, planting of shrubs and flowers, and general clean-up and paint-up campaign.*'[9] Ahakoa te pakanga, tokomaha ngā manuhiri. E toru ngā taraka i rīhitia hei kawe mai i a Ngāpuhi, ā, ka whakaritea e te Rerewei kia whakamāmātia te utu o ngā tikiti tereina ki reira.[10] I tae mai ngā tāngata mō ngā kaupapa whakapono, engari he wā hoki mō te huihui, mō te kapa haka, mō te whakahoahoa, me te ngahau. Ka āhei hoki ngā Mōmona ki te tūtakitaki ki ngā tāngata o karakia kē. I tuhi pēnei a Hirini T. Heremaia o Te Tai Tokerau.

> He mihi au ki te marae Rakaipaka. Kia ora koe te pai o te marae, te ma, te nui o te kai, te pai o nga tepu kai, te pai o te reo mai o nga tuari, te wera o te kai, te papai o nga kai, te kotahi o te whakaaro ahakoa he Mihinare ke etahi, he Ringatu ke etahi, he Ratana ke etahi, he Momona hoki etahi ara he Hunga Tapu.[11]

Ko Matthew Cowley (ko Matiu Kauri ki ētahi) te Tumuaki o te Mīhana Mōmona katoa, e noho ana ki Tāmaki Makaurau. I te tau 1914 tāna orokotaenga mai i Amerika ki Aotearoa, ā, e rima ōna tau e mihingare ana. I taua wā, ka matatau ia ki te reo Māori, ā, i mahi tahi rātou ko Wī Duncan ko Stuart Meha ki te whakaputa i te whakamāoritanga hou o *Pukapuka o Momona*. I te tau 1938 ka hoki mai ia hei Tumuaki o te Mīhana, ā, e ai ki a Peter Lineham, e arohaina ponotia ana a Cowley e ngā Mōmona Māori.[12] I noho ia ki Aotearoa tae noa ki te taenga mai o tōna rīwhi, o A. Reed Halverson, i Hūrae, 1945.[13] Ko tētahi o ā Cowley mahi he whakahaere i ngā ētita o *Te Karere*. He niupepa pakupaku tēnei i puta mai i ia marama, i ia marama; i te tekau tau 1940, he reo Pākehā te nuinga o ngā tuhinga, engari, ka tāia hoki he wāhanga hira i roto i te reo Māori. I whakamahia te pepa nei hei ako i ngā matatika me te whakapono o te Hāhi Mōmona ka tahi, ka rua hei whakaatu i ngā āhuatanga o te ao hurihuri ki te iwi Māori, hei whakakite hoki, ehara te Hāhi i te karakia whanokē. E whakamaneatia ana a ngāi māori ki taua whakapono nā te mea, ahakoa kua uru rātou ki roto i tētahi hāhi o te ao whānui e anga ana ki te ao hou, ki te haere whakamua, ka taea tonutia te tuakiri Māori te pupuri. Kāore i ārikarika hoki ngā tini ngahau mō te whānau. E ai ki *Te Karere*, ko tētahi kīwaha o te Hāhi, 'ehara te kanohi pōuri me te harirū whakapono i te tikiti ki te Runga Rawa'.[14]

Ahakoa ngā tini mahi i roto i te mirumiru o te Hāhi, he maha ngā raruraru o te pakanga e whakapā ana ki ngā mema. Tuatahi, ko te urunga o ngā tāne ki roto i te Ope Taua, me te wehenga ki tāwāhi. '*In spite of the numerous enlistments among the younger men which have depleted the ranks of some of the branches, the Saints remaining are carrying on and are praying for the safe return of their boys who are fighting valiantly in defense of our country.*'[15]

Nō te tīmatanga o te pakanga, ka rāhuitia te penehīni, i uaua haere ai te ahu atu ki ngā kāinga ki te toro i ngā mema, ki te whakatahuri rānei i ngā tāngata hou ki te karakia Mōmona, me te haere ki ō rātou hui, pērā me ngā hui pāriha.[16] Heoi, i tohe tonu rātou.[17] '*Despite the difficulties with fuel for the cars, the intention to go to these church meetings has not diminished.*'[18] E kitea ana, ka tino hiahiatia te penehīni. I tētahi hui ki Te Tai Tokerau, '*An interesting diversion was the work of the Pipiwai Platoon, Home Guard, under the command of Lt Hetaraka Anaru. Visitors had no fear of any losses of petrol.*'[19] I te tau 1943, ka miramira *Te Karere*, mehemea kua whiwhia he penehīni mō ngā take hāhi, kia kaua e whakapaua mō ngā take kē; kei hāmenetia te tangata i raro i ngā ritenga o ngā Oil Fuel Regulations. Mehemea ka pēneitia, ka whiua hoki e te Hāhi.[20]

He tino raruraru nō te whakahaere i te Mīhana te wehenga o ngā mihingare Marikena i te mutunga o te tau 1940. Kāore ō rātou whāmere kia tiakina, kāore ā rātou mahi kē, nā reira, i āhei ngā rangatahi nei ki te whakahaere i te nuinga o ngā mahi o ngā peka i whakanohoia ai rātou. Nā *Te Karere* i pānui ki ngā mema Māori ka hoki wawe aua 'kaumātua' ki Amerika, me te rongo:

> As long as conditions in the world continue as at present there will be no more missionaries sent to New Zealand from the United States. This will mean that the burden of all mission and Church activities in New Zealand will soon develop upon the local Priesthood and that all district, branch, as well as proselyting activities, will be under local control. . . . In too many of the districts and branches of the mission the local office-holders and members of the Priesthood have shifted responsibility to the Zion Elders.[21]

He hōia Māori i te uhi o te pukapuka māheni Mōmona, o *Te Karere*, o Ākuhata 1940.

He kaiwhakaahua tautangata, nō Church of Jesus Christ of Latter-day Saints, New Zealand Mission, Internet Archive, 367366913.

Te Karere

Wahanga 34   Akuhata, 1940   Nama 8

MAORI TROOPS

Ko Matthew Cowley rāua ko tōna hoa rangatira, ko Eva, ngā mihingare Marikena anake e toe ana ki Aotearoa nei.

Pērā me te niupepa o te Mīhana Perehipitīriana,[22] ka meatia e *Te Karere*, kua puta mai te pakanga i te paheke o ngā whenua Karaitiana me te kino o ngā ritenga a Hītara, nā reira, ka tautoko te Hāhi i ngā mahi pakanga. '*Although it is a sin to force war upon anyone, President Joseph F. Smith once said that it is both righteous and just to defend our lives, liberties, and homes with the last drop of our blood. It was also his belief that the Lord would justify us in such.*'[23] I Āperira 1940, ka tāia te uhi o te pepa ki te whakaahua o HMS *Achilles*, o te manuao o Aotearoa, me te kōrero poto mō tāna whawhai i te taha o ētahi atu manuao, i whakatotohutia ai te *Graf Spee*. I tapangia hoki e te pepa ko Piritene te 'Whenua Whaea'; he paku hūnuku tēnei i te āhua o te pepa e whakahaeretia ana e ngā mihingare Marikena.[24] I Noema, ka karakia tahi ngā mema Mōmona me ērā atu hāhi i te tono a te Kīngi kia karakia te Emepaea. 'I te karanga a to tatou kingi ko te waru o nga ra me inoi katoa nga hahi katoa o te ao kia arohaina hoki tatou e te Atua kia whakamutua tenei whawhai kia tau iho he rangimarie ki te whenua.'[25]

I kaha anga hoki ngā Māori Mōmona ki te kohi moni mō ngā kaupapa e tautoko ana i ngā take pakanga. E waia ana aua mema ki te mahi moni mō te Hāhi, ā, ka whakamahia aua pūkenga mō te taha pakanga, āpiti atu ki ā rātou urunga ki roto ki ērā atu kaupapa mahi moni a ngā kura, a te iwi whānui hoki. Hei tauira, i waiata ngā koaea o ngā peka ki ngā hui kohi moni, ki ngā konohete, ki ngā poroporoaki hoki i ngā hōia.[26] He mea nunui ngā kanikani *Green and Gold* i whakahaeretia e ngā peka, e ngā takiwā rānei, me ngā whakataetae kuīni. He maha ngā mahi a ngā rōpū e tautoko ana i ngā wāhine hei kimi pūtea, ā, ka karaunatia te 'kuīni' i te kanikani. Ko te pūrongo o te takiwā o Waikato: '*Throughout the past month many functions have been held in honour of the Gold and Green Ball Queens. Parties, dances and concerts have been held to raise funds for queen votes, which in turn is to go to the patriotic fund.*'[27]

I taua tau, ka kohia te £145/6/8 e te Komiti Kanikani o Nūhaka mō te Komiti Take Pakanga o te rohe. He kāinga āhua pakupaku a Nūhaka.[28] I Māehe 1941, ka mea atu *Te Karere*, he tino pai te kohi moni a te Miutara i ngā kanikani o te tau o mua, engari, e kitea ana, kua memeha tōna ake pūtea e toe ana, nā reira, ka tukuna ngā hua o te Hui Tau ki te M. I. A.[29] I Hepetema, ka whakahaua e te Poari Miutara kia wehewehea ngā hua o ngā kanikani o taua tau, he hautoru ki te Tari o te Poari, he hautoru mō ngā mahi pakanga, ā, kia mau te hautoru whakamutunga e ngā peka.³⁰ Engari, e tinga anō, i te tau i muri mai ka nui atu te wāhanga i tukuna ki ngā kaupapa pakanga. Hei tauira, i Heretaunga:

> During the months of August and September, the Hastings Patriotic Zone Funds were handsomely augmented by the Maori people of the district. Of the £1,300-odd collected, was the wonderful contribution of the Mutual Improvement Associations of Korongata, and the combined Te Hauke, Waipawa, Waimarama and Hastings Green and Gold Balls, which accounted for more than £1000 of the total.³¹

I Pēpuere 1945, ka whakamōhiotia e *Te Karere*, kua whakautua te tono a Cowley kia mahi moni te Hāhi mō ngā take pakanga, ā, '*to date the Mutual has contributed approximately £50,000. A proud effort indeed!*'³² Ko te mea whakarapa mō te Hāhi, nā ngā raruraru o te pakanga, kīhai te Hui Tau i tū i te tau 1942. Engari, ka whakatau te Hāhi kia whakahaeretia he 'Patriotic Hui Tau' i te tau 1943, arā, kia tukuna ngā hua katoa ki te pūtea e tautoko ana i ngā hōia e hoki ora mai ana i te pakanga, Māori mai, Pākehā mai. Ko tētahi o ngā whāinga o Cowley he whakamāori i te Hāhi i roto i te iwi whānui o te motu; mā te mahi moni mō ngā take pakanga e tutuki ai.

> In sponsoring this patriotic effort the Church is submitting itself to the scrutiny of the general public. If the hui is the success we hope it to be, it will do more to elicit the admiration of those not of us than anything we have done in recent years. It will also demonstrate in a very convincing manner the spirit of patriotism that is instilled within the hearts of faithful Latter-day Saints.³³

I Heretaunga te Hui nei, neke atu i te 2000 ngā tāngata i tae mai, ā, ko Tā Apirana Ngata tētahi o ngā kaikōrero hōnore. I tonoa ngā peka o te rohe kia mahi moni, engari, ko te tino mea ko te whakataetae kuīni i whakahaeretia e te Miutara. I wini i a Mrs Apikara Paewai o Tāmaki-nui-a-Rua; tata ki te £8000 te pūtea i kohia e tōna rōpū.³⁴ He mahi whaihua te Hui Tau. I whakahīhī a Cowley,

> The New Zealand Mission of the Church of Jesus Christ of Latter-day Saints can justifiably point to this great effort with pride in sponsoring an effort which brings approximately £13,000 into the funds of the Patriotic Societies of this country. . . . it was one of the best missionary endeavours sponsored in New Zealand. How well the conference was conducted and the patriotic fund campaign was carried out is now well known, not only by those who were in

> attendance at the conference, but by people in all parts of the
> Dominion who have read the reports in the leading newspapers.[35]

Kei ngā whārangi o *Te Karere* he wāhanga pai rawa atu kia mōhio ki ngā mahi, ki ngā wheako, ki ngā raruraru o ngā kāinga o ngā Mōmona Māori i te wā o te pakanga, arā, i roto o '*News from the Field*' i rīpoatatia ai ngā āhuatanga katoa o ngā peka, ā rātou pēpi hou, ngā matenga, mārenatanga hoki, ā rātou mahi kohi moni, ngā mahi ā-hāhi, tae atu hoki ki ētahi rongo mō te pakanga. Hei tauira, i Mei 1940, ka whakaaturia ki ngā kaipānui, ka āhua 50 ngā Mōmona o te Ope Māori i te puni ki Te Papaioea, ā, kua whakaritea e rātou ā rātou ake karakia i reira.[36] I roto hoki i ngā rongo o ngā peka he kōrero mō ngā tāne e haere ana ki te puni whakangungu, mō ngā mea e hoki ana ki te kāinga whakatā ai, mō ngā hōia i tāwāhi, me ngā mea e hoki ora mai ana. Hei tauira, mai i ngā rongo o te takiwā o Te Māhia i Noema 1941:

> *Leading Aircraftsman Sydney Taurima (Opoutama) has been home on leave[.] Sister Lena Taurima and family wish to thank all those who presented Bro. Sydney with gifts and telegrams of good wishes.*
>
> *Word has been received that Brother Ponti Te Kauru,[37] who was wounded in Crete was picked up by the German Red Cross, and was flown to a hospital in Greece, and is now a prisoner of war in Germany. Bro. Ponty reports that he is well treated, and wishes to be remembered to all.*
>
> *We are proud to announce that another group of our Nuhaka boys have left for Papakura Camp, including Benjamin Christy, Tilly Whaanga, John Smith, Stan Smith, Edgar Smith, George Haronga, Rajah Karangaroa. Bro. Tuehu Smith now has four sons in camp, Cleo is a corporal, while Riki has been transferred to Trentham, where we understand he is to be given the rank of 2nd Lieutenant. Congratulations boys! Nuhaka is proud of you all.*[38]

I whakatūria hoki he Ope Kāinga ki tēnā rohe, ki tēnā rohe, ā, ka uru ngā Mōmona ki roto ki aua rōpū. He Ope Kāinga tō Hūria, e tata ana ki Tauranga; he Ope hoki tō Pīpīwai ki Te Tai Tokerau, ā, he mema te nuinga o ngā tāne Mōmona o Korongatā nō te Ope o tō rātou kāinga.[39] E 37 ngā tāne o te Ope o Tahoraiti; ko Rūtene Lui Paewai te āpiha, nō tētahi whānau Mōmona whakahirahira ia. '*Some of the members include Wi Duncan, Karauria Wirihana, William Thompson, William Harris, Leonard Snee and Ronald King. With a few more exercises and route marches, you will notice a big change with some of these brethren, especially Bro. Wi Duncan, who is the biggest member in the platoon.'*[40]

Kāore e kore, i te āwangawanga ngā whānau o te hau kāinga i te tukunga atu o ā rātou tama, tamāhine rānei, ki tāwāhi. Nā konei pea te ngākau rorotu o ngā reta mai i ngā hōia i tāwāhi, e tukua ana ki ō rātou hoa o te Hāhi, hei whakamāmā i te ngākau pōuri. '*Private Ritchie Tatana of Auckland and Waikato, now serving with the Maori Battalion in the Middle East, sends greetings back, per medium of "Te Karere," to all his friends in the North Island. He reports that he is well and that the land of the Pharoahs is all that he expected it to be.*'[41]

> *Word has been received from Sister Wiki Katene,*[42] *who is nursing overseas, that she is well grounded and her duties as a V.A.D. keep her forever on her feet. What little time she has off is spent, always, with some member of the Maori Battalion. Her brother, Georgie,*[43] *has spent much time with her, showing her the sights. Wiki has not had time enough to herself to get homesick – yet! Apparently Georgie sees to that. Incidentally the letter she was writing had to be brought to a close because Major E. T. W. Love*[44] *had arrived on the scene to 'show her the town'.*[45]

Mai i te mutunga o 1941, i te hokihoki mai ngā hōia Māori i te pakanga, arā, ko ngā tūroro. Tokomaha o ēnei hōia i tae mai ki Te Whanganui-a-Tara, i pōwhiritia ai rātou e te pirimia me ngā mema pāremata, e ngā kaumātua Māori, me te kapa o Ngāti Pōneke. Tērā ētahi whānau Mōmona e noho ana ki Porirua, ā, ka haere atu ētahi mema o te Hāhi ki te mātakitaki, ki te uru rānei ki roto i ēnei pōwhiri.[46] I ētahi wā hoki, ka tāia e *Te Karere* he whakaahua nō ngā hōia Māori kua mate, kua mauherea rānei.[47] E katohia ana hoki ngā tau o te ate nā ngā rongo pōuri mō ngā tāne kore rawa e hoki mai.

> *We welcomed into our midst Sister Ao Elkington, wife of the late Arthur Elkington*[48] *of Madsen, and her son Angus, Arthur's sister, Polly, Bro. Turi Ruruku, relatives and friends. The gathering was a sad one, for we mourned the loss of our dear Bro. Arthur, who was killed in action recently. Shortly afterwards we learned of the death of Herbert Elkington,*[49] *twin son of Bro. and Sister James Elkington and nephew of Arthur's, who lost his life serving his country. To the relatives of these two fine men we extend our sincere and heartfelt sympathy in their loss, but we realise that what the gospel has taught us on life and death will help us bear our sorrows.*[50]

I te pakanga e mura ana, ka āhua rite ētahi o ngā mahi a te Hāhi Mōmona ki te wā o mua. Ka tukuna e te Hāhi he ritenga e whakatairangatia ana te taha tinana me te taha wairua o ōna mema, i a rātou e pupuri tonu ana i tō rātou Māoritanga. I te toritori rātou, e uru ana ki roto i ngā tini mahi o te Hāhi, e whakahoahoa ana ki ngā mema o peka kē. He nui atu pea ēnei momo mahi o te Hāhi Mōmona i ō ērā atu hāhi. Engari, i ētahi wā, ka rarua ēnei mahi ā-hāhi e te pakanga. Ki te Tumuaki o te Mīhana Mōmona, ki a Matthew Cowley, he āheitanga pea te pakanga kia tū whakahīhī ai te Hāhi i te aroaro o te marea. Nā konei, ka akiaki ia kia tomo kaha ngā mema Māori o te Hāhi ki roto i ngā mahi kohi moni hei tautoko i ngā take pakanga. I whakapāngia hoki ngā whānau e te wehenga o ā rātou tama (me tētahi wahine) ki tāwāhi. Kāore e kore, he nui te āwangawanga, me te tatari kia mutu te pakanga, kia hoki ora mai anō ā rātou rangatahi.

Ko ngā kaimahi o tētahi wheketere o Greytown (Hūpēnui) i hangaia ai ngā pou raima i te tau 1948. Ko Eric Williams kei muri; ko Hōri Pīrere rāua ko Grant Marunui kei waenganui; e noho ana, mai i te taha maui, ko Mackie Pīrere rātou ko Laurie Farmer ko Ken McCalmont, nōna nei te wheketere. He hōia a Grant (Karaati Hone Parai) Marunui nō te Ope Māori e whawhai ana i Ītari.

He kaiwhakaahua tautangata, nō Wairarapa Archive, 03-89/174.

I Muri i te Pakanga

Kei roto i tēnei wāhanga whakamutunga ngā kōrero e whā mō ngā tau e whai mai ana i te pakanga. Kei te mea tuatahi he kōrero mō te tamāhine Māori a tētahi wahine Pākehā, i whānau mai i muri tata mai i te pakanga, ā, ka whakatipua ia e tētahi whānau Pākehā kē. Nā konei i tupu kūare ia ki tōna whakapapa Māori. Marenganui, kua kite rāua ko tōna ake whānau i ō rātou whanaunga Māori ināia tata ake nei. Kei te titiro te kōrero tuarua ki ngā kaupapa me ngā ture a te kāwanatanga, inarā, ki te Maori Social and Economic Advancement Act 1945, i whakawherea ai ngā tini Māori kia whakarere i ō rātou kāinga taiwhenua, kia haere ki ngā tāone rapu mahi ai. I pāngia ngā tini hōia i hoki mai i tāwāhi e ngā tūnga me ngā mate ā-tinana. Kei te whakamāramatia i te kōrero tuatoru, nā te pīrangi o te kāwanatanga kia whakaurua paitia rātou ki roto i te hapori, ka tonoa rātou ki ngā hōhipera kia whakaorangia ō rātou mate, ki ngā kura mahi hoki kia whakangungutia rātou mō ngā tūranga hou. Kei te matapaki te kōrero whakamutunga i te tukunga iho o ngā tini waiata Māori, he mea tito i te wā o te Pakanga Tuarua, e waiatatia tonutia ana e ngā iwi o ēnei rā.

213

He Kōrero mō tētahi Pēpi Māori

Erica Newman

Child in home of [foster parent]. Placed by Transit House v[iew] to ad[opt] but child is too dark for them. [Foster mother] wants child removed by weekend if possible. I rang Mrs Wallis [Director], Transit House, Mrs Wallis will arrange further temporary board.[1]

He pēpi Māori, ko te māmā o te kaituhi.

Nō te kohinga a Erica Newman.

Mai i tēnei kōrero, me ētahi atu kupu i tuhia, i roto i te kōnae *adoption* o tōku whaea, kātahi au ka mōhio ki tēnei mea, ki te Children's Transit House (CTH). Mai i te ingoa nei, ka kitea he wāhi tēnei i whakanohoia ai ngā tamariki kia tiakina mō ngā wā poto, ā, e ai ki ngā rīpoata niupepa, ko te whare nei *'a clearing house between the children's own homes and the temporary homes'*.[2] Nā te kōrero *'a clearing house for babies and children'*[3] e mārama nei, hei wāhi hoki mō ngā pēpi, tamariki hoki, kia whakatakotoria ki roto i ētahi kāinga pūmau.

I te heke haere mai ngā Māori ki ngā tāone i te wā o te pakanga, ā, ka nui haere hoki i muri. Nā konei i nui haere ai te pāhekoheko a te Māori me te Pākehā, ā, i ētahi wā ka puta mai he pēpi. Ahakoa nō te tau 1948 tōku māmā i whānau mai ai, nā ngā raruraru o te wā pakanga te whare nei i whakatūria ai i te tau 1943. Ko te kaupapa tuatahi he atawhai i ngā whaea i ā rātou tāne i tāwāhi, me ērā atu whaea e whai raruraru ana. I raro te CTH i te maru o te 'New Zealand Happiness Club', nāna i whakahaere kia manaakitia ngā tamariki, mehemea i māuiui ō rātou māmā, i roto i te hōhipera rānei, mehemea he take kē i kore ai e taea e te whaea tāna tamaiti, āna tamariki rānei, te tiaki.

I te 23 o Hūrae 1943 i tuwhera ai te CTH ki Hobson Street, i Tāmaki Makaurau, e hāngai ana ki te toa nui o Farmers, nāna te whare i hoatu. Nā te Mea, nā John Allum, rāua ko tāna wahine, te whare i whakatuwhera.[4] Mai i te whaikōrero a Mea Allum ka paku kitea te āhua uaua mō ētahi whānau e noho ana ki ngā tāone i taua wā, inarā, mō ngā whaea, i tāwāhi ā rātou tāne e whawhai ana: *'Under present-day conditions one continually hears the call for assistance made by mothers, and even fathers, who in times of necessity need help in caring for their children.'*[5]

Ehara a CTH i te wāhi hei āta tiaki i ngā tamariki mō ngā wā roroa. E ai ana te kupu hoahoa, ko te whare nei he *'suite of rooms, which has been most attractively equipped and decorated, includes a model kitchen, a large playroom, sleeping room and bathroom, office for the supervisor and a sewing room . . . Some of the walls have been charmingly decorated with nursery themes by the director of the Happiness Club, Miss Joan (Edith) Sutherland.'*[6] I pērā ai kia taea ngā tamariki te whāngai, te whakaokioki hoki, ā, *'if necessary, supplied with clothing before being sent on to their temporary homes'*.[7]

Kīhai te CTH nei i tū ki te mahi moni; nā te Happiness Club te pūtea i kohi, mai i ngā kanikani me ngā whakaaturanga. Nā ngā mātua he utu pakupaku, 15 herengi i te wiki mō ia tamaiti – mehemea ka taea te utu. I tuku kore utu hoki a Farmers i te whare.

Hei whare taupua te CTH mō ngā tamariki i raro i te tekau mā toru tau, ā, ka mahi tahi te whare me ngā tauwhiro kia tautokona ngā whaea. I te tau i whakatuwheratia ai, e 35 ngā kāinga, neke atu

rānei, e whakaaetia ana, e raihanatia ana hoki, hei kāinga tiaki,
hei kāinga taupua mō ngā tamariki. Mai i Ākuhata 1943, ka puta mai he
pānuitanga *'Board Wanted'* i roto i ngā whārangi o ngā niupepa e rapu
ana i ngā *'KIND PERSONS, willing Board Children of sick mothers for
short period'*.[8] Ka tae mai ki te marama o Oketopa 1943, ka kitea te pai o
te haere o tēnei mahi; e 80 ngā tamariki kua whakanohoia ki roto i ngā
kāinga taupua.

I raro i te tumuaki, i a Mrs A. Andrews, ngā kaimahi tūao o te
whare. Ko ā rātou mahi he tiaki i ngā tamariki, he whakanoho i a rātou
ki roto i ngā kāinga, ā, he āta tirotiro i ngā kāinga e tukuna ana, he
whakapā atu ki ngā whaea māuiui o ngā tamariki e tiakina ana.

Kāore e taea e ngā kāinga whai raihana katoa ngā pēpi te manaaki.
Engari, kia pānuitia atu ana, ka nui ngā kupu whakahoki i tae mai. *'In the
case of the tiny baby* [10 ōna rā] *a call for assistance was put over the air,
and in half an hour Mrs Andrews had 14 offers of homes.'*[9] Nō te tau 1943
tēnei. E pēnei ana te whakanohoanga o tōku māmā i te tau 1948, nā te
mea, nā tōna pēpitanga me te tae o tōna kiri i uaua ai te kimi kāinga
mōna. Nā, e rima tau ki muri te kēhi o tōku māmā, ā, i pēneitia tonutia
mehemea tokoiti rawa ngā tāngata hei tiaki i ētahi momo tamariki.
10 herengi i te wiki te utu a ngā whānau mō ia tamaiti i manaaki ai rātou.

Nō te mutunga o Oketopa 1943, kua whakaaetia, kua raihanatia
ngā kāinga e 75 mai i Whangārei ki Kirikiriroa, he maha i te takutai,
i ngā wāhi taiwhenua hoki. Ki te whakaaro o Mrs Andrews, ko ngā
whakanohoanga nei ānō he hararei poto mō ngā tamariki, *'by placing
little ones from congested areas in homes on the ranges, or town children
at the seaside'*.[10]

Ehara a Tāmaki Makaurau i te tāone anake i tū ai tēnei
momo whare. I te tau 1947, ka whakatuwheratia tētahi i Pito-one.
Engari, kua whakatūria kētia e te kāwanatanga he 'Transit Housing
Scheme', nā reira, ka tapaina te ingoa, ko te 'Child's Emergency Centre'
(CEC), kei pōhēhē ngā tāngata. I noho hoki te whare nei i raro i te maru
o te Happiness Club, pērā me te whare i Tāmaki Makaurau. I te hāwhe
hāora tuatahi mai i te tuwheratanga, ka whakanohoia te tamaiti tuatahi.
I te āhua āwangawanga te pāpā, nā te mea, i te hōhipera tāna wahine.[11]

Kei te tīmatanga o te kōrero he kupu, he mea tango mai i te kōnae
adoption o tōku māmā. I whānau mai ia ki tētahi whare ki Tāmaki
Makaurau. Ka uru ai tōna māmā Pākehā ki roto i te hōhipera; kīhai i
whakamōhiotia e ia ko wai te pāpā Māori. Kāore i whakaaetia kia noho
te pēpi nei i te whare i whānau mai ai ia – kīhai ia i pīrangitia e ngā

tāngata nō rātou te whare. I whakapā atu tōna māmā ki te CTH, nā te mea, he iti rawa te pēpi kia haere ki te Home of Compassion.[12] Ko tā rātou tikanga, kia rua, nui atu rānei, ngā marama o te kōhungahunga.

Kua whakaratohia kētia e te Child Welfare tētahi kāinga mō tōku māmā, engari, nā te manauri rawa o te kiri i kore ai te whānau e pīrangi ki te *adopt* i a ia, ā, ka tonoa kia tīkina wawetia taua pēpi. Ka meatia e te Child Welfare me whakarite e te whaea o te pēpi he *adoption*, he kāinga kē rānei, ā, māna pea e tuku he pānuitanga ki te niupepa. Ā, ina oti tēnei i te whaea, me whakamōhio ki te Child Welfare, ā, mā rātou taua kāinga e tuku raihana. I whakapā atu te whaea ki te CTH, kia rapua he kāinga taupua kia whakahaeretia ai he *adoption*, he kāinga pūmau rānei. He āhua poto te rīpoata mō te whaea o te pēpi i roto i te kōnae, he mea tuhi ā-ringa. Nā tētahi āpiha ngā kupu whakamutunga, e kī ana ko te whaea *'is very poor type. I should not like to offer the child for adoption'*.[13] E rua, e toru rānei ngā wiki o tōku māmā i taua wā. Ki tōku nei whakaaro, ka pāhotia e te CTH he inoi mā te reo irirangi; e pēneitia ana ētahi atu pēpi pakupaku i matea ai he kāinga; ka rangona e tētahi whānau, ka whakahoki kōrero mai. I mea mai te whaea *adoptive* ki tōku māmā, ka pēnei i mōhiotia ai ka hiahiatia he kāinga mō tōku māmā. E whā ōna wiki ka tae atu tōku māmā ki tōna whānau Pākehā hou, ā, e rua tau ki muri ka tutuki ngā pukapuka *adoption*.

He nui te mahi rangahau a tōku whānau kia kitea nō hea mātou. I muri i te whitu tekau mā whā o ōna tau, kei te mōhio ināianei tōku māmā ki ngā ingoa o tōna whaea me tōna matua. Kei te mōhiotia ko wai ōna tuākana, teina hoki, engari, kua pahemo kē te nuinga. Kua tūtaki ia ki tōna teina e ora ana i te taha o tōna pāpā, ā, kīhai i roa, kua whakawhanaunga rāua, tētahi ki tētahi. Kua ngāwari tēnei; ka pōhēhē pea te tangata kua tupu ngātahi rāua. Kei te mōhio tōku whānau ki tō mātou pepeha ināianei, nō hea mātou, ā, kei te ako tonu mātou i ngā kōrero mō ō mātou tīpuna. Kei te whakawhanaunga tonu mātou kia pūmau te hononga ki ngā huānga.

I te tīmatanga, ka whakatūria te CTH kia whakatā ai ngā whaea, mehemea i tāwāhi ā rātou tāne e whawhai ana, mehemea i māuiui ngā wāhine, i roto rānei i te hōhipera. Ka taea hoki e te hinonga nei te rapu ngā kāinga papai mō ngā tamariki o te tāone mō te wā poto. Ka tukuna aua tamariki ki ngā wāhi taiwhenua, ki te takutai rānei, hei momo hararei. Ā, ko te āhua nei, ka āwhina hoki te CTH nei kia kimihia he whānau kia *adopt* ai ētahi tamariki, tae atu ki ngā tamariki Māori. Ko tōku māmā tētahi o ēnei tamariki.

Te Whawhai Mutunga-kore mō te Rangatiratanga

Leighton Williams

I te wehenga atu o Te Hokowhitu-a-Tū ki te mura o te ahi i te tau 1940, i whakaarohia pea e te iwi Māori ka huri mārika te tū a te Māori ina hoki ora mai ngā hōia. Mau pai ana te whakaaro ka whakamihia, ka utua hoki ā rātou mahi toa e te hunga ki te kāinga, ki Aotearoa. I pēnei hoki tō rātou whakaaro i te wā i puta mai ai te Maori Social and Economic Advancement Act 1945, arā, ka mihi tonu mai a ngāi pākehā i a rātou i muri iho i te wā pakanga, ā, ka pūmau tonu ngā āhuatanga o te rangatiratanga Māori kua riro kē i a rātou.[1] Ahakoa i whakaroa atu te pakanga i ngā hiahia o mua kia pai ake te mōhiotanga hōhonutanga o te kāwanatanga ki te rangatiratanga Māori, kāhore tonu ngā whāinga ā-tōrangapū a te Māori e warewaretia.

He mea whakaputa e te ture o te tau 1945 te pōhēhē ka tū rangatira a ngāi māori i te whakahaeretanga o ō rātou ake take. Ahakoa i mea mai te kāwanatanga ka piki ake te rangatiratanga o ngā iwi Māori mō aua take, i tohe tonu te kāwanatanga kia waiho māna ngā take Māori e whakahaere i muri mai i te pakanga.[2] Hoi anō rā, ko te pūtake o te ture hei whakamana anō i a ngāi māori me te whakapiki i tō rātou rangatiratanga. Arā, i muri i te wā pakanga kua nui atu te mōhio o te kāwanatanga ki taua rangatiratanga i tōna māramatanga i mua i te pakanga. Arā, he mea whakarerekē te ao Māori e ngā mahi i ahu mai i te āhua wera o te ao tōrangapū i taua wā.

Taka mai ana ki te tau 1945, arā, mai i te hekenga mai o te Pākehā, kua rerekē rawa te āhua o te ao Māori. He rite tonu te pēhitanga mai o te rangatiratanga Māori, nā whai anō, i hurihia ō rātou tikanga tōrangapū. Ahakoa ka pōhēhē pea ngā Māori tokomaha i te tautokona e ngā kaupapa kāwanatanga ā rātou mahi ki te hāpai ake i ō rātou mana tōrangapū, ka aukatihia tonutia e ngā ture a te kāwanatanga te whakaoranga mai o tō te Māori mana motuhake. Hei tā ētahi, i ūngia e ngā hiahia o te kāwanatanga ki te whakangaro i ngā āhuatanga Māori, me te whakauruuru iho o te iwi Māori ki raro i te maru o te ao Pākehā.[3]

I Muri i te Pakanga

Ko ngā ture kāwanatanga i muri mai i te wā pakanga, i tuituia ai ki ngā aho whakauruuru. Ko tā te Rīpoata Hunn o 1960 i tuhia ai, he rerekē te tikanga o te 'whakapākehā' i te 'whakauruuru' nā runga i te aronga o aua kupu ki ngā āhuatanga Māori. Mā te whakapākehā aua āhuatanga e whakangaro, heoi, mā te whakauruuru kē te ao Māori e tū rangatira ai.[4] E ōrite ana te wairua o ēnei kupu e rua ki te whakakotahi i ngā tāngata hei whāinga matua. E ai ki a Hunn, ko te whakauruuru te whāinga o te kāwanatanga mō ngāi māori. Nāna anō te kī me whiu atu te whakapākehā ki tahaki hei tohu mō ngā hapa o nehe.[5]

Totohe ana tēnei take i te korenga o te Tari Māori e whakarongo i taua wā ki te tirohanga Māori. Ko tā rātou, tē taea te ao Māori te ora tonu me te tirohanga Pākehā i raro i te maru kotahi. Mēnā ko te whakauruuru (ka whakamahi i te tikanga kua whakapuakina e Hunn) te whāinga matua o te Tari Māori, e kore pea e panoni rawatia te Māoritanga nō te mutunga i te pakanga. Nā reira, he pono pea te whakaaro ahakoa ko te whakauruuru te kī mai a te kāwanatanga, ko te whakapākehā kētanga te otinga.

Ko ētahi o ngā tūpuna o Pīpīwai, i Te Taitokerau, i roto i te whare o Ngā Tau E Toru, i Māehe 1940.

Nō te kohinga a Leighton Williams.

I taua wā, i kaha pā mai ngā ture me ngā mahi a te Tari Māori ki ngā tikanga o te whenua Māori. Nō runga i tēnei kaupapa ka pupū ake ai te wairua kino o te kāwanatanga ki ngā mea Māori. Ko te ngako o tēnei wairua, i ahu mai ai i te rerekētanga o ngā tikanga whenua o te iwi Māori i ō te Pākehā. Ki tā te kāwanatanga titiro, he raru nui tēnei ki te whakaaro me whakamahi mārika te tangata i ōna ake whenua. Ko te pupuritanga ā-whānau, ā-hapū rāini o te whenua tētahi aukatinga ki te whakaurutanga atu o ngāi māori ki te ao hou, ā, ka pūmautia 'hētia' e ngāi māori ki ō rātou whenua. Ko tā Hunn i mea mai ai i te tau 1960, he tino aukatinga te pupuri Māori ki te whakamahinga tika o te whenua. Hei tāna, horekau he hua kei roto i te wāwāhia o ngā whenua, hāunga atu i tēnei mea te tūrangawaewae.[6]

Nō roto mai i ēnei kōrero, ka puta mai ai ngā wheako o tōku whānau, ka hoki anō ai tāku titiro ki ngā ārai ki tō mātou whai i te rangatiratanga. Te nuinga o ēnei kōrero, e pā ana ki te whenua me te whakaiti o tō mātou mana tūrangawaewae i ngā tau kua hipa nā te huringa o ngā whenua papatupu ki te taitara Pākehā i te tekau tau 1960. Nā te kūare ake o Hunn, e kore e taea e tōna tirohanga ki te ao te aroā ki ngā whakaaro Māori mō te whenua.

Ko te tirohanga o tōku whānau mō te whenua, he ipu, he waka huia rāini mō tō mātou mana. Nā te mimiti haere o ngā whenua papatupu ki te taitara Pākehā, he ārai te whakamōkihi mai o ngā ringaringa o te Kaitiaki Māori ki te whakaputanga atu o taua mana. I runga i taua whakaaro, korekore rawa te āhuru me te oranga ngākau e puta i te whakahuatanga ake o te 'Kaitiaki Māori'. I tāna meatanga hei whenua tōtōā ngā whenua, me te hokonga o ngā whenua mai i ngā kaiwhiwhi, ka nui ake te whenua kua raupatuhia e te Kaitiaki i tō mātou kāinga, i Pīpīwai. I pērātia tā mātou titiro ki āna mahi, arā, ko te raupatu i ngā whenua – ahakoa ngā kōrero a Hunn e whakahē ana i te whakaaro nei.

Nā ngā mahi me ngā ture a te kāwanatanga, i hūnuku ai mātou ki ngā tāone nui kia rongo anō ai ki tō mātou tuakiritanga – ahakoa te noho mamao noa atu i tō mātou tūrangawaewae. Mai i te tau 1945, e kore rawa te Tari Māori me āna mahi e taea te whakamate ō mātou hiahia kia rangona anō te mana me te rangatiratanga kua pupurihia e ō mātou tūpuna. Tē taea e ōku tūpuna ēnei mate te matakite. Heoi, mārama ana te kite ahakoa ngā whakaoati a te kāwanatanga ki te iwi Māori, he ngutu kau noa iho. Tāmate mai ana ō mātou tangi, taumaha mai ana te whawhai mō tō mātou rangatiratanga.

Kei te whakatō rīwai ēnei ika tauhou i te pāmu i Huramua, e tata ana ki Te Wairoa. Nā Tā Turi Carroll ngā heketea e 688 o te Teihana Huramua i hoko atu ki te kāwanatanga hei 'pāmu whakamātau' hei ako i ngā pūkenga ahuwhenua ki ngā hōia Māori e hoki ora ana ki Aotearoa.

Nā National Publicity Studios te whakaahua, nō Archives New Zealand Te Rua Mahara o te Kāwanatanga, R21011037.

Kei te hīhorehore ēnei ika tauhou i ngā kākano o ngā kānga, i te pāmu i Huramua, i te tau 1947.

Nā National Publicity Studios te whakaahua, nō Archives New Zealand Te Rua Mahara o te Kāwanatanga, R21011042.

Ngā Ratonga Whakamātūtū mō ngā Hōia Māori i Hoki Ora Mai

Angela Wanhalla

E 780 ngā hōia o te Ope Māori i runga i te *Dominion Monarch* i tae mai ki Aotearoa i te 24 o Hānuere 1946. I whakangāwaritia tō rātou hokinga mai ki te ao mārire e te hōtaka a te kāwanatanga hei whakanohonoho anō i a rātou, mai i ngā penihana hōia ki te whakangungu i ngā mahi hou, ki te whakanoho ki runga pāmu, ki ngā pūtea taurewa mō ngā whare me ngā umanga, ki te haere ki te whare wānanga, ki te whakawhiwhi mahi hoki.

Mai i te tīmatanga o te riri, ka tino aro ngā kaiārahi Māori me ō rātou iwi ki ngā ratonga whakanohonoho i muri i te pakanga. I maumaharatia whānuitia te wā i muri i te Pakanga Tuatahi o te Ao, i kore ai e taea e ngā pāraeroa te whiwhi ngā ratonga, pērā me ngā hōia Pākehā.[1] I rūnangatia, me whakahaere rānei e tētahi hinonga ā-kāwanatanga mō ngā hōia katoa, e tētahi tari motuhake, ā, me pēhea rānei te urunga o te Maori War Effort Organisation (MWEO) ki roto i tēnei mahi.[2] Engari, taka mai ki te tau 1946, kua hanumi kē ngā mahi a te MWEO ki roto i ā te Tari Māori. Nā konei, ka hinga kē he tikanga ā-kāwanatanga hou i miramiratia ai ngā kaiārahi Māori me te rangatiratanga.[3]

Tokomaha ngā hōia o te Ope Māori i hoki ora mai i mua i te marama o Hānuere 1946. Ka taetae mai ngā rōpū pakupaku; ko ngā hōia māuiui, taotū rānei ngā mea tuatahi i hoki mai. He nui rawa atu te tatau o ngā mate me ngā taotū o te Ope Māori i ērā atu wāhanga o te Ope Taua o Aotearoa, ā, ka hokihoki mai ngā tāne o te Ope Māori puta noa te pakanga.[4] Nā ēnei tini aituā, ka tino whakahirahira ngā rātonga hauora, whakamātūtū hoki hei whakahoki i a rātou ki te wā rangimārie.

Tae noa ki te mutunga o te pakanga, ka huhua ngā tūnga kino o te Ope Māori. Tokomaha i taotū ki te pū, i kino te pānga mai o ngā mate ā-pūkahukahu, he maha hoki ngā tū ā-upoko. Nā te mate *trachoma* (he mate horapa tēnei e matapō haere nei ngā whatu), tekau mā tahi ngā hōia Māori i whakahokia mai ai i te mutunga o te tau 1943.[5] I pā tahi ngā mate tinana me ngā mate hinengaro. E ai ki ngā pūrongo tūroro i te wā o te pakanga, he āhua ruarua ngā kēhi o ngā mate hinengaro, engari kāore te kaute nei e hāngai ana ki ngā kōrero matawhaiaro mō ngā moepapa, mō te kore āhei ki te moe, mō te warawara ki te waipiro, me ngā whanonga whanokē.[6] Mā ngā tini pūrongo o te kore moe, o ngā ngāruru, o te āmaimai, o te kore āhei ki te arotahi, o te haumaruru, o te hikimoke, e kitea nei te nui o ngā tūnga upoko i puta mai i ngā mahi hōia. I te tau 1951, ka tū he tatauranga o ngā pāraeroa e pāngia ana e ngā tūnga upoko. He tū ā-roro, ā-angaanga rānei ō te 20.5 paihēneti o ngā hōia katoa, nā ngā *'penetrating missiles'*, arā, nā ngā matā, nā ngā kongakonga rino rānei, engari, i pēnei te 56.6 paihēneti o ngā pāraeroa Māori o te tatauranga nei.[7]

I waiho mā ngā whānau hei āwhina ngā pāraeroa ki te uru pai anō ki roto i te hapori i muri mai o te pakanga, ā, i ētahi wā, kīhai rātou i tino mōhio ki ngā wheako o tō rātou whanaunga i tautoko ai rātou, kīhai rānei ia i kōrero mō aua wheako.[8] I whakataumahatia nohopukutia ngā pāraeroa tokomaha, me ō rātou whānau. Kua whākina tēnei i roto i ngā tini kōrero tūturu, he mea tuku ki te Hui mō te Kerēme a ngā Pāraeroa ki te Te Rōpū Whakamana i te Tiriti o Waitangi. Kei roto i tāna kōrero tūturu, ka whakarāpopototia e Tā Robert (Bom) Gillies te wheako o te tokomaha: *'It took me 3 months to find a job and to settle down when I came home because it was so hard to adjust. I was lucky, for others the booze took over their lives, and their experiences left them mentally scarred and affected their relationships with their families.'*[9]

I tiakina ētahi pāraeroa Māori i roto i ngā hōhipera ā-rohe. Ka whakatakotoria ētahi ki te Convalescent Hospital i Rotorua i whakatuwheratia ai i te 18 o Māehe 1942; 150 ngā moenga; ā, i whakamahia e ngā ope taua katoa.[10] I kino te taotū o Charles Mohi Bennett ki Takrouna i Āwherika ki te Raki, ā, nō tōna hokinga mai, ka tukuna ia ki Rotorua.[11] Mō ngā mate tinana nunui, ka tukua ngā tūroro ki Burwood Hospital, i Ōtautahi, i whakatūria ai e te Ope Taua te tuatahi o ngā whare hāpara ahuahu o Aotearoa i te tau 1943. Mai i taua tau ki 1946, e 26 ngā hōia Māori, me tētahi Māori o te Tauaarangi, i reira. Nō Te Tai Rāwhiti me Te Tai Tokerau te nuinga, nō ngā wāhi i kaha uru ai ngā taiohi Māori o aua rohe ki roto ki ngā ope taua.[12]

Ka matea he wā roa e te nuinga o ngā tūroro o Burwood. Ko Frederick Baker tētahi o ngā hōia Māori tuatahi i uru atu ki roto i te whare hāpara ahuahu. I taotū ia ki te matā o te pū mīhini *'penetrating my lower jaw just in front of my right ear & coming out on the left of my mouth*'.¹³ E rua ngā pakarutanga o tōna kauae, ā, kua ngakungaku tōna arero i te matā. I tiakina ia i roto i ētahi hōhipera ki tāwāhi i mua i ngā pokanga anō ki Burwood. He maha ngā pokanga ō ētahi, he roa rawa te noho. E whitu ngā pokanga o tētahi pāraeroa Māori o Rotorua; i Āperira 1943 te mea tuatahi, i Hūrae 1946 te whakamutunga. E rima ngā pokanga o tētahi atu tangata, mai i 1943 ki 1945. E 256 ngā rā i mahue ai tōna whānau i a ia. Mō ētahi tāne, kotahi te noho ki te hōhipera, engari he roa rawa atu. Kāore te 100 rā, neke atu rānei, e rerekē ana.

I whakangungu ētahi o ngā tāne i ngā mahi hou ki Rotorua me Burwood i raro i te Disabled Servicemen's Re-establishment League (DSRL). I whakatūria e taua rōpū he whare hei whakaako, hei ārahi i ngā pāraeroa ki ngā tāone nunui o te motu, ki Ahuriri, ki Waihōpai hoki, me te pāmu whakangungu i Te Papaioea. I hoki taotū mai a Harry Dunn i te pakanga *'blown up in both legs and in the eye'*.¹⁴ Ka piki ake tōna hauora i Rotorua i te taha o ētahi atu pāraeroa Māori. I haere ētahi ki te whare DSRL i Tāmaki Makaurau, ā, *'each one took a different trade.'*¹⁵ Ko te mahi hou a Dunn he hanga kāpata taonga. I Mei 1946, tokowaru ngā pāraeroa o te Ope Māori e ako ana ki te hanga pūtu mō ngā tūroro, ki te hanga kāpata taonga, ki te whakapīataata i ngā taonga ā-whare.¹⁶ E ai ki tētahi pāraeroa i ako i te hanga kāpata taonga, *'Many of us Maori boys would never have had the opportunity to learn the various trades had it not been for the D.S.R.L.'*¹⁷

Tokomaha kē ngā hōia Māori i pāngia ki ngā mate tinana i ngā mea Pākehā. E kitea ana tēnei ki ngā whika. Taka mai ki te tau 1946, kua haere te kotahi i roto o ngā pāraeroa Māori 106 ki tētahi o ngā whare whakangungu o te DSLR, nui atu i te kotahi i roto o ngā pāraeroa Pākehā e 344.¹⁸ Mō ngā pāraeroa Māori rātou ko ō rātou whānau, he tino nui te utu ā-tinana, otiia, te raupanga o te pakanga. Ka āhei ētahi ki te haere ki ngā whare o te DSLR ki te ako i ngā pūkenga hou, ki te whiwhi pea i tētahi mahi hou. Engari, i uaua kē ngā mate hinengaro mai i ngā pāmamae o te pakanga. He maha ngā tau kia whakatikaina; mō ētahi, kore rawa i whakamahungia.

Ko tētahi ika tauhou o te kura whakangungu o Kaikohe e mahi kāmura ana. I whakatūria ēnei momo kura mō ngā hōia i hoki ora mai kia ako ai rātou i ngā mahi hou, kia uru pai ai anō rātou ki te ao o te rangimārie.

Nā National Publicity Studios te whakaahua, nō Archives New Zealand Te Rua Mahara o te Kāwanatanga, A2817.

He ika tauhou Māori e mahi ana i ngā matapihi. I tētahi kura rāua i whakatūria mō ngā hōia i hoki ora mai, engari kāore e mōhiotia i hea.

He kaiwhakaahua tautangata, nō Archives New Zealand Te Rua Mahara o te Kāwanatanga, A1737.

Te Kapa Haka me ngā Ope Taua

Bethany Waugh

I titoa te waiata, 'E te Hokowhitu-a-Tū' e Tuini Ngāwai i te tau 1943 mō te hui whakamaumaharatanga o te tuatahi o ngā hōia Māori, o Te Moana-nui-a-Kiwa Ngārimu, ki te whiwhi ki te Rīpeka Wikitōria.[1] E kaingākautia ana tēnei e te iwi Māori, ā, he maha ēnei momo waiata, i titoa, i waiatatia hoki i te wā o te Pakanga Tuarua, e waiatatia tonutia ana, e whakaakona tonutia ana i ēnei rā. Kei te whakamahi tonu ngā kaihaka o nāianei i ēnei waiata hei whakaputa anō i ngā kōrero a ngā iwi e pōuri tonu ana, e whakahīhī tonu ana, i ngā mahi a ō rātou tāne i whawhai ki tāwāhi mō ō rātou whānau me ō rātou whenua.

Kei te waiata tonu a Ngāti Pōneke i ngā titonga nei o te wā pakanga. Ko rātou anake i whakaaetia kia hipa i ngā aukati ki te poroporoaki i te Ope Māori i tō rātou wehenga i 1940, ā, i te pōwhiri rātou katoa ki te whakatau i ngā hōia i hoki ora mai i Hānuere, 1946. Mā ēnei waiata, ka piri tata ngā kaihaka ki te wairua o aua tāne. E ai ki tētahi tumuaki o mua o te Ngati Poneke Young Maori Club, ki a Bill Nathan:

> *When you sing it and as you're learning it, you understand it. But it's when you come to perform it, especially as you're in your final rehearsals before a live performance that you start to feel the spirituality, the emotions, of the item, and the meaning of the words in terms of the occasion. You can imagine them on the battle line and they're finished the battle or whatever it was and they've gone back and are maybe in rest or recreation. They remember those that are not coming back, those that have been injured, other ones that have suffered casualties outside your immediate platoon or company or battalion in the armed forces.*[2]

Ka mea mai tētahi kaiako, a 'Tui', mā te hononga ki tā koutou e waiata ana, ka taea te waiata te whakatairanga. Ahakoa ngā tini tau kua pāhure mai i ngā mahi e waiatatia ana, ka ngāwari te hono.[3] I kī mai hoki a Manu Paringatai, *'because once you know the kupu, you know what the meaning behind the kupu are and when it was sung and why, and the tunes as well lend themselves to being able to feel the wairua of that song*'.⁴ He tino whakahirahira te mōhio ki ngā kupu kia mārama, kia puoro paitia te waiata ki te marea. He take nui hoki kia mātauria ngā kupu hei whakapūmau i te reo Māori, mā te tuku iho a tētahi whakatipuranga ki te mea e whai ake ana.

Tua atu i te tito waiata kia whakahui tahitia ngā whānau, hapū, iwi ki te akiaki, ki te poroporoaki, ki te pōwhiri, ki te tangitangi i ā rātou tāne, hei painga hoki ngā mahi kapa haka mō te mahi hautoa o te Ope Māori i roto i ā rātou whawhai, arā, ko te parakitihi i te taiaha.

Ki ngā hōia Māori, he rākau pai rawa atu te raiwhera me te pēneti hei konihi, hei kōkiri i ō rātou hoariri, ā, nā te ōrite o te pēneti me te taiaha, ka tino matatau rātou ki tēnei mahi i ngā wā mau rākau. He nui hoki ngā wā i mihia ai te Ope Māori mō tō rātou whakawehi i ngā hoariri ki te haka i mua i te kōkiri pēneti. Ko te whawhai o Minqar Qaim, i Rīpia, i te 26 o Hune 1942, te rongonui rawa atu o ngā kōkiri pēnei i ā te Ope Māori kia puta te ihu i ngā hoariri Tiamana. I runga ngā hōia o Aotearoa i tētahi puke, e karapotia ana e te 21 o ngā Ope Panzer, ā, nā te kōkiri a ngā Māori i whakaorangia ai rātou ko ō rātou hoa hoki. Me kore ake ngā hōia Māori hei whakaohorere i ngā Tiamana i te pō hei waere i te ara i whati ai ō tātou hōia.⁵

Nā tōku mōhio nei ki te hira o ngā mahi kapa haka i roto i te whawhai i tahuri atu ai ahau ki te rangahau, kei te whai tikanga tonu te kapa haka me ngā waiata o te pakanga i roto i a Ngāti Tūmatauenga (Ope Taua) i ēnei rā, kāore rānei? E toru ngā tau i noho ai tētahi o ngā tāngata i ui ai au ki te papa o Waiouru, nā te mea he hōia tōna hoa rangatira. Nā ā māua kōrerorero ka nui haere tōku mōhio ki ngā mahi kapa haka o nāianei i roto i a Ngāti Tūmatauenga. E rua ngā kapa kei Waiouru; he kapa whakataetae tētahi, he kapa runaruna tētahi. Kei te tino whai ēnei rōpū ki ngā waiata o te mana whenua, engari, kāore e whakamahia ana ngā waiata o te Pakanga Tuarua i tukuna iho e ō rātou tīpuna. Nā te poto pea o te wā e noho nei ngā tāngata ki Waiouru, nā te kore mōhio pea rānei ki ngā waiata ā-pakanga ka pēnei aua rōpū. Ko te āhua nei hoki, kāore ngā tikanga Māori e kaha whakaritea ana e Ngāti Tūmatauenga, ahakoa he Māori te ono tekau paihēneti o ngā hōia, neke atu rānei, ā, nui atu hoki i te iwa tekau paihēneti o ngā āpiha o ngā rōpū.

He taonga kaio ngā rangatahi Māori nō Te Hokowhitu-a-Tū, e titikaha ana ki ngā mahi a Ngāti Tūmatauenga i ēnei rā, pērā me ngā waiata i titoa e ō rātou tīpuna. Mō ngā hōia o te Ope Māori ngā waiata katoa o te wā pakanga e waiatatia tonutia ana, e arohaina ana e ngā

tāngata i kōrero ai au. Hei tauira, ko 'Te Hokowhitu Toa', 'E Kiwi E', 'E Pari Rā', 'E Te Hokowhitu-a-Tū', 'Arohaina Mai', 'Pā Mai', me te hīmene, 'Au E Ihu'. Mai i te wā i uru ai ngā tāngata Māori ki roto i ngā kapa hōia o te Pakanga Tuatahi, ki ō te Tuarua hoki, kua whakahirahira ngā mahi kapa haka mō te Ope Hōia o Aotearoa tae noa mai ki ēnei rā. Nā, ka tū tonu aua mahi i roto i a Ngāti Tūmatauenga, mehemea he hapori e maumahara ana, e rongo ana i te wairua o ō rātou tīpuna i roto i ēnei waiata, ā, e pāho ana i ngā kupu o mua hei whakaako i ngā reanga e heke mai nei.

Ko te haka a te Ope Māori i te aroaro o te Kīngi o Kirīhi, ki Helwan i Īhipa, i te tau 1941.

He kaiwhakaahua tautangata, nō Alexander Turnbull Library, Wellington, DA-01231-F.

Te Rārangi Tohutoro

He Kupu Whakataki

1. E ai ki a Hancock, *New Zealand at War* (11) i rēhita ngā Māori 15,744 mō ngā mahi hōia, ki tāwāhi, ki Aotearoa rānei. Ki a Meek, *Maori Problems Today* (39), tae atu ki te Ope Kāinga, 16,759 ngā Māori tōpū i roto i ngā taua o Aotearoa. Ka whakaatu a Sheffield and Riseman, *Indigenous Peoples and the Second World War,* (Tēpara 3.1, 63) he āhua rukiruki ngā whika ā-kāwanatanga mō ngā hōia Māori i te whakamahi i te tikanga tawhito o te ōrautanga o te toto; he nui kē pea te tatau tika o ngā hōia Māori. Ki te tatau nui o 1936, e 42,868 te tatau o ngā tāne Māori; i te tatau nui e whai ana i te tau 1945, kua piki ki te 50,275: *New Zealand Population Census, 1943: Volume III – Maori Census,* nā te New Zealand Census and Statistics Department (Government Printer, Wellington, 1947, 1; *1945: Volume III* (1950, 1)).
2. Hei tauira, tirohia Soutar, *Ngā Tama Toa*; Gardiner, *Te Mura o te Ahi*; Gardiner, *Ake Ake Kia Kaha E!*; Grace, *Tu*; Tainui Stevens, *Maori Battalion – March to Victory* (Māori TV, 25 April 2006); 28 Māori Battalion, *Ake Ake, Kia Kaha E!: Songs of the New Zealand 28 (Maori) Battalion*.
3. National Army Museum Te Mata Toa, 'Ake Ake Kia Kaha E! Forever Brave!'.
4. Ashton and Soutar, 'Was the Cost Too High?', 23, 38.
5. Hei tauira, tirohia *Evening Post*, 24 Hūrae 1940; *Appendices to the Journals of the House of Representatives* (*AJHR*), F-3, 1941.
6. He momo rimurimu tēnei, ko 'agar' te kupu Pākehā.
7. *New Zealand Parliamentary Debates* (*NZDP*), Pukapuka 262, 1943, 359.
8. Hill, *State Authority*, 194.
9. *New Zealand Official Yearbook 1947–49*, Appendix A (a) Statistics of 1945 Census. Ki te Tēpara mō ngā Rōpū ā-Pakeke, e 56,107 ngā tāngata i raro iho i te 20 tau, o te 98,744 o te tatau tōpū o ngā tāngata Māori.

Te Mahi

'Ngā Tāngata a Paikea': Te Whakaoreore i te Iwi Māori

1. Harris, 'Māori mobilisation: Wartime, Peacetime, Covid-19 time'.
2. Ballara. 'Paikea, Paraire Karaka'.
3. P. K. Paikea ki te Pirimia, 11 Mei 1942, EA1 81/1/11 wāhanga 1 (ANZW).
4. Te Rūnanga ā-Pakanga ki te Pirimia, 3 Hune 1942, EA1 81/1/11 wāhanga 1 (ANZW).
5. Lt-Col Hemphill ki a Paikea, 11 Hūrae 1942, EA1 81/1/11 wāhanga 1 (ANZW).
6. Paikea ki te Minita o te Kaupapa Waonga, 19 Hānuere 1943, EA1 81/1/11 wāhanga 1 (ANZW).
7. I reira anō.
8. Eruera Tirakātene, Memo, 22 Māehe 1945, EA1 81/1/11 wāhanga 1 (ANZW).
9. Paikea ki te Minita o te Kaupapa Waonga, 19 Hānuere 1943, EA1 81/1/11 wāhanga 1 (ANZW).
10. Tirakātene, Memo, 22 Māehe 1945, EA1 81/1/11 wāhanga 1 (ANZW).
11. Kauhau ki te hui o ngā āpiha kimi tangata Māori me ngā āpiha takawaenga, Te Whanganui-a-Tara, 20–22 Hune 1945, he mea rīpoata i te 24 Hūrae 1945, EA1 81/1/11 wāhanga 1 (ANZW).

Ngā Rawa Rimurimu

1. *AJHR*, H-44, 1944; *Northern Advocate*, 25 Pēpuere 1944.
2. *AJHR*, H-34, 1944; Moore, 'New Zealand Seaweed', 183–209.
3. Ellis, *The Wai 420 Marine Issues Report*, 31.
4. *Gisborne Herald*, 17 Tīhema 1942.
5. *Bay of Plenty Beacon*, 1 Hūrae 1942; *AJHR*, G-9, 1943.
6. *New Zealand Herald*, 27 Hune 1942.
7. *Northern Advocate*, 18 Oketopa 1933. Ko 'Kupe' rāua ko 'Raranga' ngā kaituhi.
8. I reira anō, 2 Hune 1942.
9. *NZPD*, Pukapuka 262, 1943, 738.
10. *Gisborne Herald*, 17 Tīhema 1943.
11. *Northern Advocate*, 19 Hune 1945.
12. *Gisborne Herald*, 10 Pēpuere 1943; *Gisborne Herald*, 12 Māehe 1943; *Bay of Plenty Beacon*, 7 Māehe 1944.
13. *Northern Advocate*, 11 Ākuhata 1944.
14. *AJHR*, H-34, 1944; *AJHR*, H-34, 1945.
15. *Northern Advocate*, 25 Pēpuere 1944.
16. Moore, 'New Zealand Seaweed', 201.
17. I reira anō.
18. *Bay of Plenty Beacon*, 28 Mei 1948.
19. *AJHR*, G-9, 1944.
20. *Northern Advocate*, 6 Hūrae 1944.
21. *Evening Post*, 3 Āperira 1943.

22 *NZPD*, Pukapuka 262, 1943, 353.
23 Petihana, R. Paraire-Pine mā ki te Minister of Marketing [kāore he rā], MA1 19/1/335, ANZW.
24 *Gisborne Herald*, 22 Pēpuere 1947.
25 *Otaki Mail*, 16 Hune 1943; *NZPD*, Pukapuka 262, 1943, 738.
26 NZ Mānuka Group, 'New Seaweed Factories Call for More Collectors'.
27 Clark, 'Gardens under the Sea'.
28 *New Zealand Herald*, 2 Hānuere 2002.

Te Ahuwhenua Māori me te Pakanga

1 Wiremu Tau Hapa ki a Peter Fraser, 15 Hūrae 1940. (Whakamāoritanga), MA1 19/1/593 part 2, ANZW. Nō tēnei kōnae ngā kupu tāpiri e whai iho nei.
2 J. H. Robertson, 'Increase in Primary Production', 10 Hūrae 1940.
3 Under Secretary Native Department ki a Wiremu Tau Hapa, 20 Ākuhata 1940.
4 Primary Production Council Meeting, Wairoa, 20 Hune 1940.
5 Waiariki District Maori Primary Products Committee, kāore he rā.
6 Minutes of Meeting Held at Tunohopu Meeting House, Ohinemutu, 1 Hūrae 1940.
7 Meeting of the Maori Primary Production Committee, Rotorua, 27 Hune 1940.
8 Judge Harvey, Tai Mitchell, Ruhi Pururu & Tiweka Anaru, 'Ki ngā Maori o _____', 3 Hūrae 1940. Terā tētahi reta i roto i te reo Māori me tētahi i roto i te reo Pākehā.
9 Minutes of meeting held at Tunohopu Meeting House, Ohinemutu, 1 Hūrae 1940.
10 *The Star*, 24 Hūrae 1940.
11 'Maori Primary Production', 11 Hūrae 1940.
12 'Primary Production', 5 Hūrae 1940.
13 *Te Waka Karaitiana*, Ākuhata 1940.
14 *The Star*, 24 Hūrae 1940.
15 Native Department, 'Increase in Primary Production', 12 Hūrae 1940.
16 'Primary Production', 11 Hūrae 1940.
17 'Increase in Primary Production', 5 Hūrae 1940.
18 'Meeting of Convening Committee of Maori Primary Production, Man Power, and Mobilisation', 1 Hepetema 1942.
19 Gabriel Elliot ki a Paikea, 3 Hepetema 1942.
20 Minister of Primary Production for War Purposes ki te Minister of Native Affairs, 7 Hepetema 1942.
21 *Taranaki Herald*, 13 Pēpuere 1945.
22 I reira anō.
23 *Taranaki Herald*, 15 Pēpuere 1945.
24 Maori War Effort Production Returns, putanga maha.
25 'Aid for Britain', kāore he rā.
26 F. P. Walsh ki te Tari Māori, 'Aid for Britain Committee – Co-opted Member Representing Maoris', 15 Hepetema 1947.
27 Chairman of Emergency Production and Trade Committee ki a Walsh, 29 Hepetema 1947.
28 'Aid for Britain Campaign: Itinerary of Production Committee', 2 Oketopa–18 Oketopa 1947.
29 I reira anō.
30 Walsh ki a Rōpiha, 28 Noema 1947.

He Wāhine Māori me ngā Mahi Taonga Whawhai

1 Baker, 'War Economy – Munitions', 135–37.
2 Clayton, 'Whitney, John'.
3 *New Zealand Herald*, 18 Tīhema 1943.
4 Harris, *A Little Further, A Little Faster*, 17.
5 *AJHR*, 1946, H-11a.
6 I reira anō.
7 I taua wā, ka 14 ngā tau ka taea te wehe i te kura, tae noa ki te tau 1944 i piki ai te pakeke ki te 15 tau.
8 'Ford Motor Company of New Zealand Limited: Wanted: 200 More Women and girls for Munitions work', 1944. Eph-B-WAR-WII-1944-01, ATL.
9 Edwards, *Mihipeka*, 87, 135.
10 'Meeting – 3 June 1944,' MSY-6078, ATL.
11 *AJHR*, 1946, H-11a.
12 *Northern Advocate*, 2 Pēpuere 1943; *Otago Daily Times*, 5 Pēpuere 1943; *Gisborne Herald*, 12 Hānuere 1945; *Nelson Evening Mail*, 9 Hānuere 1945.
13 *AJHR*, 1945, H-11a.
14 'Meeting – 3 June 1944,' Whangarei Tribal Committee: Maori War Effort Minute Book, MSY-6078, ATL.
15 *Gisborne Herald*, 18 Āperira 1945.
16 Montgomerie, *The Women's War*, 97.
17 I reira anō, 68.
18 I reira anō.
19 *Northern Advocate*, 2 Pēpuere 1943.
20 *AJHR*, 1945, H-11a.
21 NSD memo, 30 Ākuhata 1944, he mea whakamahi e B. Angus, 'Women War Workers Hostels', i roto i Montgomerie, *The Women's War*, 98–99.
22 Carey, 'Working in the Ammunition Factory in Hamilton', 103.
23 'Memo – C. A. C. Hostels,' AEP2 1062/0008, ANZW.
24 Haene, 'You Will Report', 5.

25 I reira anō, 5–7; 'Memo – C. A. C. Hostels,' AEP2 1062/0008, ANZW.

26 *AJHR*, 1945, H-11a.

27 *Otago Daily Times*, 5 Pēpuere 1943.

28 I reira anō, 25 Noema 1942; *Evening Post*, 22 Oketopa 1943.

29 *Waikato Times*, 6 Hune 1940; New Zealand Legal Information Institute, Factories Amendment Act 1936.

30 Haene, 'You Will Report', 7.

31 *AJHR*, 1946, H-11a.

32 Haene, 'You Will Report,' 7.

33 *Southland Times*, 23 Āperira 2012.

34 Edwards, 'Mihipeka', 136.

35 Carey, 'Working in the Ammunition Factory in Hamilton', 104; Haene, 'You Will Report,' 9.

36 *Evening Post*, 4 Hūrae 1944.

37 *Waitako Times*, 20 Ākuhata 1945.

He Whare mō ngā Kaimahi Māori ki Pukekohe

1 Hunt, 'Market Gardening', 132, 152.

2 I reira anō, 145; 'Notes of Interview between the Prime Minister (Rt. Hon. M. J. Savage) and Mrs. R. C. Clark, Wesley College, Paerātā.' MA 19/1/324 part 1, ANZW; Pitopito kōrero niupepa, *New Zealand Herald*, 11 Hūrae 1944. MA 19/1/324 part 2, ANZW.

3 Hēkeretari, Te Akarana Maori Association ki te ētita o te *Star*, 27 Hūrae 1938. MA 19/1/324 part 1, ANZW.

4 Reta, T. H. Te Anga ki te Kairēhita, Kōti Whenua Māori, Ākarana. 17 Pēpuere 1938; Reta, Kairēhita, Kōti Whenua Māori, Ākarana ki te Hēkeretari-ki-Raro, Tari Māori, 1 Hūrae 1938; MA 19/1/324 part 1, ANZW; Meneti, Minita Māori me ngā māngai o Pukekohe, 16 Noema 1944. MA 19/1/324 part 2, ANZW.

5 Meneti, Minita Māori me ngā māngai o Pukekohe, 16 Noema 1944. MA 19/1/324 part 2, ANZW.

6 Horwell & Seeley, 'The Pukekohe Maoris', 1, 22.

7 *Auckland Star*, 8 Noema 1929.

8 *Franklin Times*, 24 Ākuhata 1934.

9 *Auckland Star*, 15 Noema 1934; *Franklin Times*, 29 Māehe 1935; Reta, Te Akarana Maori Association ki te Pirimia, 1 Hūrae 1938. MA 19/1/324 part 1, ANZW.

10 'Notes of Interview between the Prime Minister (Rt. Hon. M. J. Savage) and Mrs. R. C. Clark, Wesley College, Paerātā.' MA 19/1/324 part 1, ANZW.

11 *Franklin Times*, 23 Ākuhata 1929.

12 Wanhalla, 'Housing Un/healthy Bodies', 101, 103.

13 I reira anō, 102–03.

14 'Report of the Committee set up to discuss the question of accommodation of Maori workers in the Pukekohe District employed on Market Gardens'. MA 19/1/324 part 1, ANZW.

15 Reta, T. H. Te Anga ki te Kairēhita, Kōti Whenua Māori, Ākarana, 17 Pēpuere 1938. MA 19/1/324 part 1, ANZW.

16 George Parvin ki te Pirimia, 28 Hune 1938. MA 19/1/324 part 1, ANZW.

17 Ko te Pirimia, ko M. J. Savage, te Minita Māori hoki mai i 1935 tae noa ki tōna matenga i te tau 1940. I taua wā, ko Langstone te minita rīwhi, tuarua rānei, ā, ka mate a Savage, ka whakatūria ia hei Minita tūturu, tau atu ki te tau 1943. Kātahi a Rex Mason ka mahi hei minita.

18 Minita Māori Rīwhi ki a A. G. A. Sexton MP 19 Hūrae 1941. MA 19/1/324 part 1, ANZW.

19 Hēkeretari o te Tai Ohanga ki te Minita o te Taha Pūtea, 22 Hūrae 1940; Wāhanga Niupepa, *NZ Herald*, 31 Ākuhata 1940; 'Interview between the Native Minister (Hon. Frank Langstone) and Representatives of the Growers, Franklin District Council, and Pukekohe Town Board, at Pukekohe – 30th August, 1940.' MA 19/1/324 part 1, ANZW.

20 Reta, Minita Māori ki te Hēkeretari-ki-Raro, Tari Māori, 2 Ākuhata 1938. MA 19/1/324 part 1, ANZW.

21 I reira anō.

22 Reta, Hēkeretari-ki-Raro, Tari Māori, ki te Kairēhita, Kōti Whenua Māori, Ākarana, 26 Ākuhata 1940. MA 19/1/324 part 1, ANZW.

23 Reta, Hēkeretari o te Minita Māori ki a Rev. Percy Moke, 25 Oketopa 1940. MA 19/1/324 part 1, ANZW.

24 'Pukekohe Maoris'. MA 19/1/324 part 2, ANZW.

25 Reta, Karaka Tāone, Pukekohe Borough Council ki te Minita Māori, 18 Hepetema 1838. MA 19/1/324 part 2, ANZW.

26 Petihana ki te Mea, Pukekohe Borough Council, 28 Noema 1940. MA 19/1/324 part 1, ANZW. E kī ana hoki ngā kaipetihana, ka kawea ngā mate e ngā Māori, ka turituri rawa rātou, ā, ka whakamōreareatia ngā wāhine Pākehā i ngā pō.

27 Reta, Minita Māori ki a P. Maloney, 2 Tīhema 1940. MA 19/1/324 part 2, ANZW.

28 *New Zealand Herald*, 20 Ākuhata 1942; *New Zealand Herald*, 9/9/1942.

29 Minita Reipa, 4 Ākuhata 1944; Hēkeretari-ki-Raro, Tari Māori ki te Minita Māori, 4 Ākuhata 1944. MA 19/1/324 part 2, ANZW.

30 Minita Reipa ki te Minita Māori, 17 Ākuhata 1944. MA 19/1/324 part 2, ANZW.

31 'At Pukekohe on 16th November, 1944, the Hon. H. G. R. Mason, Native Minister and Minister of Education, met the Tribal Committee'. 17/8/1944. MA 19/1/324 part 2, ANZW.

32 Minita Māori ki te Minister of Housing, 25 Mei 1945. 'Housing Maoris, 1944–1946.' AEFZ 1062/0011, ANZW.
33 Horwell & Seeley, 'The Pukekohe Maoris', 1–3.
34 Hunt, 'Market Gardening', 142.
35 I reira anō; Winiata rāua ko Winiata. 'Winiata, Maharaia'.

Te Kaupapa Wharenoho Māori

1 *White Ribbon*, 18 Hepetema 1945.
2 I reira anō; Veitch, 'Alexander, Jessie'.
3 *White Ribbon*, 18 Hepetema 1945.
4 I reira anō.
5 *New Zealand Woman's Weekly*, 9 Tīhema 1943.
6 I reira anō.
7 I reira anō.
8 *White Ribbon*, 1 Hānuere 1944.
9 I reira anō, 18 Hepetema 1945.
10 I reira anō; *Auckland Star*, 25 Hepetema 1945.
11 *White Ribbon*, 1 Oketopa 1950.
12 I reira anō.

Te Māpere Ahumahi, ngā Poari Pīra me te Iwi Māori

1 Montgomerie, *The Women's War*, 86.
2 Minister of Industrial Manpower ki a Paikea, 15 Oketopa 1942, L1 30/1/28, Part 1, ANZW.
3 District Manpower Officer to Controller of Manpower, 15 Oketopa 1942, L1, 30/1/28, Part 1, ANZW.
4 Paikea, 'Liability for Maoris to Register for Essential Works', 20 Oketopa 1942, L1, 30/1/28, Part 1, ANZW.
5 Pārongo mā Paikea, 'Maori enrolments in the E.P.S.', 3 Tīhema 1942. L1, 30/1/28, Part 1, ANZW.
6 *Press*, 9 Noema 1942.
7 Reta, Hemphill ki ngā Tumuaki me ngā Hēkeretari o ngā Komiti ā-Iwi. L1, 30/1/28, Part 1, ANZW.
8 'Notes of Meeting or Representatives of Hawke's Bay Maori Tribal Committee held at Hastings', 4 Noema 1942. L1, 30/1/28, Part 1, ANZW.
9 Reta, Hemphill ki ngā Tumuaki me ngā Hēkeretari o ngā Komiti ā-Iwi, o ngā Komiti ki Runga, 25 Noema 1942. L1, 30/1/28, Part 1, ANZW.
10 *Evening Star*, 13 Tīhema 1943.
11 I reira anō, 14 Tīhema 1943.
12 Reta, Luke Rangi, Hēkeretari o te Komiti o Ngāti Awa ki a Taylor, MWEO, 15 Tīhema 1943. L1, 30/1/28, Part 1, ANZW.
13 *Nelson Evening Mail*, 13 Hune 1944; *Auckland Star*, 20 Hune 1944.
14 *Auckland Star*, 26 Hune 1944.
15 *NZPD*, Pukapuka 262, 359.
16 Hill, *State Authority*, 194.
17 I reira anō.
18 Orange, 'A Kind of Equality', 131.
19 *AJHR*, H11a, 1945.
20 Īmēra nā David Littlewood, 16 Āperira 2021.

'Tatou, Tatou, Altogether': Ko Bob Tūtaki, ko te Kutikuti Hipi me ngā Mahi Māori mō te Pakanga

1 Martin, *Tatau Tatau*, 58.
2 Murray, Taylor, Tepania & Rameka, 'Towards a History of Maori and Trade Unions', 50.
3 *Te Ao Hou*, Ākuhata 1957.
4 Martin, *Tatau Tatau*, 58.
5 Franks, 'Predominance of Support for Moderate Policy', 89.
6 Martin, 'Tūtaki, Robert Pānapa'.
7 Murray mā, 'Towards a History of Maori and Trade Unions', 54.
8 'Maori Working Class and Trade Unions', 94-106-72/18, ATL.
9 Murray mā, 'Towards a History of Maori and Trade Unions', 54.
10 'Report of the 25th Annual Conference of the N. Z. Workers' Union', New Zealand Workers' Union: Records, 88-203-1/01b, ATL.
11 Murray mā, 'Towards a History of Maori and Trade Unions', 54.
12 Roth rāua ko Hammond, *Toil and Trouble*, 134.
13 *In Print*, 4 Noema 1942.
14 Reta, Bob Tūtaki ki te Minister of Defence, 13 Hune 1940, AD1 312/2/83c, Part 1, ANZW.
15 Reta, Hēkeretari o te Ope Taua ki a Bob Tūtaki, 20 Hune 1940. AD1 312/2/83c, Part 1, ANZW.
16 *Gisborne Herald*, 25 Hūrae 1941.
17 Reta, Director, National Service Department to Director of Mobilization, 16 Māehe 1942. AD1 312/2/83c, Part 1, ANZW.
18 *Evening Post*, 24 Hānuere 1942.
19 *Gisborne Herald*, 11 Hānuere 1947.
20 Martin, 'Tūtaki, Robert Pānapa'.

Ngā Mahi Nēhi

1 Gordon, 'New Zealand Methodist Women's Fellowship, 1902–'.
2 Hēhita Crescentia ki a Mary Lambie, 7 Ākuhata 1941, H1 21/104, ANZW.

3 Matron, Greytown Hospital ki a Mary Lambie, 25 Mei 1941. H1 21/104, ANZW.
4 *AJHR*, E1, 1941.
5 Reta, Tiamana o te Poari Hōhipera o Pātea ki a Mary Lambie, 12 Tīhema 1941. H1 21/104, ANZW.
6 *AJHR* E3, 1946.
7 Mary Lambie ki a Matron, Kurahuna, 20 Noema 1941. H1 21/104, ANZW.
8 Tāmaki Paenga Hira Auckland War Memorial Museum, 'Jane Kiritapu Nepia'.
9 *Gisborne Herald*, 7 June 1945.
10 *Gisborne Herald*, 19 Hune 1945.
11 Couch-Snow. 'Rīwai, Te Kiato'.
12 *Northern Advocate*, 13 Ākuhata 1946.
13 *Otago Daily Times*, 10 Pēpuere 1947.
14 *Otago Daily Times*, 7 Pēpuere 1947.
15 *Te Ao Hou* (Koanga, 1953), 10.

Ngā Mahi Taua

Ngā Mahi Wāhine: Ki te WAAF, ki ngā Pāmu Rānei?

1 *Gisborne Herald*, 18 Ākuhata 1942; *Otago Daily Times*, 7 Noema 1942.
2 *Auckland Star*, 2 Hūrae 1943.
3 *Evening Post*, 30 Hānuere 1941.
4 *Auckland Star*, 30 Hānuere 1941.
5 *Gisborne Herald*, 9 Mei 1942.
6 *Northern Advocate*, 12 Tīhema 1941. Tirohia hoki Baker, Wāhanga 5, *War Economy*.
7 *Auckland Star*, 2 Hūrae 1943.
8 *New Zealand Herald*, 28 Pēpuere 1944.
9 *Evening Post*, 22 Hūrae 1943.
10 *New Zealand Herald*, 28 Pēpuere 1944.

Te Iwi Māori me te Ope Kāinga

1 *Te Puke Times*, 2 Pēpuere 1943.
2 'Report on Meeting and Parade of Maori Home Guardsmen Held at Rangiuru Pa Near Te Puke on Sunday, 31 Jan. 1943', AD1, 304/6/21, ANZW.
3 Ngata ki a Fraser, 9 Pēpuere 1943, AD1, 304/6/21, ANZW.
4 Orange, 'An Exercise in Maori Autonomy', 157; Orange, 'Maori War Effort Organisation', 309.
5 Harris, *Te Ao Hurihuri*, 313.
6 Love, 'Policies of Frustration', 338-339.
7 Taylor, *The Home Front*, Puka.1, 473.
8 Baker, *War Economy*, 453.
9 *NZPD*, Pukapuka 259, 295.
10 Love, 'Policies of Frustration', 337.
11 Te Puea Herangi ki a P. H. Bell, 3 Māehe 1943, AD1 304/6/21, ANZW.
12 Paikea ki a Fraser, 27 Māehe 1941, EA1 83/3/11, ANZW.
13 Eric J. Bell ki te Minita o te Kaupapa Waonga, 28 Āperira 1942, AD1 304/6/21, ANZW.
14 Paikea ki te Minita o te Kaupapa Waonga, 20 Hūrae 1942, AD1 312/1/22, ANZW.
15 Minita o te Kaupapa Waonga ki a Paikea, 17 Ākuhata 1942, AD1 304/6/21, ANZW.
16 Paikea ki te Minita o te Kaupapa Waonga, 30 Hūrae 1942, AD1 304/6/21, ANZW.
17 'Home Guard/Maori Rally – Wanganui – 2nd May', AD1 304/6/21, ANZW.
18 *New Zealand Herald*, 15 Pēpuere 1943.
19 Sarich & Francis, *Aspects of Te Rohe Potae Political Engagement*, 52.
20 Liaison Officer, MWEO, Pārongo mō Mr Jeffrey, Tari o te Pirimia, 11 Oketopa 1943, AD1 304/6/21, ANZW.
21 District Commandant, Central Military District ki te Army Headquarters, 12 Oketopa 1943, AD1 304/6/21, ANZW.
22 'Call and Instructions', 15 Oketopa 1943, AD1 304/6/21, ANZW.
23 Taylor, *The Home Front*, 480.
24 Orange, 'An Exercise in Maori Autonomy'.

Te Papa Waka Rererangi Toropuku o Wharekauri

1 Ko Wharekauri te ingoa Māori; ko Rēkohu te ingoa Moriori; ko Chathams tō te Pākehā.
2 Te Aika, *'Wairua'*; *Press*, 27 Āperira 1940.
3 Waters, *German Raiders in the Pacific*, 21.
4 Holmes, *My 70 Years on the Chatham Islands*, 104.
5 I reira anō, 106-7; Best, *'Chatham Island – First Flights'*, 46.
6 Holmes, *My 70 Years on the Chatham Islands*, 106.
7 Kōrerorero ki a Ray Murphy, 26 & 29 Noema 2019.

Te Whakawhiwhinga o te VC o Ngārimu, 1943

1 Ko 'Ruatōrea' te ingoa tawhito o tēnei kāinga, he mea tapa ki te ingoa o tētahi tipuna wahine, o Tōrea; ko 'Ruatōria' te ingoa o taua wāhi mai i mua o te Pakanga Tuatahi o te Ao. Ka whakamahia te ingoa tawhito, hāunga ngā putanga i roto i ngā kupu takitaki.
2 He haurongo mō te koiora o Ngārimu kei Ngata, 'Ngārimu, Moananui-a-Kiwa'.

3   *N.Z.E.F. Times*, 11 Oketopa 1943. Ki ētahi, nui atu i te 8000 te tokomaha o ngā tāngata i te hui, ki ētahi, tata ki te 10,000.
4   NZ History, 'Ruatoria'.
5   Census and Statistics Dept, *Population Census, 1945. Vol.III–Maori Census*, 5. I piki te tokomaha o Ruatōrea i muri tata nei i te pakanga; e 2200 ngā pukapuka raihana i tukuna atu e te poutāpeta o te tāone i te tau 1946. *Gisborne Herald*, 9 Oketopa 1946.
6   'The Price of Citizenship – Material for Second Edition', MS-Papers-6919-0235, ATL; 'VC Celebrations – Ruatoria 1943', MS-Papers-6919-0238, ATL; 'Wartime administrative Arrangements – Award of Victoria Cross to 2/Lt. Moana-nui-a-Kiwa-Ngarimu', IA1 171/70/4, ANZW.
7   *Te Karere*, Noema 1943.
8   Manatū, Kānara H. M. Foster, Central Military District ki te HQ, Northern Military Headquarters, 31 Ākuhata 1943. MS-Papers-6919-0238. ATL.
9   Ngata, *The Price of Citizenship*.
10 Tirohia te *Souvenir of the Ngarimu Victoria Cross* me te *Supplement to the Souvenir Programme*.
11 Reta, A.T. Ngata ki te Minita o Taha Kura, 22 Hūrae 1943. MS-Papers-6919-0238. ATL.
12 I reira anō.
13 Manatu, Minita o te Taha Kura ki te Kaitohu, Taha Kura, 10 Hepetema 1943. E2 584 22/89/1 part 1, ANZW.
14 'Scholarships – Bursaries etc. Ngārimu VC.' E2 584 22/89/1 part, ANZW.
15 Mātārere, Kaitohu o te Tari Kura ki ngā Tumuaki o ngā kura Māori, Te Tai Tokerau, 16 Hepetema 1943. E2 584 22/89/1 part 1, ANZW.
16 *Souvenir of the Ngarimu Victoria Cross*, 6–7. *Supplement to the Souvenir Programme*, kāore he whārangi.
17 Reta, A. T. Ngata ki te Minita o te Taha Kura, 18 Noema 1943. E2 584 22/89/1 part 1, ANZW.
18 *Te Waka Karaitiana*, Oketopa 1943.
19 Reta, Wai Te Weehi (mō ngā kōtiro o te Kura Kōtiro o Hukarere) ki te Minita o te Taha Kura, 11 Oketopa 1943. E2 584 22/89/1 part 1, ANZW.
20 *Pīpīwharauroa / Tūranganui-ā-Kiwa*, Āperira 2015.
21 *Pīpīwharauroa / Tūranganui-ā-Kiwa*, Hānuere 2013.
22 *Supplement to the Souvenir Programme*, kāore he whārangi.

Te Hapori

Te Raihanatanga me ngā Tangihanga

1   *Auckland Star*, 8 Hepetema 1939.
2   *Te Waka Karaitiana*, Hepetema 1939.
3   *New Zealand Herald*, 26 Pēpuere 1943.
4   I reira anō, 25 Hepetema 1939.
5   *Northern Advocate*, 15 Hānuere 1940.
6   *New Zealand Herald*, 15 Āperira 1940.
7   I reira anō, 13 Āperira 1943.
8   *Northern Advocate*, 14 Mei 1941.
9   I reira anō, 7 Hūrae 1941.
10 Baker, Wāhanga 17, *War Economy*.
11 *Bay of Plenty Times*, 16 Noema 1943.
12 Hei tauira, *Northern Advocate*, 5 Oketopa 1945.
13 *New Zealand Herald*, 22 Māehe 1943.
14 I reira anō, 28 Māehe 1943.
15 *New Zealand Herald*, 17 Āperira 1943.

Ko Ngāti Ōtautahi, he Rōpū Māori

1   Taylor, *Lore and History of the South Island Maori*, 55; *Press*, 5 Tīhema 1942.
2   *Press*, 22 Hānuere 1940.
3   I reira anō, 19 Ākuhata 1940.
4   I reira anō, 31 Ākuhata 1940.
5   Te Maire Tau, 'Ngāi Tahu', 236.
6   *Press*, 22 Hūrae 1940.
7   I reira anō, 6 Hūrae 1942.
8   *Press*, 12 Hūrae 1946, 2. I ū kaha he mema Pākehā nō Ngāti Ōtautahi, hei tauira, ko Dr. I. L. G. Sutherland rāua ko John Stewart, ki te Kāreti Kōhine Māori o Te Waipounamu. Tirohia Sutherland, *Paikea*, 346.
9   Archives New Zealand Te Rua Mahara o te Kāwanatanga, 'Kingi, John Henry'.
10 *Press*, 11 Oketopa 1939; *Press*, 21 Mei 1942; *Press*, 7 Hūrae 1941; *Press*, 9 Hepetema 1941.
11 I reira anō, 7 Hūrae 1941.
12 I reira anō, 8 Ākuhata 1949.
13 I reira anō, 7 Noema 1939.
14 Mō Poihipi Weretā tirohia He Rau Mahara,' Lasting Effects Remembered'.
15 Oliver, 'Nihoniho, Matutaera'. E ai ki te *Press*, 23 Ākuhata 1945, ka whakatūria te Old Girls' Association i te tau 1940.
16 *Press*, 19 Āperira 1942.
17 I reira anō, 10 Tīhema 1942.
18 I reira anō, 25 Pēpuere 1943.
19 I reira anō, 17 Mei 1941.
20 I reira anō, 11 Hune 1943.
21 I reira anō, 24 Ākuhata 1943.
22 I reira anō, 20 Māehe 1944.
23 J. Mōkena ki te *Press*, 12 Ākuhata 1941.
24 *Press*, 9 Oketopa 1940.

25 I reira anō, 16 Hūrae 1943; i reira anō, 27 Mei 1944.
26 I reira anō, 1 Hepetema 1944. I pōwhiritia te rōpū nei e Rūtene-Tuarua E. S. Jackson (Ngāti Kahungunu). I reira a Vernon Thomas, me Hāriata Baker hei kanohi o te Rangimarie Ladies' Club.
27 I reira anō, 11 Oketopa 1944.
28 I reira anō, 20 Māehe 1944.
29 I reira anō, 30 Hune 1943.
30 I reira anō, 22 Māehe 1949.
31 I reira anō, 9 Āperira 1952. E mōhiotia ana hoki tōna ingoa hei Mae Denny.
32 I reira anō, 4 Noema 1948.
33 I reira anō, 7 Ākuhata 1945.
34 John Stewart ki a Fraser, 21 Pēpuere 1947, AAMK 34/3/66 part 1, ANZW.
35 *Press*, 19 Pēpuere 1952.
36 White, *Te Pou Herenga Waka o Rehua*.

Lena Matewai Ruru: He Manaaki i te Hapori

1 Glover, 'Ruru, Lena Matewai'.
2 *Gisborne Herald*, 11 Mei 1943; He mea whakatū te wharenui o Takipū (ko Te Poho o Pikihoro te ingoa) e te tipuna tāne o Lena, e Karaitiana Ruru, hei wāhi mō Te Kooti me te karakia Ringatū. I waenga o te tekau tau 1940, ka puta te hiahia kia hangaia houtia te whare, me tētahi whakamaumaharatanga mō Hēnare Ruru (*Gisborne Herald*, 4 Hepetema 1946). I oti te wharenui te hanga i te tau 1958, hei whakamaumaharatanga hoki mō ngā hōia i haere ki tāwāhi i te wā o te Pakanga Tuarua. NZHistory, 'Takipū Marae Memorials, Te Karaka'.
3 *Gisborne Herald*, 5 Āperira 1941.
4 I reira anō, 29 Āperira 1943.
5 I reira anō, 29 Oketopa 1944.
6 I reira anō, 6 Āperira 1944.
7 Glover, 'Ruru, Lena Matewai'.

Ko ngā Kuīni Māori o ngā Hui Taurima

1 *Bay of Plenty Beacon*, 12 Tīhema 1944, 6.
2 *Te Karere*, Noema 1939, 408.
3 *Gisborne Herald*, 12 Tīhema 1939, 8.
4 *Press*, 12 Āperira 1943, 2.
5 Ngatai, *Piata Mai*, 19.
6 He rōpū Mōmona tēnei mō ngā taiohi Māori, ko te 'Mutual Improvement Association' tōna ingoa, ko te 'Miutara' rānei.
7 *Bay of Plenty Times*, 3 Hepetema 1942, 4.

Ngā Taiohi

He Tohu Aroha: He Kohi Moni mō te Taraka Kai

1 *AJHR*, 1941, E3.
2 Soutar, *Nga Tama Toa*, 66.
3 *Nelson Evening Mail*, 22 Mei 1941.
4 *AJHR*, 1941, E3; *Evening Post*, 22 Mei 1941.
5 *Gisborne Herald*, 22 Mei 1941.
6 *Press*, 30 Hūrae 1940.
7 *Nelson Evening Mail*, 22 Mei 1941.
8 *Northern Advocate*, 8 Tīhema 1941.
9 I reira anō.
10 I reira anō.
11 I reira anō.
12 *AJHR*, E-3, 1940.
13 *Gisborne Herald*, 4 Tīhema 1940.
14 *Evening Post*, 20 Ākuhata 1941.
15 *Evening Post*, 20 Ākuhata 1941.
16 I reira anō.
17 Reta, Kahi T. Harawira ki a Ngata, 30 Tīhema 1941, 28th Māori Battalion, 'Te Rau Aroha'.
18 Riley rāua ko Ngata, *Te Roopu Rua Tekau-ma-waru a Tu*.
19 I reira anō.
20 28th Māori Battalion, 'Te Rau Aroha'.

Te Rau Aroha: Te Taraka Kai, i te Mura o te Ahi, i Muri Hoki

1 Reta, P. K. Paikea ki te hēkeretari o te National Patriotic Fund Board, 3–16 Hepetema 1941, IA1 172/30/6, ANZW.
2 Reta, C. Beeby ki te hēkeretari o te National Patriotic Fund Board, 29 Ākuhata 1944, IA1 172/30/6, ANZW.
3 Reta, Hēkeretari Tominiana o te Women's War Service Auxiliary ki a G. A. Hayden, 1 Ākuhata 1944. IA1 172/30/6, ANZW.
4 28th Māori Battalion, '"Te Rau Aroha" – The Mobile Canteen'.
5 *Auckland Star*, 5 Hune 1943.
6 *Evening Post*, 24 Tīhema 1942.
7 28th Māori Battalion, 'Te Rau Aroha'.
8 *Gisborne Herald*, 4 Oketopa 1946; Reta, R. M. Brasted ki a H. J. Steptoe, 1 Mei 1943, IA1 172/30/6, ANZW.
9 *Bay of Plenty Beacon*, 21 Oketopa 1946.
10 28th Māori Battalion, 'Te Rau Aroha'.
11 I reira anō.
12 I reira anō.

13 *Northern Advocate*, 11 Tīhema 1946; 28th Māori Battalion, 'Te Rau Aroha'.
14 *Gisborne Herald*, 4 Oketopa 1946.
15 Riley rāua ko Ngata, *Te Roopu Rua Tekau-ma-waru a Tu: 28 Māori Battalion*.
16 'Report re Maori Battalion Mobile Canteen,' 25 Hānuere 1946; Reta, A. H. Gibson ki a C. Beeby, 13 Ākuhata 1946, IA1 172/30/6, ANZW.
17 *Northern Advocate*, 4 Noema 1946.
18 28th Māori Battalion, 'Te Rau Aroha'.
19 I reira anō.
20 *Northland Age*, 22 Noema 1946.
21 *Pamapuria School Centennial 1884–1984*, 32–33.
22 *Northern Advocate*, 27 Noema 1946.
23 Robinson, 'Lest We Forget?', 77.
24 *Gisborne Herald*, 4 Oketopa 1946.
25 Riley rāua ko Ngata, *Te Roopu Rua Tekau-ma-waru a Tu*.
26 I reira anō.
27 *Northland Age*, 22 Noema 1946.
28 *Northern Advocate*, 11 Tīhema 1946.
29 *Bay of Plenty Times*, 17 Ākuhata 1948.
30 *Northern Advocate*, 3 Tīhema 1949.
31 Robinson, 'Lest We Forget?', 76–78, 87.
32 Poananga, 'Veterans At the Rededication Linton Camp', 58.
33 I reira anō.
34 I reira anō, 58–59.
35 I reira anō, 59.
36 Waitangi Treaty Grounds, 'Te Rau Aroha Museum'.

Te Arataki-ki-ngā-Mahi mō ngā Taiohi Māori

1 *Northland Age*, 22 Noema 1946.
2 *New Zealand Herald*, 20 Tīhema 1920.
3 *Te Ao Hou*, December 1963; *Auckland Star*, 19 Ākuhata 1943.
4 Christie, 'Women and the New Zealand Office', 102.
5 Brickell, *Teenagers*, 190.
6 McQueen, *Vocations for Maori Youth*, v.
7 I reira anō, 1–21.
8 I reira anō, 145–46.
9 *New Zealand Herald*, 11 Tīhema 1945.
10 *Te Ao Hou*, Koanga 1954.
11 I reira anō.
12 Becroft, 'The City Maori', 32.
13 *Te Ao Hou*, Koanga 1954.

Ngā Wheako Māori ki ngā Whare Wānanga

1 Scholarships – Bursaries etc – Maori University Scholarships, E2 550, ANZW.
2 Zoe Thomas, 'Māori, World War II and University' (Otago Summer Internship Report, 2021), https://indd.adobe.com/view/f17fec52-6916-4fac-8def-1c6b145563b4
3 Walker, 'Reclaiming Maori education', 26.
4 I reira anō, 26.
5 I reira anō.
6 I reira anō.
7 I reira anō.

Te Tōrangapū

Pei Te Hurinui Jones: Ko Hakipia me te Taha Tōrangapū

1 Jones, *Nga Iwi o Tainui*.
2 Biggs, 'Jones, Pei Te Hurinui'.
3 *Waikato Times*, 19 Tīhema 1940.
4 Anderson, 'An Exploration', 94.
5 Ahakoa he tino kaiwhakamāori a Pei Te Hurinui i ngā tuhinga a Hakipia, ehara ia i te tangata tuatahi. I whakaputaina hoki he wāhanga o ā Hakipia e Charles Oliver Davis (he kaiwhakamāori Pākehā nō te tekau mā iwa o ngā rautau), e Rēweti Kōhere hoki. Tirohia tā Kelly, 'Ngā Tikanga Whakamāori Kōrero', 280; Kelly, 'A Tradition of Māori Translation'.
6 Roa, 'Translating Translations', 15; *Te Ao Hou*, Āperira 1955, 22–24.
7 *Te Ao Hou*, Tīhema 1960.
8 *Auckland Star*, 10 Ākuhata 1943.
9 *New Zealand Herald*, 16 Tīhema 1944.
10 Roa, 'Translating Translations', 15.
11 *New Zealand Herald*, 16 Tīhema 1944.
12 *Te Ao Hou*, Tīhema 1960.
13 Anderson, 'An Exploration', 94.
14 *Auckland Star*, 10 Ākuhata 1943.
15 *Auckland Star*, 16 Hepetema 1943; *New Zealand Herald*, 25 Hepetema 1943.
16 *Waikato Times*, 17 Hānuere 1945.
17 *Evening Star*, 24 Hānuere 1945.
18 *New Zealand Herald*, 25 Hānuere 1945.
19 *Waikato Times*, 31 Hānuere 1945.
20 *New Zealand Herald*, 29 Hānuere 1945.
21 Biggs. 'Jones, Pei Te Hurinui'.

Te Hinganga ā-Pōti o Ngata i te Tau 1943

1. Sorrenson, 'Colonial Rule and Local Response', 135–36; Newman, *Ratana Revisited,* 248.
2. Sorrenson, 'Ngata, Apirana Turupa'.
3. I reira anō.
4. Hei tauira, *Te Kopara*, 30 Hune 1921; *Te Toa Takitini*, 1 Oketopa 1921; i reira anō 1 Pēpuere 1922; 1 Hepetema 1928; 1 Mei 1930; 1 Oketopa 1930.
5. Walker, *He Tipua*, 314.
6. *Auckland Star*, 17 Noema 1935.
7. New Zealand Parliament Pāremata Aotearoa, 'The Origins of the Māori Seats'.
8. *Thames Star*, 26 Mei 1938.
9. *Poverty Bay Herald*, 3 Ākuhata 1938.
10. I reira anō, 8 Hepetema 1938.
11. I reira anō, 27 Hepetema 1938.
12. *New Zealand Herald*, 24 Hepetema 1938.
13. *Poverty Bay Herald*, 24 Hepetema 1938; Newman, *Ratana Revisited*, 358.
14. *Alexandra Herald and Central Otago Gazette*, 19 Oketopa 1938.
15. *Evening Post*, 11 Āperira 1938.
16. Walker, *He Tipua*, 360. I mahi a Matu Rangi hei kaiwhakahaere ā-pōtitanga mō Ngata i te tau 1943. Tirohia *Gisborne Herald*, 21 Hepetema 1943.
17. Sullivan, 'Effecting Change through Electoral Politics', 223–24.
18. Henare, 'Wātene, Puti Tīpene'.
19. *Gisborne Herald*, 23 Hune 1950.
20. *Ashburton Guardian*, 13 Hepetema 1943.
21. *Evening Post*, 16 Mei 1944.
22. *Gisborne Herald*, 25 Hepetema 1943.

Ngāi Māori me te Rautau 1940

1. Renwick, 'Introduction', 16.
2. *New Zealand Centennial Act* 1938, wāhanga 3(g).
3. Stone, 'Auckland's Remembrance', 113. Ka whakamoemiti a Te Puea i te Minita '*for the honour extended to me as a Maori citizen of New Zealand and I have much pleasure in accepting your invitation*'. Reta, Te Puea ki te Minister of Internal Affairs, 1 Āperira 1938. IA1 2028 62/50/1, ANZW.
4. Kernot, 'Māori Buildings for the Centennial', 65.
5. *Evening Star*, 10 Hune 1939.
6. *Northern Advocate*, 3 Hune 1939.
7. *Gisborne Herald*, 24 Hūrae 1939.
8. *Auckland Star*, 16 Tīhema 1938.
9. *Te Karere*, Oketopa 1939.
10. Kernot, 'Māori Buildings for the Centennial', 65; Renwick, 'Reclaiming Waitangi', 102, 104.
11. Renwick, 'Reclaiming Waitangi', 105.
12. *Northern Advocate*, 22 Hānuere 1940; *Northern Advocate*, 24 January 1940.
13. *New Zealand Herald*, 6 Pēpuere 1940. Item MNZ-2746-1/2-F in PAColl-3060, ATL.
14. Renwick, 'Reclaiming Waitangi', 107–8.
15. *Auckland Star*, 31 Hānuere 1940.
16. *Wanganui Chronicle*, 3 Pēpuere 1940.
17. Renwick, 'Commemorating Other Places and Days', 112–24.
18. *AJHR*, 1940, G-09.
19. Kernot, 'Māori Buildings for the Centennial', 66–71; 'The Centennial Exhibition'.
20. I reira anō; *Press*, 18 Hune 1940; 'Centennial Records – Centennial Exhibition – Maori Meeting House', C 420 463 IA1 62/4/44, ANZW.
21. Kernot, 'Māori Buildings for the Centennial', 66–67.
22. Renwick, 'Commemorating Other Places', 121; *Press*, 23 Āperira 1940.
23. *Akaroa Mail and Banks Peninsula Advertiser*, 31 Māehe 1939.
24. *Akaroa Mail and Banks Peninsula Advertiser*, 6 Āperira 1939; *Press*, 25 Mei 1939.
25. Renwick, 'Commemorating Other Places', 122–23.
26. Renwick, 'Commemorating Other Places', 123.
27. *Evening Star*, 22 Āperira 1940.
28. *Ashburton Guardian*, 14 Mei 1940; *Press*, 27 Mei 1940.
29. *Waihi Daily Telegraph*, 22 Māehe 1939.
30. *New Zealand Herald*, 18 Māehe 1940.
31. *Northern Advocate*, 2 Hānuere 1940; *New Zealand Herald*, 9 Hānuere 1940.
32. Kernot, 'Māori Buildings for the Centennial', 66–71; *Ashburton Guardian*, 8 Āperira 1940; *New Zealand Herald*, 18 Māehe 1940.
33. *Evening Post*, 15 Hānuere 1940.
34. 'Centennial Records', C 420 476 IA1 2021 62/10/135, ANZW.
35. Reta, Hēkeretari-ki-Raro, Internal Affairs ki a Wiremu Taiawa Tamihana, 23 Tīhema 1940, IA1 62/10/244 Wāhanga 1, ANZW.
36. Reta, Minita Internal Affairs ki te Minita, Tari Māori, 23 Hune 1939. IA1 62/50/6, ANZW.
37. Reta, Hēkeretari-ki-Raro, Internal Affairs ki a Te Puea Hērangi, 23 Hune 1941. IA1 62/10/244, Wāhanga 1, ANZW.
38. Reta, Te Puea Hērangi ki te Hēkeretari-ki-Raro, Internal Affairs, 14 Hūrae 1941; Hēkeretari-ki-Raro, Internal Affairs ki a Te Puea Hērangi, 25 Hūrae 1941, IA1 62/10/244, Wāhanga 1, ANZW.

39 Reta, Te Puea Hērangi ki te Hekeretari-ki-Raro, Internal Affairs, 7 Ākuhata 1941, IA1 62/10/244, Wāhanga 1, ANZW.
40 I reira anō.

Te Kīngitanga me te Ao

1 NZHistory, 'First US Troops Arrive in Auckland Harbour'.
2 NZHistory, 'Americans and Māori'.
3 King, *Te Puea*, 212.
4 I reira anō, 212–23.
5 Reta, Kīngi Korokī ki a Tumuaki Roosevelt, 10 Ākuhata 1944, Te Kohinga a Pei Te Hurinui Jones, Te Whare Wānanga o Waikato.
6 Reta, Kīngi Korokī ki a Tumuaki Roosevelt, 10 Ākuhata 1944.

Te Petihana mō Ōrākei, 1943

1 *Evening Star*, 30 Hānuere 1943; 'New Zealand: Production for the War', 298.
2 *Evening Post*, 27 Hepetema 1945; *AJHR*, I-03; Firth, 'Maori Material in the Vienna Museum', 95–102.
3 *Auckland Star*, 25 Pēpuere 1943.
4 Waitangi Tribunal, 'The Loss of the Orakei Block'.
5 *Auckland Star*, 28 Hepetema 1942.
6 *In Print*, 9 Hune 1943.
7 Waitangi Tribunal, *The Orakei Claim*, 121.
8 Harris, *Hīkoi*, 81–87.
9 Harris, *Hīkoi*, 81–87.
10 Tokalau, 'How Ngāti Whātua Ōrākei Turned a Piece of Land into a Billion-Dollar Enterprise "For Our People"'.

Te Hui Māori o Oketopa 1944

1 Reta, Hēkeretari-ki-Raro, Tari Māori ki te Hēkeretari, Crippled Children's Society, 16 Oketopa 1944. MA1 19/1/535, ANZW.
2 Reta, E. T. Tirikātene ki te Minita Māori, 11 Ōketopa 1944. MA1 19/1/535, ANZW.
3 *Gisborne Herald*, 3 Pēpuere 1944.
4 *New Zealand Herald*, 8 Pēpuere 1954.
5 Love, 'Policies of Frustration', 378–84; Orange, 'A Kind of Equality', 146; Orange, 'An Exercise in Maori Autonomy', 165.
6 Orange, 'An Exercise in Maori Autonomy', 156-7; Butterworth rāua ko Young, *Maori Affairs*, 79.
7 Orange, 'An Exercise in Maori Autonomy', 158.
8 I reira anō, 159.
9 Love, 'Policies of Frustration', 357–58.
10 Orange, 'An Exercise in Maori Autonomy', 161.
11 I reira anō, 161–62.
12 Orange, 'A Kind of Equality', 145.
13 Love, 'Policies of Frustration', 388.
14 Orange, 'An Exercise in Maori Autonomy', 163, 167; Love, 'Policies of Frustration', 378.
15 Love, 'Policies of Frustration', 381.
16 *Standard*, 26 Oketopa 1944, kei MA1 19/1/535, ANZW.
17 *Te Karere*, Tīhema 1944.
18 Kauhau a H. G. R. Mason, Minita Māori, 20 Oketopa 1944. MA1 19/1/535, ANZW.
19 Meneti o te Hui Māori, Te Whanganui-a-Tara, 18 Oketopa 1944. MA1 19/1/535, ANZW.
20 I reira anō.
21 Ripoata o te Hui Māori, 18–20 Oketopa 1944. MA1 19/1/535, ANZW.
22 I reira anō.
23 *Waiapu Church Gazette*, 1 Tīhema 1944.
24 *Te Karere*, Mei 1945.
25 Butterworth rāua ko Young, *Maori Affairs*, 87–88; Love, 'Policies of Frustration', 396–401; Orange, 'An Exercise in Maori Autonomy', 167–68.
26 Love, 'Policies of Frustration', 400.

Te Whakapono

Tērā ētahi Kaikaiwaiū Māori i te Wā Pakanga?

1 Valkoun, 'Great Britain, the Dominions and Their Position on Japan'; Nish, *Alliance in Decline*, 383; Dayer, 'The British War Debts', 569–95.
2 Openshaw, 'The Highest Expression of Devotion', 337.
3 Littlewood, 'The Debates of the Past', 278; Valkoun, 41.
4 Littlewood, 277.
5 Munro, 'New Zealand and the New Pacific', 641–42; Littlewood, 'The Debates of the Past', 282.
6 Ballara, 'Rātana, Tahupōtiki Wiremu'.
7 *New Zealand Herald*, 23 Tīhema 1924; *Evening Post*, 26 Tīhema 1924; *New Zealand Times*, 27 Tīhema 1924.
8 Newman, *Ratana Revisited*, 143.
9 Rots, 'Christian Millenarianism', 50–55; Elsmore, *Like Them That Dream*, 194–95.
10 *New Zealand Times*, 27 Tīhema 1924; *Evening Star*, 2 Āperira 1925.
11 *Stratford Evening Post*, 16 Hānuere 1925.
12 *Press*, 20 Hānuere 1925, 10.
13 *Stratford Evening Post*, 16 Hānuere 1925.
14 *Evening Star*, 2 Āperira 1925.
15 *Evening Post*, 29 Hānuere 1941.

16 'Statement of . . . made at Police Station, . . ., 10/6/1939.' AD11 17, ANZW. [Kua murua ngā ingoa.]

17 I reira anō.

18 'Report of Constable . . ., Police Station, . . . 3/7/1939'; Reta, Tumuaki Pirihimana ki te Komihana Pirihimana, 4 Hūrae 1939; Reta, Komihana Pirihimana ki te Tumuaki o te Ope Taua, 5 Hūrae 1939, AD11 17, ANZW.

19 Reta, Sgt. . . . ki a . . . , 14 Pēpuere 1941, AD11 17, ANZW.

20 He kōnae i mua nō Te Tauaarangi o Aotearoa, ko 'Intelligence Mauris [sic] Pro. Japanese (Ratana Element Etc.)' te ingoa. Ko te mea whakarapa, nō te whakanekenga o ngā rauemi RNZAF ki Te Rua Mahara o te Kāwanatanga, ka whakangaromia taua kōnae.

21 *Manawatu Times*, 21 Pēpuere 1942.

22 Newman, *Ratana Revisited*, 154–55.

23 Reta, . . . ki te Hēkeretari, Tari Moana, 12 Hānuere 1942, M12 6 141, ANZW.

24 Reta, P. K. Paikea ki a R. Semple, Minita o te Tari Moana, 18 Pēpuere 1942, M12 6 141, ANZW.

25 Reta, Group Director, . . . Group Home Guard, . . . ki te Director General, Home Guard Headquarters, 8 Hānuere 1942, M12 6 141, ANZW.

26 Reta, Naval Officer-in-Charge, Lyttelton ki te Director of Naval Intelligence, 16 Āperira 1942, EA18 6/22/2, ANZW.

27 Reta, Rūtene-Kāpene, RN, ki te Director of Naval Intelligence, 23 Āperira 1942. EA1 86/22/2, ANZW.

28 The Chatham Islands [Rīpoata], EA1 86/22/2, ANZW.

Ngā Tautohetohe mō te Taha Māori o te Hāhi Mihinare

1 Kaa, *Te Hāhi Mihinare*. Tirohia hoki Te Paa, 'From "Civilizing" to Colonizing', 67–73.

2 Shenk, 'The Contribution of Henry Venn', 34.

3 Limbrick. 'Selwyn, George Augustus'.

4 Te Paa, 'From "Civilizing" to Colonizing', 67.

5 *Church Chronicle*, 1 Ākuhata 1939.

6 I reira anō.

7 *Church News*, Hūrae 1939; *Church News*, Ākuhata 1939, 56; *Church News*, Oketopa 1940; *Waikato Diocesan Magazine*, Ākuhata 1943; *Waiapu Church Gazette*, 1 Ākuhata 1944; *Waikato Diocesan Magazine*, Ākuhata 1946.

8 I reira anō, 1 Noema 1938.

9 *Church Gazette*, 1 Tīhema 1938; *Church Gazette*, 1 Tīhema 1939; *Church Gazette*, 1 Tīhema 1943.

10 I reira anō, 1 Tīhema 1939.

11 *Church Chronicle*, 1 Mei 1941.

12 *Waiapu Church Gazette*, 1 Ākuhata 1944.

13 28th Maori Battalion.

14 *Waiapu Church Gazette*, 1 Tīhema 1941.

15 *Church and People*, 2 Hepetema 1946.

16 I reira anō, 1 Ākuhata 1946.

17 *Waiapu Church Gazette*, 1 Pēpuere 1945.

18 *Church Gazette*, 1 Māehe 1945.

19 *Waiapu Church Gazette*, 1 Māehe 1945.

20 *Church and People*, 1 Ākuhata 1946.

21 Kaa, *Te Hāhi Mihinare*, 85–86.

22 *Church Chronicle*, 1 Āperira 1939.

23 I reira anō, 1 Tīhema 1939.

24 I reira anō, 1 Hune 1939.

25 *Church Gazette*, 1 Hepetema 1941.

26 *Waiapu Church Gazette*, 1 Noema 1943.

27 Kaa, *Te Hāhi Mihinare*, 86.

28 *Church and People*, 1 Mei 1948.

29 *Northern Advocate*, 13 Āperira 1948.

30 *Church and People*, 1 Mei 1948.

31 *Church and People*, 1 Hune 1948.

32 *Church and People*, 1 Hūrae 1948.

33 Kaa, *Te Hāhi Mihinare*, 93.

34 *Waiapu Church Gazette*, 1 Māehe 1945.

35 Webster & Cheyne, 'Creating Treaty-based Local Governance', 155.

36 Hei tauira, tirohia Te Paa, 'From "Civilizing" to Colonizing' 72–73.

Te Reo Māori me te Hāhi Perehipitīriana, 1945

1 *Waiapu Church Gazette*, 1 Hūrae 1945.

2 *Te Waka Karaitiana*, Hune 1945. He mea rēhita a Pōtatau hei kaiwhakamāori whai-tiwhikete i te tau 1947. Tirohia 'Maori Interpreters – Reverend Hemi Pōtatau', Ref: ABJZ 114/2/115, ANZW.

3 Tirohia te kōrero o Paterson, '*Ngā Tautohetohe mō te Taha Māori o te Hāhi Mihinare*'.

4 *Church News*, Mei 1945.

5 *Outlook*, 29 Noema 1944.

6 Tirohia Paterson, 'The Rise and Fall of Women Field Workers', 179–204.

7 *Outlook*, 20 Hune 1945.

8 *Te Waka Karaitiana*, Hune 1945.

9 I reira anō, Hūrae 1945.

10 I reira anō.

11 I reira anō.

12 I reira anō.

Ngā Katorika Māori me te Hui Hākarameta o 1940

1. Williams, *Panguru and the City*, 109.
2. I reira anō, 65, 115.
3. *New Zealand Herald*, 18 Tīhema 1944.
4. *Te Ao Hou*, Hepetema 1962.
5. Beaglehole & Beaglehole, *Some Modern Maoris*, 206–9.
6. *Zealandia*, 2 Tīhema 1949.
7. Arbuckle, *The Maori and the Church*, Appendix, iii. Tirohia hoki *Te Waka o Hato Petera*, Māehe 1941; i reira anō, Mei 1941; Hūrae 1941; Noema 1941; Oketopa 1942.
8. Tirohia *New Zealand Tablet*, 5 Pēpuere 1914; i reira anō, 11 Māehe 1925.
9. King, *God's Farthest Outpost*, 148; van der Krogt, 'Catholic Spirituality and Religious Identity', 207.
10. *Evening Post*, 28 Hepetema 1939; *Manawatu Standard*, 4 Mei 1939.
11. *Opunake Times*, 10 Noema 1939; *Evening Post*, 3 Pēpuere 1940.
12. I reira anō, 27 Hānuere 1940.
13. I reira anō, 2 Pēpuere 1940.
14. I reira anō, 2 Pēpuere 1940; *Otago Daily Times*, 31 Hānuere 1940.
15. *Evening Post*, 3 Pēpuere 1940.
16. *Wanganui Chronicle*, 5 Pēpuere 1940.
17. *Otago Daily Times*, 31 Hānuere 1940; *Evening Post*, 5 Pēpuere 1940.
18. *Evening Post*, 6 Pēpuere 1940.
19. *Otago Daily Times*, 31 Hānuere 1940.
20. *Evening Post*, 3 Pēpuere 1940.
21. *New Zealand Tablet*, 11 Hune 1941; Williams, *Panguru and the City*, 65, 113, 115.

Hēhita Atawhai, Mihingare Wēteriana

1. Chambers, *Not Self – But Others*, 124.
2. *The Star*, 16 Tīhema 1930.
3. Chambers, *Not Self – But Others*, 124.
4. Reta, G. I. Laurenson ki a Hēhita Atawhai, 6 Hepetema 1939, D19, MCNZA.
5. Reta, Hēhita Atawhai ki a G. I. Laurenson, 20 Hepetema 1939, D19, MCNZA.
6. I reira anō.
7. I reira anō.
8. I reira anō.
9. Reta, G. I. Laurenson ki a Hēhita Atawhai, 26 Hepetema 1939, D19, MCNZA.
10. I reira anō.
11. Reta, Hēhita Atawhai ki a G. I. Laurenson, 18 Hepetema 1940, D19, MCNZA.
12. I reira anō, 1 Hānuere 1941.
13. I reira anō, 18 Tīhema 1940.
14. I reira anō, 4 Mei 1942.
15. I reira anō, 3 Āperira 1940.
16. Nolan, *Breadwinning*, 137.
17. Reta, Hēhita Atawhai ki a G. I. Laurenson, 3 Āperira 1940, D19, MCNZA.
18. NZHistory, 'The Second World War at Home'.
19. Reta, Hēhita Atawhai ki a G. I. Laurenson, 22 Āperira 1940, D19, MCNZA.
20. I reira anō, 3 Āperira 1940.
21. I reira anō, 5 Hepetema 1940.
22. NZHistory, 'The Second World War at Home'.
23. Reta, G. I. Laurenson ki a Hēhita Atawhai, 10 Hune 1942, D19, MCNZA.
24. I reira anō.
25. I reira anō, 3 Hūrae 1942.
26. Reta, Hihita Atawhai ki a G. I. Laurenson (kāore he rā), D19, MCNZA.
27. I reira anō.
28. *Northern Advocate*, 22 Tīhema 1944.
29. Chambers, *Not Self – But Others*, 124.
30. Āpititanga nō te *New Zealand Gazette*, 26 Hune 1980.

Ngā Mahi Mīhana a te Hāhi Mihinare

1. Tirohia te kōrero 'Te Kaupapa Wharenoho Māori' kei roto i te pukapuka nei.
2. Tirohia te kōrero 'Ngā Tautohetohe mō te Taha Māori o te Hāhi Mihinare' kei roto i te pukapuka nei.
3. Kaa, *Te Hāhi Mihinare*, 63–81; Morrell, *The Anglican Church in New Zealand*, 175–78; Bennett, 'Bennett, Frederick Augustus'.
4. *Waikato Diocesan Magazine*, Ākuhata 1943; *Waiapu Church Gazette*, 1 Ākuhata 1944; *Waikato Diocesan Magazine*, Ākuhata 1946.
5. *Church News*, Hūrae 1939.
6. I reira anō, Ākuhata 1939; i reira anō, 1 Oketopa 1940.
7. I reira anō, Oketopa 1942.
8. Morrell, *The Anglican Church*, 174, 184–86.
9. *Church Chronicle*, 1 Māehe 1938; i reira anō, 1 Noema 1938.
10. *Waiapu Church Gazette*, 1 Hepetema 1941.
11. *Church Gazette*, 1 Hepetema 1939; i reira anō, 1 Noema 1940; i reira anō, 1 Pēpuere 1941; i reira anō, 1 Noema 1941; i reira anō, 1 Oketopa 1942.

12 I reira anō, 1 Ākuhata 1939; *Waikato Diocesan Magazine*, Hepetema 1944.
13 *Church Chronicle*, 1 Hune 1939; *Waiapu Church Gazette*, 1 Hūrae 1940; *Church News*, Tīhema 1939; *Church Gazette*, 1 Āperira 1945; i reira anō, 1 Hūrae 1945.
14 *Waiapu Church Gazette*, 1 Oketopa 1939.
15 *Church Chronicle*, 1 Hepetema 1940.
16 *Waiapu Church Gazette*, 1 Hānuere 1939; i reira anō, 1 Noema 1940; i reira anō, 1 Hepetema 1941.
17 I reira anō, 1 Hānuere 1941.
18 *Church Gazette*, 1 Tīhema 1942.
19 Hei tauira, *Church Gazette*, Ākuhata 1939; i reira anō, Tīhema 1939; i reira anō, 1 Tīhema 1941.
20 I te tau 1943, ka haere a Huata ki tāwāhi, minita ai ki te Ope Māori hei tiaparani. Tirohia Ballara, 'Huata, Wiremu Te Tau'.
21 *Waiapu Church Gazette*, 1 Pēpuere 1943.
22 *Church Chronicle*, 1 Hūrae 1939.
23 I reira anō.
24 I reira anō, 1 Mei 1941.
25 Bennett, 'Bennett, Frederick Augustus'.
26 *Waiapu Church Gazette*, 1 Āperira 1941.
27 Morrell, *The Anglican Church*, 175.
28 *Waiapu Church Gazette*, 1 Hūrae 1940.
29 I reira anō, 1 Oketopa 1941.
30 *Church Gazette*, 1 Oketopa 1943.
31 Hei tauira, *Waiapu Church Gazette*, 1 Hānuere 1941.
32 He momo pūrere kiriata tawhito tēnei.
33 Hei tauira, *Church Gazette*, 1 Hānuere 1942.
34 *Waiapu Church Gazette*, 1 Tīhema 1941.

'He Mea Whatu ki te Aroha me te Ngākau Pai'

1 *Gisborne Herald*, 14 Hepetema 1939.
2 Hawkins, 'Toko Toru Tapu Church', *Pīpīwharauroa*, Oketopa/Noema 2015; *Gisborne Herald*, 14 Hepetema 1939.
3 NZHistory, 'Association of Anglican Women, 1886–'.
4 *Gisborne Herald*, 12 Āperira 1947.
5 Hawkins, 'Toko Toru Tapu Church'.
6 *Gisborne Herald*, 18 Tīhema 1940.
7 I reira anō.
8 I reira anō, 9 Ākuhata 1941; i reira anō, 10 Māehe 1942.
9 I reira anō, 15 Hūrae 1941.
10 *Waiapu Church Gazette*, 1 Hānuere 1941; *Gisborne Herald*, 6 Mei 1941.
11 *Gisborne Herald*, 5 Mei 1943; i reira anō, 30 Māehe 1949.
12 Īmēra, nā Stan Pardoe, 21 Hepetema 2020.

Te Hāhi Mōmona me te Iwi Māori

1 Stats New Zealand Tatauranga Aotearoa, '*The New Zealand Official Year-Book, 1947–1949*'.
2 *Te Karere*, Pēpuere 1942. Kāore ētahi o ēnei kupu e whakamahia tonutia ana e te Hāhi. Tirohia 'LDS Church terms no longer in use', *Deseret News*, 24 Hānuere 2004.
3 Hei tauira, *Te Karere*, Mei 1940; i reira anō, Hune 1940; i reira anō, Hūrae 1940.
4 *Te Karere*, Mei 1940.
5 I reira anō.
6 I reira anō, Tīhema 1940.
7 I reira anō, Āperira 1939.
8 I reira anō; i reira anō, Hune 1939.
9 I reira anō, Māehe 1940.
10 I reira anō, Āperira, 1940; i reira anō, Mei 1940.
11 I reira anō, Mei 1940.
12 Lineham, 'Cowley, Matthew'.
13 *Te Karere*, Ākuhata 1945.
14 I reira anō, Ākuhata 1940.
15 I reira anō, Hūrae 1940.
16 I reira anō, Oketopa 1939; i reira anō, Noema 1940.
17 I reira anō, Oketopa 1940.
18 I reira anō, Hānuere 1940.
19 I reira anō, Hune 1942.
20 I reira anō, Hūrae 1943.
21 I reira anō, Oketopa 1940.
22 Hei tauira, *Te Waka Karaitiana*, Hepetema 1939.
23 *Te Karere*, Noema 1939; i reira anō, Hānuere 1940.
24 I reira anō, Āperira 1940.
25 I reira anō, Noema 1940.
26 I reira anō, Hānuere 1940; i reira anō, Hūrae 1940; i reira anō, Hūrae 1941; i reira anō, Hune 1942; i reira anō, Tīhema 1944.
27 I reira anō, Oketopa 1940.
28 I reira anō, Noema 1940.
29 I reira anō, Māehe 1941.
30 I reira anō, Hepetema 1941.
31 I reira anō, Noema 1942.
32 I reira anō, Pēpuere 1945.
33 I reira anō, Māehe 1943.
34 I reira anō, Hune 1943.
35 I reira anō.
36 I reira anō, Mei 1940.
37 Tirohia 28th Māori Battalion, 'Poneke Te Kauru'.
38 *Te Karere*, Noema 1941.
39 I reira anō, Hūrae 1941; i reira anō, Hune 1942; i reira anō, Noema 1943.

40　I reira anō, Āperira 1943.
41　I reira anō, Tīhema 1941.
42　Tirohia Tāmaki Paenga Hira Auckland War Memorial Museum, 'Wikitoria Katene'.
43　Tirohia 28th Māori Battalion, 'George Katene'.
44　Tirohia 28th Māori Battalion, 'Eruera Te Whiti o Rongomai Love'.
45　*Te Karere*, Hūrae 1942.
46　Hei tauira, tirohia *Te Karere*, Tīhema 1941; i reira anō, Pēpuere 1942; i reira anō, Ākuhata 1942; i reira anō, Āperira 1943; i reira anō, Hepetema 1944.
47　Hei tauira, tirohia *Te Karere*, Hepetema 1942; i reira anō, Hānuere 1943.
48　Tirohia 28th Māori Battalion, 'John Arthur Elkington'.
49　Tirohia 28th Māori Battalion, 'Herbert Lance Elkington'.
50　*Te Karere*, Ākuhata 1943.

I Muri i te Pakanga

He Kōrero mō tētahi Pēpi Māori

1　Nā te āpiha Child Welfare ēnei kupu. He mea tango mai i ngā tuhinga i roto i te kōnae *adoption* o tōku māmā. Kua murua ngā ingoa. Kāore te kupu *adopt* (*adoption* hoki) e whakamāoritia ana, nā te mea, he rerekē te *adoption* Pākehā i ngā tikanga whāngai/taurima o te iwi Māori.
2　*New Zealand Herald*, 20 Hūrae 1943.
3　I reira anō, 29 Oketopa 1943.
4　*New Zealand Herald*, 22 Hūrae 1943.
5　*Auckland Star*, 22 Hūrae 1943; *New Zealand Herald*, 29 Oketopa 1943; *Evening Post*, 23 Hūrae 1943.
6　I reira anō.
7　*Evening Post*, 23 Hūrae 1943.
8　*New Zealand Herald*, 4 Ākuhata 1943.
9　I reira anō, 29 Oketopa 1943.
10　I reira anō. He momo '*social work*' ngā mahi a te rōpū nei, ā, i mahi tahi rātou ko te Tari Toko i te Ora. Nā āna mahi, ka whakaaetia a Mrs Andrews hei āpiha o taua tari.
11　*Hutt News*, 25 Hune 1947.
12　E ai ki tō tōku māmā kōnae *adoption*, ko St Mary's Orphanage pea taua wāhi, ki Penrose, i Ākarana.
13　Nō te kōnae *adoption* o te māmā o te kaituhi.

Te Whawhai Mutunga-kore mō te Rangatiratanga

1　Lange, *To Promote Maori Well-Being*, 5.
2　I reira anō, 7.
3　Hill, *Māori and the State*, 34.
4　Hunn, *Report on Department of Maori Affairs*, 15.
5　Harris, 'Dancing with the State', 38.
6　Hunn, *Report on Department of Maori Affairs*, 52.

Ngā Ratonga Whakamātūtū mō ngā Hōia Māori i Hoki Ora Mai

1　Gould, 'From Taiaha to Ko', 49–83.
2　Hearn, *The Economic Rehabilitation of Maori Military Veterans*, 260.
3　Orange, 'An Exercise in Maori Autonomy'.
4　Ashton & Soutar, 'Was the Cost Too High?', 23, 38; 'Maori Ex-Servicemen Returned and Demobilised as at 30 September 1943', T1 53/96/5, ANZW.
5　Coverdale, 'Ophthalmic Experiences at Helwan, Egypt', 56.
6　Walker, *Health and Social Impacts*, 175.
7　Macdonald Wilson, 'Head Injuries in Servicemen', 387.
8　Tirohia Jenks & Wanhalla, 'Psychological Casualties'.
9　Taunakitanga a Robert Nairn Gillies, 4 Āperira 2016, 7, WAI 2500.
10　Stout, *Medical Services in New Zealand and the Pacific*, 381.
11　*Opotiki News*, 11 Mei 1995, WW2 and Battalion Cuttings Book, Whakatāne Museum.
12　Ko ngā kēhi 52, 223, 229, 239, 404, 543, 549, 600, 772, 977, 1370, 1371, 1373, 1478, 1487, 1553, 1577, 1718, 1729, 1936, 1937, 1938, 2033, 2051, 2079, CAWU-CH552, ANZC.
13　Reta, F. Baker ki a E. Baker, 12 Noema 1942, MS-Papers-4299-40, ATL.
14　*Golden Jubilee, 1940–1990*, 88.
15　I reira anō.
16　*Change Step*, May 1946.
17　*The League Journal*, August 1947, MSX-3089, ATL.
18　*Bay of Plenty Times*, 10 December 1946.

Te Kapa Haka me ngā Ope Taua

1　Soutar, *Ngā Tama Toa*, 283–85.
2　Bill Nathan, he mea uiui i te kaituhi i te 9 Tīhema 2020.
3　Ingoa huna, he mea uiui i te kaituhi i te 26 Hānuere 2021.
4　Manu Paringatai, he mea uiui i te kaituhi i te 2 Hānuere 2021.
5　28th Māori Battalion, 'Desert Fighters'.

Te Rārangi Puna Kōrero

NGĀ PUNA MĀTĀMUA

Ngā Tuhinga Taketake me ngā Taonga o ngā Whare Pūranga Kōrero

Alexander Turnbull Library, The National Library of New Zealand Te Puna Mātauranga o Aotearoa

88-203-1/01b
: New Zealand Workers' Union: Records

94-106-72/18
: Maori working class and trade unions – Research, notes, drafts and speech notes, Herbert Otto Roth Papers

Eph-B-WAR-WII-1944-01
: Ford Motor Company of New Zealand Limited: Wanted; 200 More Women and Girls for Munitions Work, 1944

MS-Papers-4299-40
: Inward correspondence, Papers of Frederick Baker and Edna Mavis Baker

MS-Papers-6919-0235
: 041 – The Price of Citizenship – Material for Second Edition, Ngata Papers

MS-Papers-6919-0238
: 043 – VC Celebrations, Ruatoria 1943, Ngata Papers

MSX-3089
: The League Journal, Rehabilitation League New Zealand Inc., Records

MSY-6078
: Whangarei Tribal Committee: Maori war effort minute book

PAColl-3060
: Making New Zealand: Negatives and prints from the Making New Zealand Centennial collection

Archives New Zealand Te Rua Mahara o te Kāwanatanga, Christchurch

CAWU CH552 5
: Burwood Hospital Register of Patients 1944–1946

CAWU CH552 6
: Burwood Hospital Register of Patients 1946–1949

Archives New Zealand Te Rua Mahara o te Kāwanatanga, Wellington

AAMK 34/3/66 part 1
: Meeting houses and community centres – Ngati Otautahi Hall – Christchurch, 1947–1974

ABJZ 114/2/115
: Maori Interpreters – Reverend Hemi Potatau, 1947–1950

AD1 304/6/21
: Home guard – Home guard Maoris – Placing in Maori units

AD1 312/1/22 part 1
: Recruitment – Maoris – Scheme for improvement organisation war effort

AD1 312/2/83c part 1
: Recruitment – Enlistment; special force; reserved occupations – Musterers and shearers – General – CMD [Central Military District]

AD11 17 16/18
: Intelligence – Japanese Activities Among Maoris

AEFZ 1062/0011
: Housing: Maoris, 1944–1946

AEP2 1062/0008
: Housing: Colonial Ammunition Company Staff – Hostel at Hamilton, 1946

E2 550
: Scholarships – Bursaries etc – Maori University Scholarships

E2 584 22/89/1 part 1
: Scholarships – Bursaries etc. – Ngarimu VC [Victoria Cross] and 28th Maori Battalion Scholarship Fund, 1943–1948

EA1 81/1/11 part 1
: Constitution and Administration – General – Maori war effort, 1942–1946

EA1 83/3/11 part 1
: Manpower – Liability to Military Service – Maoris, 1941–1951

EA1 86/22/2
: Defence of Pacific – Chatham Islands – Report of Security Intelligence Bureau, June 1942

H1 21/104
: Nurses – Maori girls as nurses, 1938–1941

IA1 62/4/44
: Centennial Records – Centennial Exhibition – Maori Meeting House

IA1 62/10/135
: Centennial Records – Centennial Memorials – Maori Meeting House – Tolaga Bay

IA1 62/10/244 part 1
: Centennial Records – Centennial Memorials – carved Meeting Houses – Ngatiwai

IA1 62/50/1
: Centennial Records – Centennial – Maori Celebrations

IA1 62/50/6
: Centennial Records – Centennial – Maori Memorials – Suggestions

IA1 171/70/4
: Wartime administrative arrangements – Award of Victoria Cross to 2/Lt. Moananui-a-Kiwa-Ngarimu – Celebrations at Ruatoria – Train arrangements and official party

IA1 172/30/6
: Patriotic Funds – Mobile Canteen for Maori Battalion – General File

L1 30/1/28 part 1
: General – Maoris

M12 6 141
: War with Japan – Attitude of Maoris, 1941–1942

MA 19/1/324 part 1
: Accommodation for Agricultural Workers in Pukekohe District, 1937–1941

MA 19/1/324 part 2
: Accommodation for Agricultural Workers in Pukekohe District, 1940–1946

MA 19/1/335
: Collection of Agar – Seaweed, 1943–1968

MA1 19/1/535
: Maori Conference on Native Affairs, Wellington, 1944

MA1 19/1/593 part 2
: Farm Productions – National War Effort – Aid for Britain Council, 1940–1947

T1 53/96/5
: Rehabilitation Maoris

Methodist Church of New Zealand Archives, Christchurch (MCNZA)

D19
: Wilcox, Atawhai 1939–1948, Home and Maori Mission Personal Correspondence Files

University of Waikato Te Whare Wānanga o Waikato

Pei Te Hurinui Jones Papers

Te Whare Taonga ō Taketake, Whakatāne Museum

WW2 and Battalion Cuttings Book

Ngā Whakaputa ā-Kāwanatanga

Appendices to the Journals of the House of Representatives (AJHR)

New Zealand Gazette

New Zealand Official Yearbook

New Zealand Parliamentary Debates (NZPD)

Ngā Niupepa me ngā Tānga Putuputu

Akaroa Mail and Banks Peninsula Advertiser

Alexander Herald and Central Otago Gazette

Ashburton Guardian

Auckland Star

Bay of Plenty Beacon

Bay of Plenty Times

Change Step

Church and People

Church Chronicle

Church Gazette

Church Press

Deseret News (Utah)

Evening Post

Evening Star (Dunedin)
Franklin Times
Gisborne Herald
Hutt News
In Print
Manawatu Standard
Manawatu Times
Nelson Evening Mail
New Zealand Herald
New Zealand Tablet
New Zealand Times
New Zealand Woman's Weekly
Northern Advocate
Northland Age
NZEF Times
Opotiki News
Opunake Times
Otago Daily Times
Otaki Mail
Outlook
Pīpīwharauroa
Poverty Bay Herald
Press
Southland Times
Stratford Evening Post
Taranaki Herald
Te Ao Hou
Te Karere
Te Kopara
Te Puke Times
Te Toa Takitini
Te Waka Karaitiana
Te Waka o Hato Petera
Thames Star
The Star
Waiapu Church Gazette
Waihi Daily Telegraph
Waikato Diocesan Magazine
Waikato Times
Wanganui Chronicle
White Ribbon
Zealandia

NGĀ PUNA MĀTĀRUA

Ngā Pukapuka

——, *Golden Jubilee, 1940–1990: The Maori Battalion Remembered,* The Battalion, Auckland, 1990.

——, *Pamapuria School Centennial 1884–1984,* Pamapuria School Centennial Committee, Kaitāia, [kāore he rā].

——, *Souvenir of the Ngarimu Victoria Cross Investiture Meeting and Reception to His Excellency the Governor-General Sir Cyril Newall, G.C.B., O.M., G.C.M.G., C.B.E., A.M., Whakarua Park, Ruatoria, East Coast, 6 October, 1943: Programme & Texts of Items,* Whitcombe and Tombs, Wellington, 1943.

——, *Supplement to the Souvenir Programme: Ngarimu VC investiture meeting, Ruatoria, October 6th., 1943, Gisborne Herald,* Gisborne, 1943.

Anderson, Atholl, Judith Binney and Aroha Harris, *Tangata Whenua: An Illustrated History,* Bridget William Books, Wellington, 2014.

Arbuckle, G., *The Maori and the Church: A Survey of the Marist Maori Mission in the Archdiocese of Wellington,* Greenmeadows, G. Arbuckle, 1969.

Baker, J. V. T., *The New Zealand People at War: War Economy,* Historical Publications Branch, Wellington, 1965.

Beaglehole, Ernest and Pearl Beaglehole, *Some Modern Maoris,* New Zealand Council for Educational Research, Wellington, 1946.

Brickell, Chris, *Teenagers: The Rise of Youth Culture in New Zealand,* Auckland University Press, Auckland, 2017.

Butterworth, G. V. and H. R. Young, *Maori Affairs: Nga Take Maori,* Iwi Transition Agency/GP Books, Wellington, 1990.

Chambers, Wesley, *Not Self – but Others: The Story of the New Zealand Methodist Deaconess Order,* Wesley Historical Society New Zealand, Auckland, 1987.

Edwards, Mihi, *Mihipeka: Time of Turmoil Ngā Wā Raruraru*, Penguin, Auckland, 1992.

Elsmore, Bronwyn, *Like Them That Dream: The Maori and the Old Testament*, Libro International, Auckland, 2011.

Gardiner, Wira, *Ake Ake Kia Kaha E! B Company 28 (Maori) Battalion, 1939–1945*, Bateman Books, Auckland, 2019.

———, *Te Mura o Te Ahi: The Story of the Maori Battalion*, Reed, Auckland, 1992.

Grace, Patricia, *Tū: A Novel*, Penguin, Auckland, 2004.

Hancock, Keith P., *New Zealand at War*, A. W. and A. H. Reed, Wellington, 1946.

Harris, Aroha, *Hīkoi: Forty Years of Māori Protest*, Huia Publishers, Wellington, 2004.

———, *Te Ao Hurihuri: The Changing World 1920–2014*, Bridget Williams Books, Wellington, 2018.

Harris, Lynn, *A Little Further, A Little Faster: A Nostalgic Look at the Colonial Ammunition Company, Its History and Cartridges*, New Zealand Cartridge Collectors' Club, Wellington, 1981.

Hill, Richard S., *Māori and the State: Crown–Maori Relations in New Zealand/Aotearoa, 1950–2000*, Victoria University Press, Wellington, 2009.

———, *State Authority, Indigenous Autonomy: Crown–Māori Relations in New Zealand/ Aotearoa, 1900–1950*, Victoria University Press, Wellington, 2004.

Holmes, David, *My 70 Years on the Chatham Islands*, Shoal Bay Press, Christchurch, 1993.

Hunn, Jack K., *Report on Department of Maori Affairs*, Government Printer, Wellington, 1961.

Jones, Pei Te Hurinui, *Nga Iwi o Tainui: The Traditional History of the Tainui People / Nga Koorero Tuku Iho o nga Tuupuna*, Auckland University Press, Auckland, 2004.

Kaa, Hirini, *Te Hāhi Mihinare: The Māori Anglican Church*, Bridget Williams Books, Wellington, 2020.

King, Michael, *God's Farthest Outpost: A History of Catholics in New Zealand*, Penguin, Auckland, 1997.

———, *Te Puea: A Life*, Penguin, Auckland, 2008; first published 1977.

Lange, Raeburn, *To Promote Maori Well-Being: Tribal Committees and Executives under the Maori Social and Economic Advancement Act, 1945–1962*, Treaty of Waitangi Research Unit, Wellington, 2006.

Martin, John E., *Tatau Tatau, One Big Union Altogether: The Shearers and the Early Years of the New Zealand Workers' Union*, New Zealand Workers' Union, Wellington, 1987.

McQueen, H. C., *Vocations for Maori Youth*, New Zealand Council for Educational Research, Wellington, 1945.

Meek, R. L., *Maori Problems Today*, Progressive Publishing Society, Wellington, 1944.

Montgomerie, Deborah, *The Women's War: New Zealand Women 1939–1945*, Auckland University Press, Auckland, 2001.

Morrell, W. P., *The Anglican Church in New Zealand: A History*, J. McIndoe, Dunedin, 1973.

Newman, Keith, *Ratana Revisited: An Unfinished Legacy*, Reed, Auckland, 2006.

New Zealand Census and Statistics Department, *New Zealand Population Census, 1943, Vol. III – Maori Census*, Government Printer, Wellington, 1947.

New Zealand Census and Statistics Department, *New Zealand Population Census, 1945, Vol. III – Maori Census*, Government Printer, Wellington, 1950.

Ngata, Apirana T., *The Price of Citizenship: Ngarimu, VC*, Whitcombe and Tombs, Wellington, 1943.

Ngatai, Ataraita, compiler, *Pīata Mai: Our People, Our Places, Our Stories*, Te Awanui Trust, Tauranga, 2013.

Nish, Ian H., *Alliance in Decline: A Study of Anglo-Japanese Relations, 1908–23*, Bloomsbury, London, 2012.

Nolan, Melanie, *Breadwinning: New Zealand Women and the State*, Canterbury University Branch, Christchurch, 2000.

Roth, Bert and Janny Hammond, *Toil and Trouble: The Struggle for a Better Life in New Zealand*, Methuen, Auckland, 1981.

Sheffield, R. Scott and Noah Riseman, *Indigenous Peoples and the Second World War: The Politics, Experiences and Legacies of War in the US, Canada, Australia and New Zealand*, Cambridge University Press, Cambridge, 2018.

Soutar, Monty, *Nga Tama Toa: The Price of Citizenship. C Company 28 (Maori) Battalion, 1939–1945*, Bateman, Auckland, 2009.

Stout, T. Duncan M., *Medical Services in New Zealand and the Pacific*, Historical Publications Branch, Wellington, 1958.

Sutherland, Oliver, *Paikea: The Life of I. L. G. Sutherland*, Canterbury University Press, Christchurch, 2013.

Taylor, Nancy, *The Home Front*, Vol. 1, Historical Publications Branch, Wellington, 1986.

Taylor, W. A., *Lore and History of the South Island Maori*, Bascands, Christchurch, 1952.

Te Aika, Tim, *'Wairua': Spirit of the Land*, Tim Te Aika, Invercargill, 2005.

Walker, Ranginui, *He Tipua: The Life and Times of Sir Āpirana Ngata*, Viking (Penguin), Auckland, 2001.

Waters, Sydney D., *German Raiders in the Pacific*, War History Branch, Department of Internal Affairs, Wellington, 1949.

White, Claire Kaahu, *Te Pou Herenga Waka o Rehua: The Story of Rehua Hostel and Marae – The First 50 Years*, Te Whatumanawa Māoritanga o Rehua Trust Board, Christchurch, 2021.

Williams, Melissa Matutina, *Panguru and the City: Kāinga Tahi, Kāinga Rua: An Urban Migration History*, Bridget Williams Books, Wellington, 2015.

Ngā Kōrero ā-Hautaka

——, 'New Zealand: Production for the War', *The Round Table: The Commonwealth Journal of International Affairs*, 33(131), 1943, 294–300.

Ashton, Lloyd and Monty Soutar, 'Was the Cost Too High?', *Mana*, 27, April/May 2000, 22–38.

Best, J. W., 'Chatham Island – First Flights', *Journal of the Aviation Historical Society of New Zealand*, 50(2), December 2007, 46.

Carey, Marjory, 'Working in the Ammunition Factory in Hamilton', *Historical Review*, 43(2), 1995, 103–04.

Clark, Lindsay, 'Gardens under the Sea', *New Zealand Geographic*, 22, April–June 1994, https://www.nzgeo.com/stories/gardens-under-the-sea/ (he mea kite i te 7 o Tīhema 2020).

Coverdale, H., 'Ophthalmic Experiences at Helwan, Egypt', *New Zealand Medical Journal*, XLIII(234), April 1944, 53–57.

Dayer, Roberta Allbert, 'The British War Debts to the United States and the Anglo-Japanese Alliance, 1920–1923', *Pacific Historical Review*, 45(4), 1976, 569–95.

Firth, Raymond, 'Maori Material in the Vienna Museum', *Journal of the Polynesian Society*, 40(159), 1931, 95–102.

Gould, Ashley, 'From Taiaha to Ko: Repatriation and Land Settlement for Maori Soldiers in New Zealand after the First World War', *War and Society*, 28(2), 2009, 49–83.

Haene, Kushla, 'You Will Report ... An Oral History of Two Women's Munition Factory Experiences During WW2', *Historical Review*, 59(1), 2011, 5–11.

Hawkins, Colleen Waingahuerangi, 'Toko Toru Tapu Church', *Pīpīwharauroa*, Whiringa-ā-nuku/Whiringa-ā-rangi 2015, 8.

Hunt, Donald T., 'Market Gardening in Metropolitan Auckland', *New Zealand Geographer*, 15(2), 1959, 130–55.

Jenks, Tiffany and Angela Wanhalla, 'Psychological Casualties: War Neurosis, Rehabilitation, and the Family in Post-World War II New Zealand', *Health and History*, 22(2), 2020, 1–25.

Kelly, Hēmi, 'A Tradition of Māori Translation', *Neke: The New Zealand Journal of Translation Studies*, 1(1), 2018, https://ojs.victoria.ac.nz/neke/article/download/4861/4313 (he mea kite i te 28 Hānuere 2024).

——, 'Ngā Tikanga Whakamāori Kōrero', *Te Kaharoa*, 10(1), 2017, 276–288

Littlewood, David, '"The Debates of the Past": New Zealand's First Labour Government and the Introduction of Conscription in 1940', *War and Society*, 39(4), 2020, 273–89.

Macdonald Wilson, Donald, 'Head Injuries in Servicemen of the 1939–1945 War', *New Zealand Medical Journal*, 50(278), August 1951, 383–91.

Moore, L. B., 'New Zealand Seaweed for Agar-Manufacture', *The New Zealand Journal of Science and Technology*, 5, March 1944, 183–209.

Munro, L. K., 'New Zealand and the New Pacific', *Foreign Affairs*, 31(4), 1953, 641–42.

Openshaw, Roger, 'The Highest Expression of Devotion: New Zealand Primary Schools and Patriotic Zeal during the Early 1920s', *History of Education*, 9(4), 1980, 333–44.

Orange, Claudia, 'An Exercise in Maori Autonomy: The Rise and Demise of the Maori War Effort Organisation', *New Zealand Journal of History*, 21(2), 1987, 156–72.

Raihania, Nolan, 'He Raumahara: He Toa nā Tūmatauenga', *Pīpīwharauroa/Tūranganui-ā-Kiwa*, April 2015, 4.

Robinson, Helen, 'Lest We Forget? The Fading of New Zealand War Commemorations', *New Zealand Journal of History*, 44(1), 2010, 76–91.

Shenk, Wilbert R., 'The Contribution of Henry Venn to Mission Thought', *Anvil*, 2(1), 1985, 25–42.

Sorrenson, M. P. K., 'Colonial Rule and Local Response: Maori Responses to European Domination in New Zealand since 1860', *The Journal of Imperial and Commonwealth History*, 4(2), 1976, 127–37.

Soutar, Monty, 'Te Pakanga Nui o Mua: 28th Māori Battalion Association Closure', *Pīpīwharauroa*, Kohitātea 2013, 12.

Sullivan, Ann, 'Effecting Change through Electoral Politics: Cultural Identity and the Māori Franchise', *Journal of the Polynesian Society*, 112(3), 2003, 219–37.

Te Paa, Jenny Plane, 'From 'Civilizing' to Colonizing to Respectfully Collaborating?', *Theology Today*, 62, 2005, 67–73.

Valkoun, Jaroslav, 'Great Britain, the Dominions and Their Position on Japan in the 1920s and Early 1930s', *Prague Papers on the History of International Relations*, 2, 2017, 32–46, https://sites.ff.cuni.cz/praguepapers/wp-content/uploads/sites/16/2017/11/Jaroslav_Valkoun_32-46.pdf (he mea kite i te 17 o Hānuere 2024).

van der Krogt, Christopher J., 'Catholic Spirituality and Religious Identity in Interwar New Zealand', *Pacifica*, 18, 2005, 198–222.

Wanhalla, Angela, 'Housing Un/healthy Bodies: Native Housing Surveys and Māori Health in New Zealand, 1930–45', *Health and History*, 8(1), 2006, 100–120.

Webster, Karen and Christine Cheyne, 'Creating Treaty-based local governance in New Zealand: Māori and Pākehā views', *Kōtuitui: New Zealand Journal of Social Sciences Online*, 12(2), 2017, 146–164.

Ngā Wāhanga Pukapuka

Brown, Helen, 'Ulva Lynn Belsham', in Helen Brown and Takerei Norton (eds), *Tāngata Ngāi Tahu: People of Ngāi Tahu, Volume One*, Bridget Williams Books, Wellington, 2017, 27–32.

Franks, Peter, 'Predominance of Support for Moderate Policy: The Formation of the New Zealand Federation of Labour, 1937', in Peter Franks and Melanie Nolan, *Unions in Common Cause: The New Zealand Federation of Labour, 1937–88*, Steele Roberts, Wellington, 2011, 89–114.

Kernot, Bernard, 'Māori Buildings for the Centennial', in William Renwick (ed), *Creating a National Spirit: Celebrating New Zealand's Centennial*, Victoria University Press, Wellington, 2004, 65–76.

Murray, Tom, Kerry Taylor, J. Tepania and N. Rameka, 'Towards a History of Maori and Trade Unions', in J. Martin and K. Taylor (eds), *Culture and the Labour Movement*, Dunmore Press, Palmerston North, 1991, 50–61.

Orange, Claudia, 'Maori War Effort Organisation', in Ian McGibbon (ed), *Oxford Companion to New Zealand Military History*, Oxford University Press, Auckland, 2000, 307–09.

Paterson, Lachy, 'The Rise and Fall of Women Field Workers within the Presbyterian Māori Mission, 1907–1970', in H. Morrison, L. Paterson, B. Knowles and M. Rae (eds), *Mana Māori and Christianity*, Huia, Wellington, 2012, 179–204.

Poananga, Bruce, 'Veterans At the Rededication Linton Camp – Te Rau Aroha', in *Sixteenth National Reunion: NZ 28 Maori Battalion. Maori Battalion Remembers III*, 28 NZ (Maori) Battalion Association, Wellington, 1988, 58–59.

Renwick, William, 'Commemorating Other Places and Days', in William Renwick (ed), *Creating a National Spirit: Celebrating New Zealand's Centennial,* Victoria University Press, Wellington, 2004, 112–27.

——, 'Introduction', in William Renwick (ed), *Creating a National Spirit: Celebrating New Zealand's Centennial,* Victoria University Press, Wellington, 2004, 13–21.

——, 'Reclaiming Waitangi', in William Renwick (ed), *Creating a National Spirit: Celebrating New Zealand's Centennial,* Victoria University Press, Wellington, 2004, 99–111.

Rots, Aike P., 'Christian Millenarianism and Nationalism in Pre-War Japan: Nakada Jūji's Politics of Identity', in Toru Aoyama (ed), *Politics, Identity and Conflict: Proceedings of the Postgraduate Workshop*, Leiden University, 28 August 2009, Tokyo University of Foreign Studies, Tokyo, 2010, 50–55.

Stone, Russell, 'Auckland's Remembrance of Times Past', in William Renwick (ed), *Creating a National Spirit: Celebrating New Zealand's Centennial,* Victoria University Press, Wellington, 2004, 128–38.

Tau, Te Maire, 'Ngāi Tahu – From 'Better Be Dead and Out of the Way' to 'To Be Seen and Belong'', in John Cookson and Graeme Dunstall (eds), *Southern Capital: Towards a City Biography, 1850–2000*, Canterbury University Press, Christchurch, 2000, 222–247.

Walker, Ranginui, 'Reclaiming Māori Education', in Jessica Hutchings and Jenny-Lee Morgan (eds), *Decolonisation in Aotearoa: Education Research and Practice*, NZCER Press, Wellington, 2016, 19–38.

Ngā Pūrongo

Ellis, Dougal, *The Wai 420 Marine Issues Report*, Waitangi Tribunal, Wellington, 2002.

Hearn, Terry J., *The Economic Rehabilitation of Maori Military Veterans*, Waitangi Tribunal, Wellington, 2018.

Heperi, Joanne. 'Cultural Impact Assessment in Relation to an Application for Renewal of Resource Consents for Takapau Wastewater Treatment Plant', Takapau: Joanne Heperi, c. 2021. https://www.hbrc.govt.nz/assets/Document-Library/Consents/Notified-Consents/Takapau/3.-S92-response/3.-s92-Response-Annex-A.1-TD.50-Cultural-Impact-Assessment.pdf (he mea kite i te 17 o Hānuere 2024).

Sarich, Jonathan and Andrew Francis, *Aspects of Te Rohe Potae Political Engagement 1939–c.1975: Government Provisions for Local Self Government for Te Rohe Potae Hapu and Iwi*, Waitangi Tribunal, Wellington, 2011.

Walker, Kesaia, *Health and Social Impacts of Māori Military Service for the Crown, 1845–present*, Waitangi Tribunal, Wellington, 2018.

Waugh, Bethany, *A Legacy of Song: Contemporary Performance of World War Two Waiata*, Te Hau Kāinga Summer Intern Report, 2021. https://indd.adobe.com/view/47949c76-4dff-4c19-9949-bba659f21fa6 (he mea kite i te 17 o Hānuere 2024).

Waitangi Tribunal, *Report of the Waitangi Tribunal on the Orakei claim* (WAI-9), Waitangi Tribunal, Wellington, 1987.

Ngā Tuhinga Whakapae

Anderson, Michela, 'An Exploration of the Ethical Implications of the Digitisation and Dissemination of Mātauranga Māori (with Special Reference to the Pei te Hurinui Jones Collection)', tuhinga paerua, University of Waikato, 2012.

Becroft, Thelma, 'The City Maori: Auckland', tuhinga mātai rongoā, University of Otago, 1948.

Christie, Sarah, 'Women and the New Zealand Office: Keystrokes to a Rewarding Life?', tuhinga kairangi, University of Otago, 2022.

Harris, Aroha, 'Dancing with the State: Maori Creative Energy and Policies of Integration, 1945–1967', tuhinga kairangi, University of Auckland, 2007.

Horwell, S. L. and A. J. Seeley, 'The Pukekohe Maoris', tuhinga mātai rongoā, University of Otago, 1948.

Love, R. Ngatata, 'Policies of Frustration: The growth of Maori Politics: The Ratana-Labour Era', tuhinga kairangi, Victoria University of Wellington, 1977.

Orange, Claudia J., 'A Kind of Equality: Labour and the Maori People, 1935–1949', tuhinga paerua, University of Auckland, 1977.

Roa, Hariru Te Aroha, 'Translating Translations: A Study of Ngā Rūpaiaha o Oma Kaiama, a Māori Translation of the English Version of the Rubáiyát of Omar Khayyám', tuhinga paerua, University of Waikato, 2013.

Ngā Rauemi Tuihono me Ērā Atu Rauemi

28th Maori Battalion, *Ake Ake, Kia Kaha E!: Songs of the New Zealand 28 (Maori) Battalion*, CD, distributed by Atoll, National Library of New Zealand, 2006.

28th Māori Battalion, 'Desert Fighters', https://28maoribattalion.org.nz/story-of-the-28th/desert-fighters (he mea kite i te 17 o Hānuere 2024).

28th Māori Battalion, 'Eruera Te Whiti o Rongomai Love', https://www.28maoribattalion.org.nz/soldier/eruera-te-whiti-o-rongomai-love (he mea kite i te 23 Māehe 2021).

28th Māori Battalion, 'George Katene', https://www.28maoribattalion.org.nz/soldier/george-katene (he mea kite i te 23 Māehe 2021).

28th Māori Battalion, 'Herbert Lance Elkington', https://www.28maoribattalion.org.nz/soldier/herbert-lance-elkington (he mea kite i te 23 Māehe 2021).

28th Māori Battalion, 'John Arthur Elkington', https://www.28maoribattalion.org.nz/soldier/john-arthur-elkington (he mea kite i te 23 Māehe 2021).

28th Māori Battalion, 'Poneke Te Kauru', https://www.28maoribattalion.org.nz/soldier/poneke-te-kauru (he mea kite i te 23 Māehe 2021).

28th Māori Battalion, 'Te Rau Aroha', https://www.28maoribattalion.org.nz/memory/te-rau-aroha/ (he mea kite i te 17 o Hānuere 2024).

28th Māori Battalion, '"Te Rau Aroha" – The Mobile Canteen', https://www.28maoribattalion.org.nz/memory/te-rau-aroha-the-mobile-canteen/ (he mea kite i te 17 o Hānuere 2024).

Archives New Zealand Te Rua Mahara o te Kāwanatanga, 'Kingi, John Henry – WW1 16/275 – Army', https://ndhadeliver.natlib.govt.nz/delivery/DeliveryManagerServlet?dps_pid=IE13393818 (he mea kite i te 17 o Hānuere 2024).

Ballara, Angela, 'Huata, Wiremu Te Tau', Dictionary of New Zealand Bibliography, Te Ara – the Encyclopedia of New Zealand, https://teara.govt.nz/mi/biographies/5h39/huata-wiremu-te-tau (he mea kite i te 17 o Hānuere 2024).

Ballara, Angela 'Paikea, Paraire Karaka', Dictionary of New Zealand Biography, Te Ara – the Encyclopedia of New Zealand, https://teara.govt.nz/en/biographies/4p1/paikea-paraire-karaka (he mea kite i te 17 o Hānuere 2024).

Ballara, Angela, 'Rātana, Tahupōtiki Wiremu', Dictionary of New Zealand Biography, Te Ara – the Encyclopedia of New Zealand, https://teara.govt.nz/en/biographies/3r4/ratana-tahupotiki-wiremu (he mea kite i te 17 o Hānuere 2024).

Bennett, Manu A., 'Bennett, Frederick Augustus', Dictionary of New Zealand Biography, Te Ara – the Encyclopedia of New Zealand, https://teara.govt.nz/en/biographies/3b29/bennett-frederick-augustus (he mea kite i te 17 o Hānuere 2024).

Biggs, Bruce, 'Jones, Pei Te Hurinui', Dictionary of New Zealand Biography, Te Ara – the Encyclopedia of New Zealand, https://teara.govt.nz/en/biographies/4j11/jones-pei-te-hurinui (he mea kite i te 17 o Hānuere 2024).

Clayton, Garry James, 'Whitney, John,' Dictionary of New Zealand Biography, Te Ara – the Encyclopedia of New Zealand, https://teara.govt.nz/en/biographies/2w18/whitney-john (he mea kite i te 17 o Hānuere 2024).

Couch-Snow, Adelaide, 'Rīwai, Te Kiato', Dictionary of New Zealand Biography, Te Ara – the Encyclopedia of New Zealand, https://teara.govt.nz/en/biographies/5r14/riwai-te-kiato (he mea kite i te 17 o Hānuere 2024).

Gillies, Robert Nairn, 'Statement of Evidence of Robert Nairn Gillies", WAI 2500, 4 Āperira 2016, https://forms.justice.govt.nz/search/Documents/WT/wt_DOC_103821321/Wai%202500%2C%20A156(a).pdf (he mea kite i te 21 Āperira 2024).

Glover, Tum, 'Ruru, Lena Matewai', Dictionary of New Zealand Biography, Te Ara – the Encyclopedia of New Zealand, https://teara.govt.nz/en/biographies/5r30/ruru-lena-matewai (he mea kite i te 17 o Hānuere 2024).

Gordon, Margaret, 'New Zealand Methodist Women's Fellowship, 1902–', https://nzhistory.govt.nz/women-together/new-zealand-methodist-womens-fellowship (he mea kite i te 17 o Hānuere 2024).

Harris, Aroha, 'Māori Mobilisation: Wartime, Peacetime, Covid-19 time', Tāmaki Paenga Hira Auckland War Memorial Museum, https://www.aucklandmuseum.com/war-memorial/online-cenotaph/features/anzac-day-2020/maori-mobilisation (he mea kite i te 17 o Hānuere 2024).

He Rau Mahara, 'Lasting Effects Remembered: Poihipi Wereta', http://www.heraumahara.nz/memoirs/poihipi-wereta-lasting-effects-remembered (he mea kite i te 17 o Hānuere 2024).

Henare, Manuka, 'Wātene, Puti Tīpene', Dictionary of New Zealand Biography, Te Ara – the Encyclopedia of New Zealand, https://teara.govt.nz/mi/biographies/5w12/watene-puti-tipene (he mea kite i te 17 o Hānuere 2024).

Limbrick, Warren E., 'Selwyn, George Augustus', Dictionary of New Zealand Biography, Te Ara – the Encyclopedia of New Zealand, https://teara.govt.nz/en/biographies/1s5/selwyn-george-augustus (he mea kite i te 17 o Hānuere 2024).

Lineham, Peter J., 'Cowley, Matthew', Dictionary of New Zealand Biography, Te Ara – the Encyclopedia of New Zealand, https://teara.govt.nz/en/biographies/4c41/cowley-matthew (he mea kite i te 17 o Hānuere 2024).

Martin, John E., 'Tūtaki, Robert Pānapa', Dictionary of New Zealand Biography, Te Ara – the Encyclopedia of New Zealand, https://teara.govt.nz/en/biographies/3t46/tutaki-robert-panapa (he mea kite i te 17 o Hānuere 2024).

National Army Museum Te Mata Toa, 'Ake Ake Kia Kaha E! Forever Brave!', https://www.armymuseum.co.nz/visit/exhibitions/ake-ake-kia-kaha-e-forever-brave/ (he mea kite i te 17 o Hānuere 2024).

New Zealand Legal Information Institute, 'Factories Amendment Act 1936', http://www.nzlii.org/nz/legis/hist_act/faa19361ev1936n7289/ (he mea kite i te 22 April 2022).

New Zealand Parliament Pāremata Aotearoa, 'The Origins of the Māori Seats', https://www.parliament.nz/mi/pb/research-papers/document/00PLLawRP03141/origins-of-the-m%C4%81ori-seats (he mea kite i te 17 o Hānuere 2024).

Ngata, Whai, 'Ngārimu, Te Moananui-a-Kiwa', Dictionary of New Zealand Biography, Te Ara – the Encyclopedia of New Zealand, https://teara.govt.nz/en/biographies/5n9/ngarimu-te-moananui-a-kiwa (he mea kite i te 17 o Hānuere 2024).

NZHistory, 'Americans and Māori', https://nzhistory.govt.nz/war/us-forces-in-new-zealand/americans-and-maori (he mea kite i te 17 o Hānuere 2024).

NZHistory, 'Association of Anglican Women, 1886–', https://nzhistory.govt.nz/women-together/association-anglican-women (he mea kite i te 17 o Hānuere 2024).

NZHistory, 'First US Troops Arrive in Auckland Harbour', https://nzhistory.govt.nz/us-invasion-first-american-troops-arrive-in-auckland (he mea kite i te 17 o Hānuere 2024).

NZHistory, 'Ruatoria', https://nzhistory.govt.nz/keyword/ruatoria (he mea kite i te 17 o Hānuere 2024).

NZHistory, 'Takipū Marae Memorials, Te Karaka', https://nzhistory.govt.nz/media/photo/takipu-marae-memorials-te-karaka (he mea kite i te 17 o Hānuere 2024).

NZHistory, 'The Second World War at Home', https://nzhistory.govt.nz/war/second-world-war-at-home (he mea kite i te 17 o Hānuere 2024).

NZ Mānuka Group, 'New Seaweed Factories Call for More Collectors', http://www.nzmanukagroup.com/find-out-more/news/new-seaweed-factories-call-more-collectors/ (he mea kite i te 17 o Hānuere 2024).

Oliver, Steven, 'Nihoniho, Matutaera', Dictionary of New Zealand Biography, Te Ara – the Encyclopedia of New Zealand, https://teara.govt.nz/en/biographies/1n14/nihoniho-matutaera (he mea kite i te 17 o Hānuere 2024).

Riley, Stephen and Whai Ngata, *Te Roopu Rua Tekau-ma-waru a Tu: 28 Māori Battalion*, https://www.ngataonga.org.nz/search-use-collection/search/55622/ (he mea kite i te 28 o Hepetema 2021).

Stats New Zealand Tatauranga Aoteroa, 'The New Zealand Official Year Book, 1947–49'. https://www3.stats.govt.nz/New_Zealand_Official_Yearbooks/1947-49/NZOYB_1947-49.html (he mea kite i te 29 Māehe 2021).

Stephens, Tainui (director), *Maori Battalion – March to Victory*, TVNZ, 1990, https://www.nzonscreen.com/title/maori-battalion-march-to-victory-1990 (he mea kite i te 17 o Hānuere 2024).

Sorrenson, M. P. K., 'Ngata, Apirana Turupa', Dictionary of New Zealand Biography, Te Ara – the Encyclopedia of New Zealand, https://teara.govt.nz/en/biographies/3n5/ngata-apirana-turupa (he mea kite i te 17 o Hānuere 2024).

Tāmaki Paenga Hira Auckland War Memorial Museum, 'Jane Kiritapu Nepia', https://www.aucklandmuseum.com/war-memorial/online-cenotaph/record/C34889 (he mea kite i te 17 o Hānuere 2024).

Tāmaki Paenga Hira Auckland War Memorial Museum, 'Wikitoria Katene', https://www.aucklandmuseum.com/war-memorial/online-cenotaph/record/C118580 (he mea kite i te 17 o Hānuere 2024).

Tokalau, Torika, 'How Ngāti Whātua Ōrākei Turned a Piece of Land into a Billion-Dollar Enterprise "For Our People"', *Stuff*, 2 May 2021, https://www.stuff.co.nz/pou-tiaki/124892684/how-ngti-whtua-rkei-turned-a-piece-of-land-into-a-billiondollar-enterprise-for-our-people (he mea kite i te 30 Hānuere 2024).

Veitch, James, 'Alexander, Jessie', Dictionary of New Zealand Biography, Te Ara – the Encyclopedia of New Zealand, https://teara.govt.nz/en/biographies/4a7/alexander-jessie (he mea kite i te 17 o Hānuere 2024).

Vercoe, Whakahuihui, 'Vercoe, Henry Te Reiwhati', Dictionary of New Zealand Biography, Te Ara – the Encyclopedia of New Zealand, https://teara.govt.nz/en/biographies/3v5/vercoe-henry-te-reiwhati (he mea kite i te 17 o Hānuere 2024).

Waitangi Treaty Grounds, 'Te Rau Aroha Museum', https://www.waitangi.org.nz/visit/te-rau-aroha (he mea kite i te 26 Hānuere 2024).

Waitangi Tribunal, 'The Loss of the Orakei Block', https://waitangitribunal.govt.nz/publications-and-resources/school-resources/orakei/the-loss-of-the-orakei-block/ (he mea kite i te 17 o Hānuere 2024).

Winiata, Frances and Piripi Winiata, 'Winiata, Maharaia', Dictionary of New Zealand Biography, Te Ara – the Encyclopedia of New Zealand, https://teara.govt.nz/en/biographies/5w41/winiata-maharaia (he mea kite i te 17 o Hānuere 2024).

Ngā Kaituhi/Ētita

Angela Wanhalla
He ahorangi a Angela Wanhalla nō te Hōtaka Hītori kei Ōtākou Whakaihu Waka. Nō Ngāi Tahu ia, nō Ngāi Te Ruahikihiki ki Taumutu. Ko tāna tino mahi he rangahau i te hītori o ngā wāhine Māori. E tino whakahī ana ia i tā rāua pukapuka ko Lachy Paterson, i *He Reo Wāhine: Māori Women's Voices from the Nineteenth Century* (Auckland University Press, 2017).

Lachy Paterson
He ahorangi tāoki a Lachy Paterson nō Te Tumu kei Ōtākou Whakaihu Waka i whakaako ai ia i te reo Māori me te hītori Māori. Kei te rangahau ia i te hītori Māori, inarā, mō ngā niupepa me te tuhituhi i roto i te reo Māori, mō te pāhekoheko hoki o ngā iwi Māori me te kāwanatanga i te tekau mā iwa me te hāwhe tuatahi o te rua tekau o ngā rautau. Hei tauira, ko *He Reo Wāhine: Māori Women's Voices from the Nineteenth Century* (Auckland University Press, 2017) he mea tuhituhi tahi e rāua ko Angela Wanhalla.

Ngā Kaituku Kōrero

Rosemary Anderson
I te tau 2019, ka oti i a Rosemary Anderson tāna tuhinga kairangi, he hītori ā-taiao mō Wharekauri e aronui ana ki te 'rongo' o te wāhi; ka mahi ai ia hei kairangahau mō Te Hau Kāinga. Kua tāoki ia ināianei, e arotahi ana ki tōna whakapapa me ngā hītori ā-whānau.

Connor Aston
Nō nā tata nei whakaoti ai a Connor Aston (Ngāti Ruanui, Ngā Rauru Kītahi) i tāna tāhū paetahi (Hītori) ki te Whare Wānanga o Waikato. Kei te mahi ia ināianei hei kaitātari mō te ratonga kāwanatanga e tūmanakotia nei ka whakaputaina mai he painga mō te iwi Māori o nāianei, mō ngā reanga hoki e whai ake ana.

Emma Campbell
Ināianei, kei te uru a Emma Campbell ki roto i te taha ture mahi ai. Ko āna tino rangahau hītori mō ngā hītori ā-kāwanatanga, mō ngā hītori ā-waha, me ngā maumahara ā-pakanga, inarā, mō te hononga o ēnei ki te mahara tōpū o te motu. Ināianei, kei te whakaoti ia i tētahi tuhinga mō ngā mauherehere ā-pakanga e tirohia nei ngā mahi a W. Wynne Mason me āna tuhinga mō te pakanga me te mahara ki Aotearoa.

Sarah Christie
Hei kairangahau a Sarah Christie mō Te Hau Kāinga, i muri i te otinga o tāna tohu kairangi ki Ōtākou Whakaihu Waka i āta tirohia ai ngā hītori ā-hapori, ā-tikanga hoki o ngā kaimahi wāhine o Aotearoa. Kei te mahi ia ināianei hei kairangahau ki Kareao, ki te rua mahara o Ngāi Tahu.

Erica Newman
He pūkenga matua a Erica Newman (Ngāpuhi) nō Te Tumu kei Ōtākou Whakaihu Waka. Ko āna tino rangahau he titiro ki te *adoption*, ki ngā tikanga whāngai, ki te whanaungatanga, me te tuakiri; ko ngā aroā o ngā iwi taketake (o Aotearoa me te ao whānui) he tino arotakenga nō tāna rangahau. Kua whakaputaina e ia he atikara mō te *adoption* i waenganui i ngā iwi o Aotearoa nei.

Kua whakawhiwhia a Erica ki te pūtea Marsden Fast Start kia rangahaua ngā kawekawe o te *Adoption Act 1955* mō ngā reanga e whai iho ana, kia hīkoi hoki ia i te taha o ngā uri o ngā tamariki whāngai Māori e kimi ana i ō rātou tūrangawaewae.

Alice Taylor
I ako a Alice Taylor ki Ōtākou Whakaihu Waka, ā, ka whiwhi ia i te tohu paetahi (Hītori me te Tōrangapū), me te tāhū paerua (Tōrangapū). I arotahi āna rangahau ki ngā take tōrangapū o Haina, o Amerika, me te hītori o ngā wāhine Māori. Ko te kaiwhakataetae tuatoru a Alice o te *Masterchef NZ* i te tau 2022, ka mahi ai ia hei kaitunu kai i Paris Butter. Ka puta mai tāna pukapuka tohutao tuatahi i te tau 2024, ko *Alice in Cakeland* te ingoa.

Zoe Thomas
Ina noa nei a Zoe Thomas (Raukawa, Ngāti Tamaterā) i whakaoti ai i tōna tāhū paetahi (Hītori) ki Ōtākou Whakaihu Waka. I titiro tāna rangahau ki te kaupapa ā-wāhi, inarā, ki ngā hononga ki tētahi maunga kei te Ika-a-Māui, ki Maungatautari, e arotahi ana ki ngā hītori taketake, ki ngā hononga hoki o ngā tāngata me te whenua. Kei te mahi ia ināianei ki Raukawa Charitable Trust hei kaitohutohu rangahau mō ngā kaupapa mahere me ngā take ā-rohe.

Bethany Waugh
Ina noa nei a Bethany Waugh (Te Ātiawa) i whakaoti ai i tōna tohu paerua (Mātauranga Iwi Taketake). Ka arotahi tāna tuhinga roa ki ngā pāhekoheko o ngāi māori rātou ko ngā Piripīno taketake e noho ana ki Aotearoa. E pā ana āna rangahau ki ngā koiora me ngā wheako o ngā iwi taketake e noho ana ki waho o ō rātou whenua ake, inarā ki te hira tonu o ngā mahi puoro, o ngā reo, o ngā tikanga ā-iwi hoki ki a rātou.

Ross Webb
I te tau 2022 i whakawhiwhia a Ross Webb ki tāna tohu kairangi i Te Herenga Waka. He kaituhi hītori ia e arotahi ana ki te hītori o ngā uniana me te hītori ā-waha. He kaitātari rāngahau ia ināianei kei te Tīma Rangahau o te Rōpū Whakamana i te Tiriti o Waitangi. Kei te tuhi ia i tētahi pukapuka, ko 'In Defence of Living Standards: The Federation of Labour, Politics, and Economic Crisis, 1975–1987' te ingoa.

Leighton Williams

Nō Ngāti Hine, Ngāpuhi, Ngāti Whanaunga me te tokerau o Avaiki Nui a Leighton Williams. He kaiwhakaako ia nō Te Tumu, i Ōtākou Whakaihu Waka, e whakaako ana i te reo Māori, ngā tikanga me ngā kōrero kua tukuna iho ki a ia mai i ōna mātua tūpuna. Ko tāna e āta rangahau nei, ko te ora o te aitanga ki roto i te reo me ngā tikanga Māori hei tikanga whakaaro; koinei tā Leighton tuhinga tohu paerua e aro atu nei. Kei te rangahau hoki a Leighton i ngā āhuatanga e hāngai ana ki te hunga irawhiti/irakore, me te whakamahi o ngā tikanga Māori hei rautaki whakaako ki roto i ngā karaehe whare wānanga.